필요할 때 바로 써먹는

포토샵 디자인
실무 테크닉

김두한 지음

BM (주)도서출판 성안당

독창적인 그래픽 표현을 위한

포토샵 디자인 실무 테크닉

포토샵은 그래픽 디자인뿐만 아니라 GUI 디자인, 제품 디자인, 영상 디자인 등 다양한 분야에서 사용되는 가장 기본적인 디자인 도구입니다. 도구 활용 능력은 사용자의 습득하고자 하는 의지와 습득한 도구를 어떻게 활용하는지가 중요합니다. 포토샵이라는 도구를 활용하여 평범한 사진을 감각적 또는 유머스럽게 수정이 가능하고 디자이너가 머릿속으로 그리고 상상한 디자인을 구현할 수 있습니다.

다양한 멀티미디어 환경이 만들어지고 아이디어를 실현시키기 위해 포토샵 CC에서 클릭 한 번으로 인물을 선택해 주는 등 AI 기능을 기반으로 업데이트가 지속적으로 되고 있습니다. 최근에는 디자인에 관심이 많은 일반인들도 기본적인 사진 편집이나 보정에 포토샵을 사용하고 있습니다. 이 책은 일반인부터 디자이너까지 모두 사용할 수 있는 포토샵의 스킬과 노하우를 담아 구성한 책입니다. 내 친구, 내 가족을 위한 초대장을 만들거나, 이 세상 하나밖에 없는 핸드메이드 제품을 선물할 때 필요한 라벨 등을 쉽게 접하고 만들 수 있도록 다양한 예제를 담으려고 노력했습니다. 디자이너에게 필요한 창조적이고 독창적인 그래픽을 표현하는 전문적인 스킬도 함께 담았습니다.

Adobe CC(Adobe Creative Cloud) 버전으로 전환되면서 포토샵 CC 프로그램의 업데이트 주기가 빨라지고 있습니다. 포토샵 CC는 점점 더 편리한 UX를 제공하고 작업 시간을 단축시켜 줄 것입니다. 그에 발맞춰 사용자들도 포토샵 CC가 업데이트되면 새로운 기능에 대해서 빠르게 습득하여 어떻게 해야 더 쉽고 빠르게 작업을 할 수 있을지 생각하고 노력해야 합니다.

포토샵 디자인 실무테크닉 CC의 새로운 기능을 어떻게 효과적으로 설명을 해야 할지, 어떻게 효율적으로 디자인을 해야 할지 많이 고민한 만큼 고민의 결과가 이 책을 통해 전달되었으면 합니다. 인터뷰에 응해준 도일 님, 윤여경 님, 이충갑 님, 최용우 님, 최현수 님, 황재필 님 감사드립니다.

마지막으로 우리 가족 희리, 유연, 채현 고맙고 사랑합니다.

저자 김두한

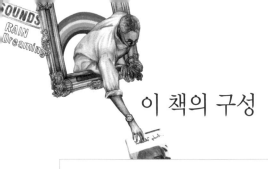

이 책의 구성

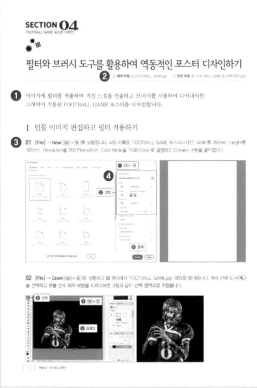

❶ 도입글

어떤 기능을 학습하고 무엇을 만들지 간략하게 알아봅니다.

❷ 예제 및 완성 파일

이 책에서는 예제별로 실습을 위한 예제 파일과 결과를 확인할 수 있는 완성 파일을 제공합니다. 결과 파일을 참고하여 자신이 만든 파일과 비교하며 공부하면 좋습니다.

❸ 실습

포토샵의 주요한 기능을 엄선해서 실습으로 구성했습니다. 눈으로 보기보다 컴퓨터 앞에서 직접 따라 해 보는 것이 좋습니다.

❹ 지시선

작업 화면에 지시선과 짧은 설명을 넣어 예제를 분명하고 정확하게 따라 할 수 있도록 돕습니다.

❺ 디자인 사례

예제에서 사용된 것과 비슷한 디자인의 예시를 보여줍니다. 다양한 디자이너의 다양한 작품을 통해 새로운 아이디어를 얻을 수 있습니다.

4

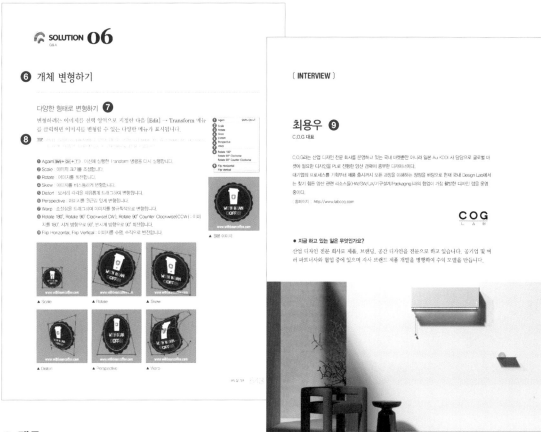

❻ **제목**

배워야 할 핵심 내용입니다.

❼ **개념 설명**

꼭 알아야 할 내용을 설명해 놓았습니다. 개념을 알아 두면 실습이 훨씬 쉽고 재미있습니다.

❽ **TIP**

개념에 대한 부연 설명 및 관련 정보가 있습니다.

❾ **INTERVIEW**

실무자 인터뷰와 작품을 실었습니다. 다양한 분야의 실무자 생각과 유용한 노하우를 얻을 수 있습니다.

목차

P H O T O S H O P

PART 01

시선을 사로잡는 표지 디자인

PART 04
손길을 이끄는 패키지 디자인

학습하기 전에

예제 · 완성 파일

성안당 홈페이지(http://www.cyber.co.kr/)에 접속하고 '회원가입'을 클릭하여 회원으로 가입한 다음 로그인하고 메인 화면에서 '자료실'을 클릭하세요. 〔자료실〕 탭을 클릭하고 검색 창에 '포토샵 디자인 실무 테크닉'을 입력한 다음 〈검색〉 버튼을 클릭하면 '포토샵 디자인 실무 테크닉' 도서 제목이 검색됩니다.

검색된 도서 제목을 클릭하고 〈자료 다운로드 바로가기〉 버튼을 클릭하여 예제 및 완성 파일을 다운로드한 다음 찾기 쉬운 위치에 압축을 풀어 사용하세요.

 예제 및 완성 파일이 파트별로 구분되어 있습니다.

시험 버전 설치

포토샵 시험 버전은 어도비 홈페이지(http://www.adobe.com/kr/)에서 제공합니다. 정품 프로그램이 없는 사용자는 시험 버전을 다운로드하여 사용해 보세요. 이 책에서는 13쪽에서 포토샵 다운로드 및 설치를 자세히 설명합니다.

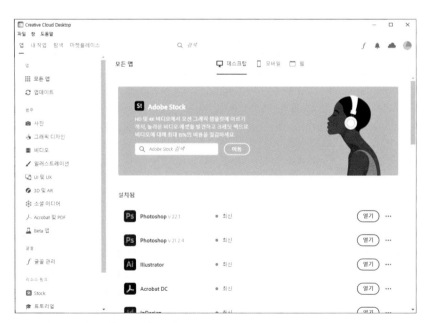

▲ 포토샵 CC 설치 및 다운로드를 할 수 있는 Creative Cloud

포토샵 다운로드 및 설치하기

어도비 홈페이지에서 포토샵을 다운로드하여 7일 무료로 사용할 수 있습니다. Creative Cloud를 구매한 경우 구매 기간 동안 제한 없이 사용할 수 있습니다.

포토샵 최신 버전 설치하기

❶ 어도비 홈페이지(http://adobe.com/kr)에 접속합니다. '지원'을 클릭하고 '다운로드 및 설치'를 클릭한 다음 '무료 체험판'을 클릭합니다.

> TIP 홈페이지 모습 및 제공하는 기능은 웹 사이트 정책에 따라 달라질 수 있습니다.

❷ 〈무료 체험판〉 버튼을 클릭하고 본인의 정보를 입력한 다음 〈무료 체험기간 시작〉 버튼을 클릭합니다.

❸ 〈시작하기〉 버튼을 클릭합니다. Creative Cloud 앱을 열기 위해 〈Creative Cloud Desktop App 열기〉 버튼을 클릭합니다.

❹ 영문 버전 포토샵을 설치하기 위해 '계정'을 클릭한 다음 '환경 설정'을 실행합니다.

❺ '앱'을 선택하고 기본 설치 언어를 'English(International)'로 지정한 다음 〈완료〉 버튼을 클릭합니다.

❻ Photoshop의 〈설치〉 버튼을 클릭합니다.

포토샵 이전 버전 설치하기

❶ Creative Cloud 앱의 Photoshop에서 목록 아이콘(⋯)을 클릭한 다음 '기타 버전'을 실행합니다.

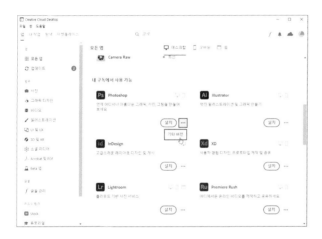

❷ 이전 버전 Photoshop의 〈설치〉 버튼을 클릭하여 설치합니다.

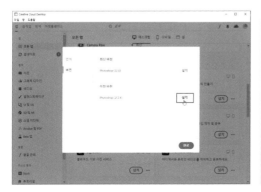 

이충갑

브랜드 블라썸 대표, 크리에이티브 디렉터

현재 비주얼 전략 및 CI & BI, 패키지 디자인 개발을 하고 있으며 KODFA(한국디자인기업협회) 패키지 디자인
부문 이사직을 맡고 있다.

〔 홈페이지 〕 https://www.brblossom.com

● **지금 하고 있는 일은 무엇인가요?**

2013년에 설립한 브랜드 콘셉트 기획, CI & BI, 패키지 디자인 전문 회사 브랜드 블라썸의
대표이며 크리에이티브 디렉터로 일을 하고 있습니다. 현재 이마트 Private Brand, ㈜오뚜
기, ㈜오리온, ㈜한솔교육의 FINDEN 등 국내외 유수 기업과 브랜드의 콘셉트 기획, 비주얼
아이덴티티 개발, 패키지 디자인 등을 하고 있습니다.

● **가장 기억에 남는 프로젝트는 무엇인가요?**

모든 프로젝트마다 항상 많은 한계에 부딪히고 많은 노력을 기울이게 됩니다. 그러다 보니
모든 프로젝트 하나하나가 저희에게 소중한 케이스 스터디가 될 수밖에 없습니다. 꼭 한 가
지를 손꼽으라면 16년 하반기에 개발했던 ㈜오리온 제품인 요거트 비스킷을 들 수 있겠네
요. 저희가 브랜드 네이밍부터 브랜드 전략과 패키지 디자인 그리고 인쇄 과정까지 A to Z
에 관여하여 개발한 사례이기 때문입니다.

● **디자인 아이디어는 주로 어디에서 얻나요?**

디자인의 아이디어는 브랜드 혹은 제품의 본질을 파헤치는 것에서 시작됩니다. 그 과정을
저희 회사에서는 'Digging'이라고 합니다. 여기서 떠오르는 단순한 아이디어를 'Seed'라고
칭합니다. 그다음에 그의 본질과 아이디어가 타당성으로 이어졌을 때 비로소 Rooting 상태
에 다가서게 됩니다. 근간이 없는 단순 아이디어는 정착할 수 없는 흩날리는 생각에 불과하
기 때문에 저희는 아이디어의 타당성을 굉장히 중요시합니다.

● 디자인 작업을 하면서 가장 중요하게 생각하는 것은 무엇인가요?

디자인 작업상 가장 중요한 것은 비주얼 커뮤니케이션입니다. 디자인은 아트가 아니기 때문에 그저 예쁘기만 한 비주얼로는 생명력을 갖출 수 없습니다. 클라이언트에 제안하는 각각의 시안은 서로 다른 전략과 커뮤니케이션 도구를 갖고 있게 됩니다. 디자인의 퀄리티, 심미성 또는 호감도는 당연히 밑받침이 되어야 하는 요소이기 때문에 가장 중요하다고 할 수는 없을 것 같네요.

● 포토샵으로 어떤 작업을 하시나요?

디자인 작업상 활용하는 전체적인 비중은 일러스트레이터가 훨씬 높습니다. 하지만 각각의 디자인 소스 및 이미지, 또는 촬영 컷의 완성도를 높이기 위해서는 포토샵이 절대적으로 뒷받침되어야 합니다. 특히 식품 관련 브랜드, 패키지 디자인을 개발할 경우 포토샵으로 이미지를 리터칭하는 과정이 아주 중요합니다. 디자인이 아무리 좋아도 패키지에 적용된 조리 예시 사진이 정말 먹고 싶지 않은 상태라면 그 제품을 구매하려는 소비자는 아무도 없을 겁니다.

● 포토샵으로 자주 활용하는 기능이 있나요?

대부분 색감 조정에 관련한 기능을 가장 많이 활용합니다. 그리고 이미지 합성을 위한 기능을 두 번째로 많이 사용하고 있습니다. Curves, Color Balance, Hue & Saturation과 Mask, Pen, Warp, Puppet Warp 기능 등을 주로 사용합니다.

● 후배 디자이너들에게 하고 싶은 이야기가 있나요?

후배 디자이너들에게 신신당부하고 싶은 말이 있습니다. 일러스트레이터, 포토샵 등은 디자인을 하기 위해 반드시 필요한 프로그램이며 자유롭게 다룰 수 있다면 디자인의 퀄리티가 좋아질 수는 있습니다. 그러나 프로그래밍에 너무 의존해 본인이 활용할 수 있는 기능 내에서만 디자인을 하려고 한다거나 반대로 기능을 너무 믿고 모든 것을 기능으로 해결하려고 하면 안 됩니다.

최근 디자인에서 가장 중요하게 강조되는 것은 'Reality & Raw'입니다. 아주 치밀하고 정교하게 프로그램으로 다듬어져 있지만 그것이 느껴지게 해서는 안 됩니다.

그러므로 더 많은 툴을 다룰 줄 아는 것에 치중하기 보다 내 손처럼 편하게 다룰 수 있도록 반복 연습하는 것이 앞으로 프로페셔널 디자이너가 되는 데 효과적인 도움이 될 것입니다.

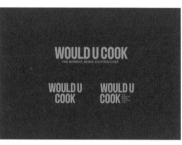

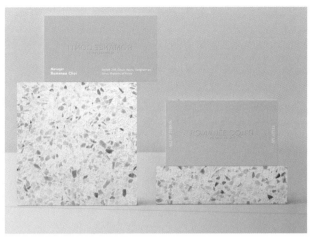

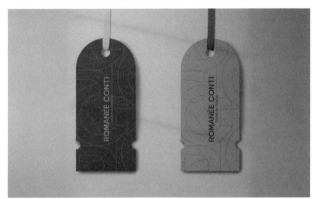

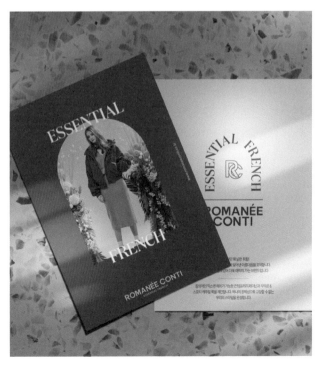

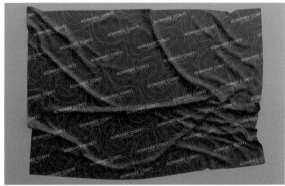

윤여경

대진대학교 디자인학부 시각정보디자인전공 조교수

단국대학교 시각디자인과 일반대학원과 미국 Academy of Art University에서 Web Design & New Media 전공으로 주로 UX/UI를 연구하였으며 한양대학교 영상대학원을 수료했다.
국내외 개인전 9회와 공모전에서 49회 입상하였다. 디자인의 기초가 되는 관찰과 표현, 평면 디자인, 프린팅 기법, 아이덴티티 등과 디지털 디자인을 교육하고 있다.

● **지금 하고 있는 일은 무엇인가요?**

미국 Academy of Art University에서 Web Design & New Media를 전공하고 미국과 국내에서 얻은 실무 감각을 바탕으로 현재 대진대학교 시각정보디자인학과에서 UX/UI에 관련된 강의를 하고 있습니다.

● **가장 기억에 남는 프로젝트는 무엇인가요?**

청각 · 언어 장애인들은 의사소통의 한계로 인하여 비장애인은 물론 같은 장애인들과도 소통의 장애를 겪고 있습니다. 이러한 문제점을 극복하기 위한 수단으로 청각 · 언어 장애인들이 일상생활에서 겪을 수 있는 상황들을 체계적으로 분석하여 의사소통 능력을 이끌어내어 자유로운 의사소통이 가능한 모바일 앱을 디자인하였습니다. 조금이나마 자유롭게 의사를 표현하여 청각 · 언어 장애인들의 삶의 질이나 편의성이 개선되기를 바라고 이해할 수 있는 기회가 되었습니다.

● **디자인 아이디어는 주로 어디에서 얻나요?**

일상생활 속의 미디어나 현시대의 트렌드에서 이슈화되는 부분을 유심히 관찰하고, 긍정적 혹은 부정적인 측면에서 관심을 가지며 상식의 틀을 벗어나는 아이디어를 얻고 있습니다. 좋은 작품을 보며 '왜 이러한 생각을 하지 못했을까?'라는 후회를 하지 않으려면 무엇이든지 눈이 아닌 머리로 읽는 습관을 가져야 하며, 더불어 생각하고 지나치는 것이 아닌 기록을 남겨 다시 되짚어 볼 수 있어야 합니다.

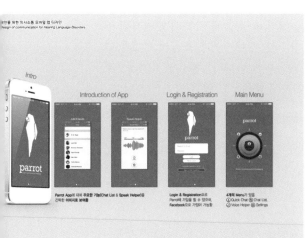

Intro

Introduction of App   Login & Registration   Main Menu

Parrot App에 대한 주요한 기능(Chat List & Speak Helper)을 간략한 이미지로 보여줌

Login & Registration으로 Parrot에 가입할 수 있으며, Facebook으로 가입이 가능함

4개의 Menu가 있음
ⓐ Quick Chat, ⓑ Chat List, ⓒ Voice Helper, ⓓ Settings

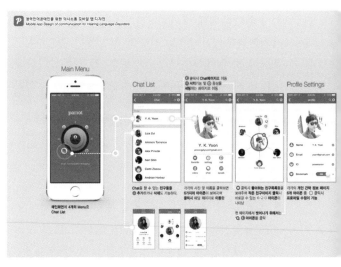

Main Menu

Chat List   Profile Settings

메인화면에 4개의 Menu중 Chat List

Main Menu

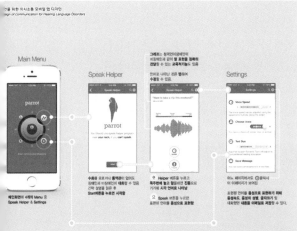

Speak Helper   Settings

그룹은 청력언어장애인이 비장애인과 비장애인의 말 표현을 정확히 전달할 수 있는 교육적기능이 있음

언어로 나타난 글은 텍스트로 수정할 수 있음

메인화면에 4개의 Menu 중 Speak Helper & Settings

청력언어장애를 가진 사람들은 비장애인들과 다르게 사회활동 참여하는데 있어서 일반적으로 자기 자신의 의사소통 즉 언어와 말로써 표현하지 못하는 경우가 대다수다. 이러한 청력언어장애를 가진 사람들이 교육을 통한 자립과 발전을 위해 **의사소통 보조기구의 역할**은 매우크다.

청력언어장애인들을 위한 보조기기 제품과 디자인은 **신체적, 사회적인 특성**을 고려하여 그들의 시각에서 **논의하고 개발**해야 함이 당연하다. 그러나 국내의 청력언어 장애인을 위한 보조기구의 개발이 해외보다 많이 이루어지지 않아 수입제품에 의존하는 경우가 많으며, 높은 가격으로 인해 구매하기까지도 어려움이 있다.

본 모바일 앱 디자인 연구는 청력언어 장애인이 일상생활에서 발생할 수 있는 **의사소통에 대한 요구를 심도 깊게 이해**하고 이것을 체계적으로 접근하여 언어장애인의 의사소통 모바일 앱을 위해 고려해야 할 것을 규명하고, 의사소통 능력을 최대화로 이끌어내어, 의사소통하는 과정 중 오류를 줄이며 **청력언어장애인들의 요구에 만족 시킬 수 있는 의사소통 보조기기 앱 디자인을 제시 및 기여하는데에** 목적이 있다.

Parrot Interface Structure

Speek Helper

Settings

Manual List

Loading page

Voice & Video Chatting

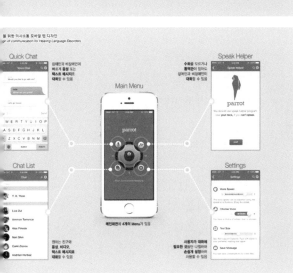

Quick Chat

Main Menu

Speak Helper

Chat List   Settings

메인화면에 4개의 Menu가 있음

● 디자인 작업을 하면서 가장 중요하게 생각하는 것은 무엇인가요?

항상 학생들에게 파워포인트 하나를 만들어도 훌륭하고, 예쁘고, 남들과 다르게 만들라고 이 야기합니다. 그 이유는 사람의 첫인상이 중요하듯 디자인 또한 상대방에게 호감이 가게끔 만 들어야 하기 때문입니다. 이 답은 결국 아이디어에서 찾을 수 있습니다. 동시에 유기적으로 어떻게 사용자의 마음을 이해하고 사로잡을 수 있을 것인가에 대해서도 많은 고민을 합니다.

● 포토샵으로 어떤 작업을 하시나요?

스마트폰 애플리케이션 디자인, 웹사이트 디자인 작업과 영상 이미지 작업을 주로 하고 있 으며 포스터, 일러스트, 편집 등 디자인에 관련된 작업을 하고 있습니다.

● 포토샵으로 자주 활용하는 기능이 있나요?

주로 포토샵만이 표현할 수 있는 이미지 보정, 리터칭 기능을 사용합니다. 그리고 재미있는 효과를 표현할 수 있는 다양한 Filter와 컬러 보정 기능을 사용하기도 합니다.

● 후배 디자이너들에게 하고 싶은 이야기가 있나요?

항상 듣는 말일 수도 있지만 '미루지 말고 지금 당장 실행해라'라는 말을 해 주고 싶습니다. 눈으로 보고 느꼈던 것들이나 좋은 아이디어가 생각났을 때 아이디어 노트나 스마트폰에 기 록하여 체계화한다면 새로운 아이디어에 대한 스트레스를 감소시켜 주는 훌륭한 도구가 될 것입니다. 그리고 이러한 작업을 통해 다양한 디자인의 표현력과 감각을 습득하면 디자인 실력을 향상시켜 줄 수도 있습니다.

항상 매사에 최선을 다하면 여러분은 실력 있는 디자이너로 기억될 수 있을 것입니다.

감춰진 일본의 속내

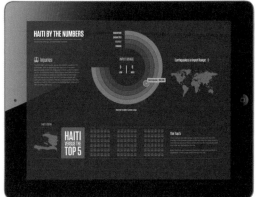

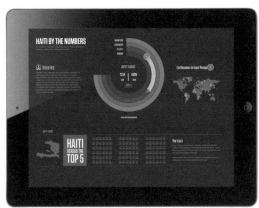

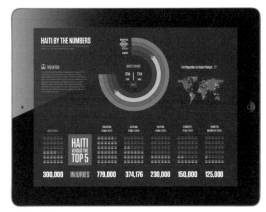

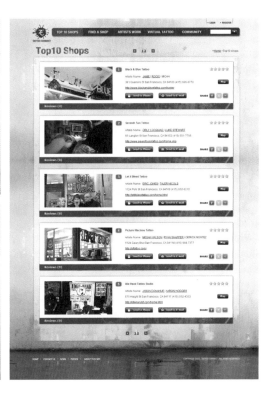

최용우

C.O.G 대표

산업 디자인 전문 회사 C.O.G를 운영하고 있으며, 국내 마켓뿐만 아니라 일본 Au KDDI 사 담당으로 글로벌 마켓에 필요한 디자인을 PL로 진행한 양산 경력이 풍부한 디자이너이다.
대기업의 프로세스를 기획부터 제품 출시까지 모든 과정을 이해하는 장점을 바탕으로 현재 국내 Design Lab에서는 찾기 힘든 양산 관련 리소스들(HW/SW/UX/기구설계/Packaging)과의 협업이 가장 활발한 디자인 랩을 운영 중이다.

〔 홈페이지 〕 http://www.labcog.com

● **지금 하고 있는 일은 무엇인가요?**

산업 디자인 전문 회사로 제품, 브랜딩, 공간 디자인을 전문으로 하고 있습니다. 공기업 및 여러 파트너사와 협업 중이며 자사 브랜드 제품 개발을 병행하여 수익 모델을 만듭니다.

● **가장 기억에 남는 프로젝트는 무엇인가요?**

성공적인 결과보다는 아쉬움이 남은 프로젝트들이 더 기억에 남습니다. 그중 우주인 후보였던 고산 대표와의 협업과 국내 하나뿐인 백열전구 생산 업체의 브랜딩 협업 프로젝트들이 기억에 남는데, 디자인 기획부터 디자인 제안까지 모든 과정이 좋았으나 결국 인력 간의 의견 충돌로 성공적인 방향으로 흘러가지 못한 부분이 아쉬움으로 남습니다. 하지만 이러한 문제는 크던 작던 기업의 기본적 특성이며 현실입니다. 요즘엔 과정 중간중간에 벌어질 수 있는 현실적인 리스크를 협의해 가며 빠르게 랜딩시키는 것이 무엇보다 중요하다 생각합니다.

● **디자인 아이디어는 주로 어디에서 얻나요?**

주변에서 얻습니다. 주변의 불편함을 손쉽게 해결하는 생활의 지혜로부터 출발하며 그 해소 방식에 기능적인 미를 덧대어 표현하고자 합니다. 요즘 같은 시대에는 좋은 이미지와 디자인이 웹에 널려있으며 손쉽게 영향을 받을 수 있는 환경에 노출되어 있습니다. 새로운 아이디어는 흔치 않습니다. 온전히 나만의 아이디어라고 단정 짓기에 앞서 다양한 방법으로 조사와 분석을 해야 합니다. 세상에 완전히 새로운 콘셉트는 없다고 생각합니다. 단지 풀어내는 방식과 이미지의 차이인 아이디어는 많습니다. 그것을 인정하고 더 나은 방법은 없을지, 더 손쉽게 해결할 방법은 없을지 끊임없이 고민해야 합니다. 비슷한 생각이라고 해서 그 과정을 제거하는 것보다는 조금 더 나은 해결책이 없을까를 고민하는 편입니다.

● 디자인 작업을 하면서 가장 중요하게 생각하는 것은 무엇인가요?

'이것이 꼭 필요할까?', '이것만으로 충분할까?'라는 생각을 중요하게 생각합니다. 하라 켄야에게서 영향을 받아 무인양품의 무지와 같은 브랜드 철학을 옹호합니다. 무언가를 만들 때는 '이것만으로도 충분하다'라는 제품에 대한 확신이 있어야 한다고 생각합니다.

● 포토샵으로 어떤 작업을 하시나요?

처음에는 제품 2D 렌더링 위주의 작업을 진행하였습니다. 지금은 3D 모델링 이후 이미지를 탄탄하게 만들어 주는 이미지 합성 작업과 디테일 보정 작업을 주로 하고 있습니다.

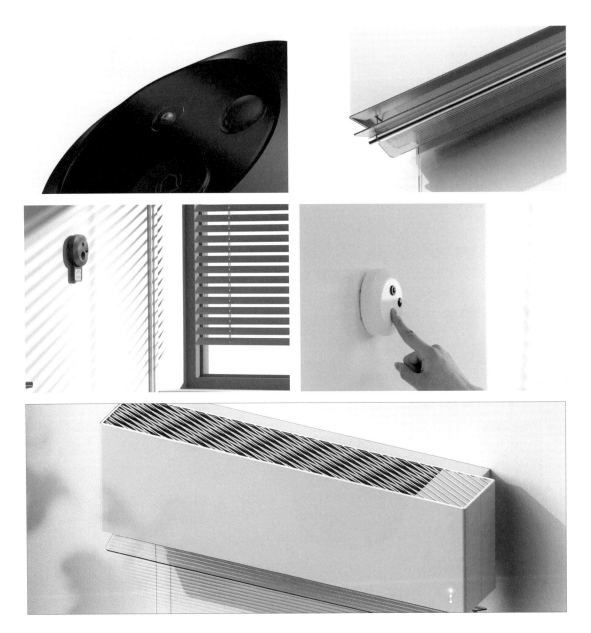

● 포토샵으로 자주 활용하는 기능이 있나요?

이미지 합성 위주의 작업을 할 때는 Blur 기능을 사용한 작업을 많이 하고 있으며, 제품 렌더링 디테일 작업 시에는 Emboss, Shadow와 같은 입체감을 나타내는 작업을 많이 하고 있습니다.

● 후배 디자이너들에게 하고 싶은 이야기가 있나요?

세상에는 나보다 뛰어난 디자이너는 넘치고 넘칩니다. 그들의 이미지를 따르지 마시고 그들이 아이디어를 발견하는 방식을 연구하면 분명 좋은 디자이너가 되리라 생각합니다. 저도 아직도 연구 중이고 너무나도 배울 것이 많은 과정 중에 있습니다.

최현수

JOONGHOCHOI STUDIO 디자이너

현재 JOONGHOCHOI STUDIO에서 제품 디자인 리더로 다양한 클라이언트들과 디자인 개발을 하고 있다.

〔 홈페이지 〕 http://www.hyunsoochoi.kr

● **지금 하고 있는 일은 무엇인가요?**

JOONGHOCHOI STUDIO에서 제품 디자인 리더로 최중호 디렉터와 함께 여러 기업 혹은 개인 클라이언트를 상대로 일을 하고 있습니다. 리빙 제품, 전자 제품, 브랜딩 등 다양한 분야의 디자인을 하고 있습니다.

● **가장 기억에 남는 프로젝트는 무엇인가요?**

학생 시절 개인 프로젝트로 가구 디자인을 진행했었던 것이 가장 기억에 많이 남습니다. 클라이언트들과 진행하는 프로젝트는 대부분 어느 정도 업무 시스템이 갖추어져 있어서 저에게 주어진 업무만 진행하면 되는데, 개인적으로 진행하는 프로젝트는 디자인 초기 단계에서부터 제작 등 디자인을 결과물로 만들어 내는 과정에 필요한 모든 것들을 스스로 알아보고 책임져야 하기 때문에 많은 어려움이 있었습니다.

저의 주머니 사정과 작업물의 품질을 만족시키는 제작 업체를 찾는 것부터가 쉽지 않았습니다. 또한 제작자와 소통하는 방법과 디자이너의 의도를 전달하는 과정이 굉장히 어렵고 힘든 일이라는 것을 컴퓨터상의 디자인을 현실화하는 작업을 실제로 경험해 보니 알 수 있었습니다.

● **디자인 아이디어는 주로 어디에서 얻나요?**

정말 많은 곳에서 얻고 있습니다. 다른 디자이너 혹은 아티스트의 영향을 받기도 하고, 주변 사물, 멋진 이미지, 동료들과의 아이디어 회의 등 어느 특정한 곳에서 얻는다고 하기 힘든 것이 아이디어지요. 다양한 곳에서 얻은 이야기, 이미지가 머릿속에 쌓이고 이것을 편집하는 과정에서 아이디어가 된다고 생각합니다.

● 디자인 작업을 하면서 가장 중요하게 생각하는 것은 무엇인가요?

서로 공감대가 형성될 수 있는 디자인을 하는 것이 중요하다고 생각합니다. 디자이너, 사용자와 기업 혹은 특정 클라이언트, 이 세 가지의 입장이 잘 조합된 디자인을 만들어 내는 것이 중요합니다.

● 포토샵으로 어떤 작업을 하시나요?

디지털 스케치에서부터 2D 렌더링, 이미지 보정, 편집, 합성 등 최종 결과물을 보여 줄 때 더 효과적으로 보여 주기 위한 도구로 이용하고 있습니다.

● 포토샵으로 자주 활용하는 기능이 있나요?

Adjustment 기능을 자주 이용합니다. 결과물의 색감을 더욱 생동감 있게 해 주거나, 깊이감을 줄 수 있는 기능들을 주로 사용합니다.

● 후배 디자이너들에게 하고 싶은 이야기가 있나요?

직접적으로 다양한 경험을 해 보라고 이야기하고 싶습니다. 디자이너는 자신이 경험해 보았던 것을 디자인할 수도 있고, 경험해 보지 못한 것을 디자인해야 할 수도 있습니다. 간접적인 경험이 아닌 직접적인 경험에서 많은 감각을 통해 얻는 정보는 분명 디자이너로서 많은 것을 깨닫게 해 줄 것입니다. 차분히 자신만의 경험을 쌓고 그것을 결과물로 만들어 낼 수 있다면 디자이너로서의 앞날은 걱정할 것이 없다고 생각합니다.

많은 도구를 능숙히 다루는 것 또한 자신의 결과물을 자유롭게 보여 줄 수 있는 방법이기에 많은 경험을 해 보시길 바랍니다.

도 일

LG전자 디자인경영센터 책임연구원

대한민국산업디자인전람회 추천 디자이너이며, 현재, 한국브랜드디자인학회 정회원이다.

● **지금 하고 있는 일은 무엇인가요?**

LG전자에서 브랜드/패키지를 담당하고 있습니다. 현재는 LG프라엘 뷰티 패키지 디자인을 하고 있습니다. 또한 사내 CTO/디자인경영센터 Junior Board(주니어보도)와 한국브랜드 디자인학회 정회원으로 활동하고 있습니다.

● **가장 기억에 남는 프로젝트는 무엇인가요?**

LG전자 전사 브랜드/패키지를 담당하면서 여러 가지 프로젝트를 진행했습니다. 그 중 Good Design(우수상품디자인전)에서 장관상을 받은 Tone Package Design과 Sound 360 Package Design이 기억에 남습니다. 개인 프로젝트로 진행하여 A to Z까지 개발한 사례이기 때문입니다.

● **디자인 아이디어는 주로 어디에서 얻나요?**

주어진 과제를 다양한 방향에서 생각합니다. 첫 번째로 디자인씽킹을 접목하여 UX적 측면까지 고려할 때도 있고 소비자 페인포인트(Pain Point)를 분석하여 진행할 때도 있습니다. 두 번째로는 과제 스코프(Scope)에 따라 다르지만 주로 서칭(Seaching)을 통해 아이디어를 발굴합니다. 꼭 패키지 사이트가 아닌 다양한 분야의 사이트를 통해 서칭을 하며, 다방면의 서적과 잡지를 보는 편입니다. 특히 디자인 잡지로는 PRINT, GRAPHIC을 주로 보며 국내 잡지는 월간디자인, CA를 찾아보는 편입니다. 온라인에서는 비핸스(Behance)와 핀터레스트(Pinaterest) 등을 이용합니다. 패키지 전문 사이트는 더다이라인(thedieline)을 활용합니다.

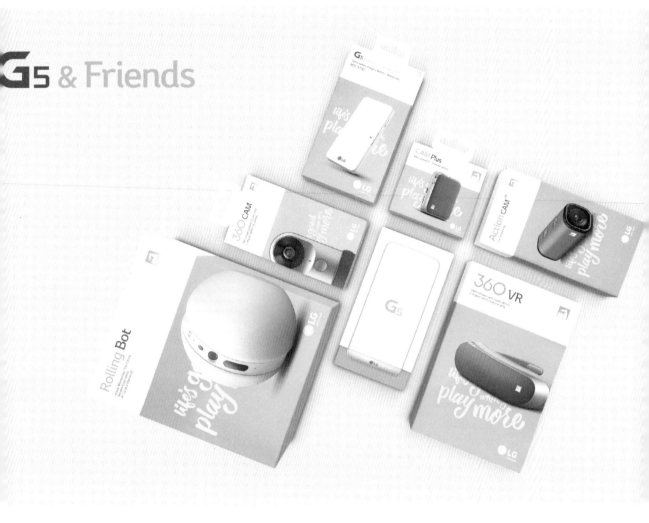

G5 & Friends

● **디자인 작업을 하면서 가장 중요하게 생각하는 것은 무엇인가요?**

디자인은 누군가에 의해서 사용되는데 고객 관점에서 사용성이 고려되어야 한다고 생각합니다. 어떤 디자인이든 소비자가 사용하기 편리한 것이 우선시 되어야 합니다.

● **포토샵으로 어떤 작업을 하시나요?**

포토샵은 패키지에서는 주로 이미지 합성 및 제품 리터칭용으로 사용합니다. 특히 제품을 촬영하고 빛의 명암과 그림자 등 강조하는 데 사용하며, 이미지 사용 시 제품과 합성하는 작업을 하고 있습니다.

● **포토샵으로 자주 활용하는 기능이 있나요?**

포토샵에서 자주 활용하는 것은 패스(Path) 기능과 도장툴(Clone Stamp Tool) 기능 그리고 조정(Adjustments) 기능 중 명암 및 색감 등을 사용합니다. 제품을 배경과 합성하는 작업, 제품의 누끼 작업 등 패스(Path) 기능을 사용하며, 제품의 리터칭으로 도장 명암 색감 작업 시 조정(Adjustments) 기능을 사용하고 있습니다.

● **후배 디자이너들에게 하고 싶은 이야기가 있나요?**

첫째, 습관이 중요합니다. 툴(Tool)도 자주 사용하지 않으면 잊어버리듯 습관적으로 꾸준히 학습하고 새로운 시도를 해야 더 좋은 작업이 나옵니다.

둘째, 기초가 탄탄해야 합니다. 형태, 구도, 드로잉 기본적인 베이스가 정립되어야 기능 또한 빛을 발합니다.

마지막으로 콘셉트가 중요합니다. 기획, 아이디어, 스케치 등 콘셉트가 잘 잡혀야 툴(Tool)에 의한 형상화 작업이 좋은 디자인으로 나올 수 있습니다.

LIFE'S GOOD WHEN YOU

황재필

(주)한국인삼공사 브랜드실 디자인부

(주)한국인삼공사에서 건강기능식품 '정관장' 브랜드 패키지 디자인 기획 및 관리를 하고 있다.

● **지금하고 있는 일은 무엇인가요?**

디자인 에이전시, 리조트 등 다양한 업계에서 디자인 경험을 쌓았고, 현재 (주)한국인삼공사에서 브랜드 디자인 기획 및 관리 업무를 하고 있습니다.

● **디자인 아이디어는 주로 어디에서 얻나요?**

평상 시 모든 것에 호기심을 가지고 관찰하는 것을 생활화하고, 프로젝트 진행 시 그에 해당하는 카테고리에 대한 시장 조사를 베이스로 진행합니다. 디자인은 무엇을 그리고 만드는 것이 아니라고 생각합니다. 생각의 범위를 확장하고 확장된 생각을 쪼개고 그 쪼개진 생각을 하나의 아이템에 적용하는 생각에 대한 설계라고 생각합니다.

● 가장 기억에 남는 프로젝트는 무엇인가요?

2018년 출시한 非홍삼 일반건강기능식품 '알파프로젝트' 건강 시리즈입니다. 일반건강기능식품에 시장 조사를 통해 다소 보수적인 디자인이 중심인 해외 사례와 설명적인 디자인이 대부분인 국내 사례가 있음을 알 수 있었습니다. 非홍삼 일반건강기능식품 시장에서의 후발주자로 정관장만의 차별화된 디자인이 필요했습니다.

우선 소비자의 구매 행위를 살펴본 결과 본인이 필요한 제품인지 꼼꼼히 보고 신중히 선택한다는 것을 알 수 있었습니다. 이에 직관적으로 본인이 원하는 것을 쉽게 접근할 수 있고, 건강기능식품으로 자신의 건강을 케어 할 수 있는 의학적으로 신뢰성 있는 이미지라는 두 가지 큰 틀을 가지고 전개했습니다.

이러한 것을 담아내기 위한 디자인 콘셉트를 구상했고 다양한 신체 기관을 우리만의 시각 언어로 어떻게 표현하면 좋을지 고민하는 것이 가장 중요했습니다.

올림픽에서의 픽토그램은 동일한 뜻이 있지만 올림픽마다 아이덴티티를 가지고 있는 것을 알 수 있습니다. 이에 각 신체의 특징을 나타낼 수 있는 '픽토그램'과 '컬러시스템'으로 디자인 콘셉트를 잡아 전개했고 좋은 파트너와의 협업으로 좋은 결과물이 나왔습니다. 그 결과, 세계 3대 디자인 어워드(reddot, IF, IDEA)를 수상할 수 있었으며, 더욱이 IF에서는 GOLD AWARD(출품작 중 상위 1% 이내 디자인을 선정하여 수상)를 수상하는 결과를 가져왔습니다.

● **디자인 작업을 하면서 가장 중요하게 생각하는 것은 무엇인가요?**

회사에 속해 있는 디자이너로서 나만의 개성을 나타내기보다는 각각의 프로젝트 속성에 맞는 적절한 디자인 스토리와 그에 맞는 이미지를 어떻게 하면 시각 언어로 표현할 것인지 끊임없는 질문을 던집니다.

● **포토샵으로 어떤 작업을 하시나요?**

아이디어 스케치 단계에서 어느 정도 실질적 이미지가 나오면 가상으로 합성 등을 하여 빠르고 쉽게 대략의 이미지를 얻고자 할 때 주로 사용합니다. 패키지 디자인을 하다 보면 디자이너가 아닌 브랜드 매니저와의 커뮤니케이션을 위한 사전 시뮬레이션 작업 또한 중요하다고 생각됩니다. 또한 평면적 디자인을 입체적 효과와 함께 완제품으로 나왔을 때의 느낌을 최대한 살리는 도구로 효과적으로 사용하고 있습니다.

● **포토샵으로 자주 활용하는 기능이 있나요?**

디자인 시안의 효과적인 입체감을 주기 위한 도구로 Blur 기능과 완제품의 시뮬레이션을 위한 Brush, Emboss 등을 다양하게 사용합니다.

● **후배 디자이너들에게 하고 싶은 이야기가 있나요?**

디자이너란? 질문을 끊임없이 자신에게 던질 것!

본인들이 하고자 하는 일에 대해서 어떠한 역할을 하는 것인지 끊임없이 생각해야 합니다. 디자인에 대한 어떠한 영역(디자인뿐만 아니라 다양한 분야)을 한정하지 말고 탐구하는 자세로 임했으면 합니다.

시선을
사로잡는
표지 디자인

포토샵으로 일러스트 그래픽 효과를 표현, 이미지의 컬러
보정, 그러데이션을 적용하여 표지 디자인을 구성합니다.

FASHION 매거진 표지 디자인

216mm

280mm

사용 목적 FASHION 매거진 표지 디자인

작업 크기 216 x 280(mm) / 해상도 : 300dpi

실제 크기 216 x 280(mm) / 해상도 : 300dpi

기능 사용 펜 도구를 활용하여 일러스트 그래픽 효과를 적용합니다. 도형 도구와 사용자 셰이프 도구를 활용하여 그래픽 요소를 변형 및 편집하고 표지 디자인을 완성합니다.

예제 작업 과정

1

이미지 불러오고 선택하기

2

이미지에 일러스트 효과 적용 하기

3

사용자 셰이프 도구로 그래픽 효과 적용하기

4

매거진 타이틀 디자인하기

5

표지에 그래픽 효과 적용하기

6

문자에 필터 효과 적용하기

SECTION 01

FASHION 매거진 표지 디자인

일러스트 그래픽 효과를 활용한 매거진 표지 디자인하기

◉ **예제 파일** 01\남자 옷.jpg | ◉ **완성 파일** 01\FASHION 매거진 표지디자인.psd

일러스트 그래픽 효과와 밝은 컬러를 조합하여 시각적으로 화려한 FASHION
매거진 표지를 디자인합니다.

1 펜 도구를 이용해 티셔츠 그리기

01 [File] → New(Ctrl + N)를 실행합니다. 파일 이름을 'FASHION 매거진 표지디자인', Width를 '216mm', Height를 '280mm', Resolution을 '300 Pixels/Inch', Color Mode를 'RGB Color'로 설정하고 〈Create〉 버튼을 클릭합니다.

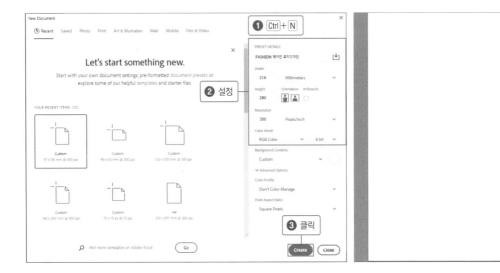

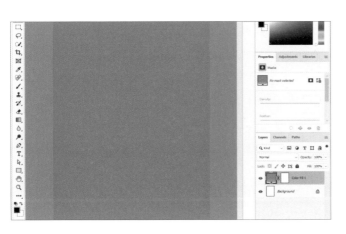

02 [Layers] 패널에서 'Create new fill or adjustment layer' 아이콘(◑)을 클릭한 다음 **Solid Color**를 실행합니다. [Color Picker] 대화상자가 표시되면 색상을 '#ee6e6e'로 지정합니다.

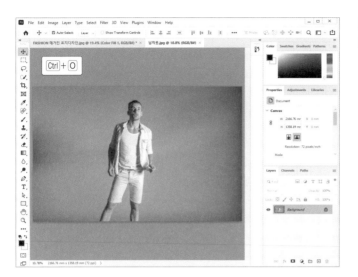

03 [File] → Open(Ctrl+O)을 실행하고 01 폴더에서 '남자 옷.jpg' 파일을 불러옵니다.

04 빠른 선택 도구(⟋)를 선택하고 드래그해서 그림과 같이 선택 영역을 지정합니다.

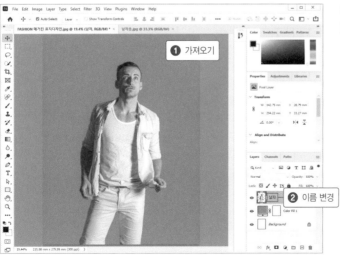

05 이미지를 기존 작업창으로 가져옵니다. [Layers] 패널에서 레이어의 이름을 '남자'로 변경합니다.

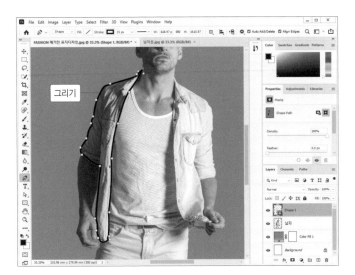

06 펜 도구(펜아이콘)를 선택하고 그림과 같이 재킷의 외곽 라인을 따라 그림과 같이 그립니다.

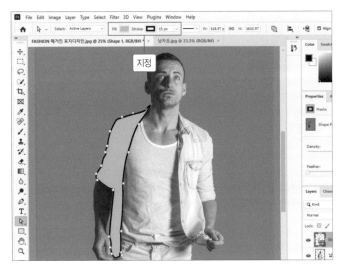

07 옵션바에서 Fill을 '#8ae40a', Stroke를 '#000000', 두께를 '15px'로 지정합니다.

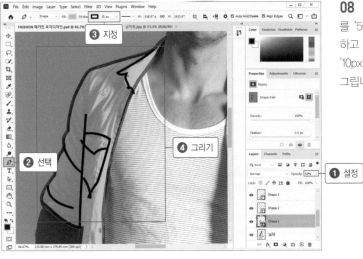

08 **07**번 과정에서 그린 패스의 불투명도를 '50%'로 설정합니다. 펜 도구(펜아이콘)를 선택하고 옵션바에서 Stroke를 '#000000', 두께를 '10px'로 지정한 다음 재킷의 주름과 주머니를 그립니다.

09 [Layers] 패널에서 펜 도구로 그린 레이어를 모두 선택하고 'Create a new group' 아이콘(□)을 클릭하여 그룹으로 지정한 다음 그룹 레이어의 이름을 '재킷'으로 변경합니다.

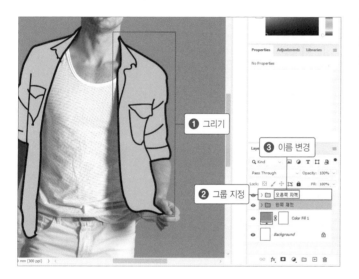

10 06~09번 과정과 같은 방법으로 오른쪽 재킷을 그린 다음 그룹으로 지정합니다. 그룹 레이어의 이름을 '오른쪽 재킷'으로 변경합니다.

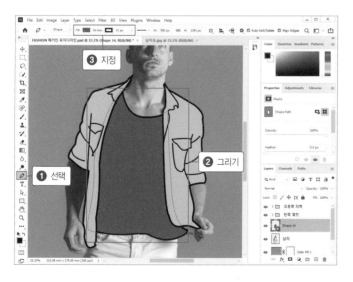

11 펜 도구(⌀.)를 선택하고 T셔츠의 외곽 라인을 따라 그림과 같이 그립니다. 옵션바에서 Fill을 '#200ff6', Stroke를 '#000000', 두께를 '15px'로 지정합니다.

2 셰이프 도구로 티셔츠에 무늬 그리기

01 사용자 셰이프 도구(⬚.)를 선택하고 옵션바에서 Shape를 'Waves'로 시성한 다음 [Shift]를 누른 상태로 드래그해서 3개 그립니다. [Layers] 패널에서 물결 3개를 그린 레이어를 모두 선택하고 마우스 오른쪽 버튼을 클릭한 다음 Merge Shapes를 실행합니다.

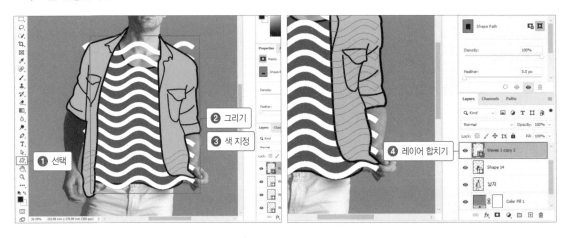

02 [Layers] 패널에서 티셔츠를 그린 레이어의 섬네일에 [Ctrl]을 누른 상태로 클릭합니다. 'Add layer mask' 아이콘(◻)을 클릭하여 마스크를 적용합니다.

03 [Layers] 패널에서 티셔츠를 그린 레이어를 선택하고 [Ctrl]+[J]를 눌러 레이어를 복제한 다음 흰색 웨이브를 그린 레이어 위로 이동합니다. 사용자 셰이프 도구(⬚.)를 선택하고 옵션바에서 Fill을 'No color'로 지정합니다.

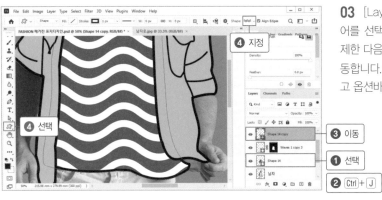

3 문자와 장식 요소 추가하기

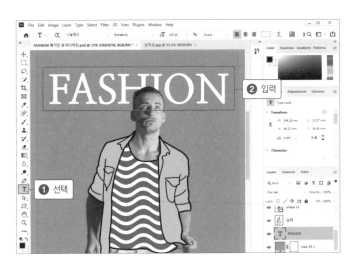

01 문자 도구(T.)를 선택하고 'FASHION' 을 입력합니다. 옵션바에서 글꼴을 '나눔명조', 크기를 '120pt', 색상을 '흰색'으로 지정합니다.

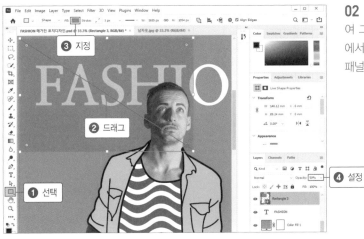

02 사각형 도구(□.)를 선택하고 드래그하여 그림과 같이 직사각형을 그립니다. 옵션바에서 Fill을 '#4279d5'로 지정합니다. [Layers] 패널에서 불투명도를 '50%'로 설정합니다.

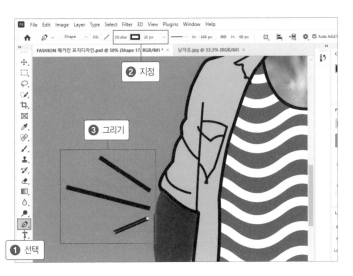

03 펜 도구(∅.)를 선택하고 옵션바에서 Stroke를 '#000000', 두께를 '20px'로 지정한 다음 그림과 같이 그립니다.

TIP 클릭해서 선을 그리고 Esc 를 눌러 해제한 다음 다시 선을 그립니다.

04 03번 과정과 같은 방법으로 펜 도구를 이용해서 오른쪽 손가락 가까이에 그림과 같이 곡선을 그립니다.

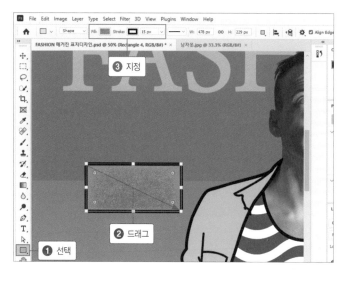

05 사각형 도구(□)를 선택하고 드래그하여 그림과 같이 직사각형을 그립니다. 옵션바에서 Fill을 '#ff7e00', Stoke를 '#000000', 두께를 '15px'로 지정합니다.

06 Ctrl + T를 누릅니다. Shift + Ctrl + Alt를 눌러 드래그하여 그림과 같이 도형을 변형한 다음 회전합니다.

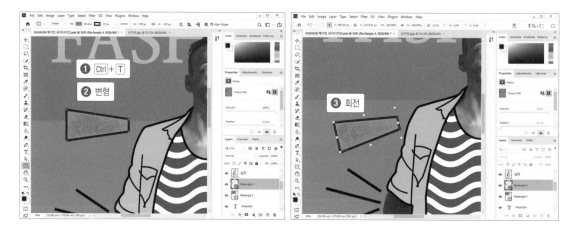

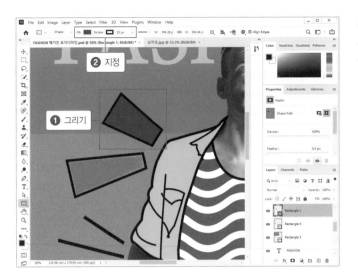

07 05~07번 과정과 같은 방법으로 도형을 그립니다. 옵션바에서 Fill을 '#001389', Stoke를 '#000000', 두께를 '15px'로 지정합니다.

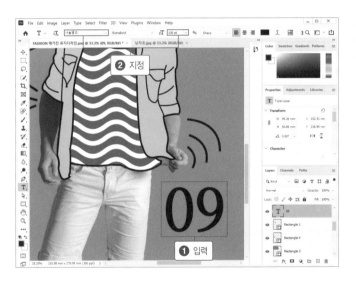

08 문자 도구([T.])를 선택하고 '09'을 입력합니다. 옵션바에서 글꼴을 '나눔명조', 크기를 '130pt'로 지정합니다.

09 [Layers] 패널에서 'Add a layer style' 아이콘([fx])을 클릭한 다음 Stroke를 실행합니다. [Layer Style] 대화상자가 표시되면 Size를 '15px', Color를 '#ffffff'로 설정하고 〈OK〉 버튼을 클릭합니다.

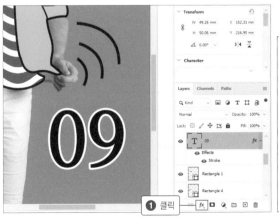

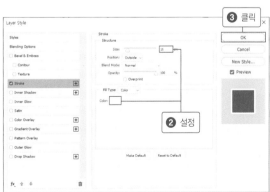

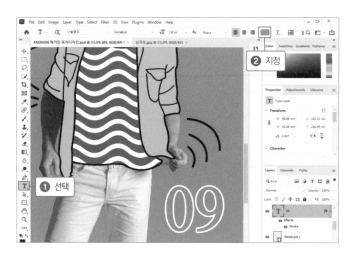

10 문자 도구(T.)를 선택하고 옵션바에서 색상을 '#ee6e6e'로 지정합니다.

11 [Layers] 패널에서 'Add a layer style' 아이콘(fx)을 클릭한 다음 Drop Shadow를 실행합니다. [Layer Style] 대화상자가 표시되면 Color를 '#00fff6', Opacity를 '100%', Angle을 '140°', Distance를 '50px', Spread를 '100%', Size를 '5px'로 설정하고 〈OK〉 버튼을 클릭합니다.

12 문자 도구(T.)를 선택하고 'FASHION ISSUE'를 입력합니다. 옵션바에서 글꼴을 '나눔바른펜', 크기를 '120pt', 색상을 '#f6ff00'으로 지정합니다.

13 [Type] → **Warp Text**를 실행합니다. [Warp Text] 대화상자가 표시되면 Style을 'Flag'로 지정하고 Bend를 '23%', Horizontal Distortion을 '−6%'로 설정한 다음 〈OK〉 버튼을 클릭합니다.

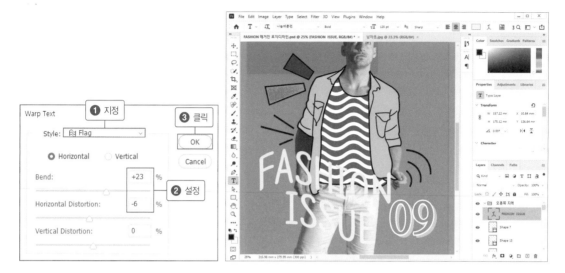

14 사용자 셰이프 도구(⬭)를 선택하고 옵션바에서 Shape를 'Grime 7'으로 지정한 다음 Shift를 누른 상태로 드래그해서 그립니다. 옵션바에서 Fill을 '#29e5d1'로 지정하고 그림과 같이 배치합니다. [File] → **Save**(Ctrl + S)를 실행하여 완성된 파일을 저장합니다.

HEALING TOUR 카탈로그 표지 디자인

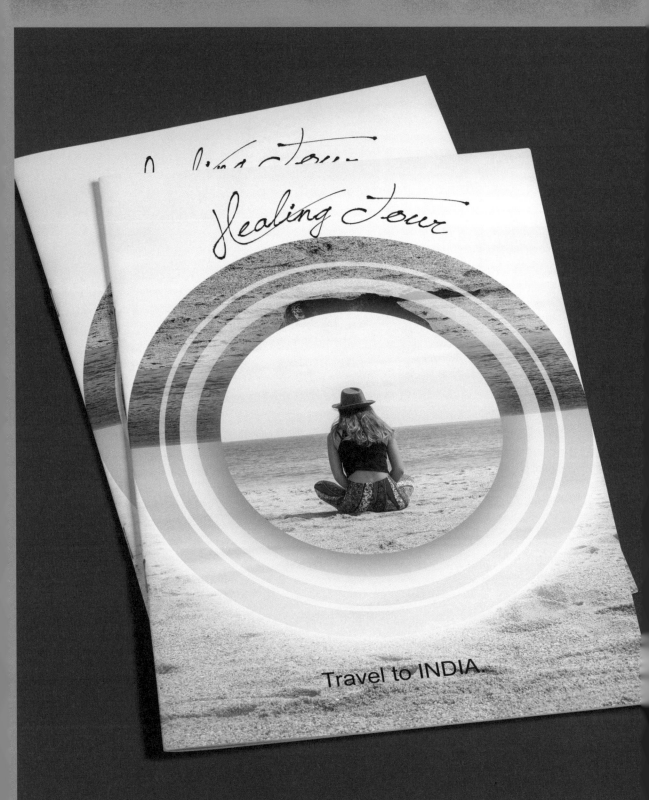

HEALING TOUR 카탈로그 표지 디자인

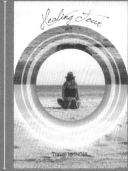
210mm
297mm

●

사용 목적 HEALING TOUR 카탈로그 표지 디자인
작업 크기 210 x 297(mm) / 해상도 : 200dpi
실제 크기 210 x 297(mm) / 해상도 : 300dpi
기능 사용 원형 도구를 사용해 원형을 만들고 Outer Glow 레이어 스타일을 적용합니다. 원형 도구와 문자 도구를 사용하여 원형으로 텍스트를 입력하고 표지 디자인을 완성합니다.

예제 작업 과정

1
이미지 가져오기

2
원형으로 프레임만 만들고 Outer Glow 레이어 스타일 적용하기

3
레이어 복제하고 Outer Glow 레이어 스타일 컬러 수정하기

4
이미지 180°(각도표시) 회전하기

5
원형 도구로 그래픽 효과 적용하기

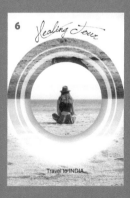

6
원형 도구와 문자 도구를 활용하여 텍스트 입력하기

SECTION 02
HEALING TOUR 카탈로그 표지 디자인

원형 도구와 레이어 스타일을 활용한
카탈로그 표지 디자인하기

⚫ 예제 파일 01\Healing Tour.jpg | ⚫ 완성 파일 01\HEALING TOUR 카탈로그 표지디자인.psd

시각적으로 안정감을 줄 수 있는 원형과 명상하는 이미지를 사용하여 힐링 투어
카탈로그 표지를 디자인합니다.

1 여자 이미지 배치하기

01 [File] → New(Ctrl+N)를 실행합니다. 파일 이름을 'HEALING TOUR 카탈로그 표지디자인', Width를 '210mm',
Height를 '297mm', Resolution을 '300 Pixels/Inch', Color Mode를 'RGB Color'로 설정하고 〈Create〉 버튼을 클릭합니다.

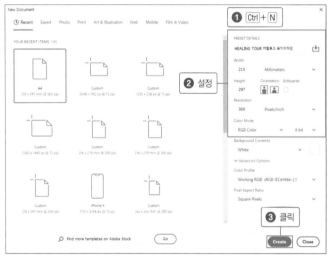

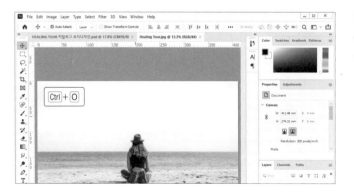

02 [File] → Open(Ctrl+O)을 실행하고
01 폴더에서 'Healing Tour.jpg' 파일을 불러
옵니다.

03 불러온 이미지를 기존 작업창으로 가져옵니다. 가로 눈금자에 마우스 커서를 가져가서 클릭한 상태로 아래로 드래그하여 작업창의 중앙으로 이동합니다. [Layers] 패널에서 레이어의 이름을 '이미지'로 변경합니다.

TIP 눈금자가 보이지 않을 경우 Ctrl+R을 눌러 표시합니다.

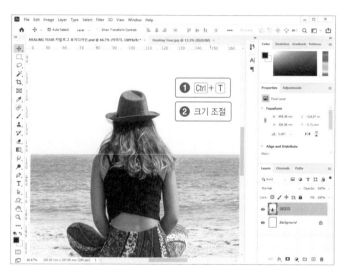

04 Ctrl+T를 눌러 중앙 그리드에 맞춰서 그림과 같이 이미지를 축소하여 배치합니다.

TIP 그리드와 수평선을 맞춰서 축소합니다.

05 [Layers] 패널에서 '이미지' 레이어를 선택하고 Ctrl+J를 눌러 레이어를 복제합니다.

2 원형을 활용하여 이미지 꾸미기

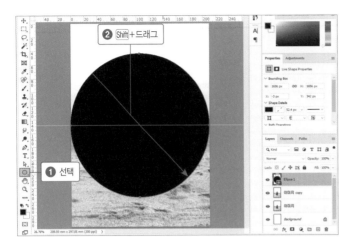

01 원형 도구(◯.)를 선택하고 Shift를 누른 상태로 드래그하여 그림과 같이 정원을 그립니다.

02 [Layers] 패널에서 'Ellipse 1' 레이어의 섬네일에 Ctrl을 누른 상태로 클릭합니다. 'Ellipse 1' 레이어의 '눈' 아이콘(👁)을 클릭해 레이어를 숨깁니다.

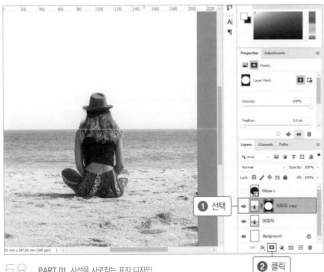

03 [Layers] 패널에서 '이미지 copy' 레이어를 선택하고 'Add vector mask' 아이콘(▣)을 클릭하여 마스크를 적용합니다.

TIP 동일한 크기와 동일한 위치에 마스크를 적용해 보이지 않습니다.

04 [Layers] 패널에서 'Add a layer style' 아이콘(*fx.*)을 클릭한 다음 **Outer Glow**를 실행합니다. [Layer Style] 대화상자가 표시되면 Blend Mode를 'Normal', Opacity를 '100%', Size를 '250px'로 설정하고 〈OK〉 버튼을 클릭합니다.

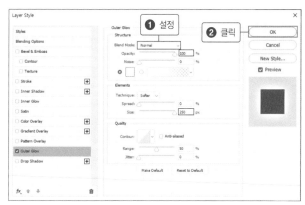 

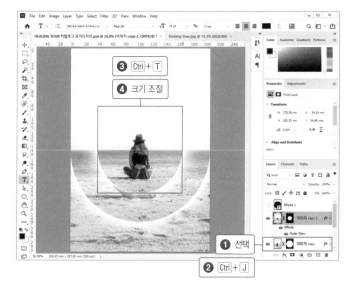

05 [Layers] 패널에서 '이미지 copy' 레이어를 선택하고 Ctrl + J를 눌러 레이어를 복제합니다. Ctrl + T를 눌러 그림과 같이 이미지를 축소합니다.

06 [Layers] 패널에서 '이미지 copy 2' 레이어 아래에 있는 'Outer Glow'를 더블클릭합니다. [Layer Style] 대화상자가 표시되면 Blend Mode를 'Normal', Opacity를 '60%', 색상을 '#2b86aa', Size를 '160px'로 설정하고 〈OK〉 버튼을 클릭합니다.

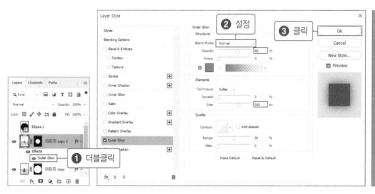 

07 [Layers] 패널에서 '이미지' 레이어를 선택하고 [Image] → Adjustments → Black & White를 실행하면 이미지가 흑백으로 변경됩니다.

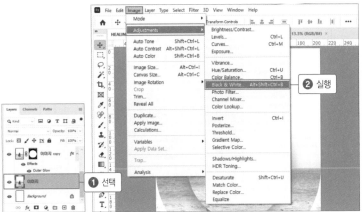 

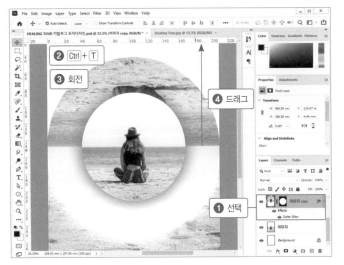

08 [Layers] 패널에서 '이미지 copy' 레이어를 선택하고 Ctrl+T를 눌러 드래그하여 90° 회전합니다. 중앙에 있는 그리드에 마우스 커서를 가져가 아이콘이 변경되면 가로 눈금자까지 드래그하여 그리드를 숨깁니다.

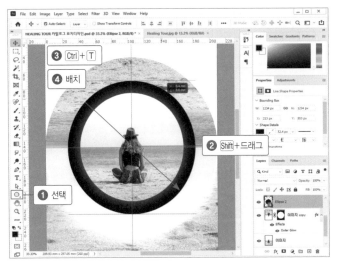

09 원형 도구(○.)를 선택하고 Shift를 누른 상태로 드래그하여 그림과 같이 정원을 그립니다. Ctrl+T를 눌러 이동하면 분홍색 가이드 선이 표시되면서 작업창의 중앙에 정렬할 수 있습니다.

10 원형 도구(◯)를 선택하고 옵션바에서 Fill을 'No Color', Stroke를 '#ffffff', 두께를 '60px'로 지정합니다. Stroke Options 에서 Align을 'Center'로 지정합니다.

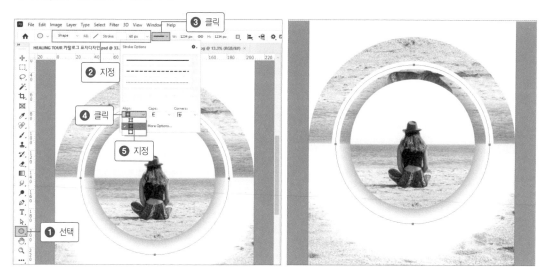

11 [Layers] 패널에서 'Ellipse 2' 레이어를 선택하고 Opacity를 '70%'로 설정합니다.

12 [Layers] 패널에서 'Ellipse 2' 레이어를 선택하고 Ctrl + J 를 눌러 레이어를 복제합 니다. Ctrl + T 를 눌러 그림과 같이 이미지를 축소합니다.

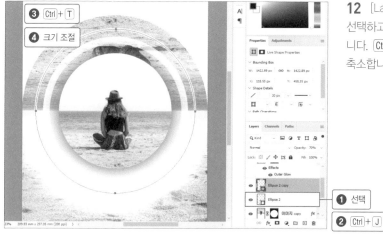

13 [Layers] 패널에서 '이미지 copy' 레이어를 선택하고 [Image] → Adjustments → Levels를 실행합니다. [Levels] 대화상자가 표시되면 Input Levels를 왼쪽부터 '58', '0.49', '255'로 설정하고 〈OK〉 버튼을 클릭합니다.

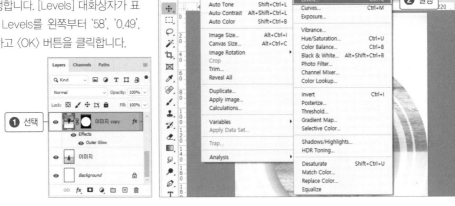

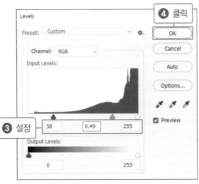

3 문자 입력하고 완성하기

01 문자 도구(T.)를 선택하고 'Travel to INDIA'를 입력합니다. 옵션바에서 글꼴을 'Arial', 스타일을 'Regular', 크기를 '28pt'로 지정하고 그림과 같이 배치합니다.

02 원형 도구(⬭)를 선택하고 Shift를 누른 상태로 드래그하여 그림과 같이 정원을 그립니다.

03 문자 도구(T)를 선택하고 정원 패스에 마우스 커서를 가져가 커서의 아이콘이 변경되면 클릭하여 'Healing Tour'를 입력합니다. 옵션바에서 글꼴을 'Jellyka Saint-Andrew's Queen', 크기를 '80pt'로 지정합니다. 'Ellipse 3' 레이어의 '눈' 아이콘(👁)을 클릭해 레이어를 숨깁니다. **[File] → Save**(Ctrl + S)를 실행하여 완성된 파일을 저장합니다.

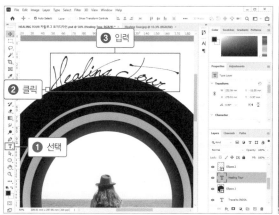

GREEN MUSIC 매거진 표지 디자인

●

사용 목적 GREEN MUSIC 매거진 표지 디자인

작업 크기 216 x 279(mm) / 해상도 : 300dpi

실제 크기 216 x 279(mm) / 해상도 : 300dpi

기능 사용 그러데이션과 이미지에 듀오톤 적용, 블렌딩 모드를 사용하여 이미지를 편집합니다. 사각형 도구, 원형 도구, 사용자 셰이프 도구를 사용하여 그래픽 효과를 적용합니다. 문자에 지그재그 필터 효과를 적용하고 표지 디자인을 완성합니다.

216mm

279mm

예제 작업 과정

1
그러데이션 적용하기

2
이미지에 마스크 적용하기

3
이미지에 블렌딩 모드 적용하기

4
매거진 타이틀 디자인하기

5
표지에 그래픽 효과 적용하기

6
문자에 지그재그 필터 효과
적용하기

SECTION 03
GREEN MUSIC 매거진 표지 디자인

듀오톤과 필터 효과를 활용한 매거진 표지 디자인하기

⊙ **예제 파일** 01\여자 이미지.jpg | ⊙ **완성 파일** 01\GREEN MUSIC 매거진 표지디자인.psd

이미지를 듀오톤으로 변경하여 시각적 집중도를 높이고 문자에 지그재그 필터를
적용한 다음 음악 소리가 퍼지는 듯한 그래픽 효과를 적용하여 GREEN MUSIC
매거진 표지를 디자인합니다.

1 배경에 그러데이션 적용하기

01 [File] → New(Ctrl + N)를 실행합니다. 파일 이름을 'GREEN MUSIC 매거진 표지디자인', Width를 '216mm', Height를 '279mm', Resolution을 '300 Pixels/Inch', Color Mode를 'RGB Color'로 설정하고 〈Create〉 버튼을 클릭합니다.

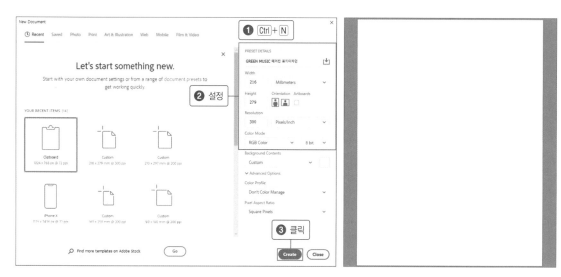

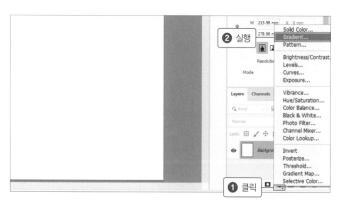

02 [Layers] 패널에서 'Create new fill or adjustment layer' 아이콘(●)을 클릭한 다음 **Gradient**를 실행합니다.

03 [Gradient Fill] 대화상자가 표시되면 Gradient 스펙트럼을 클릭합니다. [Gradient Editor] 대화상자가 표시되면 왼쪽 색상을 '#1eff00', 오른쪽 색상을 '#005af2', Opacity를 '100%'로 설정하고 〈OK〉 버튼을 클릭합니다.

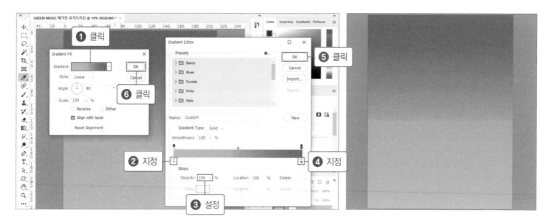

2 이미지를 듀오톤으로 변경하기

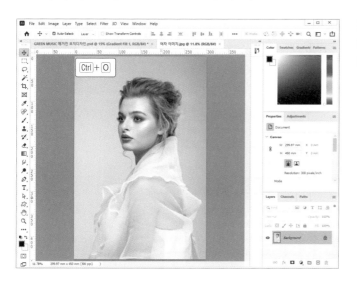

01 [File] → Open(Ctrl+O)을 실행하고 01 폴더에서 '여자 이미지.jpg' 파일을 불러옵니다.

02 [Image] → Mode → Grayscale을 실행하여 이미지를 흑백으로 변경합니다.

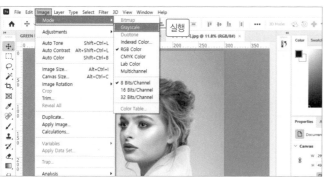

03 [Image] → Mode → Duotone을 실행합니다. [Duotone Options] 대화상자가 표시되면 Type을 'Duotone'으로 지정한 다음 Ink 1의 색상을 '#1eff00', Ink 2의 색상을 '#ffed00'으로 지정하고 〈OK〉 버튼을 클릭합니다. 보정한 여자 이미지를 기존 작업창으로 가져옵니다.

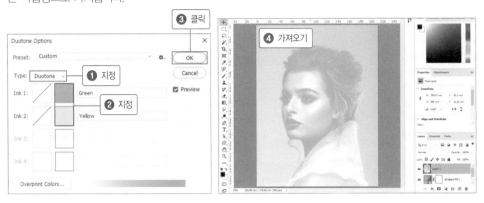

04 [Edit] → Transform → Again을 실행하여 여자 이미지를 축소합니다. 사각형 선택 도구(▦)를 선택하고 그림과 같이 드래그합니다. [Layers] 패널에서 'Add vector mask' 아이콘(▣)을 클릭하여 마스크를 적용합니다.

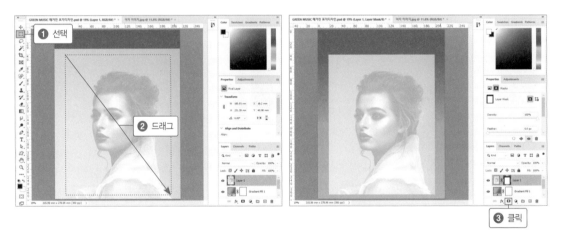

3 이미지에 마스크 적용하고 블렌딩 모드 지정하기

01 '여자 이미지' 파일 이름 탭을 클릭하고 [History] 패널에서 상단의 섬네일을 클릭하여 처음 불러온 상태로 변경합니다. 기존 작업창으로 여자 이미지를 가져옵니다. [Edit] → Transform → Again을 실행하여 여자 이미지를 축소합니다.

02 마스크가 적용된 'Layer 1' 레이어의 마스크 섬네일을 선택하고 Ctrl 을 누른 상태로 클릭합니다. [Layers] 패널에서 여자 이미지를 불러온 'Layer 2' 레이어를 선택하고 'Add vector mask' 아이콘(◻)을 클릭하여 마스크를 적용합니다. Ctrl + D 를 눌러 선택 영역을 해제합니다.

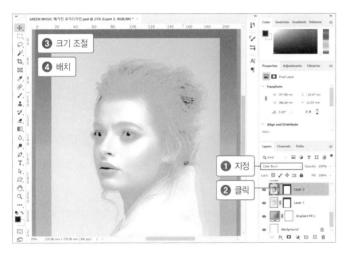

03 [Layers] 패널에서 블렌딩 모드를 'Color Burn'으로 지정합니다. 'Layer 2' 레이어의 'Link' 아이콘(⌗)을 클릭해 링크를 해제하고 이미지 위치 및 크기를 그림과 같이 조절합니다.

4 다양한 도형과 문자를 이용해 꾸미기

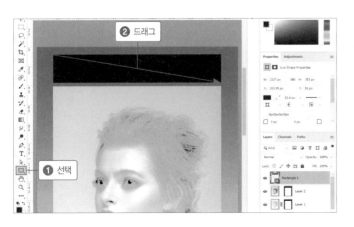

01 사각형 도구(◻)를 선택하고 드래그해서 그림과 같이 직사각형을 그립니다.

02 옵션바에서 Fill을 '#1eff00'으로 지정합니다.

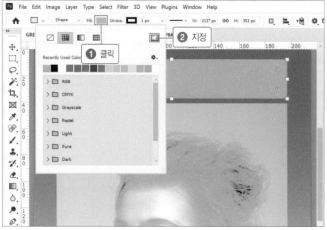 

03 원형 도구(◯)를 선택하고 드래그하여 그림과 같이 정원을 그립니다. 옵션바에서 Fill을 'No Color', Stroke를 '#1eff00', 두께를 '40px'로 지정합니다.

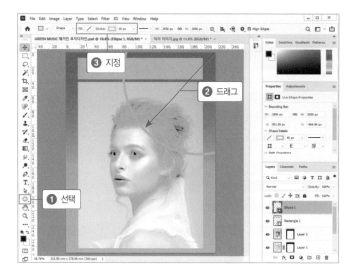

04 사용자 셰이프 도구(◈)를 선택하고 옵션바에서 Shape를 'Triangle'로 지정한 다음 드래그해서 그림과 같이 삼각형을 그립니다.

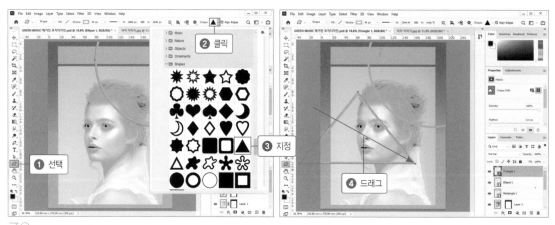

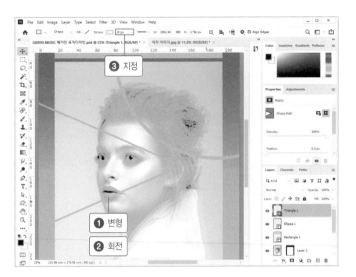

05 [Edit] → Transform → Again을 실행합니다. 삼각형을 회전 및 변형하여 그림과 같이 배치합니다. 옵션바에서 두께를 '20px'로 지정합니다.

06 문자 도구(T.)를 선택하고 'GREEN MUSIC'을 입력합니다. [Character] 패널에서 글꼴을 'Arial', 스타일을 'Black', 크기를 '32pt', 자간을 '800'으로 지정합니다.

07 'MUSIC' 텍스트를 드래그해서 블록으로 지정합니다. [Character] 패널에서 자간을 '850'으로 지정하여 'M'과 'C'를 시각적으로 정렬합니다.

08 사용자 셰이프 도구(⬚)를 선택하고 옵션바에서 Shape를 'Tile 2'로 지정한 다음 Shift를 누른 상태에서 드래그하여 그림과 같이 그립니다. 옵션바에서 Fill을 '#005af2'로 지정합니다.

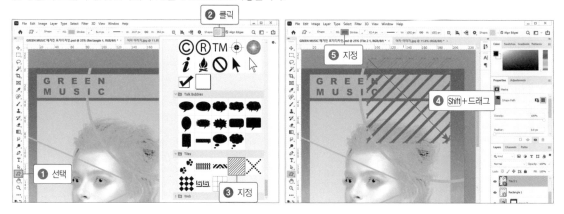

09 사각형 선택 도구(▢)를 선택하고 드래그하여 그림과 같이 그립니다. [Layers] 패널에서 'Add vector mask' 아이콘(▣)을 클릭해서 마스크를 적용합니다.

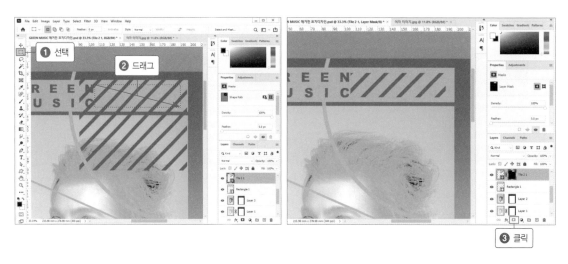

5 문자 입력하고 지그재그 효과 적용하기

01 문자 도구(T,)를 선택하고 'G'를 입력합니다. [Character] 패널에서 글꼴을 'Arial', 스타일을 'Bold', 크기를 '300pt'로 지정합니다.

02 [Filter] → Distort → ZigZag를 실행합니다. [ZigZag] 대화상자가 표시되면 Amount를 '100', Ridges를 '20'으로 설정하고 〈OK〉 버튼을 클릭합니다.

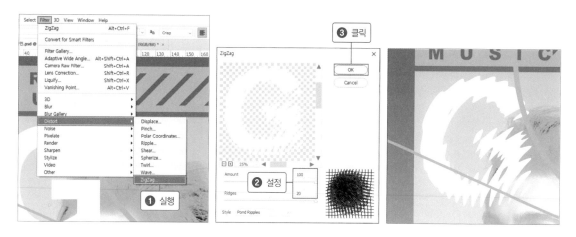

03 01~02번 과정과 같은 방법으로 'M'을 입력하고 [ZigZag] 대화상자에서 Amount를 '-100', Ridges를 '20'으로 설정하고 〈OK〉 버튼을 클릭합니다.

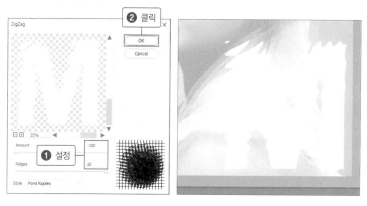

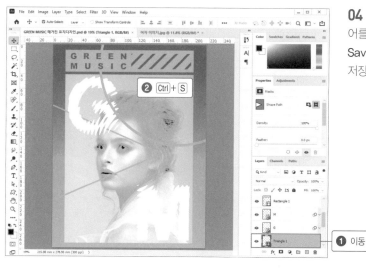

04 [Layers] 패널에서 'Triangle 1' 레이어를 'G' 레이어 아래로 이동하고 [File] → Save(Ctrl + S)를 실행하여 완성된 파일을 저장합니다.

Bakery 매거진 표지 디자인하기

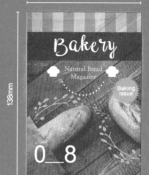

사용 목적 Bakery 매거진 표지 디자인

작업 크기 107 x 138(mm) / 해상도 : 300dpi

실제 크기 107 x 138(mm) / 해상도 : 300dpi

기능 사용 나무 배경 이미지를 불러와 색상 보정을 합니다. 베이커리 이미지를 불러오고 Drop Shadow 레이어 스타일을 적용한 다음 타이틀(제목)을 디자인하여 매거진 표지 디자인을 완성합니다.

예제 작업 과정

1

배경 이미지 가져오기

2

베이커리 이미지 배치하기

3

매거진 배경 디자인하기

4

타이틀(제목) 입력하고 장식하기

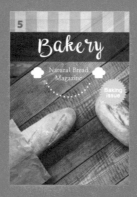

5

매거진 표지 디자인하기

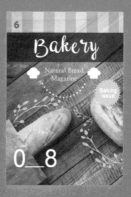

6

브러시를 활용하여 그래픽 요소 추가하기

SECTION 04
Bakery 매거진 표지 디자인하기

그래픽 요소로 장식한 매거진 표지 디자인하기

⚫ **예제 파일** 01\나무.jpg, 빵.jpg, decorative-twings.abr　|　⚫ **완성 파일** 01\Bakery 매거진 표지디자인.psd

브러시와 도형을 활용하여 일러스트 스타일의 표지 그래픽을 적용하여 Bakery
매거진 표지를 디자인합니다.

1 이미지 편집해 조합하고 효과 적용하기

01 [File] → New(Ctrl + N)를 실행합니다. 파일 이름을 'Bakery 매거진 표지디자인', Width를 '107mm', Height를 '138mm', Resolution을 '300 Pixels/Inch', Color Mode를 'RGB Color'로 설정하고 〈Create〉 버튼을 클릭합니다.

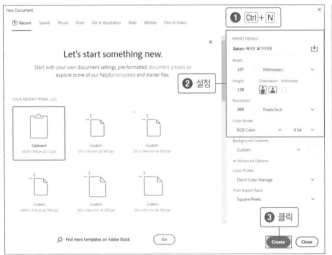

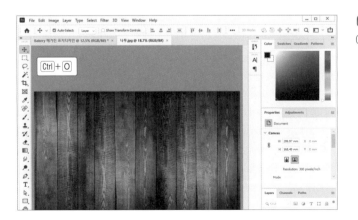

02 [File] → Open(Ctrl + O)을 실행하고 01 폴더에서 '나무.jpg' 파일을 불러옵니다.

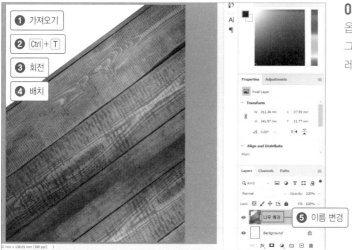

03 불러온 이미지를 기존 작업창으로 가져옵니다. Ctrl+T를 눌러 이미지를 회전하고 그림과 같이 배치합니다. [Layers] 패널에서 레이어의 이름을 '나무 배경'으로 변경합니다.

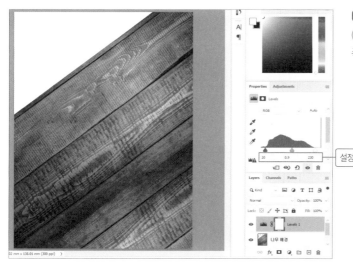

04 [Adjustments] 패널에서 'Levels' 아이콘(▣)을 클릭합니다. [Propertise] 패널에서 왼쪽부터 '20', '0.9', '230'으로 설정합니다.

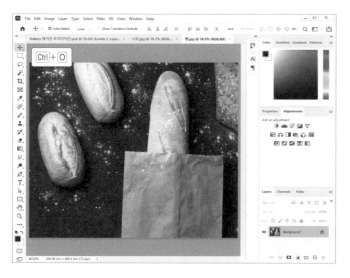

05 [File] → Open(Ctrl+O)을 실행하고 01 폴더에서 '빵.jpg' 파일을 불러옵니다.

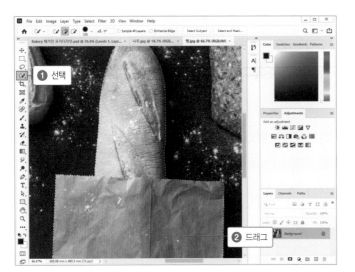

06 빠른 선택 도구(🖉)를 선택하고 드래그하여 바게트 이미지만 선택 영역으로 지정합니다.

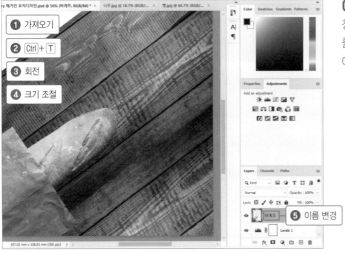

07 선택한 이미지를 드래그하여 기존 작업 창으로 가져온 다음 Ctrl+T를 눌러 이미지를 회전하고 크기를 조절합니다. [Layers] 패널에서 레이어의 이름을 '바게뜨'로 변경합니다.

08 [Layers] 패널에서 '바게뜨' 레이어를 선택하고 'Add a layer style' 아이콘(fx)을 클릭한 다음 **Drop Shadow**를 실행합니다. [Layer Style] 대화상자가 표시되면 Blend Mode를 'Multiply', Opacity를 '75%', Angle을 '120°', Distance를 '40px', Spread를 '20%', Size를 '55px'로 설정하고 〈OK〉 버튼을 클릭합니다.

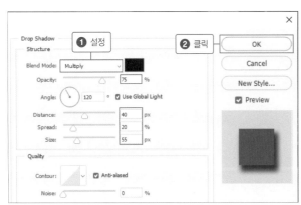

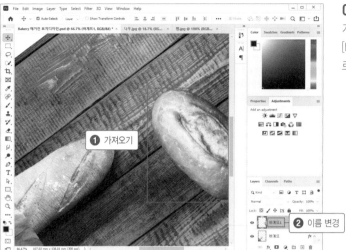

09 **06~07**번 과정과 같은 방법으로 다른 바게뜨 이미지도 기존 작업창으로 가져온 다음 [Layers] 패널에서 레이어의 이름을 '바게뜨1'로 변경합니다.

10 [Layers] 패널에서 'Add a layer style' 아이콘(**fx**)을 클릭한 다음 **Drop Shadow**를 실행합니다. [Layer Style] 대화상자가 표시되면 Blend Mode를 'Multiply', Opacity를 '75%', Angle을 '120°', Distance를 '40px', Spread를 '20%', Size를 '50px'로 설정하고 〈OK〉 버튼을 클릭합니다.

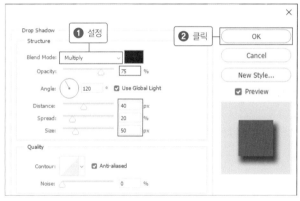

11 '나무.jpg' 파일을 기존 작업창으로 다시 가져온 다음 Ctrl+T를 눌러 이미지 크기를 그림과 같이 조절합니다. [Layers] 패널에서 레이어의 이름을 '나무 배경1'로 변경하고 '나무 배경' 레이어 아래로 이동합니다.

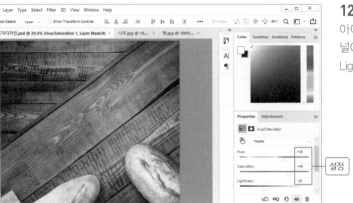

12 [Adjustments] 패널에서 'Hue/Saturation' 아이콘(▦)을 클릭합니다. [Properties] 패널에서 Hue를 '+30', Saturation을 '+40', Lightness를 '−29'로 설정합니다.

13 [Filter] → Blur → Gaussian Blur를 실행합니다. [Gaussian Blur] 대화상자가 표시되면 Radius를 '4.5 Pixels'로 설정하고 〈OK〉 버튼을 클릭합니다.

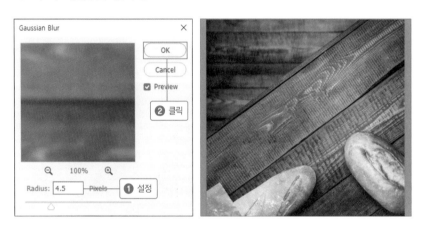

2 문자 입력하고 사각형을 이용해 꾸미기

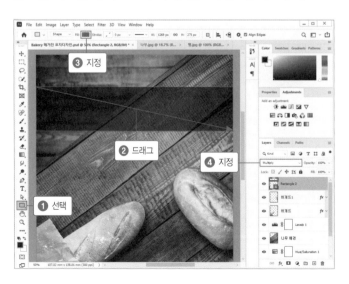

01 사각형 도구(▢)를 선택하고 그림과 같이 드래그하여 직사각형을 그립니다. 옵션바에서 Fill을 '#7d5c3d'로 지정한 다음 [Layers] 패널에서 블렌딩 모드를 'Multiply'로 지정합니다.

02 문자 도구(T.)를 선택하고 'Bakery'를 입력한 다음 옵션바에서 글꼴을 'Druchilla', 크기를 '120pt', 색상을 '#ffffff'로 지정합니다.

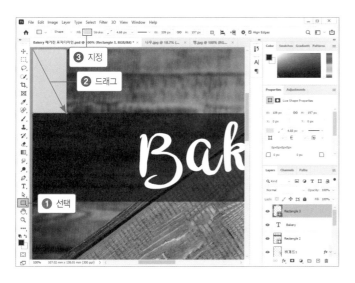

03 사각형 도구(ロ)를 선택하고 드래그하여 그림과 같이 직사각형을 그린 다음 옵션바에서 Fill을 '#acdc8d'로 지정합니다.

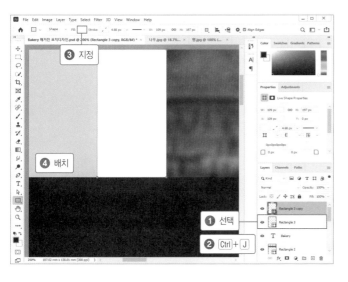

04 [Layers] 패널에서 'Rectangle 3' 레이어를 선택하고 Ctrl+J를 눌러 레이어를 복제합니다. 옵션바에서 Fill을 '#ffffff'를 지정하고 그림과 같이 배치합니다.

05 Ctrl+J를 눌러 그림과 같이 직사각형을 그린 레이어를 복제한 다음 배치합니다. 직사각형을 그린 레이어를 모두 선택하고 'Create a new group' 아이콘(□)을 클릭하여 그룹으로 지정한 다음 그룹 레이어의 이름을 '패턴'으로 변경합니다.

06 Ctrl+T를 눌러 캔버스 가로 크기에 맞게 크기를 조절합니다. [Layers] 패널에서 Opacity를 '70%'로 설정합니다.

07 문자 도구(T.)를 선택하고 'Natural Bread Magazine'을 입력합니다. 옵션바에서 글꼴을 '나눔명조', 크기를 '14pt', 색상을 '#ffffff'로 지정합니다.

3 도형을 이용해 빵 모자 아이콘 만들기

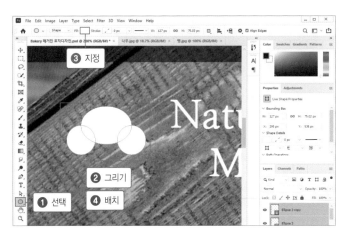

01 원형 도구(◯.)를 선택하고 드래그하여 그림과 같이 타원을 그립니다. 옵션바에서 Fill을 '#ffffff'로 지정하고 그림과 같이 배치합니다.

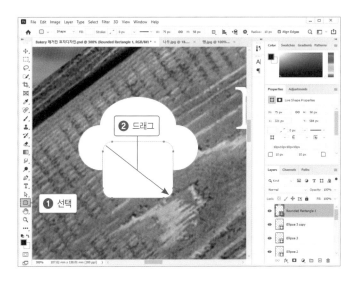

02 둥근 사각형 도구(◻.)를 선택하고 드래그하여 그림과 같이 사각형을 그립니다.

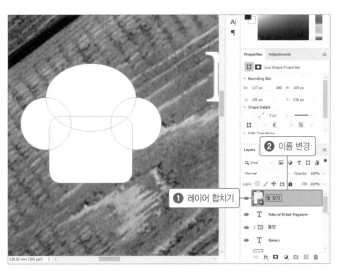

03 [Layers] 패널에서 타원을 그린 레이어와 둥근 사각형을 그린 레이어를 모두 선택하고 마우스 오른쪽 버튼을 클릭한 다음 **Merge Shapes**를 실행합니다. 레이어의 이름을 '빵 모자'로 변경합니다.

04 [Layers] 패널에서 '빵 모자' 레이어를 선택하고 Ctrl + J 를 눌러 레이어를 복제한 다음 그림과 같이 배치합니다.

4 장식 요소 추가하기

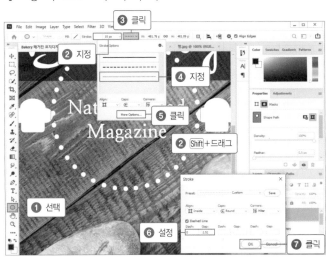

01 원형 도구( )를 선택하고 Shift 를 누른 상태로 드래그하여 그림과 같이 정원을 그립니다. 옵션바에서 Stroke를 '#ffffff', 두께를 '15px', Stroke Options를 '원 점선'으로 지정하고 〈More Options〉 버튼을 클릭합니다. [Stroke] 대화상자가 표시되면 Dash를 '0', Gap을 '2.52'로 설정하고 〈OK〉 버튼을 클릭합니다.

02 사각형 선택 도구( )를 선택하고 그림과 같이 드래그하여 직사각형을 그립니다.

03 [Layers] 패널에서 'Add layer mask' 아이콘(◻)을 클릭하여 마스크를 적용합니다.

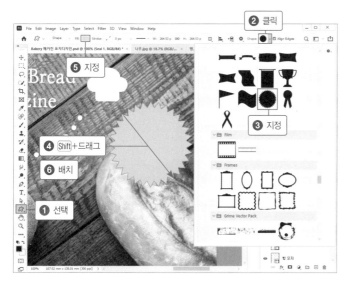

04 사용자 셰이프 도구(⬠)를 선택하고 옵션바에서 Shape를 'Seal'로 지정한 다음 Shift 를 누른 상태로 드래그해서 그립니다. 옵션바에서 Fill을 '#acdc8d'로 지정하고 그림과 같이 배치합니다.

05 문자 도구(T.)를 선택하고 'Baking issue'를 입력한 다음 옵션바에서 글꼴을 'Arial', 크기를 '13pt', 색상을 '#ffffff'로 지정합니다.

5 브러시를 적용하고 텍스트 입력해 완성하기

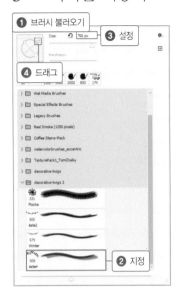

01 [Layers] 패널에서 'Create a new layer' 아이콘(□)을 클릭해 새로운 레이어를 만든 다음 레이어의 이름을 '장식'으로 변경합니다. 브러시 도구(✏)를 선택하고 01 폴더에서 'decorative-twings' 브러시를 불러옵니다. 브러시를 'aste4'로 지정하고 Size를 '700px'로 설정한 다음 오른쪽으로 회전합니다.

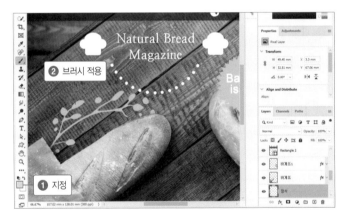

02 [Tools] 패널에서 전경색을 '#f2d095'로 지정하고 그림과 같이 브러시를 적용합니다.

03 01~02번 과정과 같은 방법으로 옵션바에서 브러시를 회전 및 축소해 그림과 같이 브러시를 적용합니다.

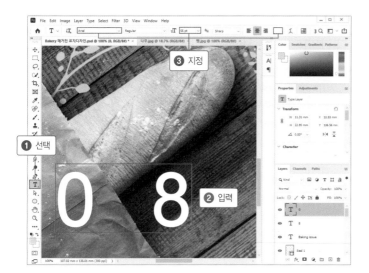

04 문자 도구(T.)를 선택하고 '0', '8'을 각각 입력합니다. 옵션바에서 글꼴을 'Arial', 크기를 '55pt', 색상을 '#ffffff'로 지정합니다.

05 사각형 도구(□)를 선택하고 드래그하여 그림과 같이 직사각형을 그린 다음 옵션바에서 Fill을 '#ffffff'로 지정합니다. [File] → Save(Ctrl+S)를 실행하여 완성된 파일을 저장합니다.

다이어리 표지 디자인

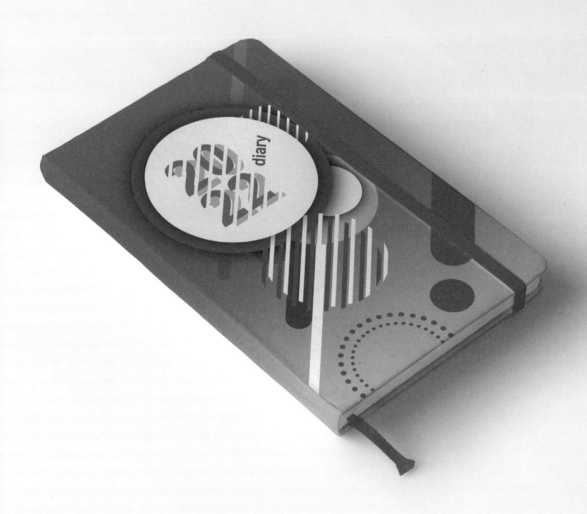

다이어리 표지 디자인

135mm
210mm

●

사용 목적 2022 다이어리 표지 디자인

작업 크기 135 x 210(mm) / 해상도 : 300dpi

실제 크기 135 x 210(mm) / 해상도 : 300dpi

기능 사용 그레이디언트 도구로 배경을 만들고, 사용자 셰이프 도구를 활용해 도형을 만들고 마스크를 적용합니다. 텍스트를 입력, 사용자 셰이프 도구의 도형을 사용하여 마스크를 적용하고 다이어리 표지 디자인을 완성합니다.

예제 작업 과정

1
그러데이션 적용하기

2
원형 도구로 정원 그리기

3
정원을 그리고 Outer Glow 레이어 스타일 적용하기

4
사각형을 그리고 모퉁이를 둥글게 하기

5
사용자 셰이프 도구의 도형을 사용하여 마스크 적용하기

6
2022 타이틀에 사용자 셰이프 도구의 도형을 사용하여 마스크 적용하기

SECTION 05
다이어리 표지 디자인

그러데이션과 레이어 스타일로 다이어리 표지 디자인하기

🔵 **완성 파일** 01\다이어리 표지디자인.psd

그러데이션과 스트라이프 도형을 활용하여 경쾌한 분위기의 다이어리 표지를
디자인합니다.

1 배경에 그러데이션 적용하기

01 [File] → New(Ctrl+N)를 실행합니다. 파일 이름을 '다이어리 표지디자인', Width를 '135mm', Height를 '210mm', Resolution을 '300 Pixels/Inch', Color Mode를 'RGB Color'로 설정하고 〈Create〉 버튼을 클릭합니다.

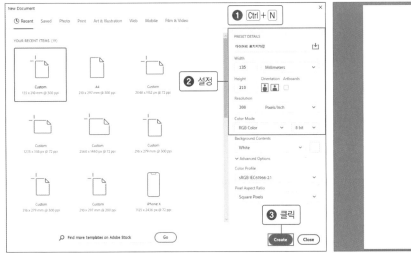

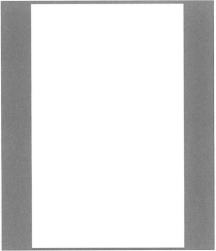

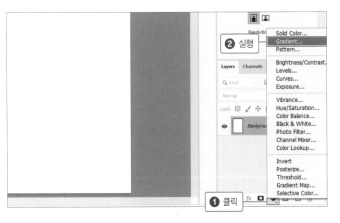

02 [Layers] 패널에서 'Create new fill or adjustment layer' 아이콘(🔵)을 클릭하고 **Gradient**를 실행합니다.

03 [Gradient Fill] 대화상자가 표시되면 Gradient 스펙트럼을 클릭합니다. [Gradient Editor] 대화상자가 표시되면
'Purple_02'로 지정하고 〈OK〉 버튼을 클릭합니다.

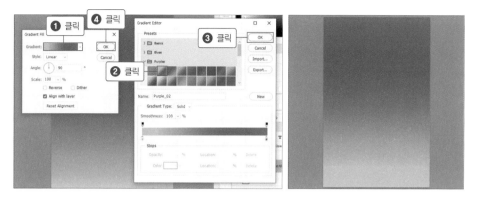

2 도형을 이용해 배경 꾸미기

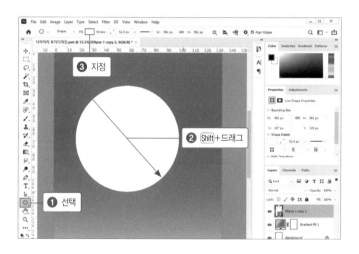

01 원형 도구(⬭)를 선택하고 Shift를 누른
상태로 드래그하여 정원을 그립니다. 옵션바
에서 Fill을 '#ffffff'로 지정합니다.

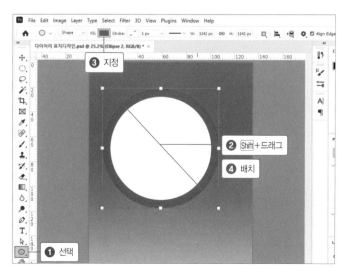

02 원형 도구(⬭)를 선택하고 Shift를 누른
상태로 드래그하여 정원을 그립니다. 옵션바
에서 Fill을 '#c70986'으로 지정하고 그림과 같
이 배치합니다.

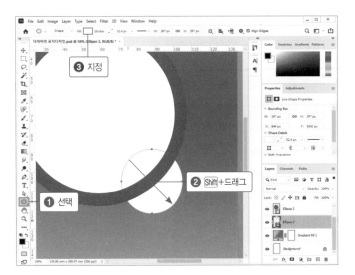

03 원형 도구(◯)를 선택하고 [Shift]를 누른 상태로 드래그하여 정원을 그립니다. 옵션바에서 Fill을 '#ffffff'로 지정합니다.

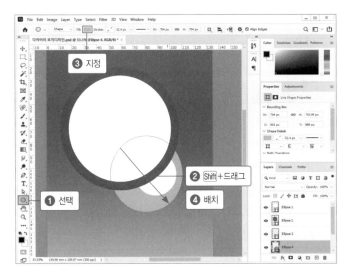

04 원형 도구(◯)를 선택하고 [Shift]를 누른 상태로 드래그하여 정원을 그립니다. 옵션바에서 Fill을 '#13d5df'로 지정하고 그림과 같이 배치합니다.

05 [Layers] 패널에서 'Ellipse 1' 레이어를 선택하고 'Add a layer style' 아이콘(fx)을 클릭한 다음 **Outer Glow**를 실행합니다. [Layer Style] 대화상자가 표시되면 Blend Mode를 'Normal', Opacity를 '30%', Size를 '100px'로 설정하고 〈OK〉 버튼을 클릭합니다.

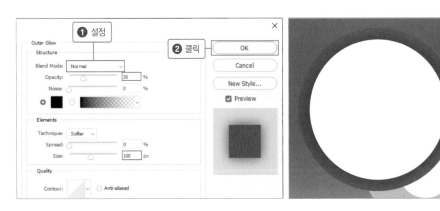

06 [Layers] 패널에서 'Ellipse 2' 레이어를 선택하고 'Add a layer style' 아이콘(*fx.*)을 클릭한 다음 **Outer Glow**를 실행합니다. [Layer Style] 대화상자가 표시되면 Blend Mode를 'Normal', Opacity를 '50%', Size '150px'로 설정하고 〈OK〉 버튼을 클릭합니다.

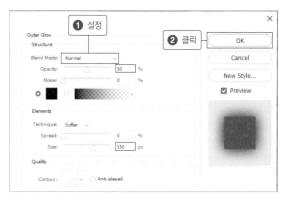

07 [Layers] 패널에서 'Ellipse 3' 레이어를 선택하고 'Add a layer style' 아이콘(*fx.*)을 클릭한 다음 **Outer Glow**를 실행합니다. [Layer Style] 대화상자가 표시되면 Blend Mode를 'Normal', Opacity를 '40%', Size를 '100px'로 설정하고 〈OK〉 버튼을 클릭합니다.

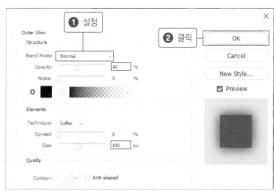

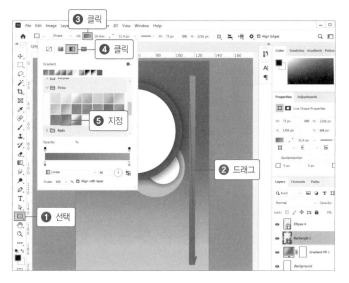

08 사각형 도구(□)를 선택하고 그림과 같이 드래그하여 직사각형을 그립니다. 옵션바에서 Fill을 'Gradient', 'Pink_16'으로 지정합니다.

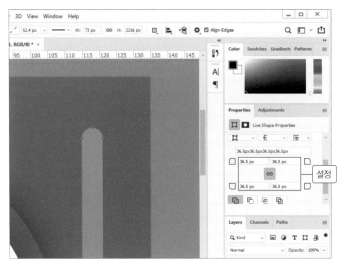

09 [Properties] 패널에서 corner radius를 '36.5px'로 설정하여 모서리를 둥글게 변형합니다.

TIP 직사각형 크기에 따라 반지름 값은 틀리며 36.5px 이상의 값을 입력해도 직사각형의 반지름 값으로 변경됩니다.

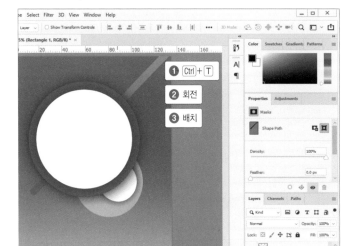

10 [Ctrl]+[T]를 누르고 [Shift]를 눌러 그림과 같이 회전 및 배치합니다.

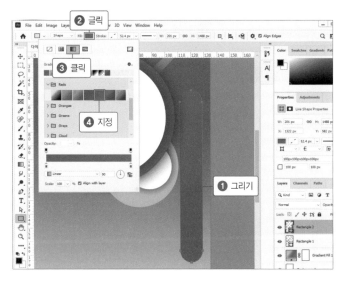

11 08~09번 과정과 같은 방법으로 직사각형을 그립니다. 옵션바에서 Fill을 'Gradient', 'Red_05'로 지정하여 그러데이션을 적용합니다.

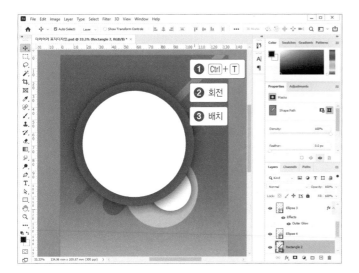

12 Ctrl + T 를 누르고 Shift 를 눌러 그림과 같이 회전 및 배치합니다.

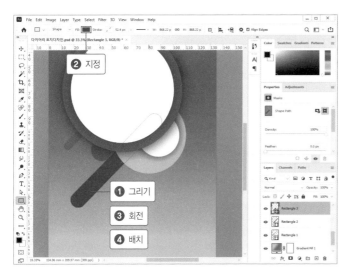

13 11~12번 과정과 같은 방법으로 둥근 직사각형을 그립니다. 옵션바에서 Fill을 '#1e21ae'로 지정하고 그림과 같이 회전 및 배치합니다.

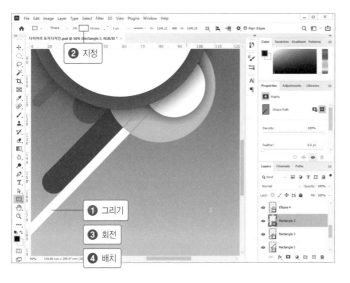

14 11~12번 과정과 같은 방법으로 둥근 직사각형을 그립니다. 옵션바에서 Fill을 '#ffffff'로 지정하고 그림과 같이 회전 및 배치합니다.

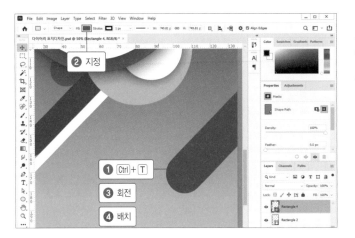

15 11~12번 과정과 같은 방법으로 둥근 직사각형을 그립니다. 옵션바에서 Fill을 '#8613df'로 지정하고 그림과 같이 회진 및 배치합니다.

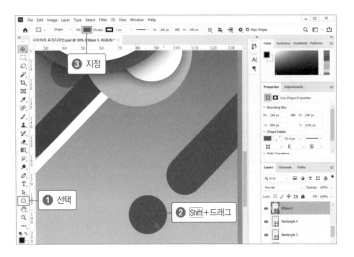

16 원형 도구(○.)를 선택하고 Shift를 누른 상태로 드래그하여 정원을 그립니다. 옵션바에서 Fill을 '#8613df'로 지정합니다.

3 셰이프 도구와 마스크 적용하기

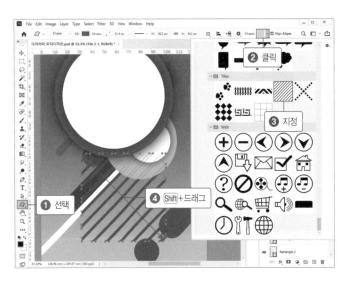

01 사용자 셰이프 도구(♣.)를 선택하고 옵션바에서 Shape를 'Tile 2'로 지정하고 Shift를 누른 상태로 드래그해서 그립니다.

02 원형 선택 도구(⬭)를 선택하고 Shift를 누른 상태로 드래그해서 그림과 같이 그립니다. 'Add a mask' 아이콘(▣)을 클릭하면 마스크가 적용됩니다.

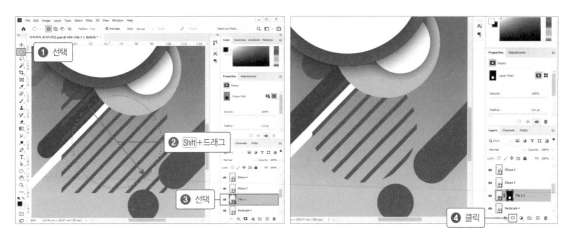

03 [Layers] 패널에서 'Tile 2 1'레이어를 선택하고 Ctrl + J를 눌러 레이어를 복제하고 그림과 같이 이동합니다. 원형 도구(◯)를 선택하고 옵션바에서 Fill을 '#ffffff'로 지정합니다.

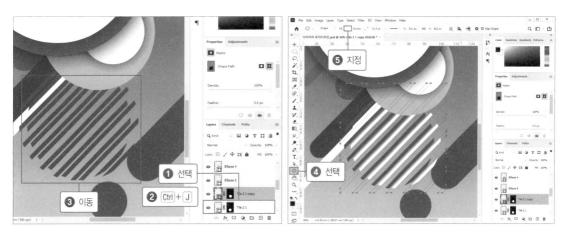

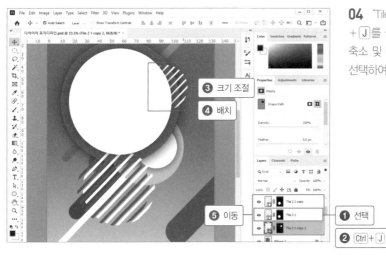

04 'Tile 2 1 copy' 레이어를 선택하고 Ctrl + J를 눌러 레이어를 복제하고 그림과 같이 축소 및 배치합니다. 타일 형태의 레이어 모두 선택하여 'Ellipse 1' 레이어 아래로 이동합니다.

4 장식 요소 추가하고 문자 입력하기

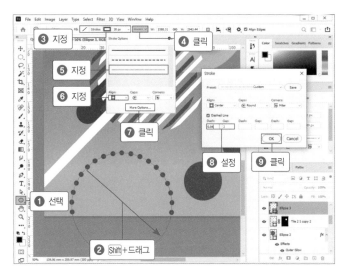

01 원형 도구(◯.)를 선택하고 Shift를 누른 상태로 드래그하여 정원을 그립니다. 옵션바에서 Fill을 'No color', Stroke를 '#8613df', 두께를 '30px'로 지정합니다. Stroke Options를 '원 점선', Align을 'Center'로 지정한 다음 〈More Options〉 버튼을 클릭합니다. [Stroke] 대화상자가 표시되면 Dash를 '0.04', Gap을 '2'로 설정하고 〈OK〉 버튼을 클릭합니다.

TIP Dash의 숫자 입력 칸을 클릭하고 ↑, ↓를 누르면 0.01 간격으로 조절됩니다.

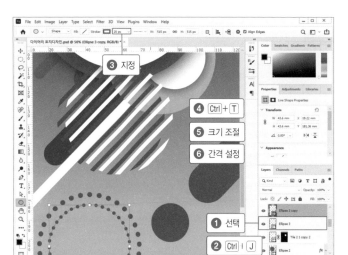

02 'Ellipse 3' 레이어를 선택하고 Ctrl + J를 눌러 레이어를 복제합니다. 옵션바에서 두께를 '20px'로 지정합니다. Ctrl + T를 눌러 그림과 같이 축소하고 **01**번 과정과 같은 방법으로 점선의 간격을 일정하게 설정합니다.

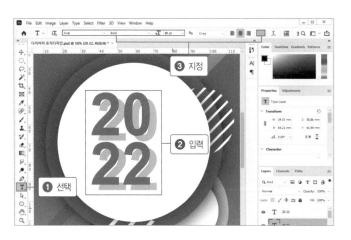

03 문자 도구(T.)를 선택하고 '2022'를 각각 2번 입력합니다. 옵션바에서 글꼴을 'Arial', 스타일을 'Bold', 크기를 '88pt', 색상을 '#f70fff', '#13d5df'로 지정합니다.

04 사용자 셰이프 도구(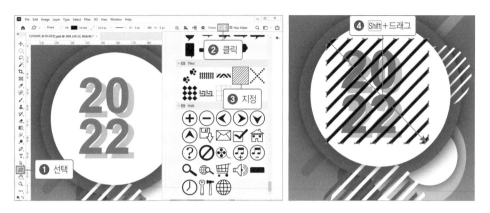)를 선택하고 옵션바에서 Shape를 'Tile 2'로 지정한 다음 Shift를 누른 상태로 드래그해서 그립니다.

05 [Layers] 패널에서 'Tile 2 2' 레이어의 섬네일에 Ctrl을 누른 상태로 클릭합니다. 'Tile 2 2' 레이어의 '눈' 아이콘(◉)을 클릭해 레이어를 숨깁니다. Ctrl + Shift + I를 눌러 선택 영역을 반전합니다. '2022' 레이어를 선택하고 'Add a mask' 아이콘(◻)을 클릭하면 마스크가 적용됩니다.

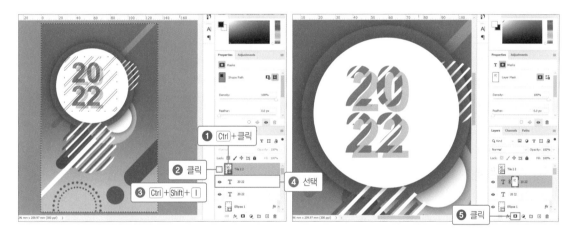

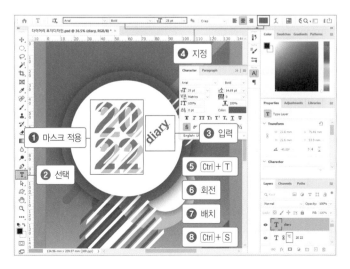

06 05번 과정과 같은 방법으로 다른 '2022' 레이어도 마스크를 적용합니다. 문자 도구(T.)를 선택하고 'diary'를 입력합니다. 옵션바에서 글꼴을 'Arial', 스타일을 'Bold', 크기를 '25pt', 색상을 '#8613df'로 지정합니다. Ctrl + T를 눌러 그림과 같이 회전하고 그림과 배치한 다음 [File] → Save(Ctrl + S)를 실행하여 완성된 파일을 저장합니다.

디자인 사례

이미지의 컬러 보정이나 듀오톤을 활용하여 다양한 효과를 표현할 수 있습니다.
카탈로그나 매거진 표지 디자인에서 제목이 되는 타이틀의 주목성과 컨셉에 맞는
그래픽의 요소가 조화를 이루고 안정감을 줍니다.

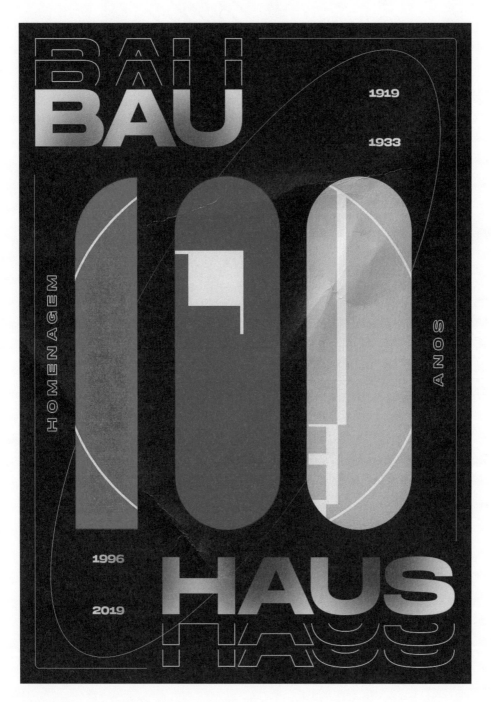

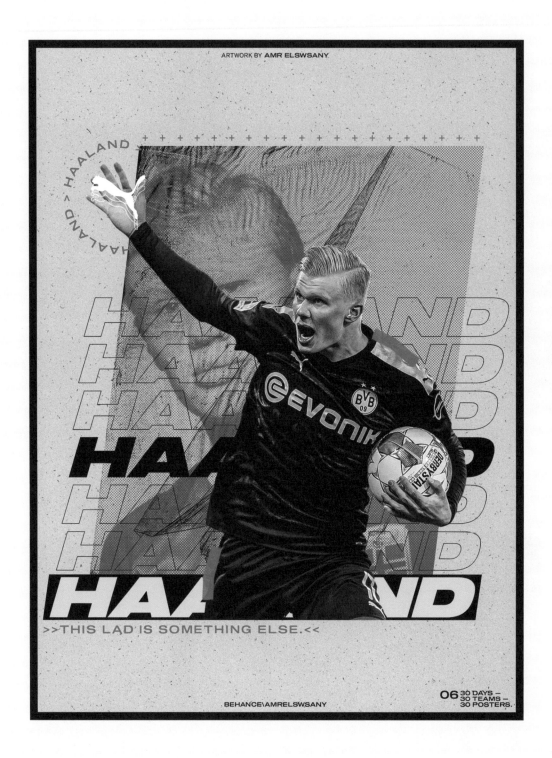

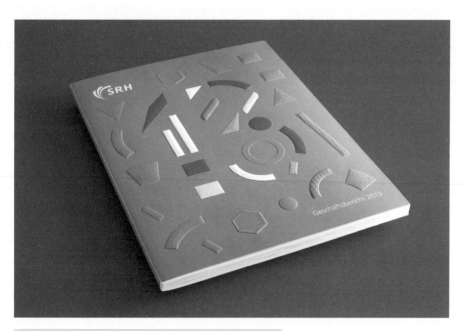

PART
02

감각적인
포스터 디자인

포토샵으로 타이포그래피 그래픽을 표현, 듀오톤을 활용하여 감각적인 컬러를 연출하고 필터와 브러시를 활용하여 포스터 디자인을 구성합니다.

BOOK FAIR 포스터 디자인

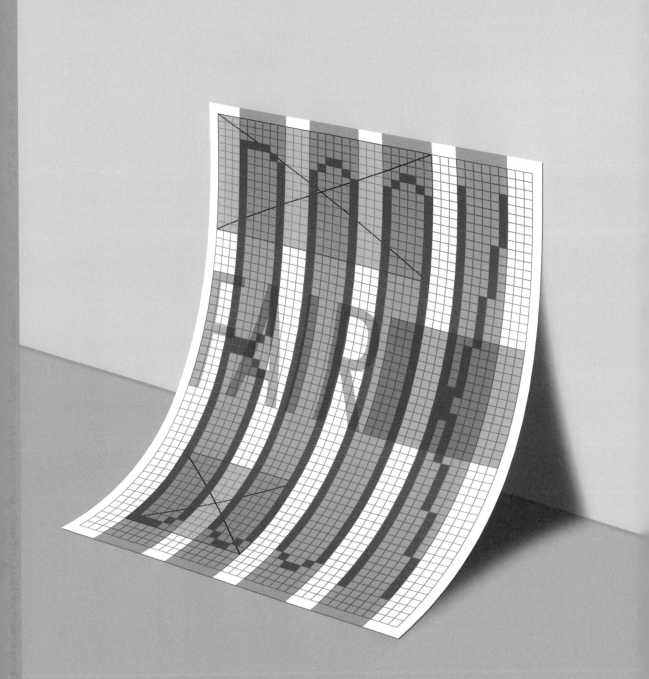

BOOK FAIR 포스터 디자인

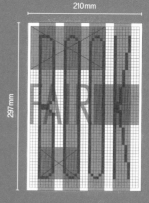

210mm

297mm

사용 목적   BOOK FAIR 포스터 디자인
작업 크기   210 x 297(mm) / 해상도 : 300dpi
실제 크기   210 x 297(mm) / 해상도 : 300dpi
기능 사용   브러시 도구를 사용하여 격자를 그리고 미술봉 도구를 사용
하여 문자를 디자인합니다. 사각형 도구와 펜 도구를 사용하여 그래픽
효과 적용하고 포스터 디자인을 완성합니다.

예제 작업 과정

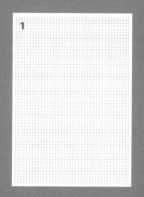

1
격자 만들기

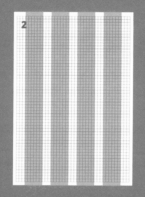

2
사각형 도구를 사용하여
직사각형 만들기

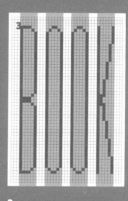

3
문자 디자인하기

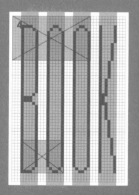

4
사각형 도구와 펜 도구를 사용
하여 그래픽 효과 적용하기

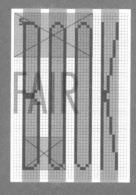

5
텍스트 입력하기

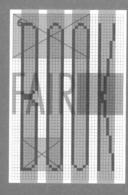

6
그래픽 효과 적용하기

SECTION 01
BOOK FAIR 포스터 디자인

격자를 활용한 타이포그래피 포스터 디자인하기

● **완성 파일** 02\BOOK FAIR 포스터디자인.psd

브러시 도구를 활용하여 격자를 만들고, 픽셀 아트 스타일의 타이포그래피
BOOK FAIR 포스터를 디자인합니다.

1 선을 브러시로 지정하여 격자 그리기

01 [File] → New(Ctrl + N)를 실행합니다. 파일 이름을 'BOOK FAIR 포스터디자인', Width를 '210mm', Height를 '297mm', Resolution을 '300 Pixels/Inch', Color Mode를 'RGB Color'로 설정하고 〈Create〉 버튼을 클릭합니다.

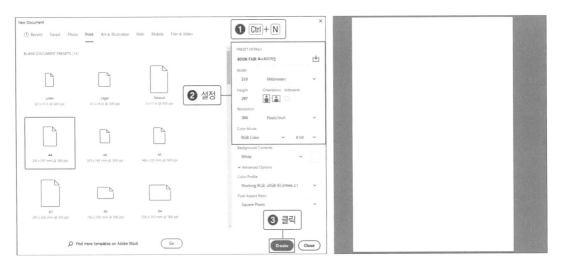

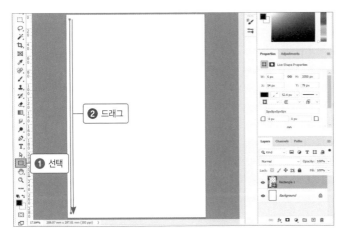

02 사각형 도구(□)를 선택하고 드래그하여 그림과 같이 직사각형을 그립니다.

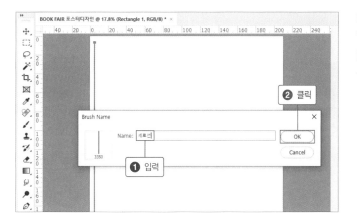

03 [Edit] → Define Brush Preset을 실행합니다. [Brush Name] 대화상자가 표시되면 Name을 '세로선'으로 변경하고 〈OK〉 버튼을 클릭합니다.

04 브러시 도구(✎)를 선택하고 옵션바에서 '세로선' 브러시를 지정합니다. [Brush Settings] 패널에서 Smoothing을 선택하고 Spacing '1000%'로 설정합니다. [Layers] 패널에서 'Create a new layer' 아이콘(回)을 클릭하여 새로운 레이어를 만든 다음 Shift 를 누른 상태로 옆으로 드래그해서 그림과 같이 세로선을 그립니다.

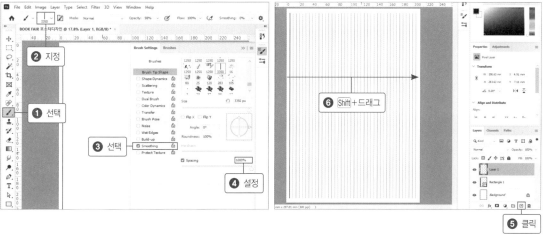

05 [Brush Settings] 패널에서 Smoothing을 선택하고 Angle을 '90°'로 설정합니다. [Layers] 패널에서 'Create a new layer' 아이콘(回)을 클릭하여 새로운 레이어를 만든 다음 Shift 를 누른 상태로 아래로 드래그해서 그림과 같이 가로선을 그립니다.

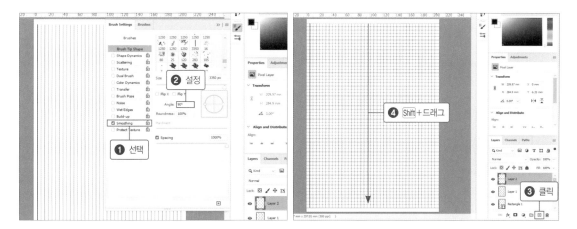

06 사각형 선택 도구(▦)를 선택하고 드래그하여 튀어나온 가로선의 바깥 부분을 선택 영역으로 지정합니다. [Delete]를 눌러 삭제한 다음 [Ctrl]+[D]를 눌러 선택 영역을 해제합니다.

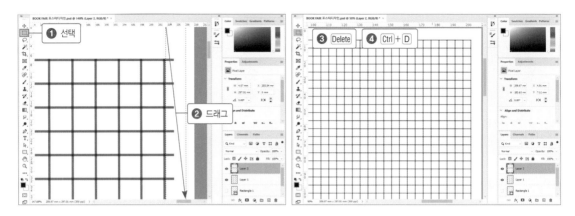

07 선을 그린 2개의 레이어를 선택하고 마우스 오른쪽 버튼을 클릭해 **Merge Layers**를 실행합니다. 레이어를 합치고 레이어의 이름을 '격자'로 변경합니다.

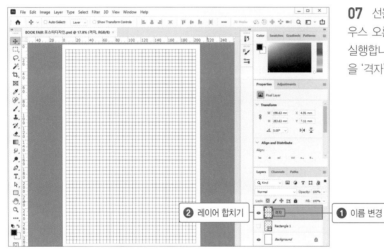

08 [Layers] 패널에서 '격자' 레이어의 섬네일에 [Ctrl]을 누른 상태로 클릭합니다. [Edit] → Fill을 실행합니다. [Fill] 대화상자가 표시되면 Contents를 'Color'로 지정합니다. [Color Picker] 대화상자가 표시되면 색상을 '#6bc3f6'으로 지정하고 〈OK〉 버튼을 클릭합니다. [Ctrl]+[D]를 눌러 선택 영역을 해제합니다.

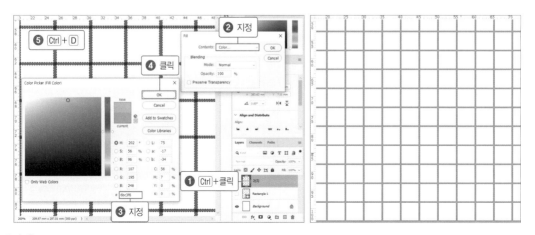

2 격자에 마술봉 도구를 이용해 글씨 만들기

01 사각형 도구(□)를 선택하고 드래그하여 그림과 같이 직사각형을 그립니다. 옵션바에서 Fill을 '#b7b7b7'로 지정합니다.

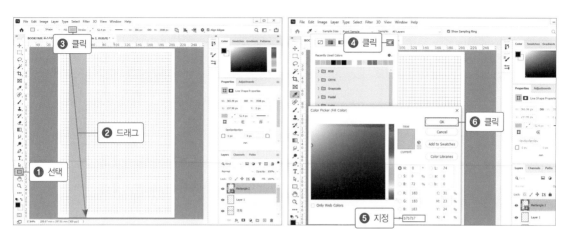

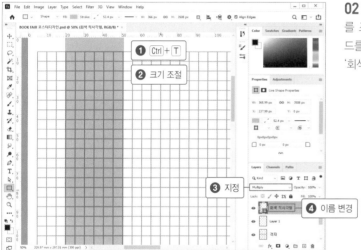

02 Ctrl+T를 눌러 격자 선에 맞게 크기를 조절합니다. [Layers] 패널에서 블렌딩 모드를 'Multiply'로 지정하고 레이어의 이름을 '회색 직사각형'으로 변경합니다.

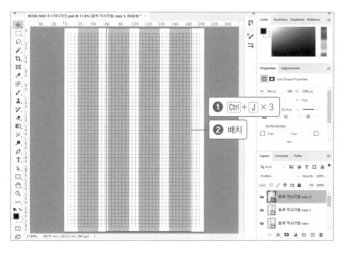

03 Ctrl+J를 3번 눌러 '회색 직사각형' 레이어를 복제하고 그림과 같이 배치합니다.

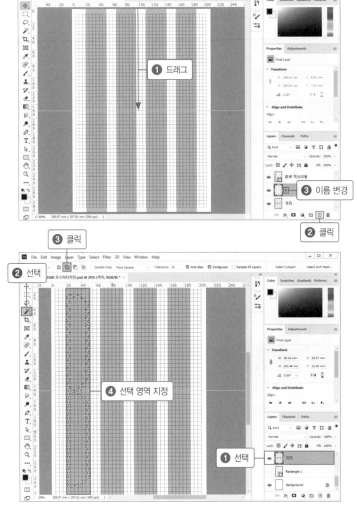

04 가로 눈금자에 클릭한 상태로 아래로 드래그하여 캔버스의 중앙에 자석처럼 붙으면 클릭을 해제합니다. [Layers] 패널에서 'Create a new layer' 아이콘(□)을 클릭하여 새로운 레이어를 만들고 레이어의 이름을 'B'로 변경합니다.

05 [Layers] 패널에서 '격자' 레이어를 선택합니다. 마술봉 도구(✶)를 선택하고 옵션바에서 'Add to selection' 아이콘(◙)을 클릭합니다. 그림과 같이 B 알파벳이 되도록 클릭하여 선택 영역으로 지정합니다.

06 [Layers] 패널에서 'B' 레이어를 선택합니다. **[Edit] → Fill**을 실행합니다. [Fill] 대화상자가 표시되면 Contents를 'Color'로 지정합니다. [Color Picker] 대화상자가 표시되면 색상을 '#ef1490'으로 지정하고 〈OK〉 버튼을 클릭합니다. [Ctrl] + [D]를 눌러 선택 영역을 해제합니다.

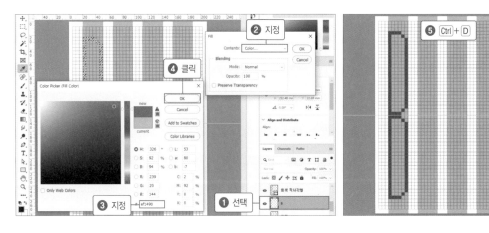

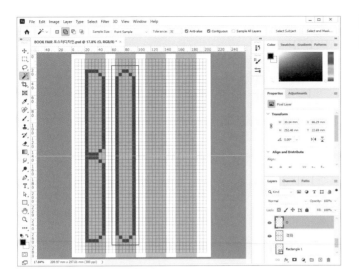

07 05～06번 과정과 같은 방법으로 'O'를
만듭니다.

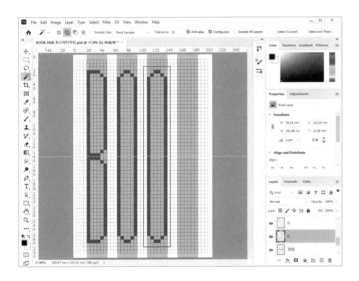

08 05～06번 과정과 같은 방법으로 'O'를
만듭니다.

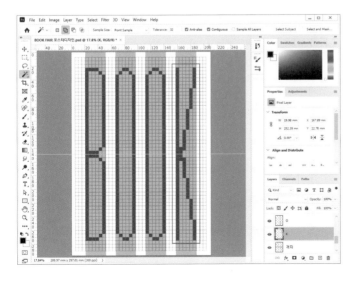

09 05～06번 과정과 같은 방법으로 'K'를
만듭니다.

3 사각형을 활용해 꾸미고 문자 입력하기

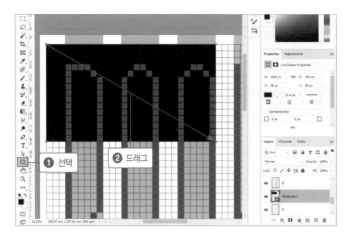

01 사각형 두구(□)를 선택하고 드래그하여 그림과 같이 직사각형을 그립니다.

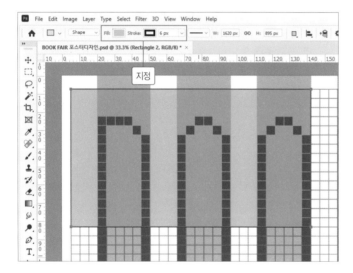

02 옵션바에서 Fill을 '#3ff8e4', Stroke를 '#000000', 두께를 '6px'로 지정합니다.

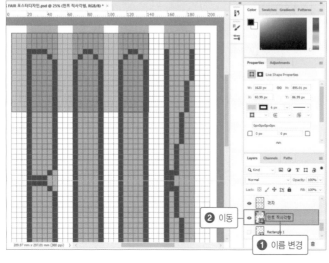

03 [Layers] 패널에서 레이어의 이름을 '민트 직사각형'으로 변경하고 '격자' 레이어 아래로 이동합니다.

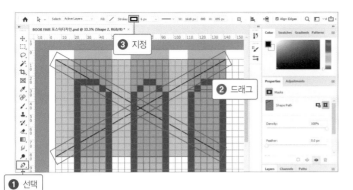

04 펜 도구(✒️)를 선택하고 그림과 같이 대각선 2개를 그립니다. 옵션바에서 두께를 '6px'로 지정합니다.

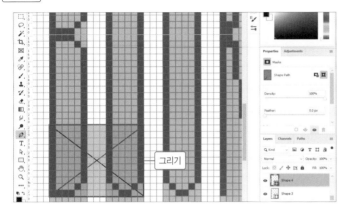

05 01∼04번 과정과 같은 방법으로 그림과 같이 직사각형과 대각선을 그립니다.

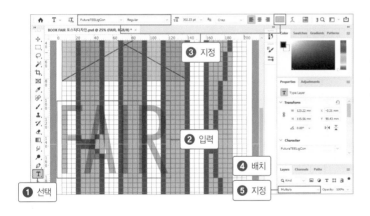

06 문자 도구(T.)를 선택하고 'FAIR'를 입력합니다. 옵션바에서 글꼴을 'Futura TEELigCon', 스타일을 'Regular', 색상을 '#e4bf14'로 지정하고 그림과 같이 배치합니다. [Layers] 패널에서 블렌딩 모드를 'Multiply'로 지정합니다.

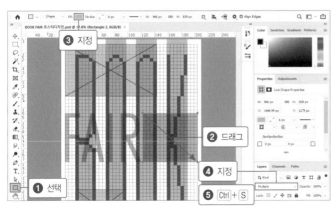

07 사각형 도구(▢.)를 선택하고 드래그하여 그림과 같이 직사각형을 그립니다. 옵션바에서 Fill을 '#e4bf14'로 지정하고 [Layers] 패널에서 블렌딩 모드를 'Multiply'로 지정합니다. [File] → Save(Ctrl+S)를 실행하여 완성된 파일을 저장합니다.

SEOUL FESTIVAL 포스터 디자인

●

사용 목적 SEOUL FESTIVAL 포스터 디자인
작업 크기 140 x 205(mm) / 해상도 : 300dpi
실제 크기 140 x 205(mm) / 해상도 : 300dpi
기능 사용 이미지에 Neon Glow 필터 갤러리를 적용하고 건물 형태에 맞춰서 포스터 타이틀을 변형합니다. 원형 도구를 사용하여 그래픽 효과를 적용하고 포스터 디자인을 완성합니다.

140mm

205mm

예제 작업 과정

1
이미지 가져오기

2
이미지에 Neon Glow 필터 갤러리 적용하기

3
타이틀(문자) 변형하고 마스크 적용하기

4
타이틀(문자) 변형하기

5
포스터에 그래픽 효과 적용하기

6
문자에 Distort 효과 적용하기

SECTION 02
SEOUL FESTIVAL 포스터 디자인

Neon Glow 필터 갤러리 효과와 타이틀을 변형한 포스터 디자인하기

◉ **예제 파일** 02\DDP.jpg | ◉ **완성 파일** 02\SEOUL FESTIVAL 포스터디자인.psd

이미지에 Neon Glow 필터 갤러리 효과를 적용하여 시각적 집중도를 높이고 건물
형태에 맞춘 다음 타이틀(문자)을 변형하여 SEOUL FESTIVAL 포스터를 디자인
합니다.

1 배경 이미지에 필터 갤러리 적용하기

01 [File] → New(Ctrl + N)를 실행합니다. 파일 이름을 'SEOUL FESTIVAL 포스터디자인', Width를 '140mm', Height를 '205mm', Resolution을 '300 Pixels/Inch', Color Mode를 'RGB Color'로 설정하고 〈Create〉 버튼을 클릭합니다.

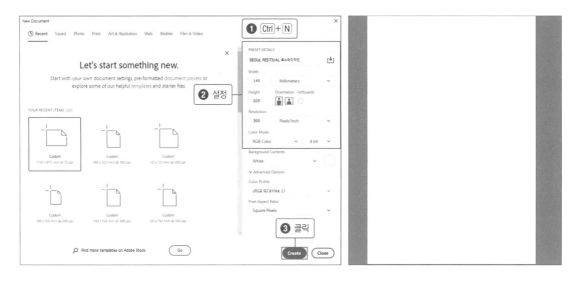

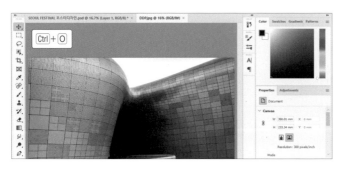

02 [File] → Open(Ctrl + O)을 실행하고 02 폴더에서 'DDP.jpg' 파일을 불러옵니다.

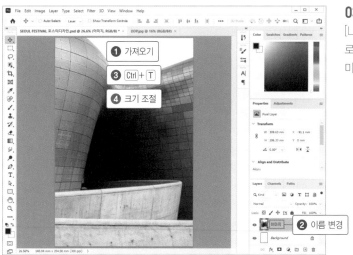

03 이미지를 기존 작업창으로 가져옵니다. [Layers] 패널에서 레이어의 이름을 '이미지'로 변경하고 Ctrl + T 를 눌러 그림과 같이 이미지 크기를 조절하고 배치합니다.

04 [Tools] 패널에서 배경색을 '#5b97cb', 전경색을 '#bb1239'로 지정합니다.

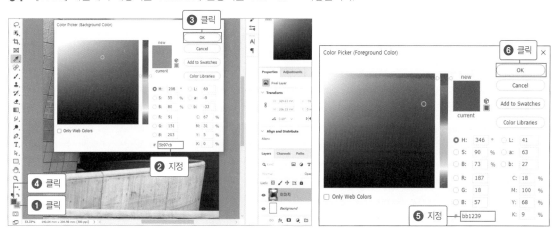

05 [Filter] → Filter Gallery를 실행합니다. [Filter Gallery] 대화상자가 표시되면 Artistic에서 'Neon Glow'를 선택합니다. Glow Size를 '5', Glow Brightness를 '20'으로 설정하고 〈OK〉 버튼을 클릭합니다.

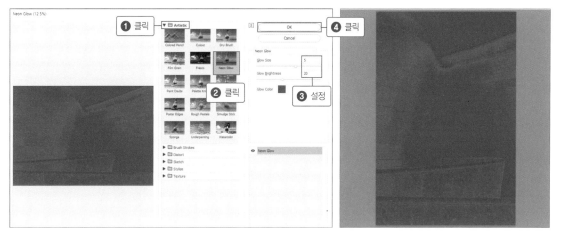

2 건물 형태에 맞춰서 문자 변형하기

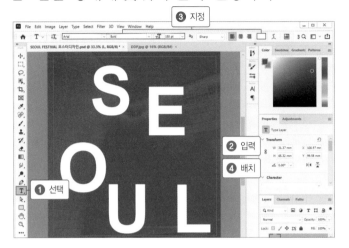

01 문자 도구(T.)를 선택하고 'S', 'E', 'O', 'U', 'L'을 각각 입력합니다. 옵션바에서 글꼴을 'Arial', 스타일을 'Bold', 크기를 '150pt', 색상을 '#ffffff'로 지정하고 그림과 같이 배치합니다.

02 [Layers] 패널에서 'S' 레이어를 선택하고 마우스 오른쪽 버튼을 클릭한 다음 **Rasterize Type**을 실행해 일반 레이어로 변경합니다. [Layers] 패널에서 Opacity를 '20%'로 설정합니다.

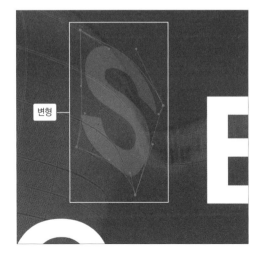

03 [Edit] → Transform → Wrap를 실행하고 그림과 같이 문자를 변형합니다.

TIP 건물의 형태에 맞춰서 변형합니다.

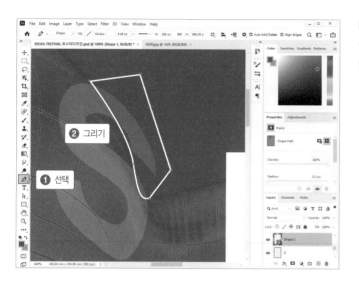

04 펜 도구(✐.)를 선택하고 그림과 같이 건물 경계선 밖으로 나간 'S' 문자 부분에 도형을 그립니다.

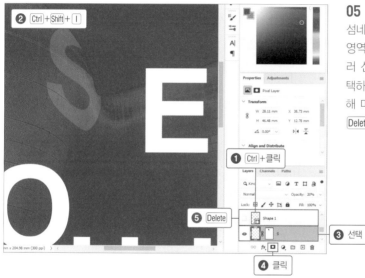

05 [Layers] 패널에서 'Shape 1' 레이어의 섬네일에 Ctrl을 누른 상태로 클릭하여 선택 영역으로 지정한 다음 Ctrl + Shift + I 를 눌러 선택 영역을 반전합니다. 'S' 레이어를 선택하고 'Add layer mask' 아이콘(◻)을 클릭해 마스크를 적용합니다. 'Shape 1' 레이어는 Delete를 눌러 삭제합니다.

06 02∼05번 과정과 같은 방법으로 'E'와 'O'를 그림과 같이 변형합니다.

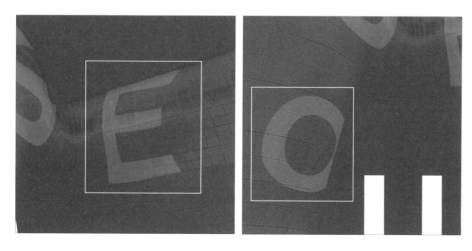

07 **02~05**번 과정과 같은 방법으로 'U'와 'L'을 그림과 같이 변형합니다.

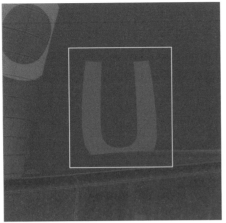 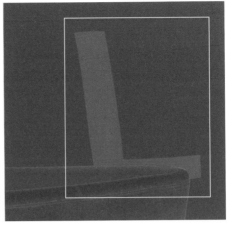

08 [Layers] 패널에서 'S', 'E', 'O', 'U', 'L' 레이어의 Opacity를 '60%'로 설정합니다. 'Create a new group' 아이콘(□)을 클릭하여 그룹으로 지정한 다음 그룹 레이어의 이름을 'SEOUL'로 변경합니다.

09 [Layers] 패널에서 'SEOUL' 그룹 레이어를 선택하고 'Add a layer style' 아이콘(*fx*)을 클릭한 다음 **Drop Shadow**를 실행합니다. [Layer Style] 대화상자가 표시되면 Blend Mode를 'Normal', Opacity를 '50%', Angle을 '10°', Distance를 '50px', Size를 '30px'로 설정하고 〈OK〉 버튼을 클릭합니다.

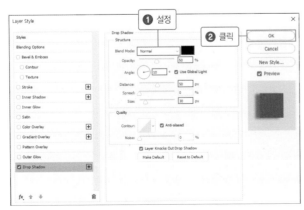 

10 문자 도구(T.)를 선택하고 'FESTIVAL' 을 입력합니다. 옵션바에서 글꼴을 'Arial', 스타일을 'Bold', 크기를 '42pt', 색상을 '#ffffff'로 지정하고 그림과 같이 배치합니다.

11 [Layers] 패널에서 'FESTIVAL' 레이어를 선택하고 마우스 오른쪽 버튼을 클릭해서 **Rasterize Type**을 실행해 일반 레이어로 변경합니다. **[Edit]** → **Transform** → **Wrap**를 실행하고 그림과 같이 문자를 변형합니다.

3 원형에 마스크 적용하기

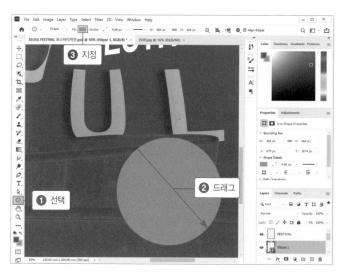

01 원형 도구(O.)를 선택하고 드래그하여 그림과 같이 정원을 그리고 옵션바에서 Fill을 '#5b97cb'로 지정합니다.

02 [Layers] 패널에서 'Ellipse 1' 레이어에 그림과 같이 마스크를 적용합니다. Opacity를 '80%'로 설정합니다.

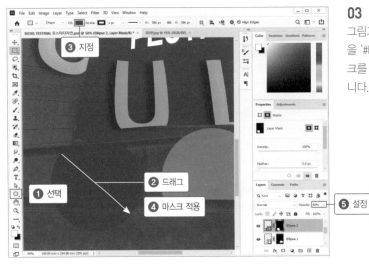

03 원형 도구(○)를 선택하고 드래그하여 그림과 같이 정원을 그립니다. 옵션바에서 Fill을 '#bb1239'로 지정한 다음 그림과 같이 마스크를 적용합니다. Opacity를 '60%'로 설정합니다.

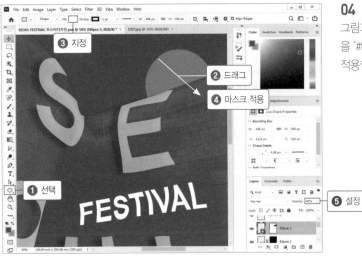

04 원형 도구(○)를 선택하고 드래그하여 그림과 같이 정원을 그립니다. 옵션바에서 Fill을 '#ffffff'로 지정한 다음 그림과 같이 마스크를 적용합니다. Opacity를 '40%'로 설정합니다.

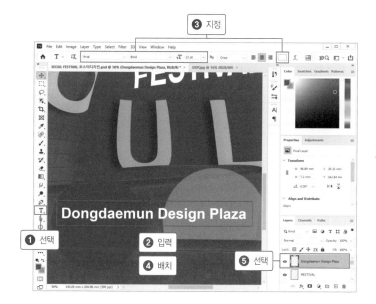

05 문자 도구(T.)를 선택하고 'Dongdaemun Design Plaza'를 입력합니다. 옵션바에서 글꼴을 'Arial', 스타일을 'Bold', 크기를 '22pt', 색상을 '#ffffff'로 지정하고 그림과 같이 배치합니다. 'Dongdaemun Design Plaza' 레이어를 선택하고 마우스 오른쪽 버튼을 클릭해서 **Rasterize Type**을 실행해 일반 레이어로 변경합니다.

06 [Edit] → Transform → Distort를 실행하고 그림과 같이 변형합니다. [File] → Save(Ctrl + S)를 실행하여 완성된 파일을 저장합니다.

SLOW CAFE 포스터 디자인

●

210mm

297mm

사용 목적 SLOW CAFE 포스터 디자인

작업 크기 210 x 297(mm) / 해상도 : 300dpi

실제 크기 594 x 841(mm) / 해상도 : 300dpi

기능 사용 커피 이미지를 모노톤으로 변경하고 카메라, 자동차, 스푼 이미지를 듀오톤으로 변경합니다. 브러시 도구를 활용하여 배경 이미지를 만들고 블렌딩 모드를 적용합니다. 텍스트를 입력 및 변형하고 포스터 디자인을 완성합니다.

예제 작업 과정

1
배경색 채우기

2
이미지에 듀오톤 적용하기

3
브러시 도구를 사용해 배경
그래픽 효과 적용하기

4
배경 이미지에 블렌딩 모드
적용하기

5
텍스트 입력하고 변형하기

6
프레임 추가하기

SECTION 03
SLOW CAFE 포스터 디자인

듀오톤을 활용하여 감각적인 포스터 디자인하기

⊙ **예제 파일** 02\SLOW CAFE 폴더 | ⊙ **완성 파일** 02\SLOW CAFE 포스터디자인.psd

커피와 관련된 이미지에 듀오톤을 활용하여 빈티지 스타일의 SLOW CAFE 포스
터를 디자인합니다.

1 이미지에 필터 적용하고 보정하기

01 [File] → New(Ctrl + N)를 실행합니다. 파일 이름을 'SLOW CAFE 포스터디자인', Width를 '210mm', Height를 '297mm', Resolution을 '300 Pixels/Inch', Color Mode를 'RGB Color'로 설정하고 〈Create〉 버튼을 클릭합니다.

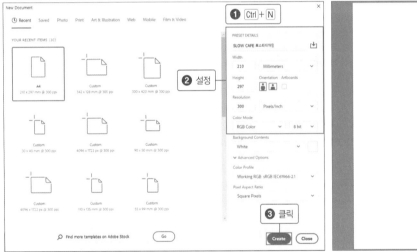

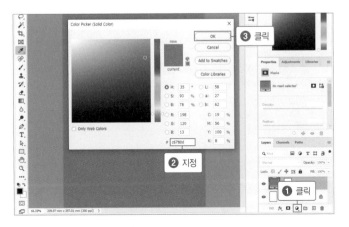

02 [Layers] 패널에서 'Create new fill or adjustment layer' 아이콘(◑)을 클릭한 다음 **Solid Color**를 실행합니다. [Color Picker] 대화상자가 표시되면 색상을 '#c6780d'로 지정하고 〈OK〉 버튼을 클릭합니다.

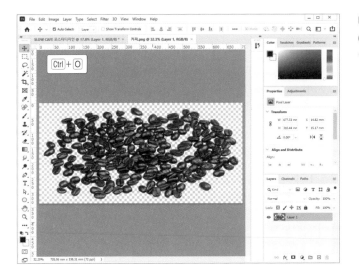

03 [File] → Open(Ctrl+O)을 실행하고 02 → SLOW CAFE 폴더에서 '커피.png' 파일을 불러옵니다.

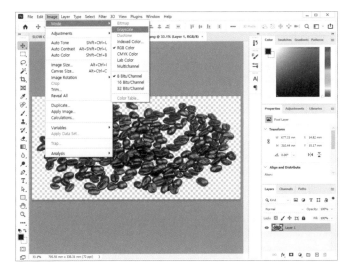

04 [Image] → Mode → Grayscale을 실행하면 커피 이미지가 흑백으로 변경됩니다.

05 [Filter] → Filter Gallery를 실행합니다. [Filter Gallery] 대화상자가 표시되면 Brush Strokes에서 'Angled Strokes'를 선택한 다음 Direction Balance를 '79', Stroke Length를 '15', Sharpness를 '6'으로 설정하고 〈OK〉 버튼을 클릭합니다.

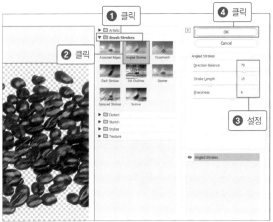

06 커피 이미지를 기존 작업창으로 가져옵니다. Ctrl+T를 눌러 그림과 같이 크기를 조절합니다. [Layers] 패널에서 레이어의 이름을 '커피'로 변경하고 블렌딩 모드를 'Multiply'로 지정합니다.

07 [File] → Open(Ctrl+O)을 실행하고 02 → SLOW CAFE 폴더에서 '카메라.png' 파일을 불러옵니다.

08 [Image] → Mode → Grayscale을 실행하고 [Image] → Mode → Duotone을 실행합니다. [Duotone Options] 대화 상자가 표시되면 Type을 'Duotone'으로 지정하고 Ink 1의 색상을 '#25d429', Ink 2의 색상을 '#197d05'로 지정한 다음 〈OK〉 버튼을 클릭합니다.

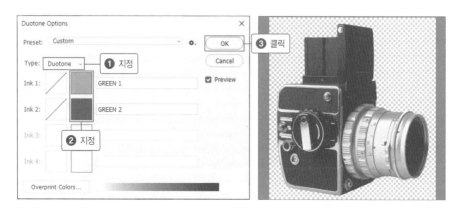

09 [Image] → Adjustments → Levels를 실행합니다. [Levels] 대화상자가 표시되면 Input Levels를 왼쪽부터 '143', '0.01', '145'로 설정하고 〈OK〉 버튼을 클릭합니다.

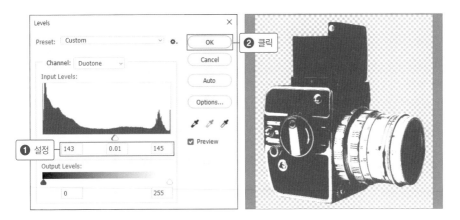

10 카메라 이미지를 기존 작업창으로 가져옵니다. Ctrl + T 를 눌러 그림과 같이 이미지를 회전하고 크기를 조절합니다. [Layers] 패널에서 레이어의 이름을 '카메라'로 변경하고 블렌딩 모드를 'Multiply'로 지정합니다.

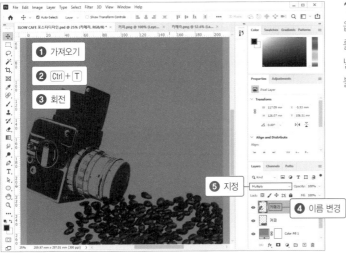

11 [File] → Open(Ctrl + O)을 실행하고 02 → SLOW CAFE 폴더에서 '올드카.png' 파일을 불러옵니다. [Image] → Mode → Grayscale을 실행하고 [Image] → Mode → Duotone을 실행합니다. [Duotone Options] 대화상자가 표시되면 Type을 'Duotone'으로 지정하고 Ink 1의 색상을 '#064dae', Ink 2의 색상을 '#001c85'로 지정한 다음 〈OK〉 버튼을 클릭합니다.

12 [Filter] → Filter Gallery를 실행합니다. [Filter Gallery] 대화상자가 표시되면 Sketch에서 'Stamp'를 선택한 다음 Light/Dark Balance를 '16', 'Smoothness'를 '1'로 설정하고 〈OK〉 버튼을 클릭합니다.

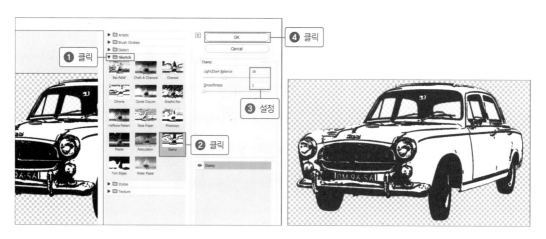

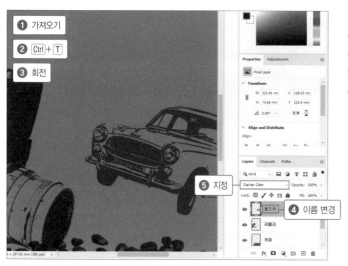

13 올드카 이미지를 기존 작업창으로 가져옵니다. [Ctrl]+[T]를 눌러 그림과 같이 이미지를 회전하고 크기를 조절합니다. [Layers] 패널에서 레이어의 이름을 '올드카'로 변경하고 블렌딩 모드를 'Darker Color'로 지정합니다.

14 [File] → Open([Ctrl]+[O])을 실행하고 02 → SLOW CAFE 폴더에서 '스푼.png' 파일을 불러옵니다. [Image] → Mode → Grayscale을 실행하고 [Image] → Mode → Duotone을 실행합니다. [Duotone Options] 대화상자가 표시되면 Type은 'Monotone'으로 지정하고 Ink 1의 색상을 '#cb660c'로 지정한 다음 〈OK〉 버튼을 클릭합니다.

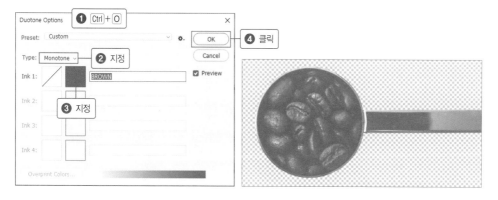

15 [Image] → Adjustments → Levels를 실행합니다. [Levels] 대화상자가 표시되면 Input Levels를 왼쪽부터 '57', '0.01', '59'로 설정하고 〈OK〉 버튼을 클릭합니다.

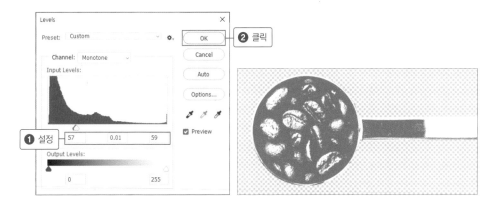

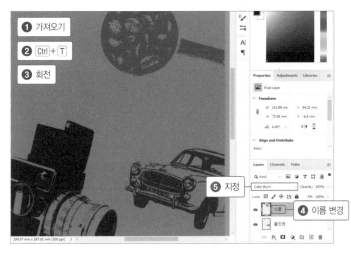

16 스푼 이미지를 기존 작업창으로 가져옵니다. Ctrl + T를 눌러 그림과 같이 이미지를 회전하고 크기를 조절합니다. [Layers] 패널에서 레이어의 이름을 '스푼'으로 변경하고 블렌딩 모드를 'Color Burn'으로 지정합니다.

2 브러시와 이미지로 다양한 텍스처 적용하기

01 브러시 도구(✐.)를 선택하고 02 → SLOW CAFE 폴더에서 'Coffee-Stains-Pack' 브러시를 불러옵니다. [Layers] 패널에서 'Create a new layer' 아이콘(🗆)을 클릭하여 새로운 레이어를 만들고 레이어의 이름을 '커피 얼룩'으로 변경합니다. 브러시를 지정하고, 색상을 '#ffffff'로 지정하여 그림과 같이 적용합니다.

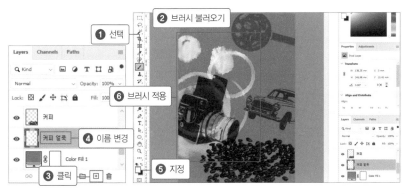

02 02 → SLOW CAFE 폴더에서 'watercolorbrushes_excentric' 브러시를 불러옵니다. 옵션바에서 brush angle을 '90°'로 설정합니다. [Layers] 패널에서 'Create a new layer' 아이콘(回)을 클릭하여 새로운 레이어를 만들고 레이어의 이름을 '수채화 얼룩'으로 변경합니다. 색상을 '#443404'로 지정한 '4.psd' 브러시를 그림과 같이 적용합니다.

03 색상을 '#0d4404'로 지정한 브러시를 그림과 같이 적용합니다.

04 [File] → Open(Ctrl+O)을 실행하고 02 → SLOW CAFE 폴더에서 '배경.jpg' 파일을 불러옵니다.

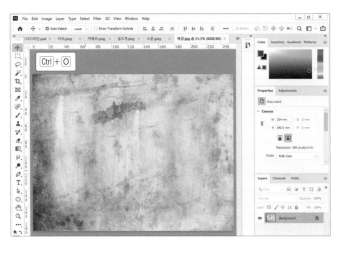

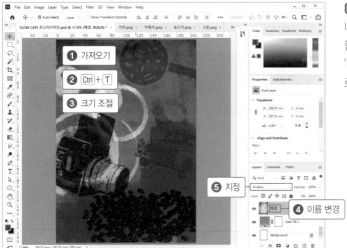

05 배경 이미지를 기존 작업창으로 가져옵니다. Ctrl + T 를 눌러 이미지의 크기를 조절합니다. [Layers] 패널에서 레이어의 이름을 '배경'으로 변경하고 블렌딩 모드를 'Multiply'로 지정합니다.

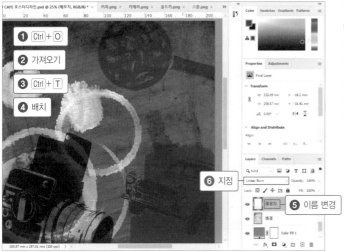

06 [File] → Open(Ctrl + O)을 실행하고 02 → SLOW CAFE 폴더에서 '메모지.jpg' 파일을 불러옵니다. 불러온 이미지를 기존 작업창으로 가져온 다음 Ctrl + T 를 눌러 그림과 같이 배치합니다. [Layers] 패널에서 레이어의 이름을 '메모지'로 변경하고 블렌딩 모드를 'Linear Burn'으로 지정합니다.

3 문자 입력하고 장식 요소 추가하기

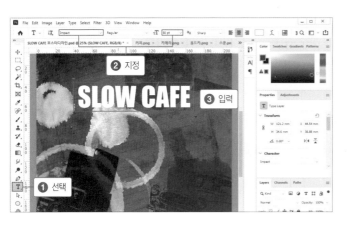

01 문자 도구(T.)를 선택하고 옵션바에서 글꼴을 'Impact', 크기를 '80pt'로 지정한 다음 'SLOW CAFE'를 입력합니다.

02 [Type] → Warp Text을 실행합니다. [Warp Text] 대화상자가 표시되면 Style을 'Arc', Bend를 '+30%'로 설정하고 〈OK〉 버튼을 클릭합니다.

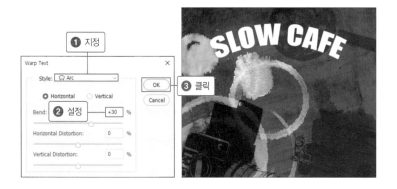

03 [Layers] 패널에서 'SLOW CAFE' 레이어를 선택하고 'Add a layer style' 아이콘(𝑓𝑥)을 클릭한 다음 **Drop Shadow**를 실행합니다. [Layer Style] 대화상자가 표시되면 Opacity를 '60%', Distance를 '75px', Spread를 '100%'로 설정하고 〈OK〉 버튼을 클릭합니다.

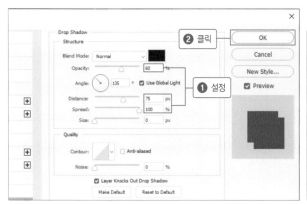

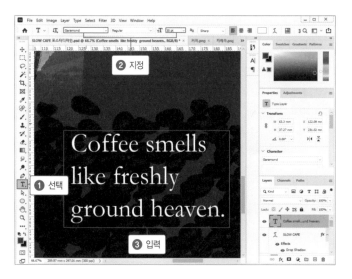

04 문자 도구(T)를 선택하고 옵션바에서 글꼴을 'Garamond', 크기를 '30pt'로 지정한 다음 'Coffee smells like freshly ground heaven.'을 입력합니다.

05 사각형 도구(▢)를 선택하고 드래그해서 그림과 같은 직사각형을 그립니다. 옵션바에서 Stroke를 '#c6870d', 두께를 '20px'로 지정합니다.

06 원형 도구(◯)를 선택하고 옵션바에서 Path Operations를 'Subtract Front Shape'로 선택한 다음 Alt + Shift 를 누른 상태로 마우스 커서를 직사각형 꼭짓점에 가져가 드래그합니다.

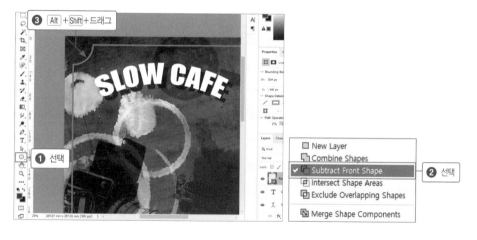

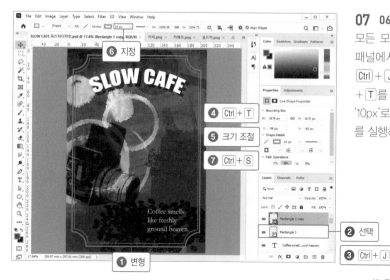

07 06번 과정과 같은 방법으로 직사각형 모든 모서리를 둥글게 변형합니다. [Layers] 패널에서 'Rectangle 1' 레이어를 선택하고 Ctrl + J 를 눌러 레이어를 복제한 다음 Ctrl + T 를 눌러 축소합니다. 옵션바에서 두께를 '10px'로 지정하고 [File] → Save(Ctrl + S)를 실행하여 완성된 파일을 저장합니다.

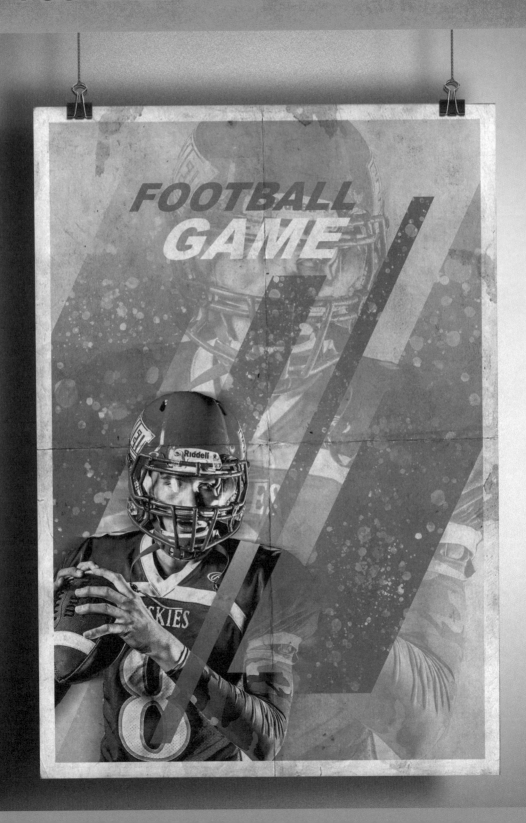

FOOTBALL GAME 포스터 디자인

●

사용 목적 FOOTBALL GAME 포스터 디자인
작업 크기 297 x 420(mm) / 해상도 : 200dpi
실제 크기 594 x 841(mm) / 해상도 : 300dpi
기능 사용 필터를 사용하여 이미지를 편집하고 사각형 도형을 변형하여 그러데이션을 적용합니다. 브러시 도구를 사용하여 배경 그래픽 효과를 적용하고 포스터 디자인을 완성합니다.

297mm

420mm

예제 작업 과정

1
이미지 불러오기

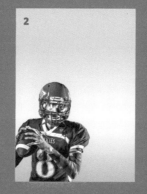

2
이미지에 필터 적용하기

3
이미지에 Motion Blur 필터
적용하기

4
사각형 도형을 변형하고
그러데이션 적용하기

5
도형에 마스크 적용하기

6
브러시 도구를 사용하여 배경에
그래픽 효과 적용하기

SECTION 04
FOOTBALL GAME 포스터 디자인

필터와 브러시 도구를 활용하여 역동적인 포스터 디자인하기

● **예제 파일** 02\FOOTBALL GAME.jpg ● **완성 파일** 02\FOOTBALL GAME 포스터디자인.psd

이미지에 필터를 적용하여 거친 느낌을 연출하고 브러시를 사용하여 다이내믹한
그래픽이 적용된 FOOTBALL GAME 포스터를 디자인합니다.

1 인물 이미지 편집하고 필터 적용하기

01 [File] → New(Ctrl + N)를 실행합니다. 파일 이름을 'FOOTBALL GAME 포스터디자인', Width를 '297mm', Height를 '420mm', Resolution을 '200 Pixels/Inch', Color Mode를 'RGB Color'로 설정하고 〈Create〉 버튼을 클릭합니다.

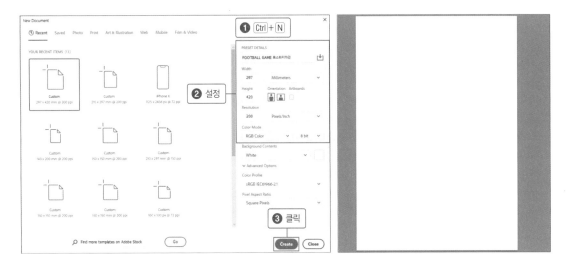

02 [File] → Open(Ctrl + O)을 실행하고 02 폴더에서 'FOOTBALL GAME.jpg' 파일을 불러옵니다. 개체 선택 도구( )를 선택하고 풋볼 선수 외곽 부분을 드래그하면 그림과 같이 선택 영역으로 지정됩니다.

03 올가미 도구(⌀)를 선택하고 옵션바에 'Add to selection' 아이콘(⬚)을 클릭한 다음 풋볼 선수 외곽 부분에 선택이 안 된 부분을 드래그해서 추가로 선택 영역을 지정합니다.

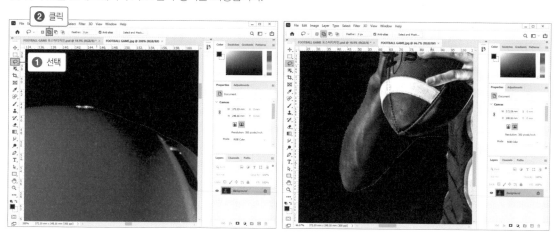

04 옵션바에 'Subtract from selection' 아이콘(⬚)을 클릭하고 풋볼 선수 외곽 부분에서 제외할 부분을 드래그해서 선택 영역을 해제합니다.

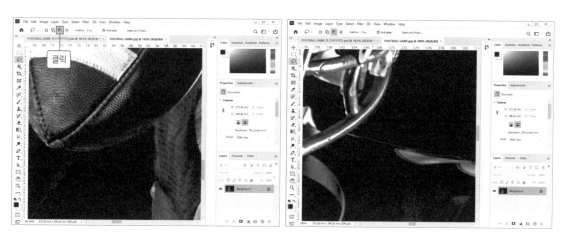

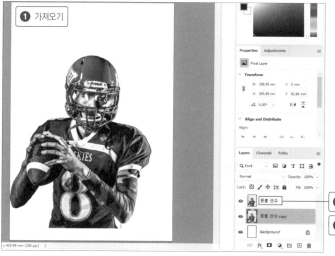

05 선택 영역으로 지정된 풋볼 선수 이미지만 기존 작업창으로 가져옵니다. [Layers] 패널에서 레이어의 이름을 '풋볼 선수'로 변경하고 Ctrl + J 를 눌러 레이어를 복제합니다.

06 Ctrl+T를 누르고 드래그하여 그림과 같이 정비례로 확대합니다.

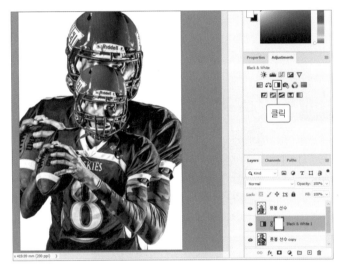

07 [Adjustments] 패널에서 'Black & White' 아이콘(▣)을 클릭하면 '풋볼 선수 copy' 레이어의 이미지가 흑백 이미지로 변환됩니다.

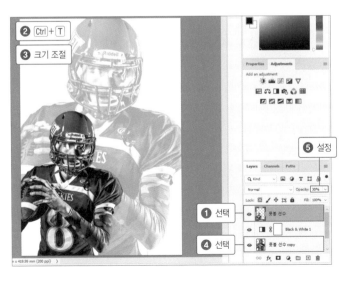

08 [Layers] 패널에서 '풋볼 선수' 레이어를 선택합니다. Ctrl+T를 누르고 드래그하여 그림과 같이 정비례로 축소합니다. '풋볼 선수 copy' 레이어를 선택하고 Opacity를 '30%'로 설정합니다.

09 [Filter] → Noise → Reduce Noise를 실행합니다. [Reduce Noise] 대화상자가 표시되면 Strength를 '10', Preserve Details를 '60%', Reduce Color Noise를 '80%', Sharpen Details를 '100%'로 설정하고 〈OK〉 버튼을 클릭합니다.

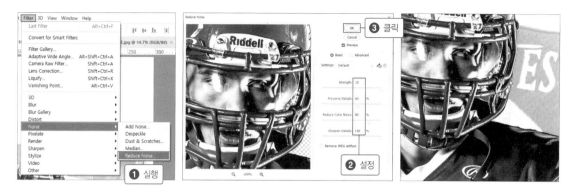

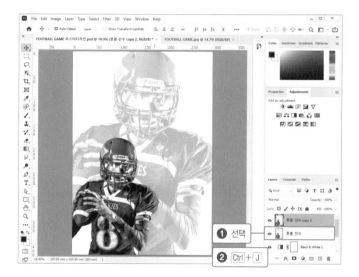

10 [Layers] 패널에서 '풋볼 선수' 레이어를 선택한 다음 Ctrl + J 를 눌러 레이어를 복제합니다.

11 [Filter] → Blur → Motion Blur를 실행합니다. [Motion Blur] 대화상자가 표시되면 Distance를 '200 Pixels'로 설정하고 〈OK〉 버튼을 클릭합니다.

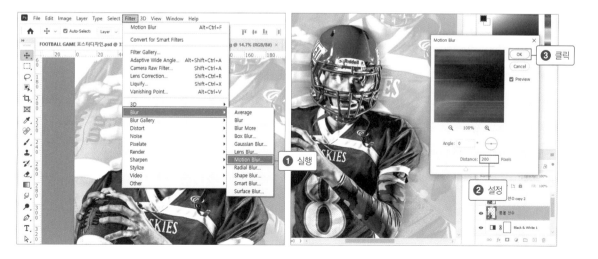

2 사각형 도형을 변형하고 그러데이션 적용하기

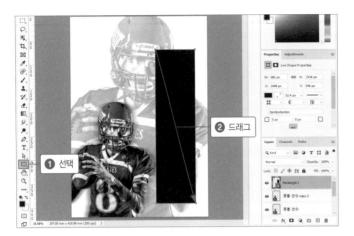

01 사각형 도구(□)를 선택하고 드래그하여 그림과 같이 직사각형을 그립니다.

02 옵션바에서 Fill을 'Gradient', 'Orange_05'로 지정한 다음 'Reverse the gradient colors' 아이콘(⬒)을 클릭합니다.

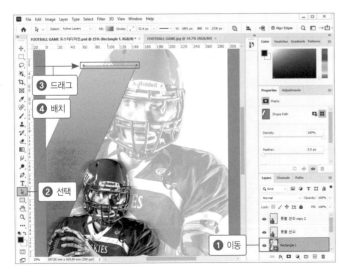

03 'Rectangle 1' 레이어를 '풋볼 선수' 레이어 아래로 이동합니다. 직접 선택 도구(▷)를 선택하고 직사각형 상단의 2개 조절점을 클릭하여 오른쪽으로 드래그해서 마름모 형태로 변형합니다. 도형을 그림과 같이 배치합니다.

04 옵션바에서 Fill의 왼쪽 색상 Opacity를 '50%'로 설정하고 오른쪽 색상의 스펙트럼 위치를 그림과 같이 이동합니다.

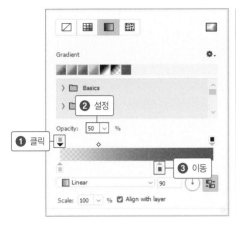

05 'Rectangle 1' 레이어를 선택하고 Ctrl +J를 눌러 레이어를 복제합니다. 직접 선택 도구(▶.)를 선택하고 마름모의 오른쪽 상단, 하단의 점을 클릭하여 드래그해서 그림과 같이 마름모를 변형합니다.

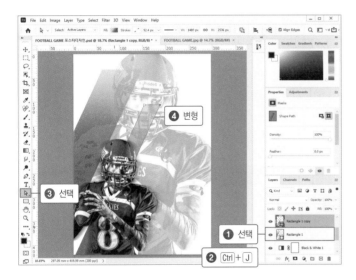

06 옵션바에서 Fill을 'Gradient', 'Blue_20'로 지정하고 왼쪽 색상 Opacity를 '70%'로 설정합니다.

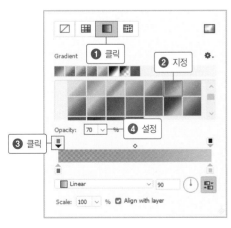

07 'Rectangle 1 copy' 레이어를 선택하고 Ctrl + J 를 눌러 레이어를 복제합니다. **05**번 과정과 같은 방법으로 마름모를 변형하고 옵션바에서 왼쪽 색상 Opacity를 '100%'로 설정합니다.

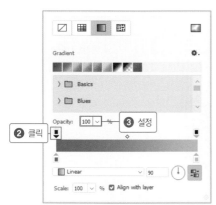

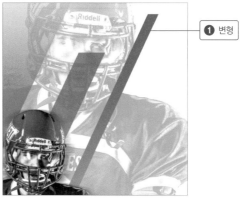

08 'Rectangle 1 copy 2' 레이어를 선택하고 Ctrl + J 눌러 레이어를 복제한 다음 복제한 레이어를 '풋볼 선수 copy 2' 위로 이동합니다.

09 옵션바에서 Fill을 'Orange_05'로 지정하고 오른쪽 색상 Opacity를 '80%'로 설정한 다음 그림과 같이 스펙트럼 위치를 이동합니다.

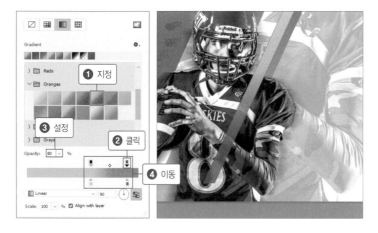

10 [Layers] 패널에서 '풋볼 선수' 레이어의 섬네일에 Ctrl을 누른 상태로 클릭합니다. 풋볼 선수 이미지만 선택 영역으로 지정됩니다. 'Add a mask' 아이콘(■)을 클릭하면 그림과 같이 마스크가 적용됩니다.

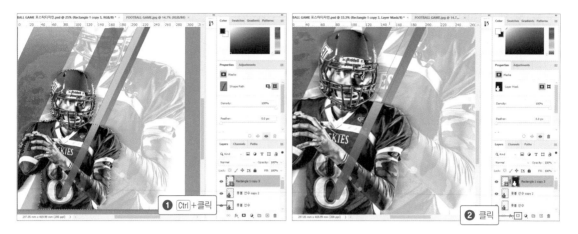

11 'Rectangle 1 copy 2' 레이어를 선택하고 Ctrl + J 를 눌러 레이어를 복제합니다. **05**번 과정과 같은 방법으로 마름모를 변형하고 옵션바에서 오른쪽 색상 Opacity를 '70%'로 설정한 다음 'Reverse the gradient colors' 아이콘(■)을 클릭합니다.

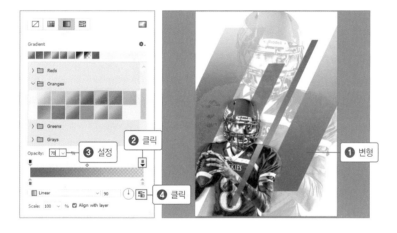

12 **08~09**번 과정과 같은 방법으로 레이어를 복제 및 이동하고 그림과 같이 스펙트럼의 위치를 이동합니다.

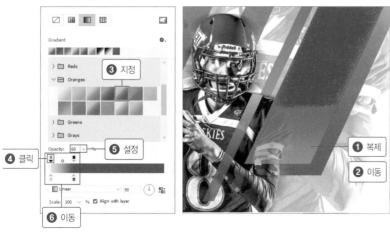

13 10번 과정과 같은 방법으로 레이어에 마스크를 적용합니다.

3 브러시로 텍스처 적용하고 문자 입력하기

01 'Rectangle 1' 레이어를 선택하고 'Add a mask' 아이콘(▣)을 클릭합니다. 브러시 도구(✦)를 선택하고 옵션바에서 브러시를 'Kyle's Spatter Brushes – Spatter Bot Tilt'로 지정하고 Size를 '2000px'로 설정합니다. 클릭하면서 마스크에 효과를 적용합니다.

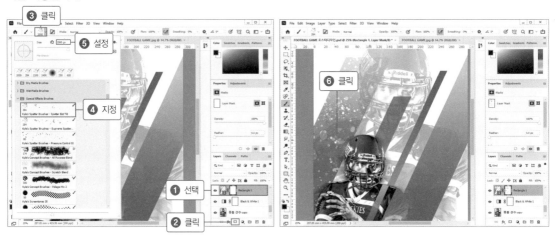

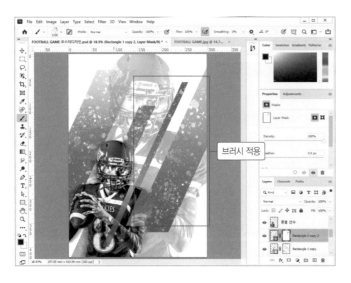

02 01번 과정과 같은 방법으로 풋볼 선수 이미지 뒤에 있는 마름모 도형의 마스크에 그림과 같이 효과를 적용합니다.

03 [Layers] 패널에서 'Background' 레이어를 선택하고 'Create new fill or adjustment layer' 아이콘(◉)을 클릭한 다음 **Gradient**를 실행합니다. [Gradient Fill] 대화상자가 표시되면 Gradient 스펙트럼을 클릭합니다. [Gradient Editor] 대화상자가 표시되면 'Gray_03'으로 지정하고 스펙트럼의 위치를 그림과 같이 이동한 다음 〈OK〉 버튼을 클릭합니다.

04 문자 도구(T.)를 선택하고 'FOOTBALL', 'GAME'을 각각 입력합니다. [Character] 패널에서 글꼴을 'Arial', 스타일을 'Black', 크기를 '70pt', '100pt'로 지정합니다.

05 'FOOTBALL', 'GAME' 레이어를 선택하고 [Edit] → Transform → Skew를 실행합니다. 조절점을 오른쪽으로 드래그하면 그림과 같이 문자가 변형됩니다. [File] → Save(Ctrl + S)를 실행하여 완성된 파일을 저장합니다.

MOON ART 포스터 디자인

MOON ART 포스터 디자인

97mm

141mm

●

사용 목적 MOON ART 포스터 디자인
작업 크기 97 x 141(mm) / 해상도 : 300dpi
실제 크기 291 x 423(mm) / 해상도 : 300dpi
기능 사용 다양한 이미지를 보정 및 재구성하여 포스터의 배경 그래픽
을 적용하고 도형과 텍스트를 변형하여 포스터 디자인을 완성합니다.

예제 작업 과정

1
배경에 이미지 적용하고 편집하기

2
이미지 편집 및 추가 이미지
적용하기

3
펜 도구를 활용하여 그래픽
요소 만들기

4
이미지 컬러를 변경하고 배치하기

5
이미지 블렌딩 모드 적용하기

6
그래픽 요소 추가하고 텍스트
편집하기

SECTION 05
MOON ART 포스터 디자인

이미지를 보정 및 재구성하여 포스터 디자인하기

◉ **예제 파일** 02\길.jpg, 달.jpg, 별.jpg, 산.jpg, 여자.jpg ｜ ◉ **완성 파일** 02\MOON ART 포스터디자인.psd

다양한 이미지의 컬러를 변경 및 재구성하여 배경을 만들고 텍스트를 편집하여
MOON ART 포스터를 디자인합니다.

1 이미지를 배치하고 도형을 그려 배경 만들기

01 [File] → New(Ctrl+N)를 실행합니다. 파일 이름을 'MOON ART 포스터디자인', Width를 '97mm', Height를 '141mm',
Resolution을 '300 Pixels/Inch', Color Mode를 'RGB Color'로 설정하고 〈Create〉 버튼을 클릭합니다.

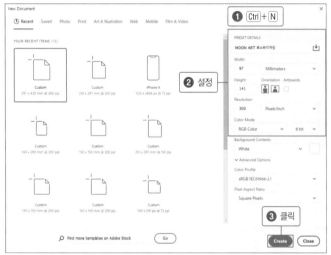

02 [File] → Open(Ctrl+O)을 실행하고
02 폴더에서 '길.jpg' 파일을 불러옵니다.

03 빠른 선택 도구(🖌)를 선택하고 드래그해서 길 부분만 선택 영역으로 지정합니다.

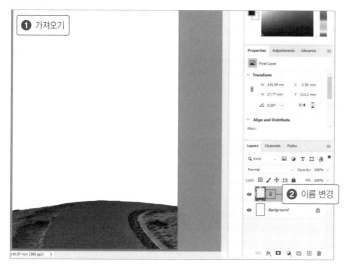

04 이미지를 기존 작업창으로 가져옵니다. [Layers] 패널에서 레이어의 이름을 '길'로 변경합니다.

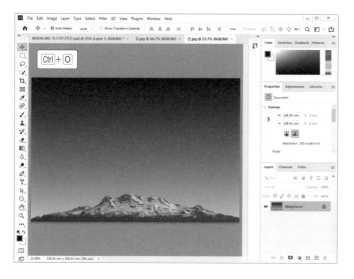

05 [File] → Open(Ctrl+O)을 실행하고 02 폴더에서 '산.jpg' 파일을 불러옵니다.

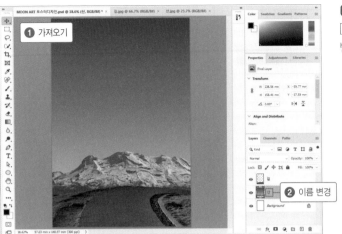

06 이미지를 기존 작업창으로 가져옵니다. [Layers] 패널에서 레이어의 이름을 '산'으로 변경합니다.

07 [Adjustments] 패널에서 'Black & White' 아이콘(▣)을 클릭하면 이미지가 흑백으로 변경됩니다. Alt 를 눌러 '길' 레이어와 'Black & White 1' 레이어 사이에 마우스 커서를 가져가 커서의 아이콘이 변경되면 클릭합니다. Black & White 기능이 바로 아래에 있는 레이어에만 적용됩니다.

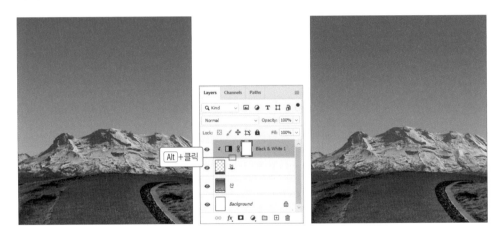

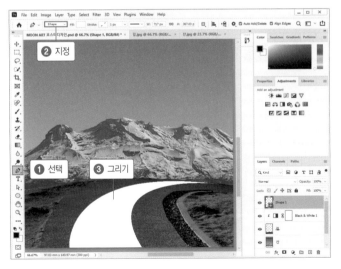

08 펜 도구(⌀.)를 선택하고 옵션바에서 'Shape'를 지정하고 그림과 같이 도형을 그립니다.

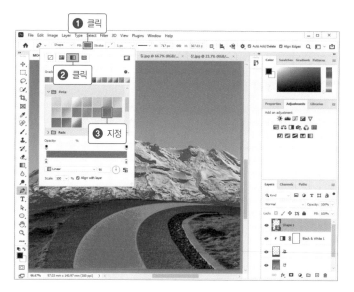

09 옵션바에서 'Fill'을 'Gradient', 'Pink_13'으로 지정합니다.

10 [File] → Open(Ctrl+O)을 실행하고 02 폴더에서 '여자.jpg' 파일을 불러옵니다. 개체 선택 도구(⬚)를 선택하고 드래그해서 여자 이미지만 선택 영역으로 지정합니다.

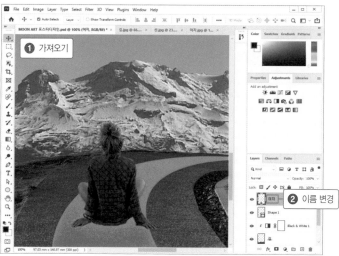

11 이미지를 기존 작업창으로 가져옵니다. [Layers] 패널에서 레이어의 이름을 '여자'로 변경합니다.

12 [Layers] 패널에서 '여자' 레이어의 섬네일에 Ctrl 을 누른 상태로 클릭합니다. 'Create a new layer' 이이콘(回)을 클릭하여 새로운 레이어를 만든 다음 레이어의 이름을 '여자 그림자'로 변경합니다.

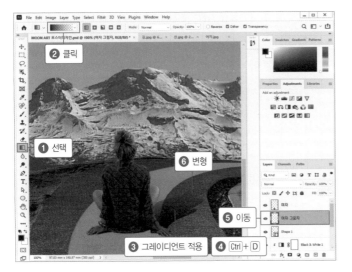

13 그레이디언트 도구(□)를 선택하고 옵션바에서 Gradient 스펙트럼을 클릭하여 [Gradient Editor] 대화상자가 표시되면 검정 그레이디언트를 적용합니다. Ctrl + D 를 눌러 선택 영역을 해제합니다.

[Layers] 패널에서 '여자 그림자' 레이어를 '여자' 레이어 아래로 이동하고 [Edit] → Transform → Skew를 실행하여 그림과 같이 변형합니다.

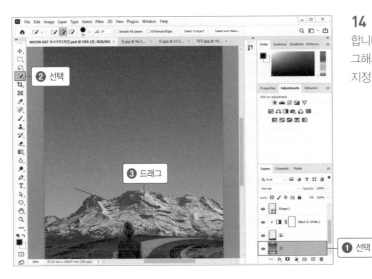

14 [Layers] 패널에서 '산' 레이어를 선택합니다. 빠른 선택 도구(☑)를 선택하고 드래그해서 그림과 같이 산 부분만 선택 영역으로 지정합니다.

15 [Layers] 패널에서 'Create a new layer' 아이콘(□)을 클릭하여 새로운 레이어를 만든 다음 레이어의 이름을 '산 그 레이디언트'로 변경합니다. 그레이디언트 도구(■)를 선택하고 옵션바에서 Gradient 스펙트럼을 클릭하여 [Gradient Editor] 대화상자가 표시되면 왼쪽 색상을 '#ff0f47'로 지정하고 〈OK〉 버튼을 클릭합니다. 그림과 같이 그레이디언트를 적용하고 Ctrl + D 를 눌러 선택 영역을 해제합니다.

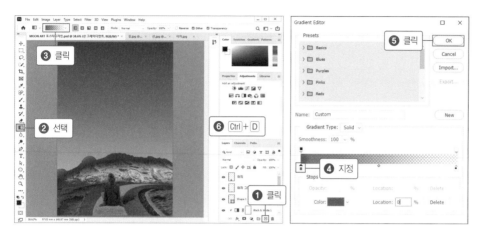

2 달 이미지 배치하고 색상 변경하기

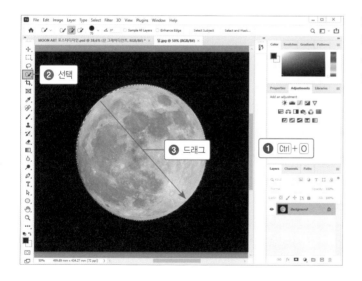

01 [File] → Open(Ctrl + O)을 실행하고 02 폴더에서 '달.jpg' 파일을 불러옵니다. 빠른 선택 도구(☑)를 선택하고 드래그해서 달 이 미지만 선택 영역으로 지정합니다.

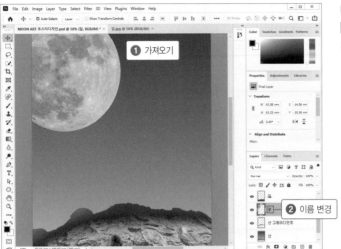

02 이미지를 기존 작업창으로 가져옵니다. [Layers] 패널에서 레이어의 이름을 '달'로 변경합니다.

03 [Adjustments] 패널에서 'Hue/Saturation' 아이콘(▦)을 클릭합니다. Alt를 눌러 '달' 레이어와 'Hue/Saturation 1' 레이어 사이에 마우스 커서를 가져가 커서의 아이콘이 변경되면 클릭합니다.

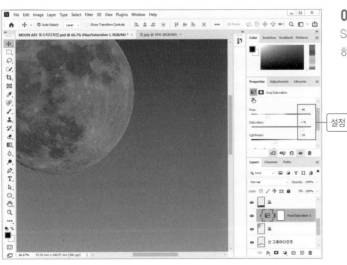

04 [Properties] 패널에서 Hue를 '−45', Saturation을 '+70', Lightness를 '−18'로 설정하여 이미지의 컬러를 변경합니다.

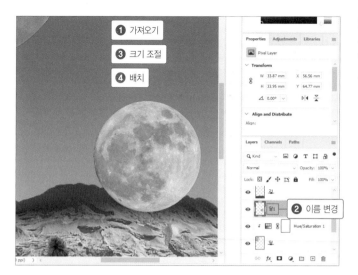

05 달 이미지를 기존 작업창으로 다시 가져온 다음 [Layers] 패널에서 레이어의 이름을 '달'로 변경합니다. Ctrl + T를 눌러 이미지를 축소하고 그림과 같이 배치합니다.

06 [Layers] 패널에서 '달' 레이어의 불투명도를 '52%'로 설정하고 '산' 레이어를 선택합니다. 빠른 선택 도구(⬚)를 선택해서 드래그하여 그림과 같이 선택 영역을 지정합니다.

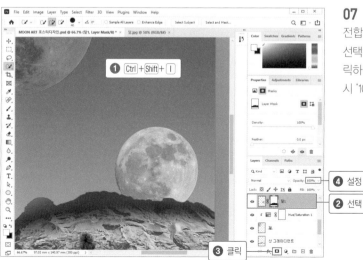

07 Shift + Ctrl + I를 눌러 선택 영역을 반전합니다. [Layers] 패널에서 '달' 레이어를 선택하고 'Add layer mask' 아이콘(◻)을 클릭하여 마스크를 적용한 다음 불투명도를 다시 '100%'로 설정합니다.

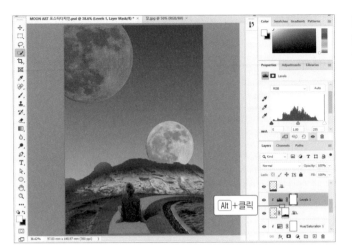

08 [Adjustments] 패널에서 'Levels' 아이콘 (■)을 클릭하고 Alt 를 눌러 '달' 레이어와 'Levels 1' 레이어 사이에 마우스 커서를 가져가 커서의 아이콘이 변경되면 클릭합니다.

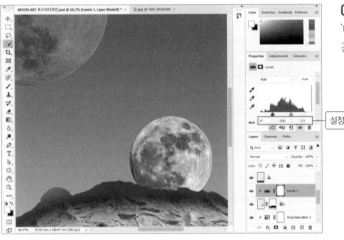

09 [Properties] 패널에서 왼쪽부터 '67', '0.81', '223'으로 설정하여 이미지의 컬러를 변경합니다.

3 별 이미지 편집하고 디자인 요소 추가하기

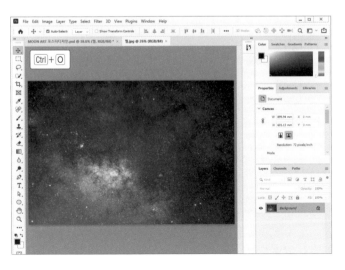

01 [File] → Open(Ctrl + O)을 실행하고 02 폴더에서 '별.jpg' 파일을 불러옵니다.

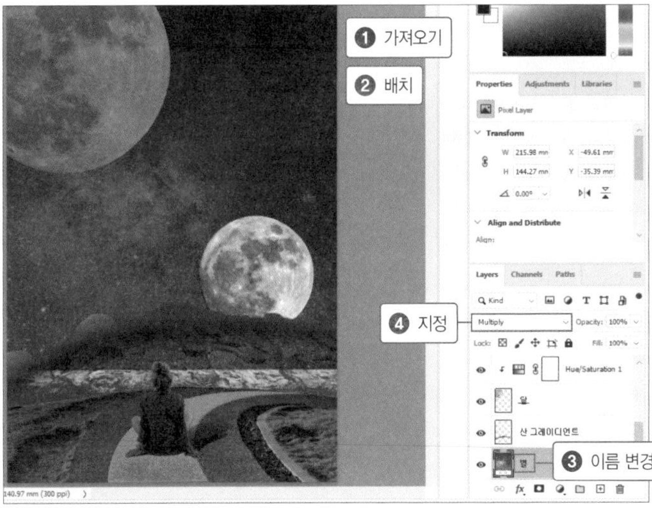

02 이미지를 기존 작업창으로 가져옵니다. 그림과 같이 배치하고 [Layers] 패널에서 레이어의 이름을 '별'로 변경한 다음 블렌딩 모드를 'Multiply'로 지정합니다.

03 [Layers] 패널에서 '산 그레이디언트' 레이어의 섬네일에 Ctrl을 누른 상태로 클릭합니다. 올가미 도구( )를 선택하고 옵션바에서 'Add to selection' 아이콘( )을 클릭한 다음 그림과 같이 드래그해서 선택 영역을 지정합니다.

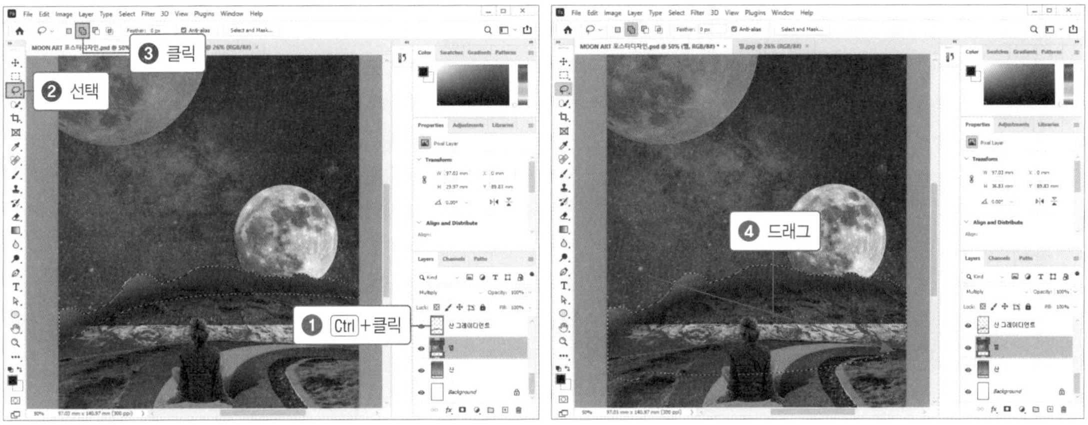

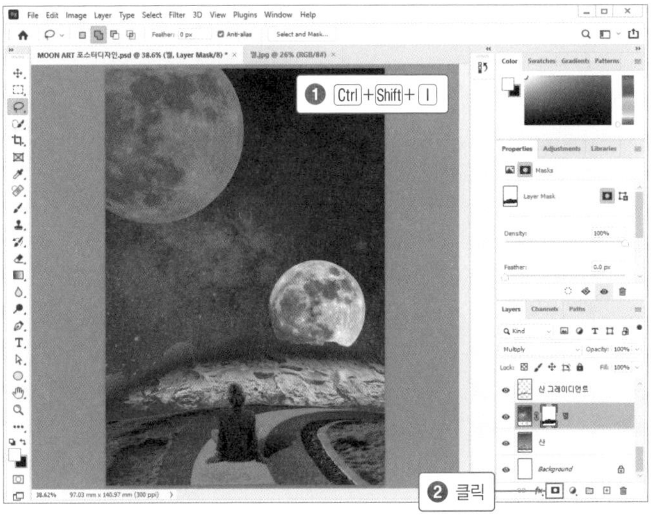

04 Shift+Ctrl+I를 눌러 선택 영역을 반전합니다. [Layers] 패널에서 'Add layer mask' 아이콘( )을 클릭하여 마스크를 적용합니다.

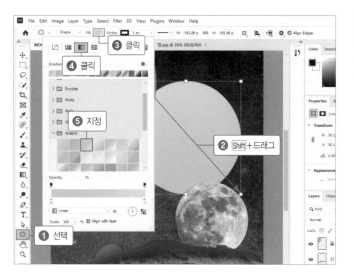

05 원형 도구(◯.)를 선택하고 Shift를 눌러 드래그하여 그림과 같이 정월을 그립니다. 옵션바에서 Fill을 'Gradient', 'Green_03'으로 지정합니다.

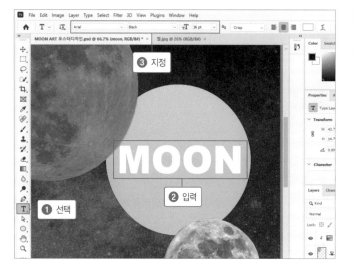

06 문자 도구(T.)를 선택하고 'MOON'을 입력합니다. 옵션바에서 글꼴을 'Arial', 스타일을 'Black', 크기를 '36pt'로 지정합니다.

07 [Type] → **Warp Text**를 실행합니다. [Warp Text]가 실행되면 Style을 'Bulge', Bend를 '+100%'로 설정하고 〈OK〉 버튼을 클릭합니다.

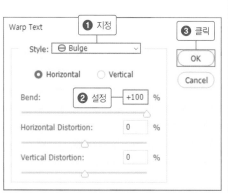

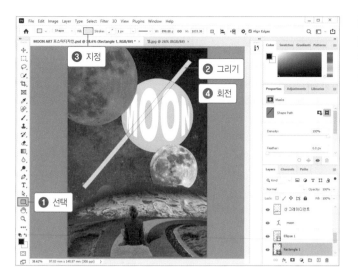

08 사각형 도구(□)를 선택하고 드래그하여 직사각형을 그립니다. 옵션바에서 Fill을 '#f3ea00'으로 지정합니다. Ctrl+T를 눌러 그림과 같이 회전합니다.

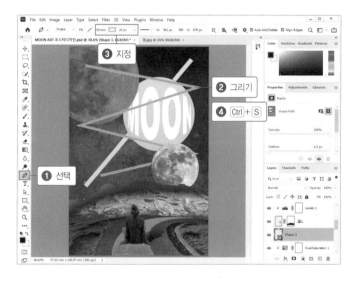

09 펜 도구(∅)를 선택하고 그림과 같이 지그재그 선을 그리고 옵션바에서 Stroke를 '#0def48', 두께를 '20px'로 지정합니다. [File] → Save(Ctrl+S)를 실행하여 완성된 파일을 저장합니다.

디자인 사례

그래픽의 효과로 입체적이고 공간감을 표현할 수 있고 독특한 시각 효과를 통하여 시각적인 호기심을 유발하기도 합니다. 전달하고자 하는 내용(주제)을 포스터에 표현하여 메시지를 전달 할 수 있습니다.

INSTAGRAM
@ZEKA_DESIGN

ZEKA DESIGN

WWW.ZEKAGRAPHIC.COM

WWW.ZEKAGRAPHIC.COM

- SUNNI COLON

MUSIC

01

THANKS BUT NO THANKS

Arise Shine Conference

4.30–5.01

18

Kalamazoo / Michigan

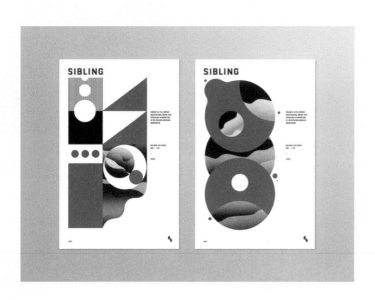

DAY 275
@BAUGASM

365
DESIGN A POSTER
EVERY DAY

DECEMBER 13

PART

03

정체성이
표현되는
브랜드 디자인

포토샵의 다양한 사용자 셰이프 도형의 변형과 편집,
타이포그래픽을 통하여 브랜드 디자인을 구성합니다.

GILFORD 스트릿 패션 브랜드 디자인

GILFORD 스트릿 패션 브랜드 디자인

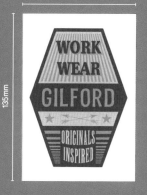

110mm

135mm

사용 목적 GILFORD 스트릿 패션 브랜드 디자인
작업 크기 110 x 135(mm) / 해상도 : 300dpi
실제 크기 110 x 135(mm) / 해상도 : 300dpi
기능 사용 사용자 셰이프 도구를 사용해 로고 형태를 만듭니다. 사각형 도구를 사용해 로고의 그래픽을 적용하고 텍스트를 변형하여 브랜드 디자인을 완성합니다.

예제 작업 과정

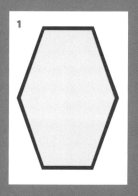

1

사용자 셰이프 도구를 사용해
로고 형태 만들기

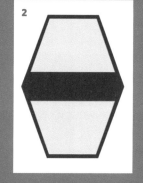

2

육각형 도형을 만들고 변형하기

3

텍스트(네이밍)를 입력하고 그래픽
효과 적용하기

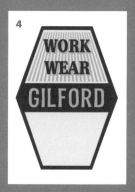

4

텍스트를 입력하고 Drop Shadow
레이어 스타일 적용하기

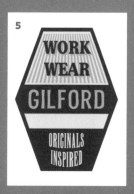

5

텍스트를 입력하고 Warp Text
적용하기

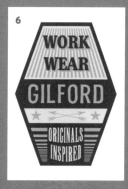

6

사용자 셰이프 도구를 사용해
그래픽 장식하기

SECTION 01

GILFORD 스트릿 패션 브랜드 디자인

사용자 셰이프 도구와 문자로
스트릿 패션 브랜드 디자인하기

● **완성 파일** 03\GILFORD 스트릿 패션 브랜드디자인.psd

다양한 사용자 셰이프 도구의 활용 및 변형하고, 문자에 그래픽 효과를 적용하여
GILFORD 스트릿 패션 브랜드를 디자인합니다.

1 로고 형태 만들기

01 [File] → New(Ctrl + N)를 실행합니다. 파일 이름을 'GILFORD 스트릿 패션 브랜드디자인', Width를 '110mm', Height
를 '135mm', Resolution을 '300 Pixels/Inch', Color Mode를 'RGB Color'로 설정하고 〈Create〉 버튼을 클릭합니다.

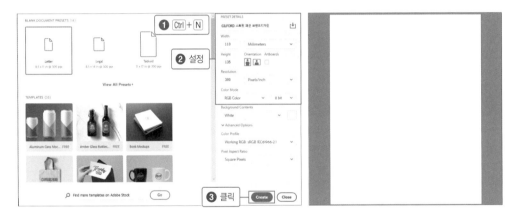

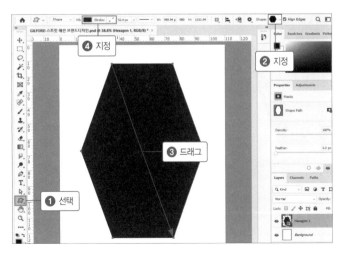

02 사용자 셰이프 도구(⌐)를 선택하고 옵
션바에서 Shape를 'Hexagon'으로 지정한 다
음 드래그해서 그립니다. 옵션바에서 Fill을
'#292929', Stroke를 'No Color'로 지정합니다.

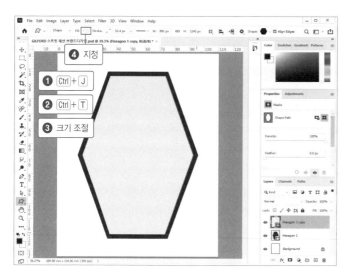

03 [Ctrl]+[J]를 눌러 레이어를 복제한 다음 [Ctrl]+[T]를 눌러 그림과 같이 축소하고 옵션바에서 Fill을 '#bbebde'로 지정합니다.

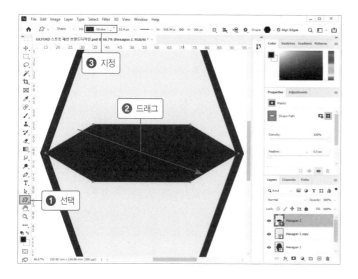

04 사용자 셰이프 도구(⌖)를 선택하고 드래그해서 그림과 같이 육각형을 그립니다. 옵션바에서 Fill을 '#292929', Stroke를 'No Color'로 지정합니다.

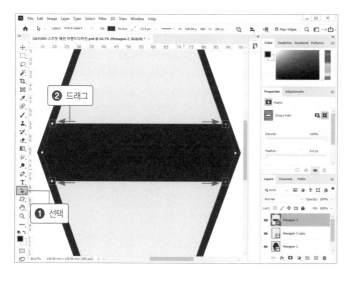

05 직접 선택 도구(⌖)를 선택하고 위에 2개, 아래 2개의 조절점을 각각 드래그해서 도형을 그림과 같이 변형합니다.

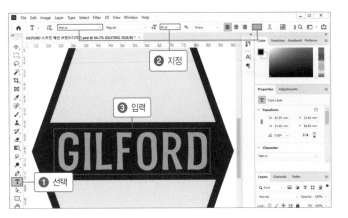

06 문자 도구(T.)를 선택하고 옵션바에서 글꼴을 'Melvis', 크기를 '60pt', 색상을 '#c4b473'으로 지정한 다음 'GILFORD'를 입력합니다.

2 사각형 도형과 문자로 로고 꾸미기

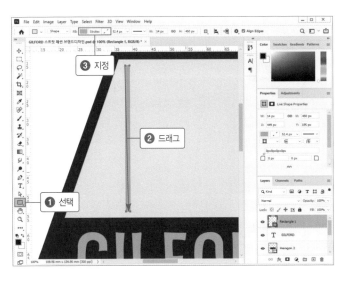

01 사각형 도구(□)를 선택하고 드래그하여 그림과 같이 직사각형을 그리고 옵션바에서 Fill을 '#c4b473', Stroke를 'No Color'로 지정합니다.

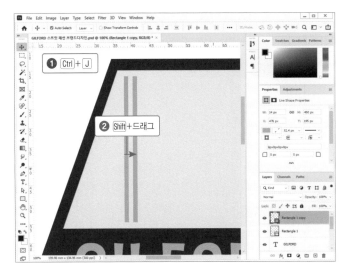

02 Ctrl+J를 눌러 레이어를 복제한 다음 Shift를 누른 상태로 직사각형을 오른쪽으로 드래그합니다.

03 02번 과정을 반복해서 그림과 같은 형태를 만듭니다.

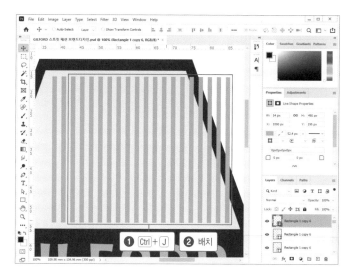

04 [Layers] 패널에서 직사각형을 그린 레이어를 모두 선택한 다음 마우스 오른쪽 버튼을 클릭하여 Merge Shapes를 실행하고 가운데로 이동합니다.

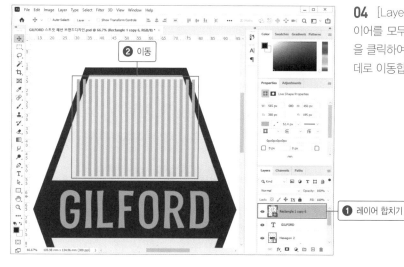

05 Ctrl + T를 누른 다음 Shift + Ctrl + Alt를 누른 상태로 오른쪽 상단과 하단을 드래그해서 사다리꼴 모양으로 변형합니다.

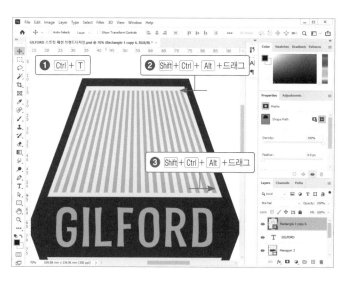

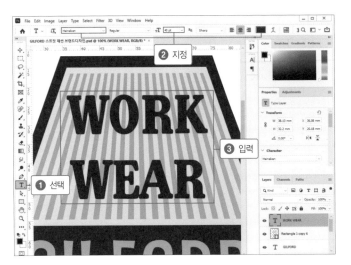

06 문자 도구(T.)를 선택하고 옵션바에서 글꼴을 'Heineken', 크기를 '40pt', 색상을 '#292929'로 지정한 다음 'WORK WEAR'를 입력합니다.

07 [Layers] 패널에서 'Add a layer style' 아이콘(fx)을 클릭한 다음 **Drop Shadow**를 실행합니다. [Layer Style] 대화상자가 표시되면 Color를 '#c4b473', Opacity를 '100%', Angle을 '135°', Distance를 '15px', Spread를 '0%', Size를 '0px'로 설정하고 〈OK〉 버튼을 클릭합니다.

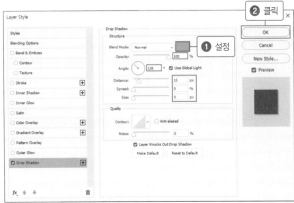

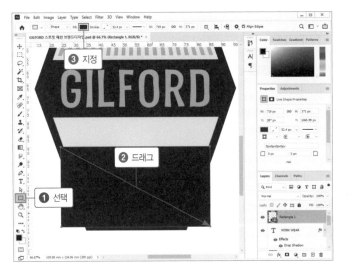

08 사각형 도구(□)를 선택합니다. 드래그하여 그림과 같이 그리고 옵션바에서 Fill을 '#292929'로 지정합니다.

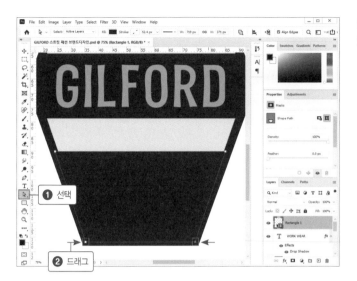

09 직접 선택 도구(⬚.)를 선택합니다. 아래 2개의 조절점을 각각 드래그해서 그림과 같이 변형합니다.

10 문자 도구(T.)를 선택하고 옵션바에서 글꼴을 'Final Fantasy', 크기를 '30pt', 색상을 '#bbebde'로 지정한 다음 'ORIGINALS INSPIRED'를 입력합니다.

11 [Type] → Warp Text를 실행합니다. [Warp Text] 대화상자가 표시되면 Style을 'Arc Lower'로 지정하고 Bend를 '30%'로 설정한 다음 〈OK〉 버튼을 클릭합니다.

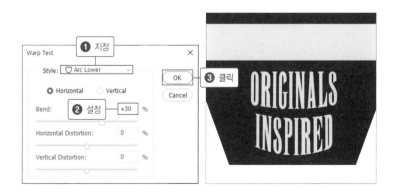

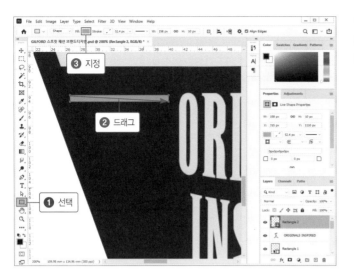

12 사각형 도구(□)를 선택합니다. 드래그해서 그림과 같이 긴 직사각형을 그리고 옵션 바에서 Fill을 '#c4b473'으로 지정합니다.

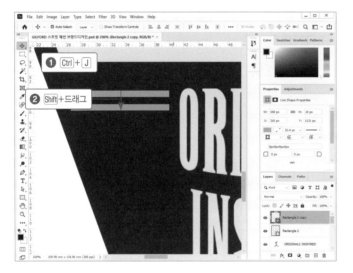

13 Ctrl+J를 눌러 레이어를 복제한 다음 Shift를 누른 채 직사각형을 드래그하여 아래로 이동합니다.

14 13번 과정을 반복해서 그림과 같은 형태를 만듭니다. 직사각형을 그린 레이어를 모두 선택하고 마우스 오른쪽 버튼을 클릭한 다음 **Merge Shapes**를 실행합니다.

15 [Ctrl]+[T]를 누르고 왼쪽 하단의 조절점을 [Shift]+[Ctrl]를 누른 채 오른쪽으로 드래그하여 그림과 같이 도형을 변형합니다.

16 [Ctrl]+[J]를 눌러 레이어를 복제합니다. [Edit] → Transform → Flip Horizontal을 실행하고 그림과 같이 배치합니다.

3 별과 화살을 그려 로고 장식하기

01 다각형 도구(◯.)를 선택합니다. 캔버스를 클릭해 [Create Polygon] 대화상자가 표시되면 Width를 '100px', Height를 '100px', Number of Sides를 '5'로 설정한 다음 'Star'를 체크 표시하고 〈OK〉 버튼을 클릭합니다. 옵션바에서 Fill을 '#c4b473'으로 지정합니다.

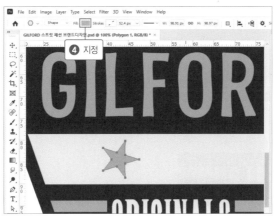

02 [Ctrl]+[T]를 눌러 별을 그림과 같이 회전합니다.

03 [Ctrl]+[J]를 눌러 레이어를 복제한 다음 그림과 같이 배치합니다.

04 사용자 셰이프 도구( )를 선택하고 옵션바에서 Shape를 'Arrow 16'으로 지정한 다음 드래그하여 그립니다. 옵션바에서 Fill을 '#c4b473'으로 지정합니다.

05 Ctrl + T를 눌러 화살을 그림과 같이 회전합니다.

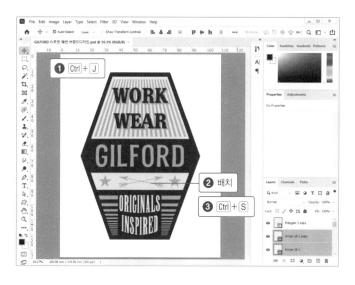

06 Ctrl + J를 눌러 레이어를 복제합니다. [Edit] → Transform → Flip Horizontal을 실행해 복사한 화살을 배치합니다. [File] → Save(Ctrl + S)를 실행하여 완성된 파일을 저장합니다.

RESTO SHOP 브랜드 디자인

●

사용 목적 RESTO SHOP 브랜드 디자인
작업 크기 250 x 250(mm) / 해상도 : 300dpi
실제 크기 250 x 250(mm) / 해상도 : 300dpi
기능 사용 사용자 셰이프 도구를 사용해 로고 형태를 만듭니다. 사각
형 도구를 사용해 로고의 그래픽을 적용하고 원형 도구와 문자 도구를
활용하여 문자를 입력합니다. 그래픽 요소를 추가하여 브랜드 디자인
을 완성합니다.

250mm

250mm

예제 작업 과정

1

사용자 셰이프 도구를 사용해
로고 형태 만들기

2

원형 도구를 사용해 그래픽
장식하기

3

원형 도구와 문자 도구를 활용
하여 텍스트 입력하기

4

도형을 변형하여 그래픽을 적용
하고 텍스트 입력하기

5

사용자 셰이프 도구를 사용 및
변형하여 그래픽 요소 추가하기

6

사용자 셰이프 도구를 사용해
그래픽 장식하기

SECTION 02
RESTO SHOP 브랜드 디자인

사용자 셰이프 도구와 도형으로 브랜드 디자인하기

🔵 **완성 파일** 03\RESTO SHOP 브랜드디자인.psd

다양한 사용자 셰이프 도구를 활용 및 변형하고, 원형에 텍스트를 입력하여
RESTO SHOP 브랜드를 디자인합니다.

1 로고 형태 만들기

01 [File] → New(Ctrl + N)를 실행합니다. 파일 이름을 'RESTO SHOP 브랜드디자인', Width를 '250mm', Height를 '250mm', Resolution을 '300 Pixels/Inch', Color Mode를 'RGB Color'로 설정하고 〈Create〉 버튼을 클릭합니다.

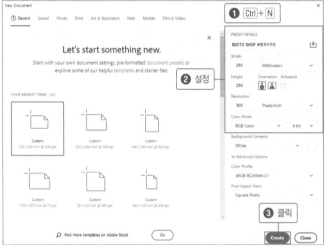

02 사용자 셰이프 도구(⬚)를 선택하고 옵션바에서 Shape를 'Seal'로 지정한 다음 Shift를 누른 상태로 드래그해서 그립니다. 옵션바에서 Fill을 '#000000'으로 지정합니다.

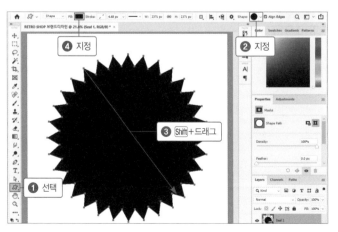

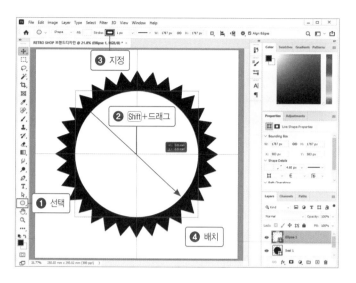

03 원형 도구(◯)를 선택하고 Shift를 누른 상태로 드래그해서 정원을 그립니다. 옵션바에서 Fill을 '#ffffff'로 지정하고 그림과 같이 배치합니다.

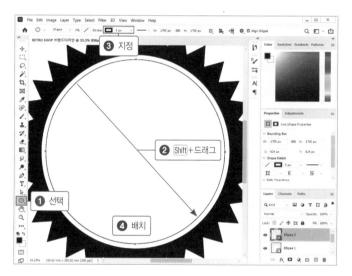

04 원형 도구(◯)를 선택하고 Shift를 누른 상태로 드래그해서 정원을 그립니다. 옵션바에서 Stroke를 '#000000', 두께를 '5px'로 지정한 다음 그림과 같이 배치합니다.

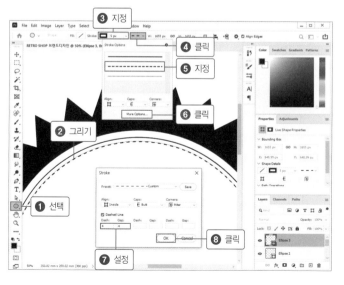

05 원형 도구(◯)를 선택하고 Shift를 누른 상태로 드래그해서 정원을 그리고 옵션바에서 Stroke를 '#000000', 두께를 '5px'로 지정합니다. Stroke Options를 '점선'으로 지정하고 〈More Options〉 버튼을 클릭합니다. [Stroke] 대화상자가 표시되면 Dash를 '4', Gap을 '4'로 설정한 다음 〈OK〉 버튼을 클릭합니다.

2 도형으로 리본 배너 만들기

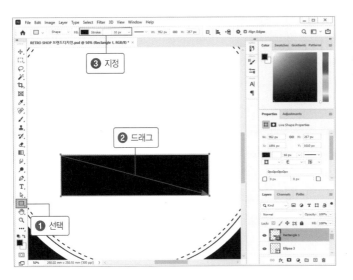

01 사각형 도구(▢)를 선택하고 드래그하여 그림과 같이 직사각형을 그립니다. 옵션바에서 Fill을 '#000000', Stroke를 '#ffffff', 두께를 '10px'로 지정합니다.

02 문자 도구(T.)를 선택하고 옵션바에서 글꼴을 'Diner-Obese', 크기를 '55pt', 색상을 '#ffffff'로 지정한 다음 'RESTO SHOP'을 입력합니다.

03 사용자 셰이프 도구(⬡.)를 선택하고 옵션바에서 Shape를 'Hexagon'으로 지정한 다음 Shift를 누른 상태로 드래그해서 그립니다. 옵션바에서 Fill을 '#000000'으로 지정합니다.

04 직접 선택 도구(▷.)를 선택하고 육각형의 오른쪽 조절점을 삭제하고 Shift 를 누른 상태로 왼쪽 조절점을 오른쪽으로 드래그해서 그림과 같이 도형을 변형합니다.

05 도형 오른쪽 2개의 조절점을 오른쪽으로 드래그해서 그림과 같이 도형을 변형합니다. 펜 도구(∅.)를 선택하고 오른쪽 상단 조절점을 클릭한 다음 오른쪽 하단 조절점을 클릭하면 닫힌 패스가 됩니다.

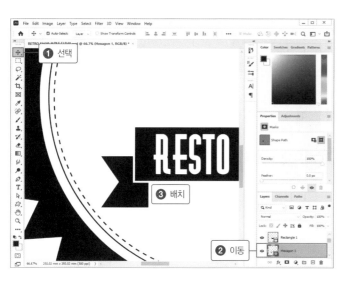

06 이동 도구(⊕.)를 선택하고 [Layers] 패널에서 'Hexagon 1' 레이어를 'Rectangle 1' 레이어 아래로 이동한 다음 그림과 같이 배치합니다.

07 [Layers] 패널에서 'Hexagon 1' 레이어를 선택하고 Ctrl + J 를 눌러 레이어를 복제합니다. Ctrl + T 를 눌러 도형을 회전한 다음 그림과 같이 배치합니다.

08 [Layers] 패널에서 'Rectangle 1' 레이어를 선택하고 Ctrl + J 를 눌러 레이어를 복제합니다. Ctrl + T 를 누르고 하단 두 개의 조절점을 아래쪽으로 드래그해서 그림과 같이 도형을 변형합니다.

09 직접 선택 도구( )를 선택하고 복제한 직사각형의 왼쪽 하단 조절점을 오른쪽으로, 오른쪽 하단 조절점을 왼쪽으로 드래그하여 그림과 같이 변형합니다.

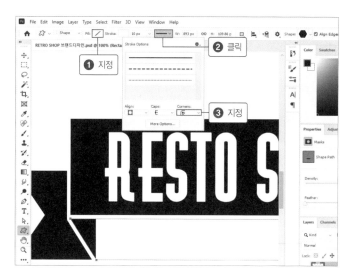

10 옵션바에서 Fill을 'No Color'로 지정하고 Stroke Options에서 Corners를 '둥근 형태'로 지정합니다.

3 원형 패스에 문자 입력하기

01 원형 도구(○.)를 선택하고 Shift를 누른 상태로 드래그하여 그림과 같이 정원을 그립니다.

02 문자 도구(T.)를 선택하고 옵션바에서 글꼴을 'Impact', 크기를 '33pt', 색상을 '#000000'으로 지정합니다. 정원 패스에 마우스 커서를 가져가 커서 아이콘이 변경되면 클릭하여 'AMERICAN COLLECTION'을 입력합니다. [Layers] 패널에서 'Ellipse 4' 레이어의 '눈' 아이콘(●)을 클릭해 레이어를 숨깁니다.

4 셰이프 도구로 로고 꾸미기

01 사용자 셰이프 도구(⚘.)를 선택하고 옵션바에서 Shape를 'Seal'로 지정한 다음 Shift 를 누른 상태로 드래그하여 그립니다. 옵션바에서 Fill을 '#000000'으로 지정합니다.

02 Ctrl + T 를 누른 다음 Ctrl + Shift + Alt 를 누른 상태로 오른쪽 하단 조절점을 왼쪽으로 드래그하여 그림과 같이 변형하고 Enter 를 누릅니다.

03 Ctrl + T 를 누르고 Shift 를 누른 상태로 조절점을 드래그해서 그림과 같이 도형을 변형한 다음 Enter 를 누릅니다.

04 사용자 셰이프 도구(⬦)를 선택하고 옵션바에서 Shape를 'Diamond'로 지정한 다음 드래그해서 그림과 같이 그립니다. 옵션바에서 Fill을 '#ffffff'로 지정합니다.

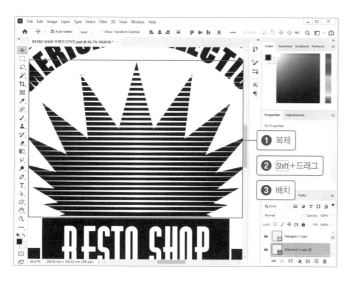

05 [Layers] 패널에서 'Diamond 1' 레이어를 선택하고 Ctrl+J를 눌러 레이어를 복제합니다. Shift를 누른 상태로 드래그하여 위로 이동합니다. 이 과정을 반복해서 그림과 같이 여러 개 배치합니다.

06 [Layers] 패널에서 다이아몬드를 그린 레이어를 모두 선택하고 마우스 오른쪽 버튼을 클릭한 다음 **Merge Shapes**를 실행하여 레이어를 합칩니다. 합친 레이어를 'AMERICAN COLLECTION' 레이어 아래로 이동합니다.

5 텍스트 입력하고 화살표 그리기

01 문자 도구(T.)를 선택하고 옵션바에서 글꼴을 'Impact', 크기를 '25pt', 색상을 '#000000'으로 지정합니다.

02 그림과 같은 위치에 'SINCE 1962'를 입력합니다.

03 사용자 셰이프 도구(🖋.)를 선택하고 옵션바에서 Shape를 'Arrow 3'으로 지정한 다음 Shift를 누른 상태로 드래그해서 그립니다. 옵션바에서 Fill을 '#000000'으로 지정합니다.

04 [Layers] 패널에서 'Arrow 3 1' 레이어를 선택하고 Ctrl + J를 눌러 레이어를 복제합니다. Ctrl + T를 눌러 화살을 회전한 다음 그림과 같이 배치합니다.

05 [Layers] 패널에서 화살 두 개를 그린 레이어를 선택하고 Ctrl + J를 눌러 복제합니다. Ctrl + T를 눌러 크기를 축소한 다음 그림과 같이 배치합니다. [File] → Save(Ctrl + S)를 실행하여 완성된 파일을 저장합니다.

Kirsten TV 브랜드 디자인

●

150mm

150mm

사용 목적   Kirsten TV 브랜드 디자인

작업 크기   150 x 150(mm) / 해상도 : 200dpi

실제 크기   150 x 150(mm) / 해상도 : 300dpi

기능 사용   도형과 사용자 셰이프로 로고 형태를 만들고 원의 선 옵션을 변형하고 사용자 셰이프를 편집하여 브랜드 디자인을 완성합니다.

예제 작업 과정

1

로고 형태 만들기

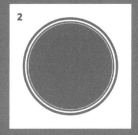

2

로고에 정원 추가하기

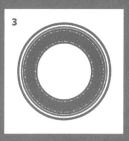

3

로고에 점선 추가하기

4

사용자 셰이프로 그래픽 요소 만들기

5

원형 도구와 문자 도구를 활용하여 텍스트 입력하기

6

점선을 편집하여 그래픽 요소 추가하기

SECTION 03
Kirsten TV 브랜드 디자인

도형과 사용자 셰이프를 활용하여 브랜드 디자인하기

🔵 **완성 파일** 03\Kirsten TV 브랜드디자인.psd

정원 도형을 활용하여 로고의 형태를 만들고 점선의 옵션을 변경, 사용자 셰이프를
편집하여 Kirsten TV 브랜드를 디자인합니다.

1 도형과 셰이프 도구로 로고 형태 만들기

01 [File] → New(Ctrl + N)를 실행합니다. 파일 이름을 'Kirsten TV 브랜드디자인', Width를 '150mm', Height를 '150mm',
Resolution을 '200 Pixels/Inch', Color Mode를 'RGB Color'로 설정하고 〈Create〉 버튼을 클릭합니다.

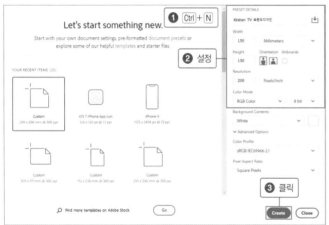

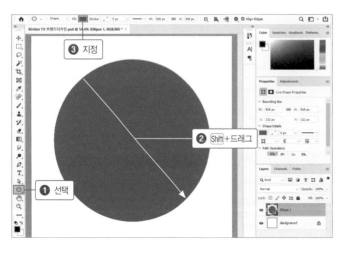

02 원형 도구(◯)를 선택하고 Shift를 누른
상태로 드래그하여 그림과 같이 정원을 그립니
다. 옵션바에서 Fill을 '#e6007e'로 지정합니다.

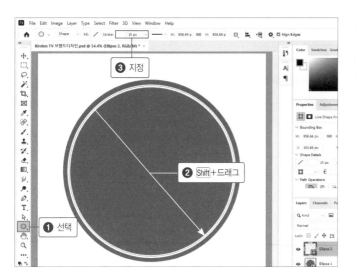

03 원형 도구(◯.)를 선택하고 Shift를 누른 상태로 드래그하여 그림과 같이 정원을 그립니다. 옵션바에서 Stroke를 '#ffffff', 두께를 '15px'로 지정합니다.

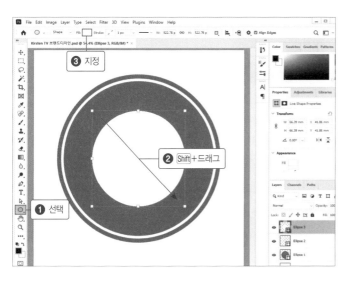

04 원형 도구(◯.)를 선택하고 Shift를 누른 상태로 드래그하여 그림과 같이 정원을 그립니다. 옵션바에서 Fill을 '#ffffff'로 지정합니다.

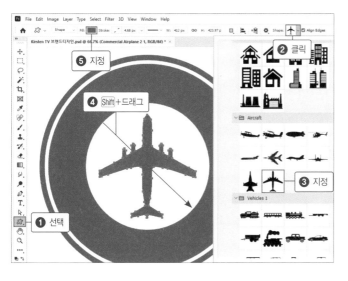

05 사용자 셰이프 도구(⬠.)를 선택하고 옵션바에서 Shape를 'Commercial Airplane 2'로 지정한 다음 Shift를 누른 상태로 드래그해서 그림과 같이 그립니다. 옵션바에서 Fill을 '#e6007e'로 지정합니다.

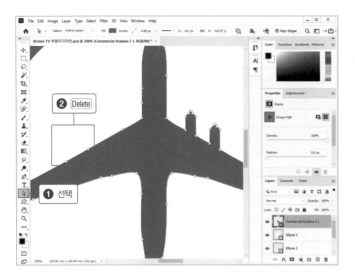

06 직접 선택 도구([R.])를 선택하고 그림과 같이 비행기 왼쪽 날개의 조절점을 [Delete]를 눌러 삭제합니다.

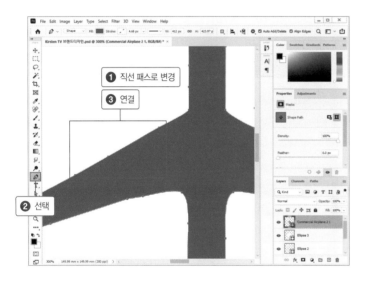

07 기준점 변환 도구([N.])를 선택하고 조절점을 클릭하여 직선 패스로 변경합니다. 펜 도구([Ø.])를 선택하고 조절점을 클릭하여 연결합니다.

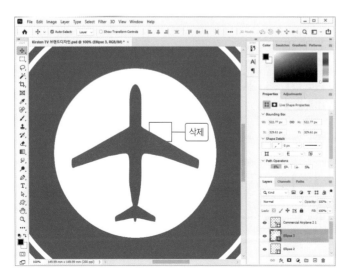

08 06~07번 과정과 같은 방법으로 그림과 같이 비행기 오른쪽 날개의 조절점을 삭제합니다.

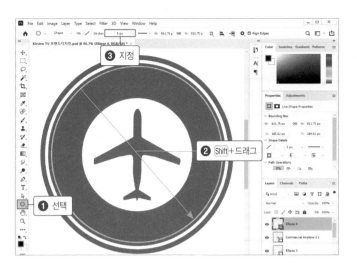

09 원형 도구(◎)를 선택하고 Shift를 누른 상태로 드래그하여 그림과 같이 정원을 그립니다. 옵션바에서 Stroke를 '#ffffff', 두께를 '5px'로 지정합니다.

2 점선 패스에 문자 입력하고 마스크 적용하기

01 원형 도구(◎)를 선택하고 Shift를 누른 상태로 드래그하여 그림과 같이 정원을 그립니다. 옵션바에서 Stroke를 '#ffffff', 두께를 '5px', Stroke Options를 '점선'으로 지정하고 〈More Options〉 버튼을 클릭합니다. [Stroke] 대화상자가 표시되면 Dash와 Gap을 차례대로 '4', '4', '1', '4'로 설정하고 〈OK〉 버튼을 클릭합니다.

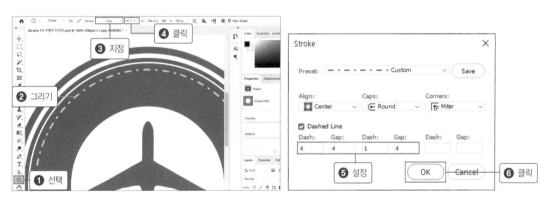

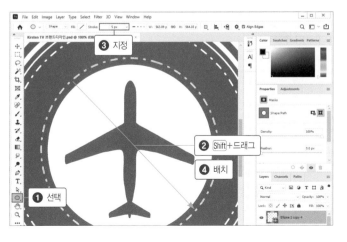

02 **01**번 과정과 같은 방법으로 그림과 같이 정원을 그리고 설정한 다음 배치합니다.

03 문자 도구(T.)를 선택하고 정원 패스에 마우스 커서를 가져가 커서의 아이콘이 변경되면 클릭하여 'Kirsten TV'를 입력합니다. 옵션바에서 글꼴을 'Arial', 스타일을 'Bold', 크기를 '44pt', 색상을 '#ffffff'로 지정합니다.

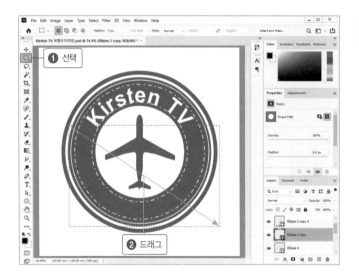

04 사각형 선택 도구(□.)를 선택하고 그림과 같이 드래그해서 직사각형을 그립니다.

05 [Layers] 패널에서 'Ellipse 2 copy' 레이어를 선택하고 'Add layer mask' 아이콘(■)을 클릭해서 마스크를 적용합니다.

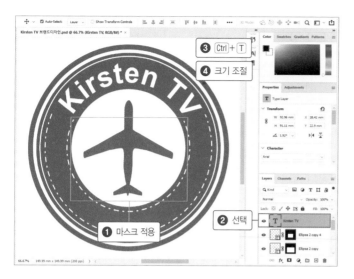

06 05번 과정과 같은 방법으로 'Ellipse 2 copy 4' 레이어도 마스크를 적용합니다. 'Kirsten TV' 레이어를 선택하고 Ctrl + T 를 눌러 크기를 크게 조절합니다.

07 원형 도구(◯)를 선택하고 Shift 를 누른 상태로 드래그하여 그림과 같이 정원을 그립니다.

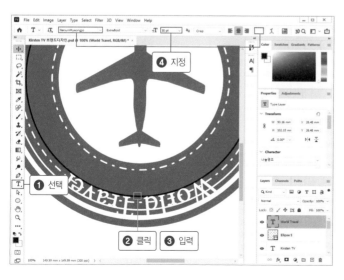

08 문자 도구(T)를 선택하고 정원 패스에 마우스 커서를 가져가 커서의 아이콘이 변경되면 클릭하여 'World Travel'을 입력합니다. 옵션바에서 글꼴을 '나눔명조', 크기를 '30pt', 색상을 '#ffffff'로 지정합니다.

09 직접 선택 도구( )를 선택하고 정원 패스에 마우스 커서를 가져가 커서의 아이콘이 변경되면 위로 드래그하여 문자를 원 안쪽으로 이동합니다.

3 별과 선을 그려 로고 장식하기

01 다각형 도구( )를 선택하고 캔버스를 클릭합니다. [Create Polygon] 대화상자가 표시되면 Width를 '70px', Height를 '70px', Number of Sides를 '5', 'Star'를 체크 표시, Indent Sides By를 '60%'로 설정하고 〈OK〉 버튼을 클릭합니다. 옵션바에서 Fill을 '#ffffff'로 지정합니다.

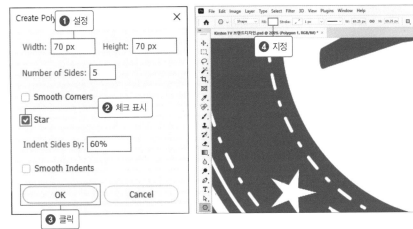

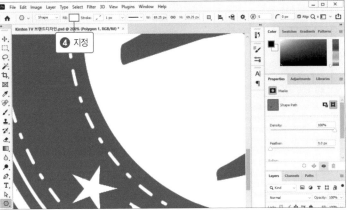

02 [Layers] 패널에서 'Polygon 1' 레이어를 선택하고 Ctrl + J 를 눌러 레이어를 복제한 다음 그림과 같이 배치합니다.

03 선 도구(✐)를 선택하고 그림과 같이 드래그하여 선을 그립니다. 옵션바에서 Stroke를 '#e6007e', 두께를 '5px', Stroke Options를 '점선'으로 지정하고 〈More Options〉 버튼을 클릭합니다. [Stroke] 대화상자가 표시되면 Dash와 Gap을 차례대로 '10', '5', '5', '5'로 설정하고 〈OK〉 버튼을 클릭합니다.

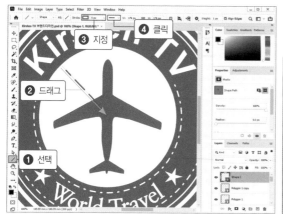

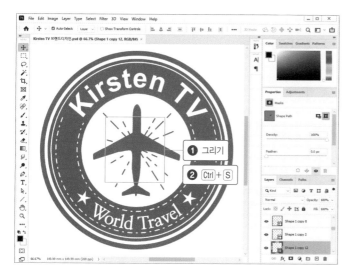

04 03번 과정과 같은 방법으로 선을 그리고 점선의 간격을 조절합니다. [File] → Save(Ctrl + S)를 실행하여 완성된 파일을 저장합니다.

따근 따근 빵 브랜드 디자인

●

사용 목적 따근 따근 빵 브랜드 디자인
작업 크기 150 x 150(mm) / 해상도 : 300dpi
실제 크기 150 x 150(mm) / 해상도 : 300dpi
기능 사용 도형을 활용하여 로고 형태를 만들고 도형과 펜 도구를
활용하여 그래픽 요소를 만들어 브랜드 디자인을 완성합니다.

예제 작업 과정

1

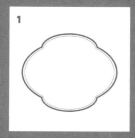

1
로고 형태 만들기

2

2
로고에 마스크 적용하기

3

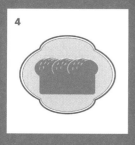

3
도형을 활용하여 빵 모양 만들기

4

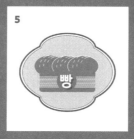

4
빵에 그래픽 요소 만들기

5

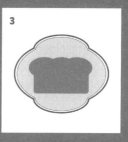

5
빵에 그래픽 추가하고 텍스트
입력하기

6

6
원형 도구와 문자 도구를 활용
하여 텍스트 입력하기

SECTION 04
따근 따근 빵 브랜드 디자인

도형을 편집하여 브랜드 디자인하기

⚙ **완성 파일** 03\따근 따근 빵 브랜드디자인.psd

도형을 활용하여 로고의 형태를 만들고, 도트 모양의 브러시를 적용하여 레트로
스타일의 따근 따근 빵 브랜드를 디자인합니다.

1 도형과 브러시로 로고 형태 만들기

01 [File] → New(Ctrl + N)를 실행합니다. 파일 이름을 '따근 따근 빵 브랜드디자인', Width를 '150mm', Height를
'150mm', Resolution을 '300 Pixels/Inch', Color Mode를 'RGB Color'로 설정하고 〈Create〉 버튼을 클릭합니다.

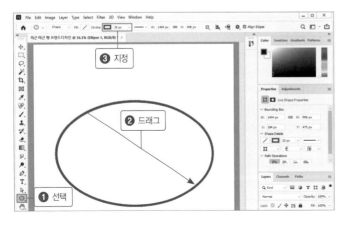

02 원형 도구(◯)를 선택하고 드래그하
여 그림과 같이 타원을 그립니다. 옵션바에서
Stroke를 '#006000', 두께를 '20px'로 지정합
니다.

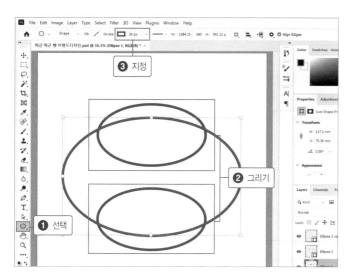

03 원형 도구([O.])를 선택하고 드래그하여 그림과 같이 타원을 2개 그립니다. 옵션바에서 Stroke를 '#006000', 두께를 '20px'로 지정합니다.

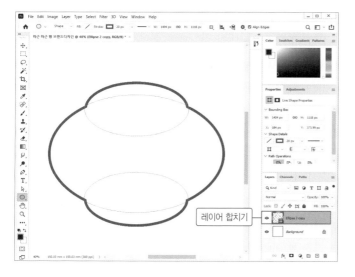

04 [Layers] 패널에서 타원을 그린 3개의 레이어를 모두 선택하고 마우스 오른쪽 버튼을 클릭한 다음 **Merge Shapes**를 실행합니다.

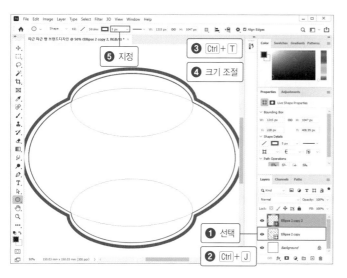

05 [Layers] 패널에서 'Ellipse 2 copy' 레이어를 선택하고 [Ctrl]+[J]를 눌러 레이어를 복제합니다. [Ctrl]+[T]를 눌러 그림과 같이 축소하고 옵션바에서 Stroke를 '5px'로 지정합니다.

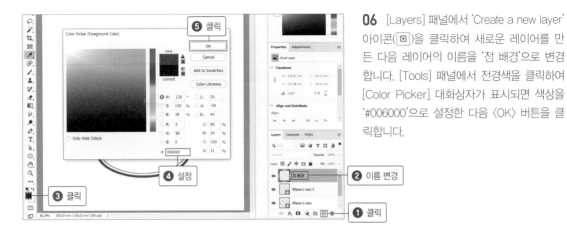

06 [Layers] 패널에서 'Create a new layer' 아이콘(⊡)을 클릭하여 새로운 레이어를 만든 다음 레이어의 이름을 '점 배경'으로 변경합니다. [Tools] 패널에서 전경색을 클릭하여 [Color Picker] 대화상자가 표시되면 색상을 '#006000'으로 설정한 다음 〈OK〉 버튼을 클릭합니다.

07 브러시 도구(✎)를 선택합니다. 옵션바에서 브러시를 'Kyle's Screentones 38'로 지정하고 Size를 '1500px'로 설정합니다. 클릭해서 그림과 같이 브러시를 적용합니다.

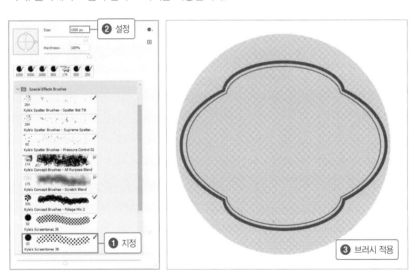

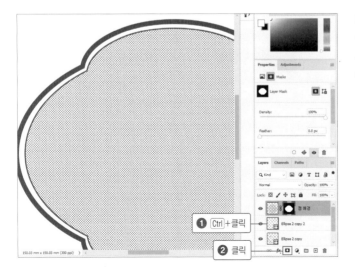

08 [Layers] 패널에서 'Ellipse 2 copy 2' 레이어의 섬네일에 Ctrl을 누른 상태로 클릭해 선택 영역으로 지정합니다. 'Add layer Mask' 아이콘(▣)을 클릭해서 마스크를 적용합니다.

2 도형과 펜 도구를 활용해 식빵 그리기

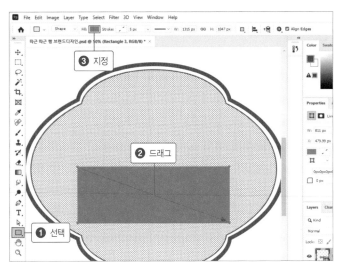

01 사각형 도구(□)를 선택하고 드래그하여 그림과 같이 직사각형을 그립니다. 옵션바에서 Fill을 '#dd7200'으로 지정합니다.

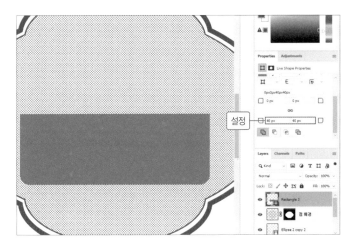

02 [Properties] 패널에서 직사각형의 왼쪽 하단과 오른쪽 하단 corner radius를 '40px'로 설정합니다.

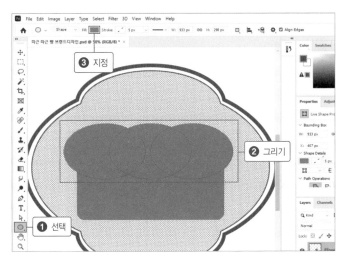

03 원형 도구(○)를 선택하고 드래그하여 그림과 같이 타원을 3개 그립니다. 옵션바에서 Fill을 '#dd7200'으로 지정합니다.

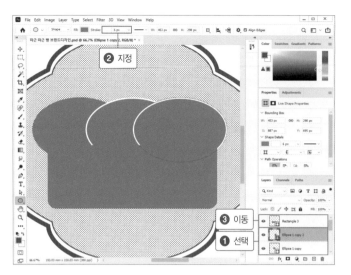

04 [Layers] 패널에서 'Ellipse 1 copy' 레이어와 'Ellipse 1 copy 2' 레이어를 선택합니다. 옵션바에서 Stroke를 '#ffffff', 두께를 '6px'로 지정합니다. 'Rectangle 3' 레이어를 'Ellipse 1 copy 2' 레이어 위로 이동합니다.

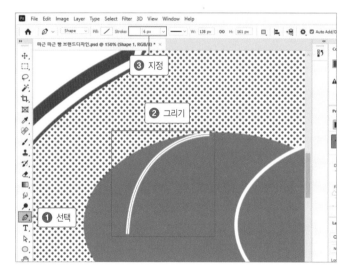

05 펜 도구( )를 선택하고 그림과 같이 선을 그립니다. 옵션바에서 Stroke를 '#ffffff', 두께를 '6px'로 지정합니다.

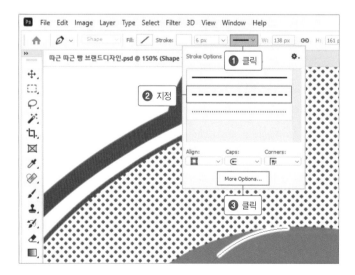

06 옵션바에서 Stroke Options를 '점선'으로 지정하고 〈More Options〉 버튼을 클릭합니다.

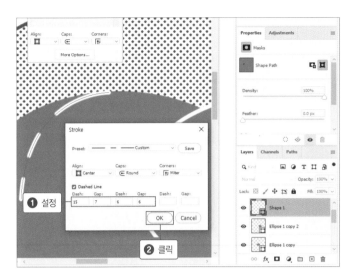

07 [Stroke] 대화상자가 표시되면 Dash와 Gap을 차례대로 '15', '7', '6', '6'으로 설정하고 〈OK〉 버튼을 클릭합니다.

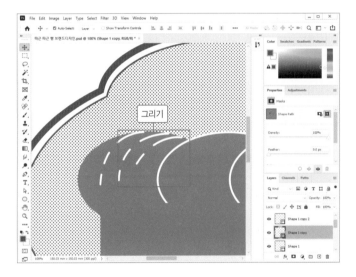

08 05∼07번 과정과 같은 방법으로 그림과 같이 선을 그리고 점선으로 지정합니다.

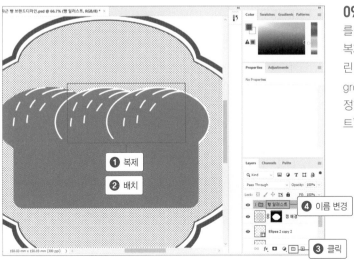

09 [Layers] 패널에서 점선을 그린 레이어를 모두 선택하고 Ctrl+J를 눌러 레이어를 복제한 다음 그림과 같이 배치합니다. 빵을 그린 레이어를 모두 선택하고 'Create a new group' 아이콘(▢)을 클릭하여 그룹으로 지정한 다음 그룹 레이어의 이름을 '빵 일러스트'로 변경합니다.

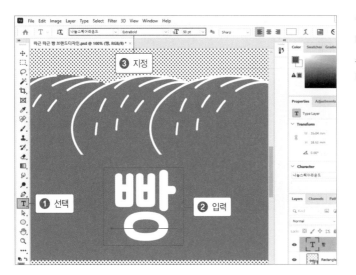

10 문자 도구(T.)를 선택하고 '빵'을 입력합니다. 옵션바에서 글꼴을 '나눔스퀘어라운드', 스타일을 'ExtraBold', 크기를 '50pt'로 지정합니다.

11 [Layers] 패널에서 'Add a layer style' 아이콘(fx)을 클릭한 다음 **Drop Shadow**를 실행합니다. [Layer Style] 대화상자가 표시되면 Blend Mode를 'Normal', Color를 '#006000', Opacity를 '100%', Angle을 '135°', Distance를 '28px'로 설정하고 〈OK〉 버튼을 클릭합니다.

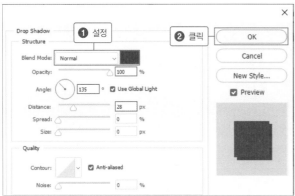

12 [Layers] 패널에서 'Add a layer style' 아이콘(fx)을 클릭한 다음 **Stroke**를 실행합니다. [Layer Style] 대화상자가 표시되면 Size를 '7px', Position을 'Outside', Opacity를 '100%', Color를 '#dd7200'으로 설정하고 〈OK〉 버튼을 클릭합니다.

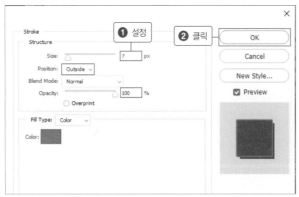

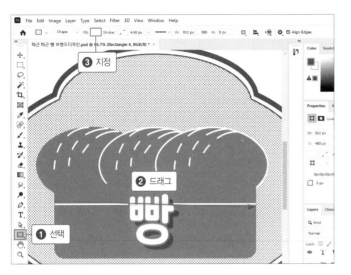

13 사각형 도구(□)를 선택하고 드래그하여 그림과 같이 직사각형을 그립니다. 옵션바에서 Fill을 '#ffffff'로 지정합니다.

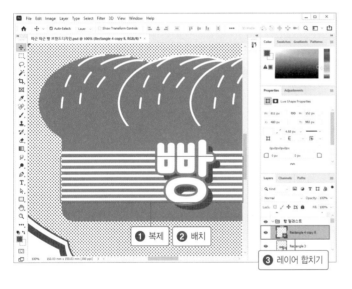

14 [Layers] 패널에서 'Rectangle 4' 레이어를 선택하고 Ctrl+J를 눌러 레이어를 복제합니다. 그림과 같이 배치하고 직사각형을 그린 레이어를 모두 선택합니다. 마우스 오른쪽 버튼을 클릭한 다음 **Merge Shapes**를 실행합니다.

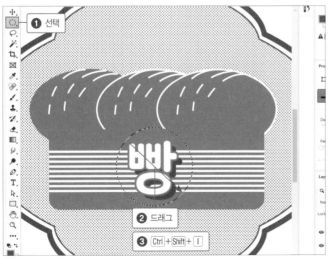

15 원형 선택 도구(○)를 선택하고 드래그하여 그림과 같이 선택 영역으로 지정합니다. Ctrl+Shift+I를 눌러 선택 영역을 반전합니다.

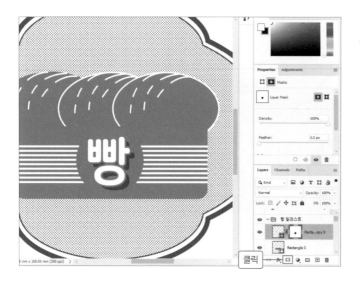

16 [Layers] 패널에서 'Add layer mask' 아이콘(▣)을 클릭해서 마스크를 적용합니다.

3 텍스트 입력하고 완성하기

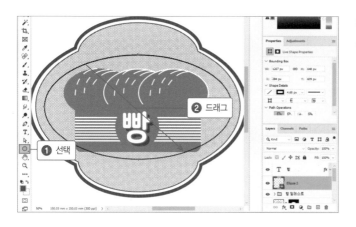

01 원형 도구(◯)를 선택하고 드래그하여 그림과 같이 타원을 그립니다.

02 문자 도구(T.)를 선택하고 정원 패스에 마우스 커서를 가져가 커서의 아이콘이 변경되면 클릭하여 '따근 따근'을 입력합니다. 옵션바에서 글꼴을 '나눔스퀘어라운드', 스타일을 'ExtraBold', 크기를 '36pt'로 지정합니다. [Layers] 패널에서 'Ellipse 2' 레이어를 선택하고 Delete를 눌러 삭제합니다.

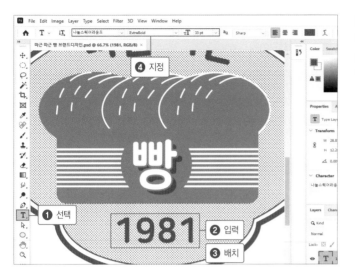

03 문자 도구(T.)를 선택하고 '1981'을 입력한 다음 그림과 같이 배치합니다. 옵션바에서 글꼴을 '나눔스퀘어라운드', 스타일을 'ExtraBold', 크기를 '33pt'로 지정합니다.

04 원형 도구(○.)를 선택하고 Shift를 누른 상태로 드래그하여 정원을 2개 그리고 그림과 같이 배치합니다. 옵션바에서 Fill을 '#006000'으로 지정합니다. [File] → Save(Ctrl + S)를 실행하여 완성된 파일을 저장합니다.

JUNGLE RUSH 게임 타이틀 디자인

300mm

300mm

사용 목적   JUNGLE RUSH 게임 타이틀 디자인

작업 크기   300 x 300(mm) / 해상도 : 300dpi

실제 크기   300 x 300(mm) / 해상도 : 300dpi

기능 사용   도형을 변형하여 나무 판자를 만들고 텍스트를 변형 및 레이어 스타일을 적용하여 재구성합니다. 사용자 셰이프 도구로 그래픽 요소를 추가하여 게임 타이틀 디자인을 완성합니다.

예제 작업 과정

1
도형을 변형하여 나무 판자 만들기

2
나무 판자에 레이어 스타일 적용하기

3
텍스트 변형하고 레이어 스타일 적용하기

4
나무 판자에 그래픽 요소 추가하기

5
사용자 셰이프 도구로 그래픽 요소 추가하기

6
그래픽 요소 추가하고 텍스트 입력하기

SECTION 05
JUNGLE RUSH 게임 타이틀 디자인

도형과 텍스트를 변형 및 재구성하여
게임 타이틀 디자인하기

● **완성 파일** 03\JUNGLE RUSH 게임 타이틀디자인.psd

도형을 변형하고 마스크를 수정하여 나무판자를 만들고, 텍스트도 변형 및 레이어 스타일을 적용합니다. 다양한 사용자 셰이프 도구를 활용한 다음, 그래픽 요소를 추가하여 JUNGLE RUSH 게임 타이틀을 디자인합니다.

1 사각형을 변형하여 나무판자 만들기

01 [File] → New(Ctrl + N)를 실행합니다. 파일 이름을 'JUNGLE RUSH 게임 타이틀디자인', Width를 '300mm', Height를 '300mm', Resolution을 '300 Pixels/Inch', Color Mode를 'RGB Color'로 설정하고 〈Create〉 버튼을 클릭합니다.

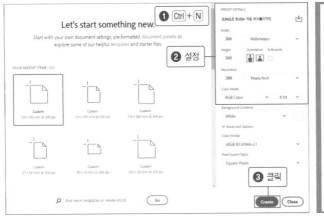

02 사각형 도구(▢)를 선택하고 드래그하여 그림과 같이 직사각형을 그립니다. 옵션바에서 Fill을 '#915500'으로 지정합니다.

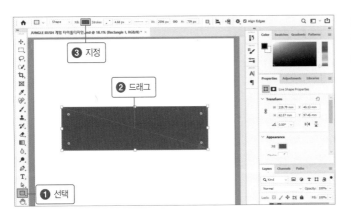

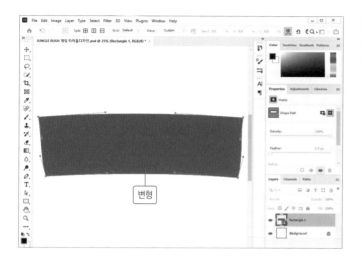

03 [Edit] → Transform Path → Warp를 실행한 다음 그림과 같이 직사각형을 변형합니다.

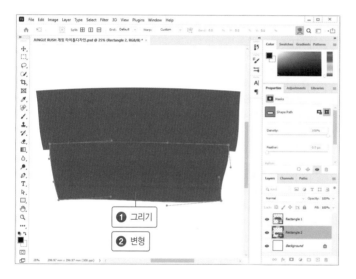

04 02~03번 과정과 같은 방법으로 그림과 같이 직사각형을 그리고 변형합니다.

05 [Layers] 패널에서 'Rectangle 1' 레이어의 섬네일에 Ctrl을 누른 상태로 클릭합니다. 'Create new fill or adjustment layer' 아이콘(◑)을 클릭하고 **Solid Color**를 실행합니다. 색상을 '#915500'으로 지정한 다음 [Layers] 패널에서 'Rectangle 1' 레이어의 '눈' 아이콘(◉)을 클릭하여 레이어를 숨깁니다.

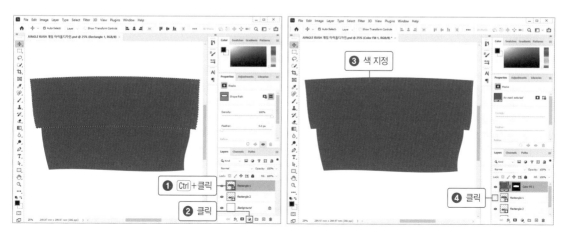

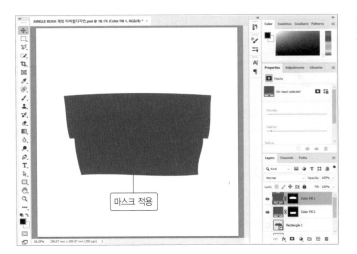

06 **05**번 과정과 같은 방법으로 아래 그린 직사각형에도 마스크를 적용합니다.

07 [Layers] 패널에서 'Color Fill 1' 레이어의 마스크 섬네일을 클릭합니다. 다각형 올가미 도구(￼)를 선택하고 그림과 같이 삼각형을 그려 선택 영역으로 지정합니다. **[Edit]** → **Fill**을 실행합니다. [Fill] 대화상자가 표시되면 Contents를 'Black'으로 지정한 다음 〈OK〉 버튼을 클릭합니다. Ctrl + D를 눌러 선택 영역을 해제합니다.

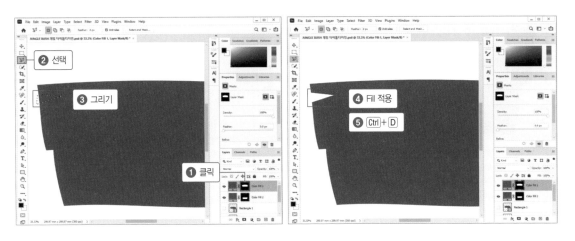

TIP Alt + Backspace는 전경색 채우기, Ctrl + Backspace는 배경색 채우기 단축키입니다.

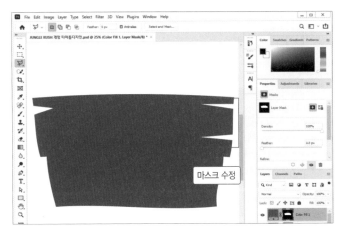

08 **07**번 과정과 같은 방법으로 그림과 같이 마스크 영역을 수정합니다.

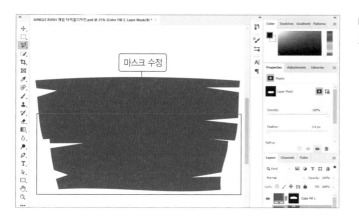

09 그림과 같이 아래쪽에 변형된 직사각형도 마스크 영역을 수정합니다.

2 문자에 다양한 레이어 스타일 적용하기

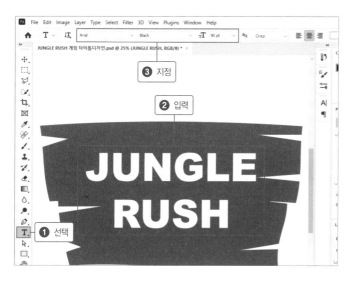

01 문자 도구(T.)를 선택하고 'JUNGLE RUSH'를 입력합니다. 옵션바에서 글꼴을 'Arial', 스타일을 'Black', 크기를 '90pt'로 지정합니다.

02 [Type] → Warp → Text를 실행합니다. [Warp Text] 대화상자가 표시되면 Style을 'Bulge', Bend를 '+40'으로 설정하고 〈OK〉 버튼을 클릭합니다.

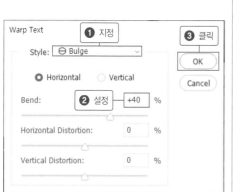

03 [Layers] 패널에서 'JUNGLE RUSH' 레이어의 섬네일에 Ctrl을 누른 상태로 클릭합니다. 'Create new fill or adjustment layer' 아이콘(◑)을 클릭하고 **Gradient**를 실행합니다. [Gradient Fill] 대화상자가 표시되면 Gradient 스펙트럼을 클릭합니다. [Gradient Editor] 대화상자가 표시되면 'Orange_05'로 지정한 다음 〈OK〉 버튼을 클릭합니다. 'JUNGLE RUSH' 레이어의 '눈' 아이콘(◉)을 클릭하여 레이어를 숨깁니다.

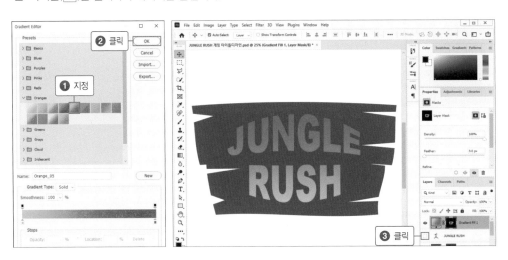

04 [Layers] 패널에서 'Gradient Fill 1' 레이어의 마스크 섬네일을 클릭합니다. 다각형 올가미 도구(▷)를 선택하고 그림과 같이 삼각형을 그립니다. **[Edit] → Fill**을 실행합니다. [Fill] 대화상자가 표시되면 Contents를 'Black'으로 지정한 다음 〈OK〉 버튼을 클릭합니다. Ctrl+D를 눌러 선택 영역을 해제합니다.

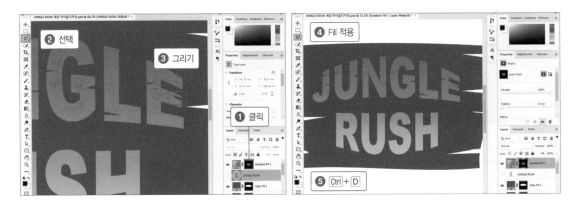

05 04번 과정과 같은 방법으로 'JUNGLE RUSH'의 마스크 영역을 그림과 같이 수정합니다.

06 [Layers] 패널에서 'Gradient Fill 1' 레이어의 마스크 섬네일을 클릭합니다. 다각형 올가미 도구(▷)를 선택하고 그림과 같이 삼각형을 그립니다. **[Edit] → Fill**을 실행합니다. [Fill] 대화상자가 표시되면 Contents를 'White'로 지정한 다음 〈OK〉 버튼을 클릭합니다. Ctrl + D 를 눌러 선택 영역을 해제합니다.

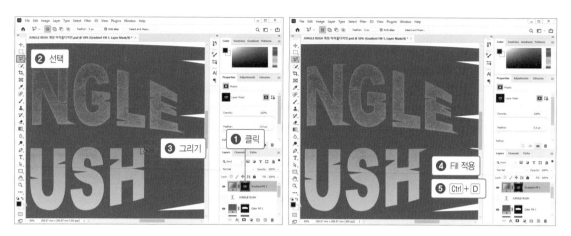

07 [Layers] 패널에서 'Add a layer style' 아이콘(*fx*)을 클릭한 다음 **Stroke**를 실행합니다. [Layer Style] 대화상자가 표시 되면 Size를 '15px', Position을 'Outside', Color를 '#693a0d'로 설정하고 〈OK〉 버튼을 클릭합니다.

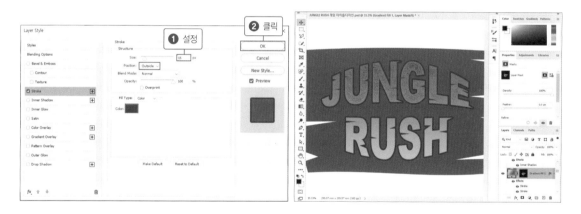

08 [Layers] 패널에서 'Add a layer style' 아이콘(*fx*)을 클릭한 다음 **Stroke**를 실행합니다. [Layer Style] 대화상자가 표시 되면 Size를 '50px', Position을 'Outside', Color를 '#ffffff'로 설정하고 〈OK〉 버튼을 클릭합니다.

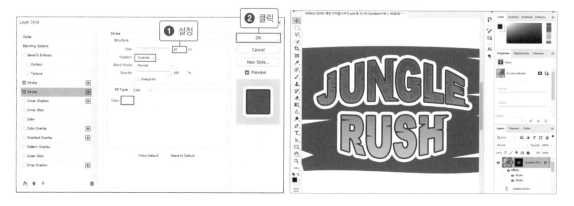

09 [Layers] 패널에서 'Color Fill 1' 레이어를 선택하고 'Add a layer style' 아이콘(**fx.**)을 클릭한 다음 **Drop Shadow**를 실행합니다. [Layer Style] 대화상자가 표시되면 Blend Mode를 'Normal', Color를 '#693a0d', Opacity를 '100%', Angle을 '135°, Distance를 '35px', Spread를 '100%', Size를 '10px'로 설정하고 〈OK〉 버튼을 클릭합니다.

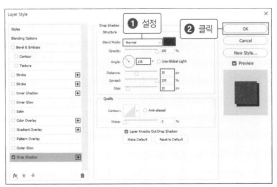 

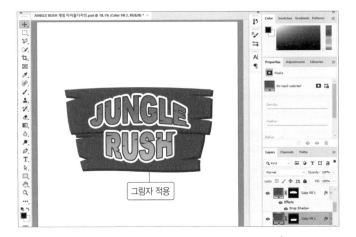

그림자 적용

10 09번 과정과 같은 방법으로 'Color Fill 2' 레이어도 그림자를 적용합니다.

3 원과 셰이프를 이용해 나무판자 꾸미기

01 원형 도구(◯.)를 선택하고 Shift 누른 상태로 드래그하여 그림과 같이 정원을 그립니다. 옵션바에서 Fill을 '#693a0d'로 지정합니다.

02 [Layers] 패널에서 'Add a layer style' 아이콘(*fx.*)을 클릭한 다음 **Inner Shadow**를 실행합니다. [Layer Style] 대화상자가 표시되면 Blend Mode를 'Normal', Color를 '#ffffff', Opacity를 '100%', Angle을 '135', Distance를 '27px'로 설정하고 〈OK〉 버튼을 클릭합니다.

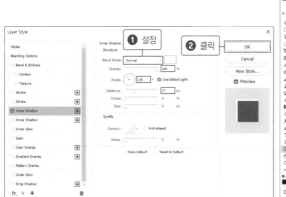
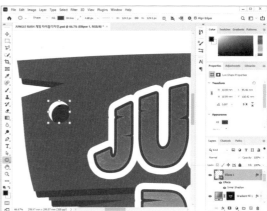

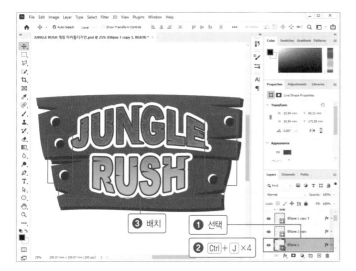

03 [Layers] 패널에서 'Ellipse 1' 레이어를 선택한 다음 Ctrl + J 를 눌러 레이어를 복제하고 그림과 같이 배치합니다.

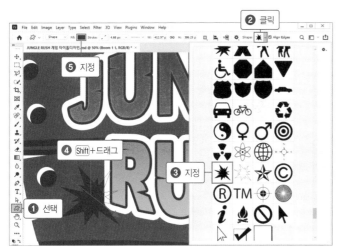

04 사용자 셰이프 도구(*❀.*)를 선택하고 옵션바에서 Shape를 'Boom 1'로 지정하고 Shift 를 누른 상태로 드래그해서 도형을 그립니다. 옵션바에서 Fill을 '#693a0d'로 지정합니다.

05 [Layers] 패널에서 'Add a layer style' 아이콘(ƒx)을 클릭한 다음 **Inner Shadow**를 실행합니다. [Layer Style] 대화상자가 표시되면 Blend Mode를 'Normal', Color를 '#000000', Opacity를 '80%', Angle을 '135°', Size를 '30px'로 설정하고 〈OK〉 버튼을 클릭합니다.

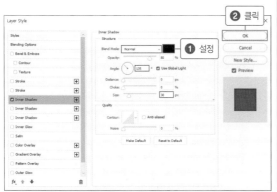
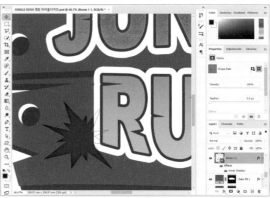

06 사용자 셰이프 도구()를 선택하고 옵션바에서 Shape를 'Trophy 1'로 지정한 다음 Shift 를 누른 상태로 드래그해서 그립니다. 옵션바에서 Fill을 '#693a0d'로 지정합니다.

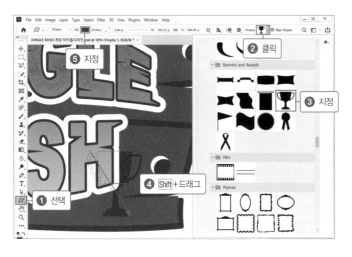

07 [Layers] 패널에서 'Add a layer style' 아이콘(ƒx)을 클릭한 다음 **Inner Shadow**를 실행합니다. [Layer Style] 대화상사가 표시되면 Blend Mode를 'Normal', Color를 '#000000', Opacity를 '80%', Angle을 '135°', Size를 '30px'로 설정하고 〈OK〉 버튼을 클릭합니다.

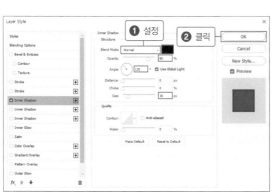
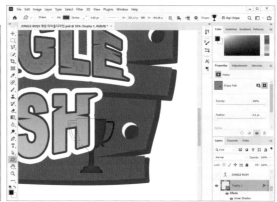

4 장식을 추가하여 완성하기

01 사용자 셰이프 도구(⬚.)를 선택하고 옵션바에서 Shape를 'Shape 181'로 지정한 다음 Shift 를 누른 상태로 드래그해서 그립니다. 옵션바에서 Fill을 'Gradient', 'Green_26'으로 지정하고 〈OK〉 버튼을 클릭합니다.

02 [Layers] 패널에서 'Add a layer style' 아이콘(*fx.*)을 클릭한 다음 **Gradient Overlay**를 실행합니다. [Layer Style] 대화 상자가 표시되면 Blend Mode를 'Normal', Opacity를 '50%', Angle을 '0', Scale을 '60%'로 설정한 다음 Gradient 스펙트럼을 클릭합니다. [Gradient Editor] 대화상자가 표시되면 왼쪽, 가운데, 오른쪽 색상을 '#ffffff'로 지정하고 왼쪽부터 Opacity를 '0%', '100%', '0%'로 설정한 다음 〈OK〉 버튼을 클릭합니다.

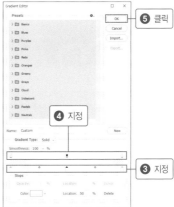

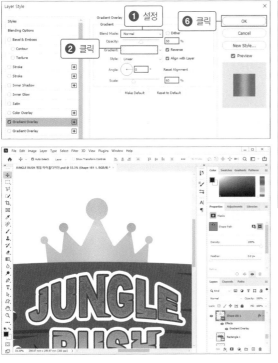

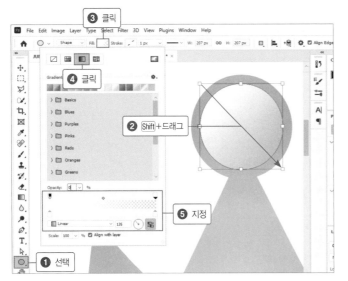

03 원형 도구(○.)를 선택하고 Shift 를 누른 상태로 드래그하여 정원을 그립니다. 옵션바에서 Fill을 'Gradient'로 지정한 다음 왼쪽 색상을 '#ffffff', Opacity를 '100%', 오른쪽 색상을 '#ffffff', Opacity를 '0%'로 지정합니다.

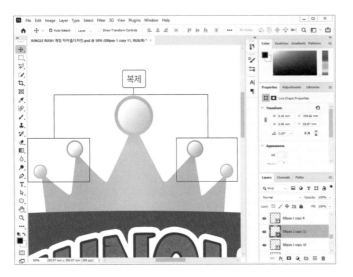

04 Ctrl + J 를 눌러 정원을 복제하여 그림과 같이 배치합니다.

05 펜 도구(∅.)를 선택하고 그림과 같이 삼각형을 그립니다. Ctrl + T 를 눌러 그림과 같이 회전합니다.

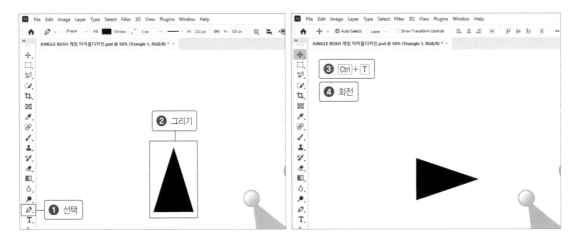

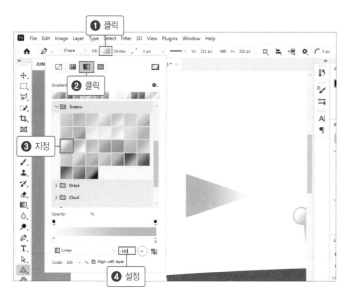

06 옵션바에서 Fill을 'Gradient', 'Green_15'로 지정한 다음 Angle을 '-180'으로 설정합니다.

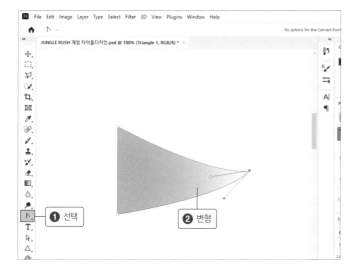

07 기준점 변환 도구(▶)를 선택하고 삼각형의 오른쪽 꼭짓점을 선택하고 드래그해서 그림과 같이 변형합니다.

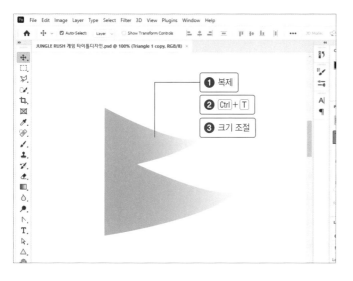

08 Ctrl+J를 눌러 삼각형을 복제하고 Ctrl+T를 눌러 축소한 다음 그림과 같이 배치합니다.

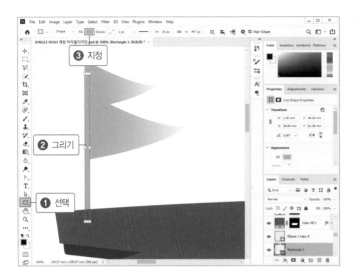

09 사각형 도구(□)를 선택하고 그림과 같이 직사각형을 그립니다. 옵션바에서 Fill을 '#1fd94f'로 지정합니다.

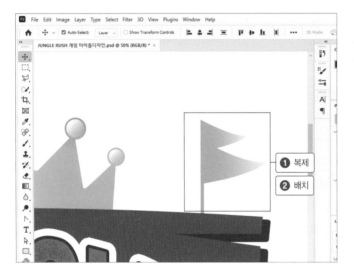

10 직사각형과 삼각형 2개를 그린 레이어를 모두 선택한 다음 Ctrl + J 를 눌러 복제하고 그림과 같이 배치합니다.

11 [Edit] → Transform Path → Flip Horizontal을 실행합니다. 삼각형 2개를 그린 레이어를 선택하고 옵션바에서 Fill의 'Reverse the gradient colors' 아이콘(🔁)을 클릭합니다.

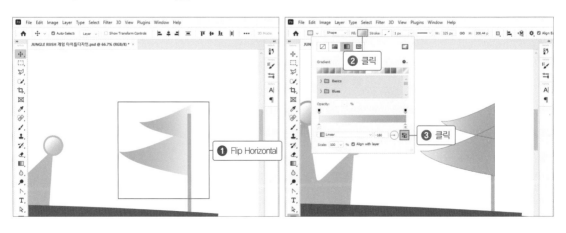

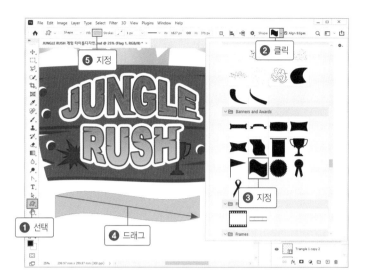

12 사용자 셰이프 도구(⬡.)를 선택하고 옵션바에서 Shape를 'Flag 1'로 지정한 다음 드래그해서 그립니다. 옵션바에서 Fill을 '#fecb22'로 지정합니다.

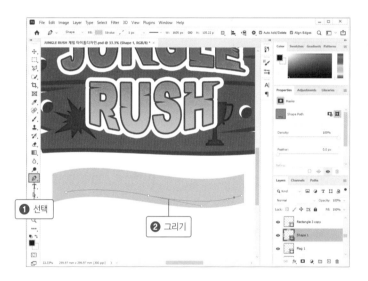

13 펜 도구(⬠.)를 선택하고 그림과 같이 패스를 그립니다.

14 문자 도구(T.)를 선택하고 'RUN! GO!'를 입력합니다. 옵션바에서 글꼴을 'Arial', 스타일을 'Black', 크기를 '40pt'로 지정합니다.

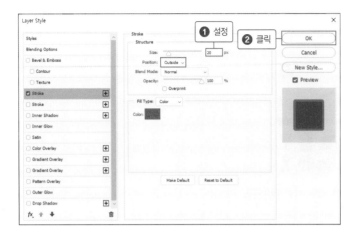

15 [Layers] 패널에서 'Add a layer style' 아이콘(*fx*)을 클릭한 다음 **Color Overlay**를 실행합니다. [Layer Style] 대화상자가 표시되면 Size를 '20px', Position을 'Outside', Color를 '#f83c01'로 설정하고 〈OK〉 버튼을 클릭합니다.

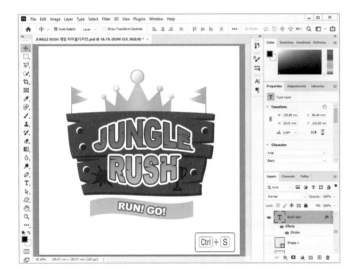

16 [File] → Save(Ctrl+S)를 실행하여 완성된 파일을 저장합니다.

디자인 사례

기본적인 도형과 문자에 장식적인 효과를 적용하여 심볼을 표현할 수 있습니다. 브랜드의 정체성과 가치를 연상시켜 그래픽을 표현하면 브랜드의 특성을 부각시킬 수 있습니다.

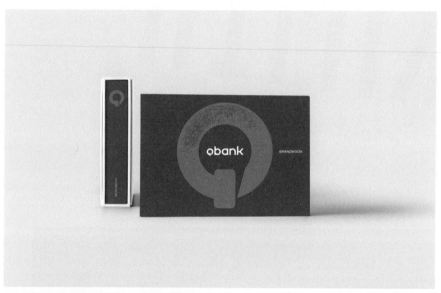

PART

04

손길을
이끄는
패키지 디자인

포토샵 필터의 특수 기능 활용, 유머러스한 그래픽의 표현,
텍스처를 활용한 빈티지 풍의 패키지 디자인을 구성 합니다.

FRUITS BURST 음료 패키지 디자인

187mm

232mm

●

사용 목적   FRUITS BURST 음료 패키지 디자인

작업 크기   187 x 232(mm) / 해상도 : 300dpi

실제 크기   187 x 232(mm) / 해상도 : 300dpi

기능 사용   과일 이미지를 불러와 마스크를 적용합니다. 각 과일에
필터를 적용하고 어울리는 색상, 브러시를 사용하여 그래픽 효과를
적용합니다. 텍스트를 입력 및 변형하고 음료 패키지 디자인을 완
성합니다.

예제 작업 과정

1

1
이미지 가져오기

2
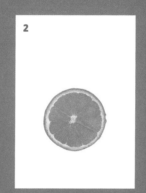

2
이미지에 필터 적용하기

3

3
이미지에 마스크 적용하기

4

4
브러시 도구를 사용해 그래픽
효과 적용하기

5

5
사각형 도구를 사용 및 변형하여
그래픽 장식하기

6

6
텍스트 입력하기

SECTION 01
FRUITS BURST 음료 패키지 디자인

마스크와 필터 갤러리를 활용하여 음료 패키지 디자인하기

● **예제 파일** 04\FRUITS BURST 폴더 | ● **완성 파일** 04\FRUITS BURST 음료 패키지디자인.psd

다양한 과일 이미지에 마스크와 필터를 적용하여 FRUITS BURST 음료 패키지를
디자인합니다.

1 과일 이미지 편집해 도형 안에 배치하기

01 [File] → New(Ctrl + N)를 실행합니다. 파일 이름을 'FRUITS BURST 음료 패키지디자인', Width를 '187mm', Height
를 '232mm', Resolution을 '300 Pixels/Inch', Color Mode를 'RGB Color'로 설정하고 〈Create〉 버튼을 클릭합니다.

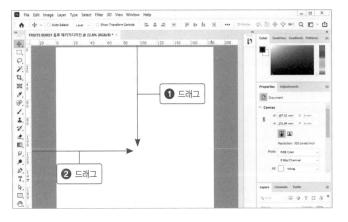

02 가로 눈금자를 클릭한 상태로 아래로 드
래그하면 캔버스의 중앙에 자석처럼 붙으면서
그리드가 표시됩니다. 세로도 동일하게 그리
드를 표시합니다.

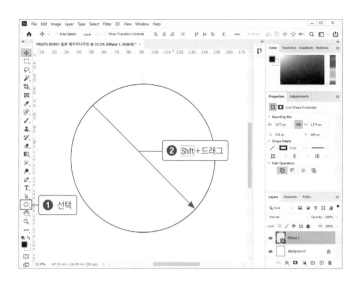

03 원형 도구(⬭)를 선택하고 Shift를 누른 상태로 드래그해서 정원을 그리고 그림과 같이 배치합니다.

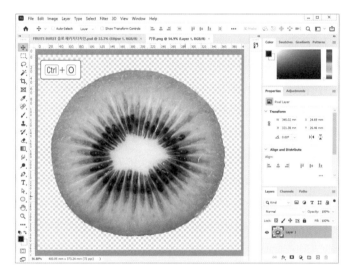

04 [File] → Open(Ctrl + O)을 실행하고 04 → FRUITS BURST 폴더에서 '키위.png' 파일을 불러옵니다.

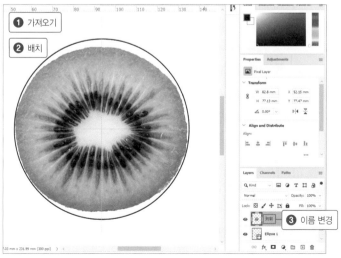

05 키위 이미지를 기존 작업창으로 가져옵니다. 이미지를 그리드 선 가운데에 배치하고 [Layers] 패널에서 레이어의 이름을 '키위'로 변경합니다.

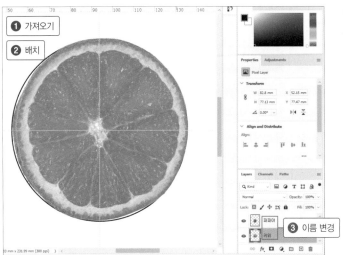

06 04~05번 과정과 같은 방법으로 오렌지, 파파야, 파인애플 이미지를 기존 작업창으로 가져오고 배치합니다. [Layers] 패널에서 레이어의 이름을 해당 과일 이름으로 변경합니다.

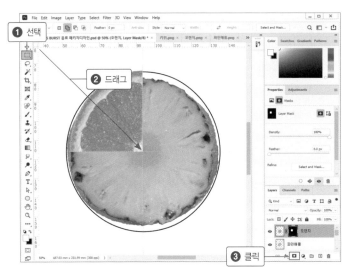

07 사각형 선택 도구(▣)를 선택하고 가이드 선의 중심을 기준으로 왼쪽 상단을 드래그합니다. [Layers] 패널에서 'Add layer mask' 아이콘(◩)을 클릭해서 마스크를 적용합니다.

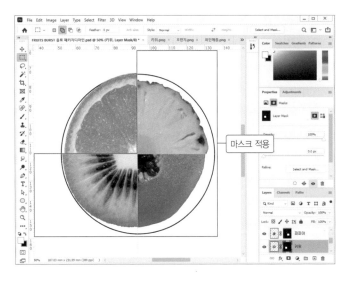

08 07번 과정과 같은 방법으로 키위, 파인애플, 파파야 이미지에 마스크를 적용합니다.

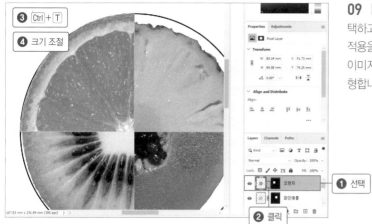

09 [Layers] 패널에서 '오렌지' 레이어를 선택하고 '링크' 아이콘(⑧)을 클릭해서 마스크 적용을 해제합니다. Ctrl+T를 눌러 오렌지 이미지의 크기를 조절하여 원 모양에 맞게 변형합니다.

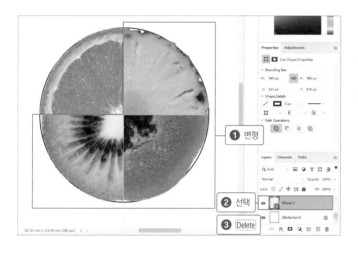

10 09번 과정과 같은 방법으로 키위, 파인 애플, 파파야 이미지를 원 모양에 맞게 변형하고 '링크' 아이콘(⑧)을 클릭해서 마스크와 연결합니다. 원을 그린 레이어는 Delete를 눌러 삭제합니다.

2 과일 이미지에 필터 적용하기

01 [Layers] 패널에서 '파인애플' 레이어를 선택하고 [Filter] → Filter Gallery를 실행합니다. [Filter Gallery] 대화상자가 표시되면 Artistic에서 'Dry Brush'를 선택합니다. Brush Size를 '7', Brush Detail을 '3', Texture를 '3'으로 설정하고 〈OK〉 버튼을 클릭합니다.

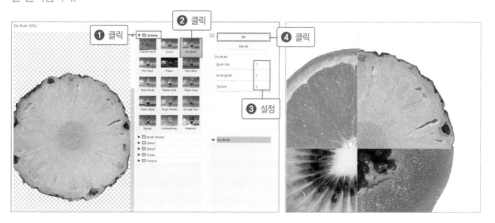

02 [Layers] 패널에서 '파파야' 레이어를 선택하고 **[Filter]** → Filter Gallery를 실행합니다. [Filter Gallery] 대화상자가 표시되면 Artistic에서 'Paint Daubs'를 선택합니다. Brush Size를 '7', Sharpness를 '20'으로 설정하고 〈OK〉 버튼을 클릭합니다.

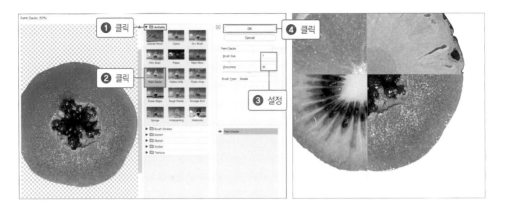

03 [Layers] 패널에서 '키위' 레이어를 선택하고 **[Filter]** → Filter Gallery를 실행합니다. [Filter Gallery] 대화상자가 표시되면 Artistic에서 'Sponge'를 선택합니다. Brush Size를 '10', Definition을 '6', Smoothness를 '1'로 설정하고 〈OK〉 버튼을 클릭합니다.

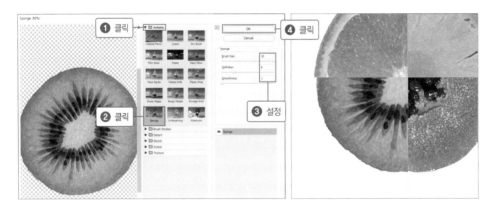

04 [Layers] 패널에서 '오렌지' 레이어를 선딕하고 **[Filter]** → Filter Gallery를 실행합니다. [Filter Gallery] 대화상자가 표시되면 Artistic에서 'Watercolor'를 선택합니다. Brush Detail을 '8', Shadow Intensity를 '0', Texture를 '1'로 설정하고 〈OK〉 버튼을 클릭합니다.

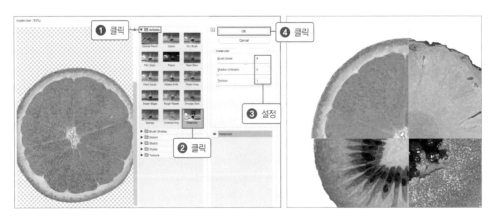

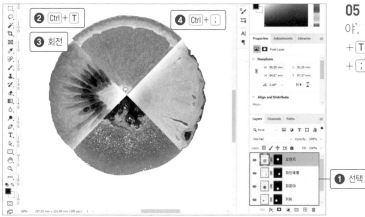

05 [Layers] 패널에서 '키위', '오렌지', '파파야', '파인애플' 레이어를 모두 선택하고 Ctrl+T를 눌러 그림과 같이 회전한 다음 Ctrl+;을 눌러 그리드를 숨깁니다.

3 브러시로 배경 그리기

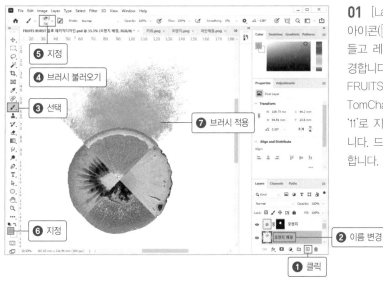

01 [Layers] 패널에서 'Create a new layer' 아이콘(□)을 클릭하여 새로운 레이어를 만들고 레이어의 이름을 '오렌지 배경'으로 변경합니다. 브러시 도구(✔.)를 선택하고 04 → FRUITS BURST 폴더에서 'TexturePack1_ TomChalky' 브러시를 불러옵니다. 브러시를 '11'로 지정하고 전경색을 '#ed9d1a'로 지정합니다. 드래그해서 브러시를 그림과 같이 적용합니다.

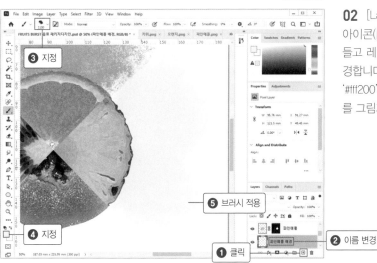

02 [Layers] 패널에서 'Create a new layer' 아이콘(□)을 클릭하여 새로운 레이어를 만들고 레이어의 이름을 '파인애플 배경'으로 변경합니다. 브러시를 '7'로 지정하고 전경색을 '#fff200'으로 지정합니다. 드래그해서 브러시를 그림과 같이 적용합니다.

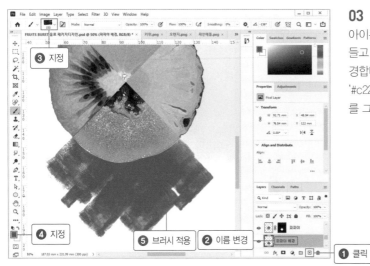

03 [Layers] 패널에서 'Create a new layer' 아이콘(回)을 클릭하여 새로운 레이어를 만들고 레이어의 이름을 '파파야 배경'으로 변경합니다. 브러시를 '12'로 지정하고 전경색을 '#c22a39'로 지정합니다. 드래그해서 브러시를 그림과 같이 적용합니다.

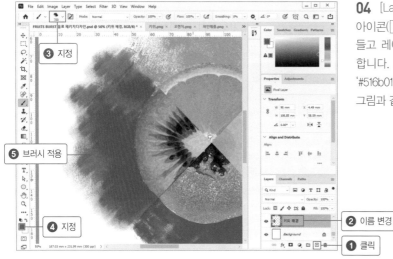

04 [Layers] 패널에서 'Create a new layer' 아이콘(回)을 클릭하여 새로운 레이어를 만들고 레이어의 이름을 '키위 배경'으로 변경합니다. 브러시를 '7'로 지정하고 전경색을 '#516b01'로 지정합니다. 드래그해서 브러시를 그림과 같이 적용합니다.

4 문자와 도형 변형하여 장식 요소 추가하기

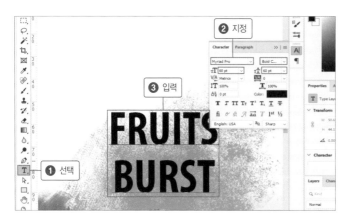

01 문자 도구(T.)를 선택하고 [Character] 패널에서 글꼴을 'Myriad Pro', 스타일을 'Bold Condensed', 크기를 '60pt', 행간을 '60pt'로 지정한 다음 'FRUITS BURST'를 입력합니다.

02 [Filter] → Distort → Ripple을 실행합니다. [Ripple] 대화상자가 표시되면 Amount를 '150%'로 설정하고 Size를 'Small'로 지정한 다음 〈OK〉 버튼을 클릭합니다.

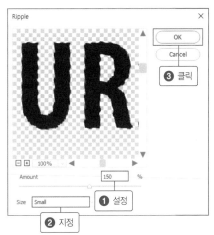

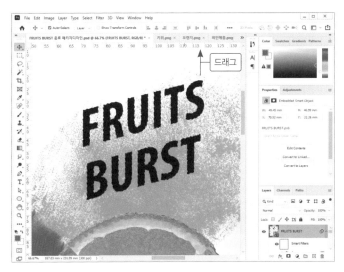

03 [Edit] → Transform → Skew를 실행합니다. 위쪽으로 드래그해서 그림과 같이 텍스트를 변형합니다.

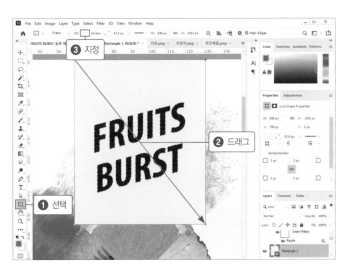

04 사각형 도구(□)를 선택하고 드래그해서 그림과 같이 직사각형을 그립니다. 옵션바에서 Fill을 '#fff200'으로 지정합니다.

05 직접 선택 도구( )를 선택합니다. 오른 쪽 하단 조절점을 위쪽으로 드래그하여 그림 과 같이 도형을 변형합니다.

06 문자 도구( )를 선택하고 [Character] 패널에서 글꼴을 'Myriad Pro', 스타일을 'Bold Condensed', 크기를 '15pt'로 지정한 다음 'VITAMIN FRUITS DRINK'를 입력합니다.

07 [Edit] → Transform → Skew를 실행합 니다. 위쪽으로 드래그해서 그림과 같이 텍스 트를 변형합니다.

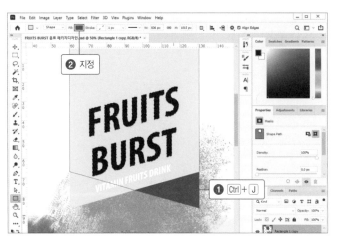

08 [Layers] 패널에서 'Rectangle 1' 레 이어를 선택하고 Ctrl+J를 눌러 레이어 를 복제합니다. [Edit] → Transform → Flip Horizontal을 실행합니다. 옵션바에서 Fill을 '#c22a39'로 지정합니다.

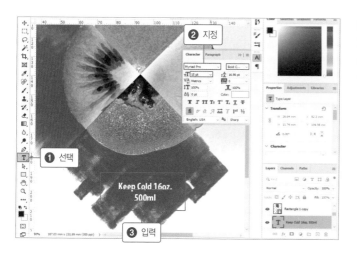

09 문자 도구(**T.**)를 선택하고 [Character] 패널에서 글꼴을 'Myriad Pro', 스타일을 'Bold Condensed', 크기를 '15pt'로 지정한 다음 'Keep Cold 16oz. 500ml'를 입력합니다.

5 그러데이션을 적용해 입체감 표현하기

01 [Layers] 패널에서 '파인애플' 레이어의 썸네일에 **Ctrl**을 누른 상태로 클릭합니다. 그러데이션 도구(**◾**)를 선택한 다음 옵션바에서 Gradient 스펙트럼을 클릭합니다. [Gradient Editor] 대화상자가 표시되면 왼쪽 색상을 '#ffffff', 오른쪽 색상의 Opacity를 '0%'로 설정한 다음 〈OK〉 버튼을 클릭합니다. 드래그하여 그러데이션을 적용하고 **Ctrl**+**D**를 눌러 선택 영역을 해제합니다.

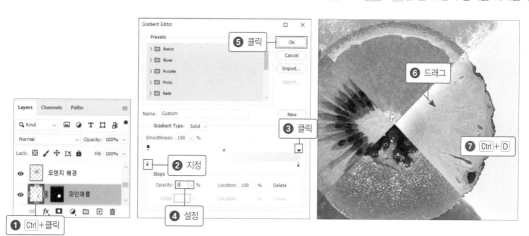

02 **01**번 과정과 같은 방법으로 '키위' 레이어에 그러데이션을 적용하고 [File] → Save(**Ctrl**+**S**)를 실행하여 완성된 파일을 저장합니다.

Strawberry Jam 라벨 디자인

Strawberry Jam 라벨 디자인

●

120mm

100mm

사용 목적 Strawberry Jam 라벨 디자인

작업 크기 120 x 100(mm) / 해상도 : 300dpi

실제 크기 120 x 100(mm) / 해상도 : 300dpi

기능 사용 이미지에 필터 갤러리를 적용합니다. 라벨에 지그재그 도형을 만들어 딸기 이미지를 추가한 다음 텍스트를 입력합니다. 오가닉 마크를 디자인하고 라벨 디자인을 완성합니다.

예제 작업 과정

1

이미지에 필터 갤러리 적용하기

2

지그재그 도형 만들기

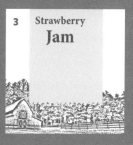

3

텍스트를 입력하고 필터 적용하기

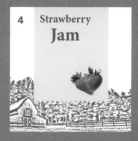

4

딸기 이미지 배치하기

5

오가닉 마크 만들고 텍스트 입력하기

6

Drop Shadow 적용하여 그림자 만들기

SECTION 02

Strawberry Jam 라벨 디자인

일러스트 느낌을 강조한 라벨 디자인하기

◉ **예제 파일** 04\농장.jpg, 딸기01.jpg, 딸기02.jpg | ✦ **완성 파일** 04\Strawberry Jam 라벨디자인.psd

이미지에 필터 갤러리를 적용하여 일러스트 느낌으로 변경하고, 지그재그 도형을
만들어 Strawberry Jam 라벨을 디자인합니다.

1 배경 이미지에 필터 적용하고 편집하기

01 [File] → New(Ctrl + N)를 실행합니다. 파일 이름을 'Strawberry Jam 라벨디자인', Width를 '120mm', Height를
'100mm', Resolution을 '300 Pixels/Inch', Color Mode를 'RGB Color'로 설정하고 〈Create〉 버튼을 클릭합니다.

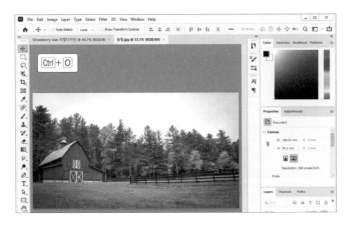

02 [File] → Open(Ctrl + O)을 실행하고
04 폴더에서 '농장.jpg' 파일을 불러옵니다.

03 전경색을 '#bb0b0b'로 지정하고 [Filter] → Filter Gallery를 실행합니다. [Filter Gallery] 대화상자가 표시되면 Sketch 에서 'Photocopy'를 선택한 다음 Detail을 '24', Darkness를 '18'로 설정하고 〈OK〉 버튼을 클릭합니다.

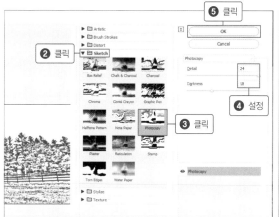

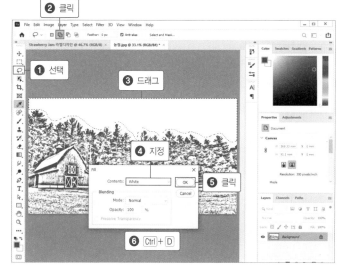

04 올가미 도구(⟋)를 선택하고 옵션바에 서 'Add to selection' 아이콘(⟋)을 클릭합니다. 농장 하늘의 빨간 부분을 드래그하여 선택 영역으로 지정합니다. [Edit] → Fill을 실행합니다. [Fill] 대화상자가 표시되면 Contents를 'White'로 지정하고 〈OK〉 버튼을 클릭합니다. Ctrl + D를 눌러 선택 영역을 해제합니다.

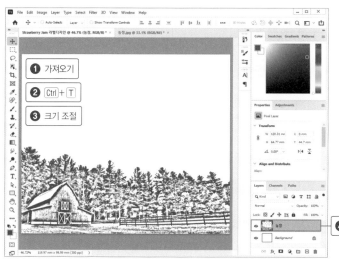

05 농장 이미지를 기존 작업창으로 가져옵니다. Ctrl + T를 눌러 그림과 같이 이미지 크기를 조절한 다음 [Layers] 패널에서 레이어의 이름을 '농장'으로 변경합니다.

2 셰이프 도구와 펜 도구를 활용해 라벨 형태 만들기

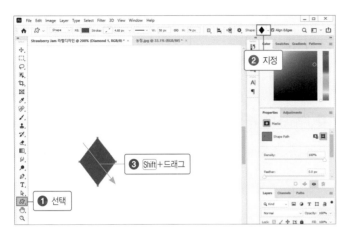

01 사용자 셰이프 도구(⬚)를 선택합니다. 옵션바에서 Shape를 'Diamond'로 지정한 다음 Shift를 누른 상태로 드래그해서 그립니다.

02 [Layers] 패널에서 'Diamond 1' 레이어를 선택하고 Ctrl+J를 눌러 레이어를 복제합니다. Shift를 누른 상태로 드래그하여 오른쪽으로 이동합니다.

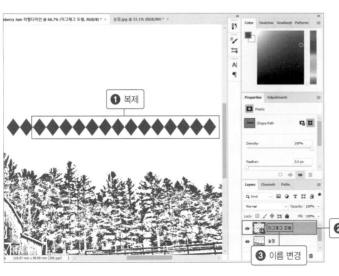

03 02번 과정과 같은 방법으로 'Diamond 1' 레이어를 그림과 같이 복제합니다. [Layers] 패널에서 다이아몬드를 복제한 레이어를 모두 선택하고 마우스 오른쪽 버튼을 클릭한 다음 **Merge Shapes**를 실행합니다. 레이어의 이름을 '지그재그 도형'으로 변경합니다.

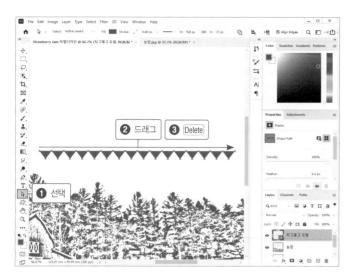

04 직접 선택 도구(▶.)를 선택합니다. '지그 재그 도형'의 상단 부분을 드래그해서 조절점을 선택하고 Delete를 눌러 삭제합니다.

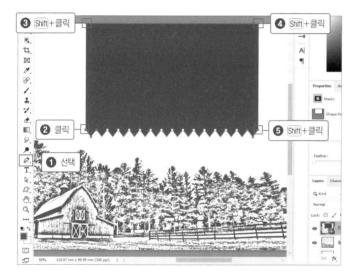

05 펜 도구(✍.)를 선택합니다. 도형의 왼쪽 조절점을 클릭한 다음 Shift를 눌러서 그림과 같이 3번 더 클릭하여 도형을 그립니다.

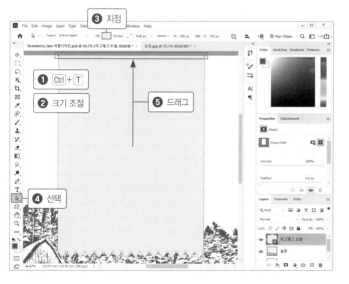

06 Ctrl+T를 눌러 그림과 같이 크기를 줄이고 옵션바에서 Fill을 '#f3e4bd'로 변경합니다. 직접 선택 도구(▶.)를 선택하고 '지그재그 도형'의 상단 부분을 드래그해서 그림과 같이 변형합니다.

3 문자 입력하고 딸기 이미지에 효과 적용하기

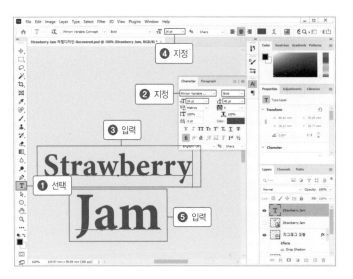

01 문자 도구(T.)를 선택합니다. [Character] 패널에서 글꼴을 'Minion Variable Concept', 스타일을 'Bold', 크기를 '24pt', 행간을 '40pt'로 지정하고 'Strawberry'를 입력합니다. 크기를 '40pt'로 지정하고 'Jam'을 입력합니다.

02 [Filter] → Stylize → Diffuse를 실행합니다. [Diffuse] 대화상자가 표시되면 Mode를 'Normal'로 선택하고 〈OK〉 버튼을 클릭합니다.

03 [File] → Open(Ctrl+O)을 실행하고 04 폴더에서 '딸기01.jpg' 파일을 불러옵니다. 마술봉 도구(🪄)를 선택하고 배경 흰색 부분을 클릭한 다음 Ctrl+Shift+I를 눌러 선택 영역을 반전합니다.

04 [Filter] → Filter Gallery를 실행합니다. [Filter Gallery] 대화상자가 표시되면 Brush Strokes에서 'Crosshatch'를 선택한 다음 Stroke Length를 '12', Sharpness를 '6', Strength를 '1'로 설정하고 〈OK〉 버튼을 클릭합니다.

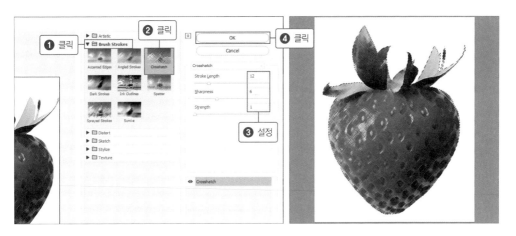

05 딸기 이미지를 기존 작업창으로 가져옵니다. Ctrl+T를 눌러 그림과 같이 이미지 크기를 조절한 다음 [Layers] 패널에서 레이어의 이름을 '딸기01'로 변경합니다.

06 [Layers] 패널에서 '딸기01' 레이어를 선택하고 'Add a layer style' 아이콘(fx)을 클릭한 다음 Drop Shadow를 실행합니다. [Layer style] 대화상자가 표시되면 Opacity를 '20%', Distance를 '8px', Spread를 '100%', Size를 '0px'로 설정하고 〈OK〉 버튼을 클릭합니다.

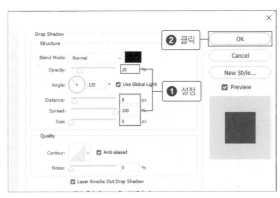

배치

07 **03~06**번 과정과 같은 방법으로 '딸기02.jpg'를 배치합니다.

4 도형과 문자로 오가닉 마크 디자인하기

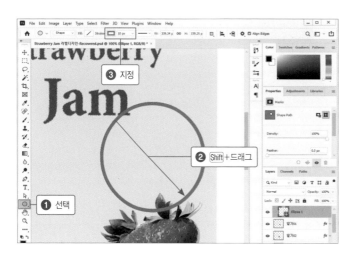

❸ 지정

❷ Shift + 드래그

❶ 선택

01 원형 도구(◯)를 선택합니다. Shift를 누른 상태로 드래그하여 정원을 그립니다. 옵션바에서 Stroke를 '#a67c52', 두께를 '10px'로 지정합니다.

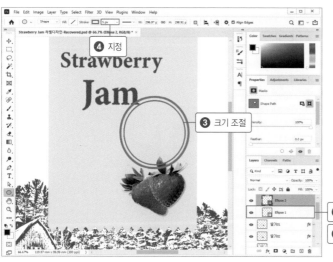

❹ 지정

❸ 크기 조절

❶ 선택

❷ Ctrl + J

02 [Layers] 패널에서 'Ellipse 1' 레이어를 선택하고 Ctrl + J를 눌러 레이어를 복제한 다음 그림과 같이 크기를 조절합니다. 옵션바에서 두께를 '5px'로 지정합니다.

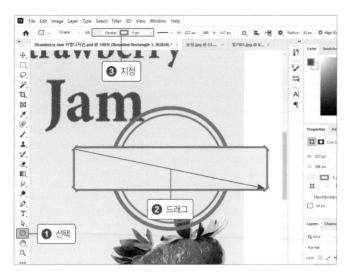

03 둥근 사각형 도구(□.)를 선택하고 드래그하여 그림과 같이 사각형을 그립니다. 옵션바에서 Fill을 '#f3e4bd', Stroke를 '#a67c52', 두께를 '5px'로 지정합니다.

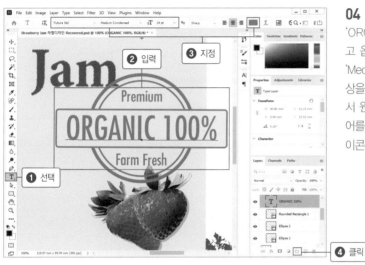

04 문자 도구(T.)를 선택합니다. 'Premium', 'ORGANIC 100%', 'Farm Fresh'를 입력하고 옵션바에서 글꼴을 'Futura Std', 스타일을 'Medium Condensed', 크기를 '11pt', '24pt', 색상을 '#a67c52'로 지정합니다. [Layers] 패널에서 원과 둥근 직사각형, 텍스트를 입력한 레이어를 모두 선택하고 'Create a new group' 아이콘(□)을 클릭하여 그룹으로 지정합니다.

05 그룹 레이어의 이름을 '오가닉 마크'로 변경합니다. 그림과 같이 텍스트와 용량을 입력하고 옵션바에서 글꼴을 'Cambria', 크기를 '7pt', 색상을 '#58595b'로 지정합니다.

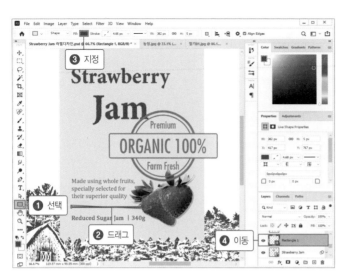

06 사각형 도구(□)를 선택하고 드래그해서 그림과 같이 그립니다. 옵션바에서 Fill을 '#bb0b0b'로 지정합니다. [Layers] 패널에서 'Rectangle 1' 레이어를 '딸기02' 레이어 아래로 이동합니다.

07 [Layers] 패널에서 '지그재그 도형' 레이어를 선택하고 'Add a layer style' 아이콘(fx)을 클릭한 다음 **Drop Shadow**를 실행합니다. [Layer Style] 대화상자가 표시되면 Opacity를 '50%', Distance를 '20px', Spread를 '100%', Size를 '0px'로 설정하고 〈OK〉 버튼을 클릭합니다.

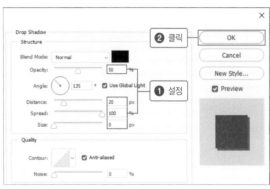
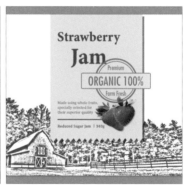

5 선으로 배경 꾸미고 완성하기

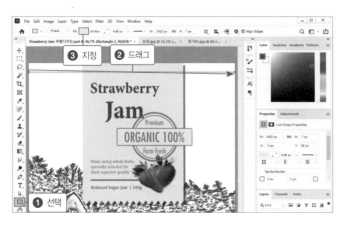

01 사각형 도구(□)를 선택하고 드래그하여 그림과 같이 그립니다. 옵션바에서 Fill을 '#f3e4bd'로 지정합니다.

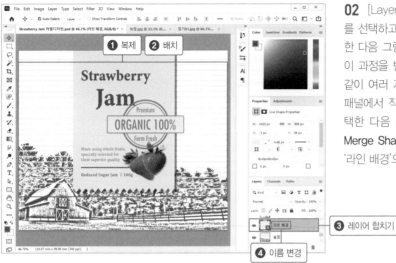

02 [Layers] 패널에서 'Rectangle 2' 레이어를 선택하고 Ctrl+J를 눌러 레이어를 복제한 다음 그림과 같이 아래쪽으로 이동합니다. 이 과정을 반복해서 직사각형 도형을 그림과 같이 여러 개 복제하여 배치합니다. [Layers] 패널에서 직사각형을 그린 레이어를 모두 선택한 다음 마우스 오른쪽 버튼을 클릭하여 **Merge Shapes**를 실행하고 레이어의 이름을 '라인 배경'으로 변경합니다.

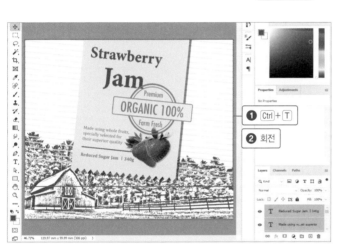

03 [Layers] 패널에서 '농장' 레이어를 제외한 모든 레이어를 선택한 다음 Ctrl+T를 눌러 그림과 같이 회전합니다.

04 [Layers] 패널에서 '라인 배경' 레이어를 선택하고 블렌딩 모드를 'Darker Color'로 지정합니다. **[File]** → **Save**(Ctrl +S)를 실행하여 완성된 파일을 저장합니다.

순한 컵케익 믹스 패키지 디자인

●

140mm

200mm

사용 목적 순한 컵케익 믹스 패키지 디자인

작업 크기 140 x 200(mm) / 해상도 : 200dpi

실제 크기 140 x 200(mm) / 해상도 : 300dpi

기능 사용 도형 도구를 사용하여 패키지의 배경을 만들고 컵케이크 이미지를 배치합니다. 문자 도구와 사용자 셰이프 도구를 활용하여 브랜드 디자인 및 컵케이크 이미지에 그래픽 요소를 적용하고 패키지 디자인을 완성합니다.

예제 작업 과정

1

배경 그래픽 만들기

2

컵케이크 이미지 가져오기

3

컵케익 믹스 브랜드 디자인하기

4

컵케익 믹스 브랜드에 그래픽
요소 추가하기

5

원형 도구와 문자 도구를 활용
하여 텍스트 입력하기

6

컵케이크 이미지에 그래픽 요소
추가하기

SECTION 03
순한 컵케익 믹스 패키지 디자인

도형과 사용자 셰이프를 재구성하여 패키지 디자인하기

● 예제 파일 04\컵케익.jpg ｜ ● 완성 파일 04\순한 컵케익믹스 패키지디자인.psd

컵케익 패키지 디자인 이미지에 일러스트 재미 요소 적용하여 컵케익 믹스 패키지를
디자인합니다.

1 도형을 이용하여 패키지 배경 만들기

01 [File] → New(Ctrl + N)를 실행합니다. 파일 이름을 '순한 컵케익믹스 패키지디자인', Width를 '140mm', Height를 '200mm', Resolution을 '200 Pixels/Inch', Color Mode를 'RGB Color'로 설정하고 〈Create〉 버튼을 클릭합니다.

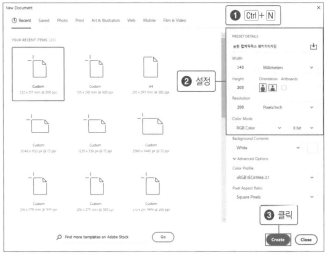

02 사각형 도구(□)를 선택하고 드래그하여 그림과 같이 직사각형을 그립니다. 옵션바에서 Fill을 '#f7a600'으로 지정합니다.

03 [Layers] 패널에서 'Rectangle 1' 레이어를 선택하고 Ctrl+J를 눌러 레이어를 복제하여 오른쪽으로 이동합니다.

TIP 직사각형 크기와 동일한 간격으로 이동합니다.

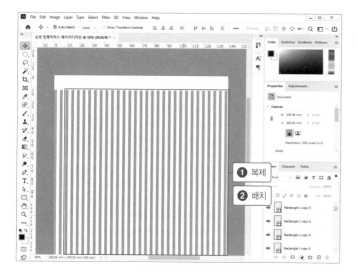

04 03번 과정과 같은 방법으로 복제하고 이동하여 그림과 같이 배치합니다.

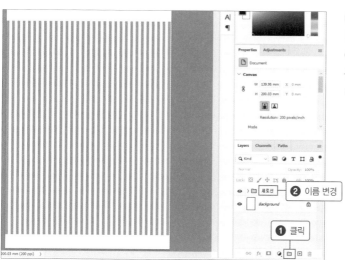

05 [Layers] 패널에서 모든 직사각형을 그린 레이어를 선택하고 'Create a new group' 아이콘(□)을 클릭하여 그룹으로 지정한 다음 그룹 레이어의 이름을 '세로선'으로 변경합니다.

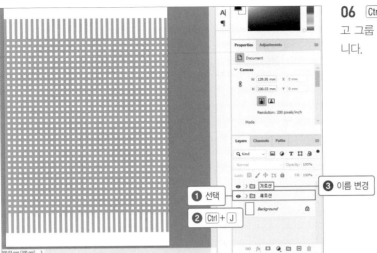

06 Ctrl + J 를 눌러 그룹 레이어를 복제하고 그룹 레이어의 이름을 '가로선'으로 변경합니다.

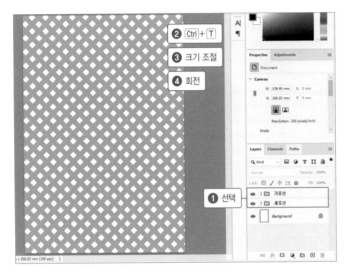

07 '가로선', '세로선' 그룹 레이어를 선택합니다. Ctrl + T 를 누르고 Shift 를 눌러 정비례로 확대한 다음 45° 회전하여 그림과 같이 배치합니다.

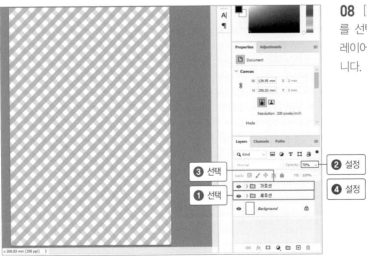

08 [Layers] 패널에서 '세로선' 그룹 레이어를 선택하고 Opacity를 '70%', '가로선' 그룹 레이어를 선택하고 Opacity를 '30%'로 설정합니다.

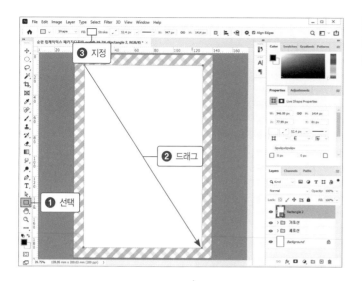

09 사각형 도구(□)를 선택하고 드래그하여 그림과 같이 직사각형을 그립니다. 옵션바에서 Fill을 '#ffffff'로 지정합니다.

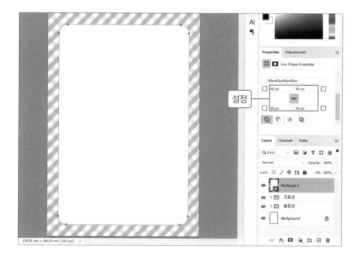

10 [Properties] 패널에서 corner radius를 '60px'로 설정하여 모서리를 둥글게 변형합니다.

2 문자와 장식 요소 활용하여 패키지 이름 꾸미기

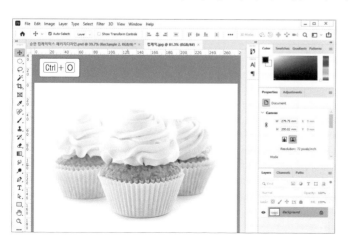

01 [File] → Open(Ctrl+O)을 실행하고 04 폴더에서 '컵케익.jpg' 파일을 불러옵니다.

02 불러온 이미지를 기존 작업창으로 가져옵니다. [Layers] 패널에서 레이어의 이름을 '컵케익 이미지'로 변경합니다.

03 문자 도구(T.)를 선택하고 '컵', '케', '익', '믹', '스'를 각각 입력합니다. 옵션바에서 글꼴을 '나눔스퀘어', 스타일을 'ExtraBold', 크기를 '57pt', 색상을 '#000000'으로 지정합니다.

04 [Layers] 패널에서 '컵', '케', '익', '믹', '스' 레이어를 선택합니다. 'Create a new group' 아이콘(▢)을 클릭하여 그룹으로 지정한 다음 그룹 레이어의 이름을 '컵케익믹스'로 변경합니다.

05 [Layers] 패널에서 'Add a layer style' 아이콘(*fx.*)을 클릭한 다음 **Stroke**를 실행합니다. Size를 '24px', Position을 'Outside', Color를 '#f7a600'으로 설정하고 〈OK〉 버튼을 클릭합니다.

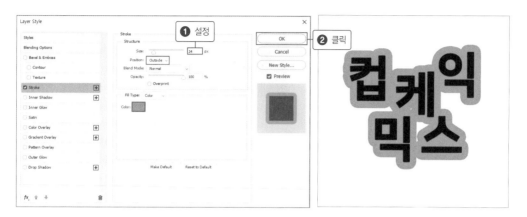

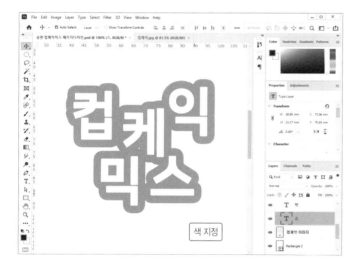

06 '컵', '케', '익', '믹', '스' 레이어를 각각 선택하여 색상을 '#ffffff'로 지정합니다.

07 [Layers] 패널에서 'Create a new layer' 아이콘(▣)을 클릭하여 새로운 레이어를 만듭니다. 올가미 도구(♀.)를 선택하여 '믹'과 '스' 사이 부분을 드래그하여 선택 영역으로 지정합니다. **[Edit] → Fill**을 실행합니다. [Fill] 대화상자가 표시되면 Contents를 'Color'로 지정합니다. [Color Picker] 대화상자가 표시되면 색상을 '#f7a600'으로 지정한 다음 〈OK〉 버튼을 클릭합니다. Ctrl + D를 누르면 선택 영역이 해제됩니다.

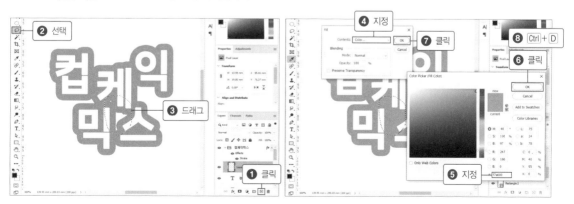

08 다각형 도구(⬠)를 선택하고 캔버스를 클릭하면 [Create Polygon] 대화상자가 표시됩니다. Width를 '300px', Height 를 '300px', Number of Sides를 '20', 'Star'를 체크 표시, Indent Sides By를 '10%'로 설정하고 〈OK〉 버튼을 클릭합니다.

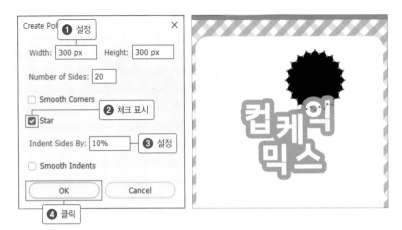

09 옵션바에서 Fill을 '#f7a600'으로 지정하고 그림과 같이 배치합니다.

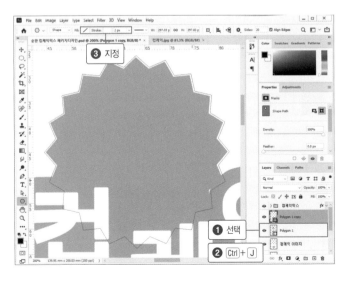

10 [Layers] 패널에서 'Polygon 1' 레이어를 선택하고 Ctrl + J 를 눌러 레이어를 복제합니다. 옵션바에서 Fill을 'No Color', Stroke를 '#ffffff', 두께를 '2px'로 지정합니다.

11 [Ctrl]+[T]를 누르고 드래그하여 정비례로 그림과 같이 축소합니다.

12 문자 도구([T.])를 선택하고 '순', '한'을 각각 입력합니다. 옵션바에서 글꼴을 '나눔스퀘어', 스타일을 'Regular', 크기를 '37pt', 색상을 '#ffffff'로 지정합니다.

13 원형 도구([O.])를 선택하고 그림과 같이 [Shift]를 누른 상태로 드래그하여 정원을 그립니다.

14 문자 도구(T.)를 선택하고 정원 패스에 마우스 커서를 가져가 커서의 아이콘이 변경되면 클릭하여 'Mild Cupcake Mix'를 입력합니다. 옵션바에서 글꼴을 '나눔스퀘어', 스타일을 'ExtraBold', 크기를 '20pt', 색상을 '#492205'로 지정합니다. [Layers] 패널에서 'Ellipse 1' 레이어의 '눈' 아이콘(◉)을 클릭해 레이어를 숨깁니다.

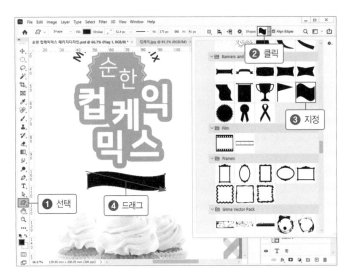

15 사용자 셰이프 도구(◈.)를 선택하고 옵션바에서 Shape를 'Flag'로 지정한 다음 드래그하여 그립니다.

16 옵션바에서 Fill을 '#492205'로 지정합니다.

17 펜 도구(✐.)를 선택하고 그림과 같이 패스를 그립니다. 문자 도구(T.)를 선택하고 패스에 마우스 커서를 가져가 커서의 아이콘이 변경되면 클릭하여 '국내산 쌀로 건강하게'를 입력합니다. 옵션바에서 글꼴을 '나눔스퀘어', 스타일을 'ExtraBold', 크기를 '12pt', 색상을 '#ffffff'로 지정합니다.

3 셰이프 도구로 컵케이크 꾸미기

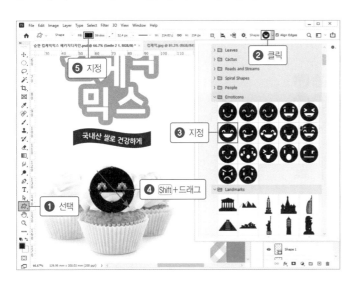

01 사용자 셰이프 도구(⬦.)를 선택하고 옵션바에서 Shape를 'Smile 2'로 지정한 다음 Shift를 누른 상태로 드래그해서 아이콘을 그립니다. 옵션바에 Fill을 '#000000'으로 지정합니다.

02 직접 선택 도구(ᐞ.)를 선택하고 아이콘의 정원을 선택한 다음 Delete를 누르면 그림과 같이 아이콘이 변형됩니다.

03 [Edit] → Transform → Warp을 실행하고 그림과 같이 아이콘을 변형합니다.

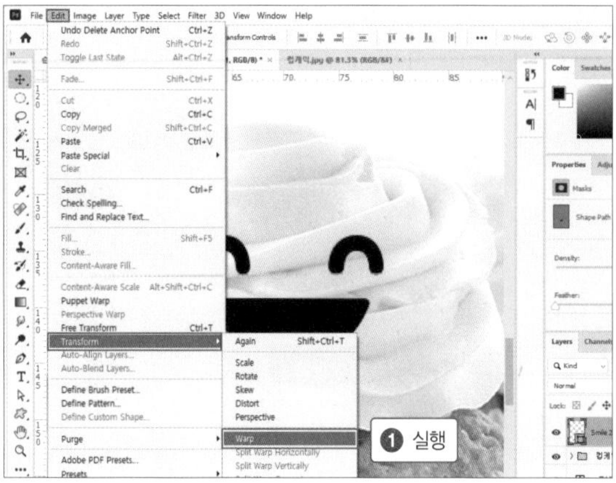

04 사용자 셰이프 도구( )를 선택하고 옵션바에서 Shape를 'Laugh'로 지정한 다음 Shift를 누른 상태로 드래그해서 아이콘을 그립니다. 옵션바에서 Fill을 '#000000'으로 지정합니다. **02~03**번 과정과 같은 방법으로 아이콘을 변형합니다.

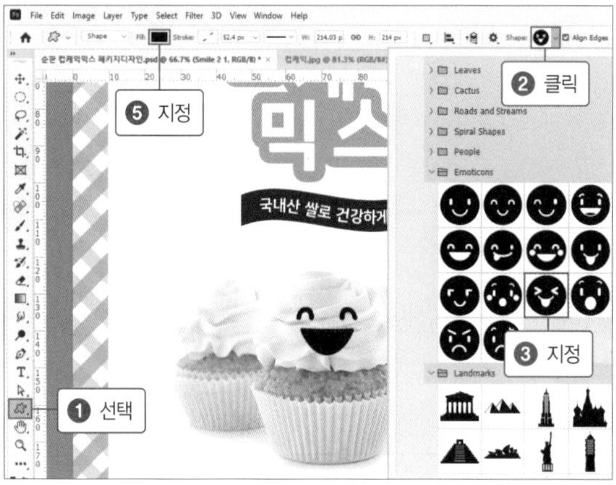

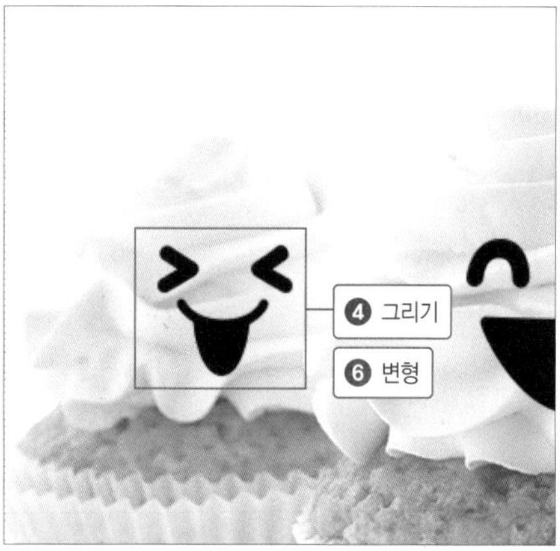

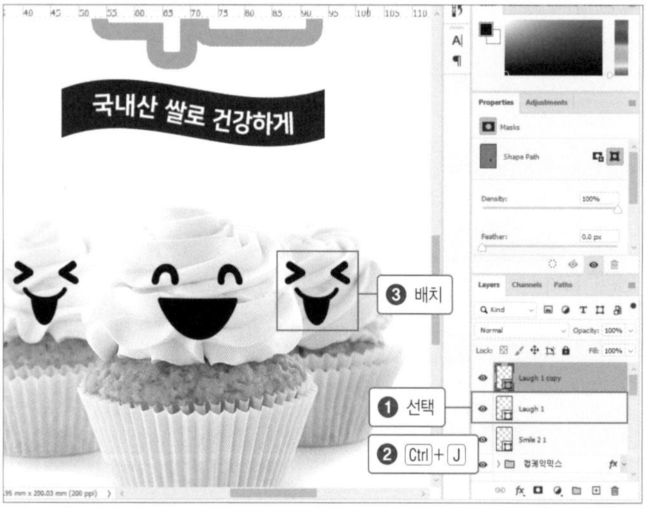

05 [Layers] 패널에서 'Laugh 1' 레이어를 선택하고 Ctrl + J를 눌러 레이어를 복제한 다음 그림과 같이 배치합니다.

06 올가미 도구(◯.)를 선택하고 드래그하여 그림과 같이 선택 영역으로 지정합니다. [Layers] 패널에서 'Add a mask' 아이콘(◻)을 클릭해서 마스크를 적용합니다.

07 [Layers] 패널에서 웃는 아이콘을 그린 레이어 3개를 모두 선택하고 Opacity를 '70%'로 설정합니다. [File] → Save(Ctrl+S)를 실행하여 완성된 파일을 저장합니다.

CULMINA 와인 라벨 디자인

●

사용 목적 CULMINA 와인 라벨 디자인
작업 크기 100 x 140(mm) / 해상도 : 300dpi
실제 크기 100 x 140(mm) / 해상도 : 300dpi
기능 사용 배경 이미지를 보정하고 도형과 사용자 세이프 도구를 활용하여 심볼을 만듭니다. 사각형 도구로 표기사항을 만들고 브러시 도구를 사용하여 빈티지 스타일의 라벨 디자인을 완성합니다.

100mm
140mm

예제 작업 과정

1
배경 이미지 가져오기

2
배경 이미지 보정하기

3
사용자 세이프 도구를 사용해
심볼 형태 만들기

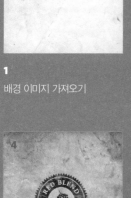

4
텍스트 입력하고 포도 이미지
배치하기

5
배경 꾸미기

6
표기사항 및 그래픽 요소 적용
하기

텍스처와 이미지를 사용한 와인 라벨 디자인하기

● **예제 파일** 04\CULMINA 와인 폴더　|　● **완성 파일** 04\CULMINA 와인 라벨디자인.psd

빈티지한 질감을 더해 멋스럽고 전통 있는 CULMINA 와인 라벨을 디자인합니다.

1 Level 기능으로 배경 이미지 보정하기

01 [File] → New(Ctrl+N)를 실행합니다. 파일 이름을 'CULMINA 와인 라벨디자인', Width를 '100mm', Height를 '140mm', Resolution을 '300 Pixels/Inch', Color Mode를 'RGB Color'로 설정하고 〈Create〉 버튼을 클릭합니다.

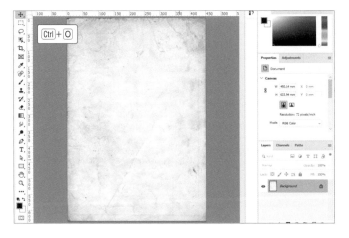

02 [File] → Open(Ctrl+O)을 실행하고 04 → CULMINA 와인 폴더에서 '종이.jpg' 파일을 불러옵니다.

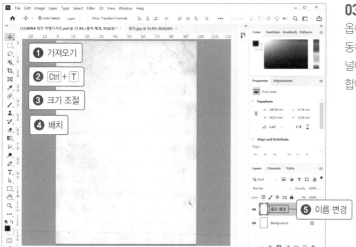

03 불러온 이미지를 기존 작업창으로 가져옵니다. Ctrl+T를 눌러 이미지를 축소 및 이동하여 그림과 같이 배치합니다. [Layers] 패널에서 레이어의 이름을 '종이 배경'으로 변경합니다.

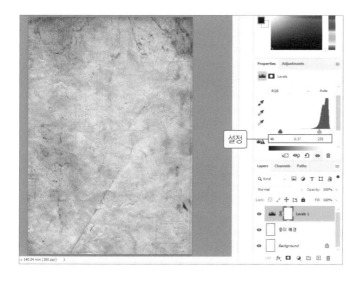

04 [Adjustments] 패널에서 'Levels' 아이콘(▦)을 클릭하고 [Properties] 패널에서 왼쪽부터 '46', '0.37', '255'로 설정해 이미지의 밝기를 조절합니다.

2 셰이프 도구로 심볼 만들기

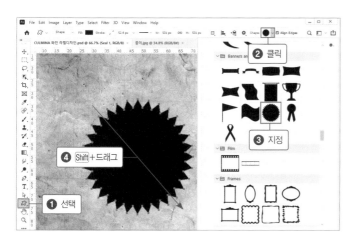

01 사용자 셰이프 도구(⬡)를 선택하고 옵션바에서 Shape를 'Seal'로 지정합니다. Shift를 누른 상태로 그림과 같이 드래그하여 씰 모양을 그립니다.

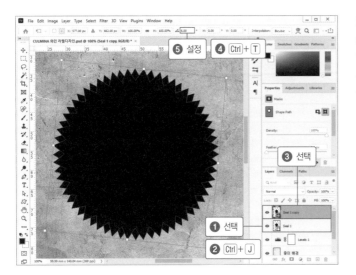

02 [Layers] 패널에서 'Seal 1' 레이어를 선택하고 Ctrl + J를 눌러 레이어를 복제합니다. 'Seal 1 copy' 레이어를 선택하고 Ctrl + T를 눌러 옵션바에서 각도를 '6°'로 설정하여 회전합니다.

03 'Seal 1' 레이어와 'Seal 1 copy' 레이어를 선택하고 마우스 오른쪽 버튼을 클릭한 다음 **Merge Shapes**를 실행하여 레이어를 합칩니다. 레이어의 이름을 '씰'로 변경합니다.

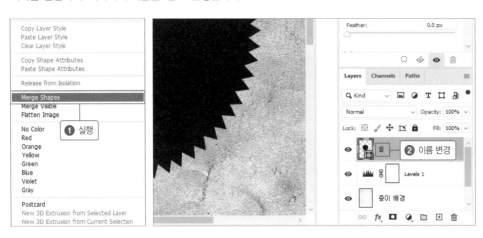

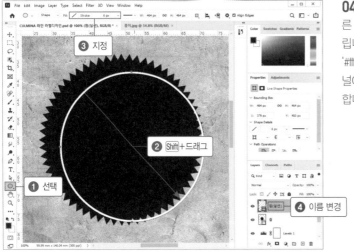

04 원형 도구(◯)를 선택하고 Shift를 누른 상태로 드래그하여 그림과 같이 정원을 그립니다. 옵션바에서 Fill을 'No Color', Stroke를 '#ffffff', 두께를 '6px'로 지정합니다. [Layers] 패널에서 레이어의 이름을 '원(실선)'으로 변경합니다.

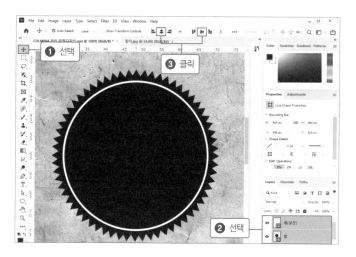

05 이동 도구(⊕)를 선택합니다. '씰' 레이어와 '원(실선)' 레이어를 선택하고 옵션바에서 'Align horizontal centers' 아이콘(⊕)과 'Align vertical centers' 아이콘(⊕)을 클릭하여 정렬합니다.

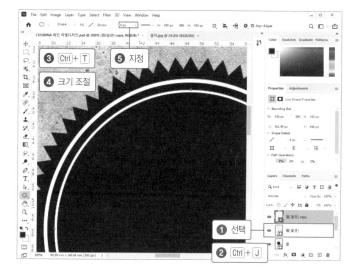

06 '원(실선)' 레이어를 선택하고 Ctrl + J 를 눌러 레이어를 복제합니다. Ctrl + T 를 눌러 그림과 같이 축소합니다. 옵션바에서 두께를 '4px'로 지정합니다.

07 옵션바에서 '원(실선) copy' 레이어를 선택하고 옵션바에서 Stroke Options를 '원 점선'으로 지정한 다음 〈More Options〉 버튼을 클릭합니다. [Stroke] 대화상자가 표시되면 Dash를 '0', Gap을 '12.04'로 설정하고 〈OK〉 버튼을 클릭합니다. [Layers] 패널에서 레이어의 이름을 '원(점선)'으로 변경합니다.

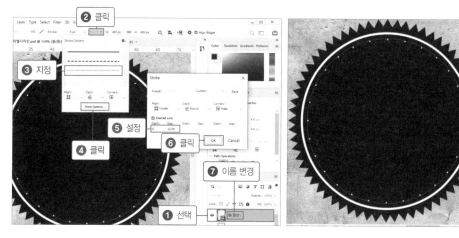

08 '원(점선)' 레이어를 선택하고 `Ctrl`+`J`를 눌러 레이어를 복제한 다음 `Ctrl`+`T`를 눌러 그림과 같이 축소합니다. 옵션바에서 Stroke Options의 〈More Options〉 버튼을 클릭합니다. [Stroke] 대화상자가 표시되면 Dash를 '0', Gap을 '12.28'로 설정하고 〈OK〉 버튼을 클릭합니다.

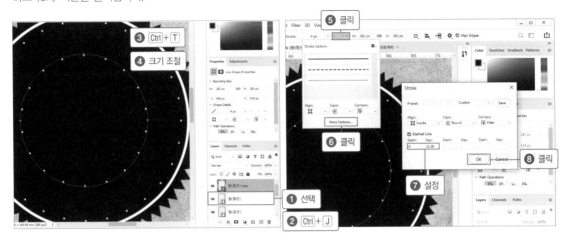

09 문자 도구(`T.`)를 선택하고 [Character] 패널에서 글꼴을 'GoudyOlSt BT', 스타일을 'Bold', 크기를 '12pt', 자간을 '75'로 지정한 다음 옵션바에서 'Center text' 아이콘(`☰`)을 클릭합니다. '원(점선) copy' 레이어의 위쪽 가장자리에 마우스 커서를 가져가 커서의 아이콘이 변경되면 클릭하여 'RED BLEND'를 입력합니다.

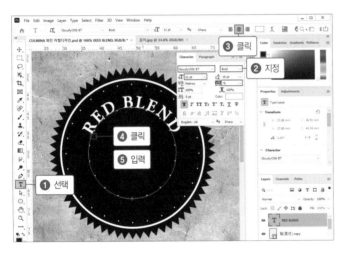

10 `Ctrl`+`T`를 누르고 그림과 같이 크기를 확대하여 점선 사이에 문자를 배치합니다.

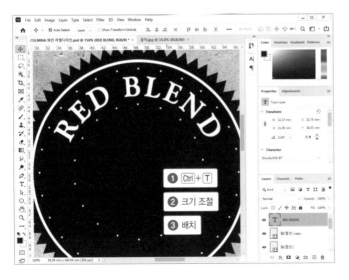

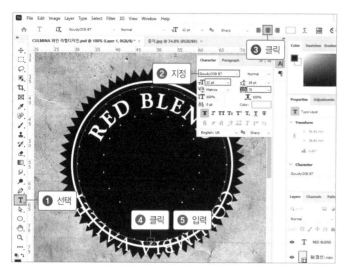

11 문자 도구(T.)를 선택하고 [Character] 패널에서 글꼴을 'GoudyOlSt BT', 크기를 '12pt', 자간을 '75'로 지정한 다음 옵션바에서 'Center text' 아이콘(臺)을 클릭합니다. '원(점선)' 레이어의 아래쪽 가장자리에 마우스 커서를 가져가 아이콘이 변경되면 클릭하여 'COLUMBIA VALLET'를 입력합니다.

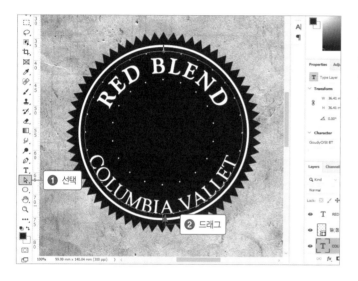

12 직접 선택 도구(R.)를 선택합니다. 입력한 텍스트에 마우스 커서를 가져가면 커서의 아이콘이 변경됩니다. 텍스트를 클릭해서 위쪽으로 드래그하면 'COLUMBIA VALLET' 문자가 원 안쪽에 배치됩니다.

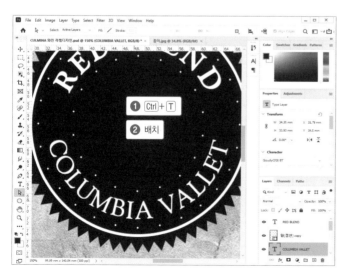

13 Ctrl+T를 눌러 그림과 같이 점선 사이에 문자를 배치합니다.

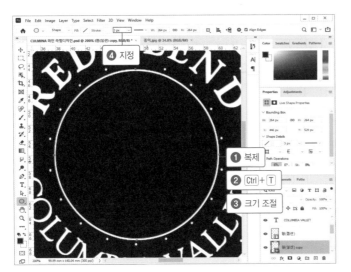

14 '원(실선)' 레이어를 선택하고 Ctrl + J 를 눌러 레이어를 복제한 다음 Ctrl + T 를 눌러 그림과 같이 크기를 조절합니다. 옵션바에서 두께를 '3px'로 지정합니다.

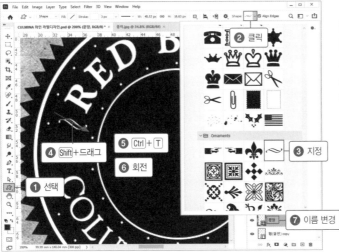

15 사용자 셰이프 도구(🐾)를 선택합니다. 옵션바에서 Shape를 'Ornament 1'로 지정하고 Shift를 누른 상태로 드래그하여 그림과 같이 그립니다. Ctrl + T 를 눌러 그림과 같이 회전해 배치한 다음 레이어의 이름을 '문양'으로 변경합니다.

16 '문양' 레이어를 선택하고 Ctrl + J 를 눌러 레이어를 복제합니다. [Edit] → Transform → Flip Vertical을 실행해 반전한 다음 그림과 같이 배치합니다.

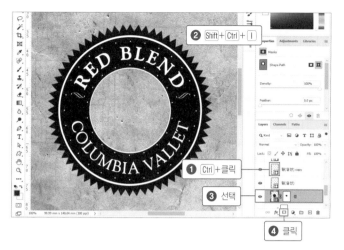

17 [Layers] 패널에서 Ctrl을 누른 채 '원(실선) copy' 레이어의 썸네일을 클릭해 선택 영역으로 지정하고 Shift + Ctrl + I를 눌러 선택 영역을 반전합니다. '씰' 레이어를 선택하고 'Add a Mask' 아이콘(◻)을 클릭하여 마스크를 적용합니다.

3 포도 이미지에 Stamp 필터 적용하기

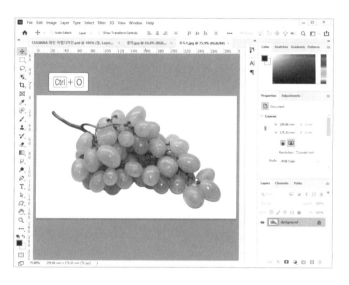

01 [File] → Open(Ctrl + O)을 실행하고 04 → CULMINA 와인 폴더에서 '포도1.jpg' 파일을 불러옵니다.

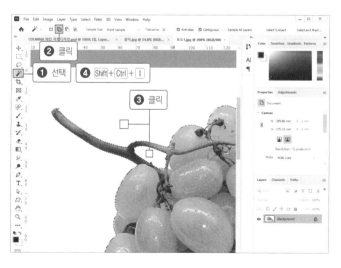

02 마술봉 도구(🖌)를 선택하고 옵션바에서 'Add to selection' 아이콘(◻)을 클릭합니다. 흰색 배경과 포도 줄기의 흰 부분을 클릭하여 선택 영역으로 지정합니다. Shift + Ctrl + I를 눌러 선택 영역을 반전하여 포도만 선택 영역으로 지정합니다.

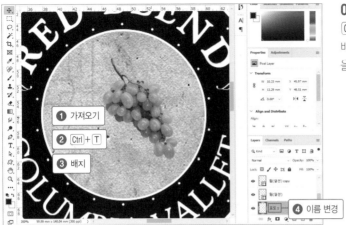

03 포도를 기존 작업창으로 가져옵니다. Ctrl+T를 눌러 포도 이미지를 그림과 같이 배치한 다음 [Layers] 패널에서 레이어의 이름을 '포도 1'로 변경합니다.

04 [Filter] → Filter Gallery를 실행합니다. [Filter Gallery] 대화상자가 표시되면 Sketch에서 'Stamp'를 선택한 다음 Light/Dark Balance를 '22', Smoothness를 '1'로 설정하고 〈OK〉 버튼을 클릭합니다. 블렌딩 모드를 'Multiply'로 지정합니다.

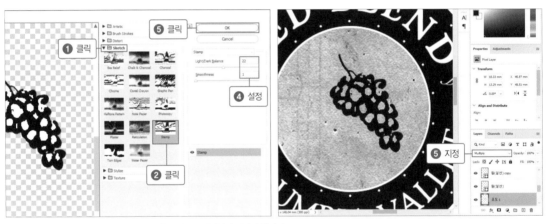

TIP Filter 작업 시 전경색은 검은색, 배경색은 흰색으로 지정되어 있어야 합니다.

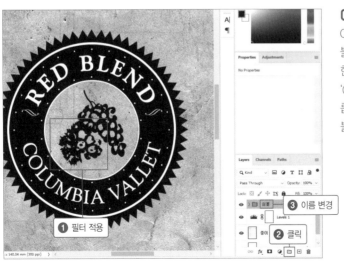

05 01~04번 과정과 같은 방법으로 04 → CULMINA 와인 폴더에서 '포도2.jpg' 파일을 불러와 적용합니다. '종이 배경' 레이어를 제외한 모든 레이어를 선택하고 [Layers] 패널에서 'Create a new group' 아이콘(▢)을 클릭해 그룹으로 지정한 다음 그룹 레이어의 이름을 '심볼'로 변경합니다.

06 'Add layer mask' 아이콘(■)을 클릭해 '심볼' 그룹 레이어에 마스크를 적용합니다. 브러시 도구(✏.)를 선택하고 04 →
CULMINA 와인 폴더에서 'grunge_brushes' 브러시를 불러옵니다. 브러시를 '4'로 지정한 다음 클릭하면서 오래된 느낌이 나
도록 그림과 같이 브러시를 적용합니다.

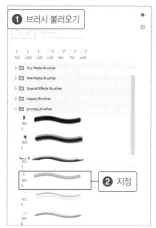

TIP 브러시의 크기는 [,]로 확대,
축소할 수 있습니다.

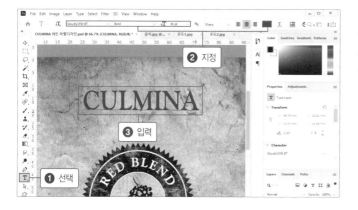

07 문자 도구(T.)를 선택하고 옵션바에서
글꼴을 'GoudyOlst BT', 스타일을 'Bold', 크기
를 '30pt', 색상을 '#a7142f'로 지정한 다음 심볼
이미지 위쪽에 'CULMINA'를 입력합니다.

4 사각형 도구로 표를 만들고 표기사항 입력하기

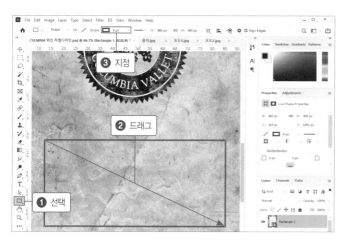

01 사각형 도구(□)를 선택한 다음 드래그
하여 그림과 같이 그립니다. 옵션바에서 Stroke
를 '#2e3192', 두께를 '6px'로 지정합니다.

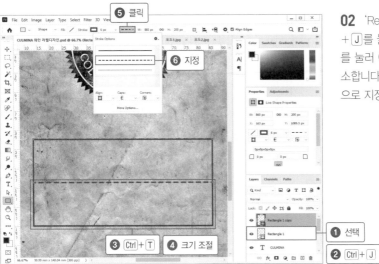

02 'Rectangle 1' 레이어를 선택하고 Ctrl +J를 눌러 레이어를 복제한 다음 Ctrl+T 를 눌러 아래쪽으로 드래그해 그림과 같이 축소합니다. 옵션바에서 Stroke Options를 '점선'으로 지정합니다.

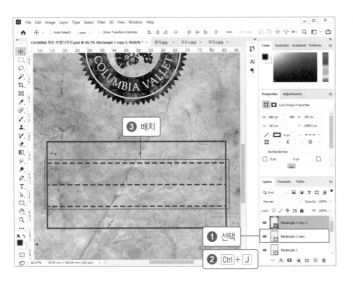

03 'Rectangle 1 copy' 레이어를 선택하고 Ctrl+J를 눌러 레이어를 복제한 다음 그림과 같이 배치합니다.

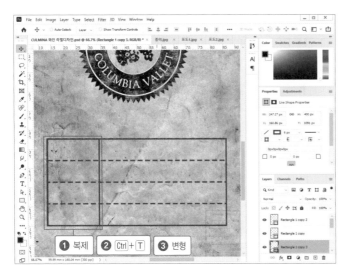

04 'Rectangle 1' 레이어를 선택하고 Ctrl +J를 눌러 레이어를 복제한 다음 Ctrl+T 를 눌러 그림과 같이 변형합니다.

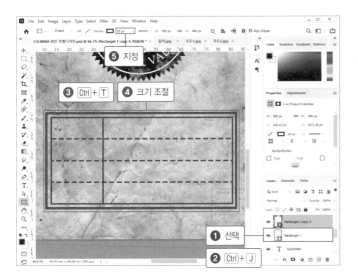

05 'Rectangle 1' 레이어를 선택하고 `Ctrl`+`J`를 눌러 레이어를 복제한 다음 `Ctrl`+`T`를 눌러 그림과 같이 확대합니다. 옵션바에서 두께를 '10px'로 지정합니다.

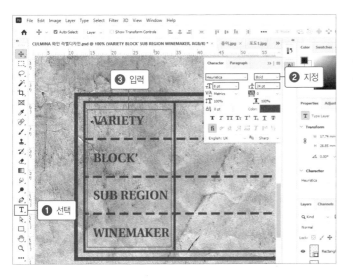

06 문자 도구(`T.`)를 선택합니다. [Character] 패널에서 글꼴을 'Heuristica', 스타일을 'Bold', 크기를 '8pt', 행간을 '24pt', 색상을 '#2e3192'로 지정하고 그림과 같이 'VARIETY', 'BLOCK', 'SUB REGION', 'WINEMAKER'를 입력합니다.

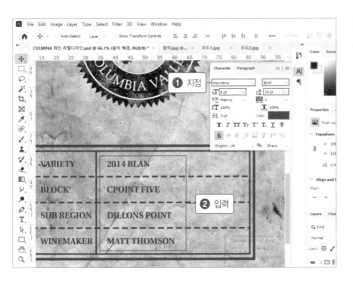

07 [Character] 패널에서 글꼴을 'Heuristica' 스타일을 'Bold', 크기를 '8pt', 행간을 '24pt', 색상을 '#2e3192'로 지정하고 그림과 같이 '2014 BLAN', 'CPOINT FIVE', 'DILLONS POINT', 'MATT THOMSON'을 입력합니다.

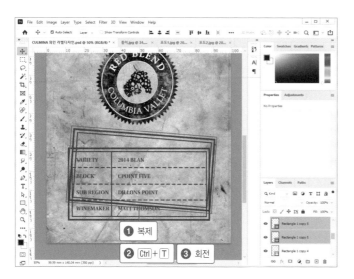

08 직사각형을 그린 레이어 2개를 선택하고 Ctrl+J를 눌러 레이어를 복제한 다음 Ctrl+T를 눌러 그림과 같이 회전합니다.

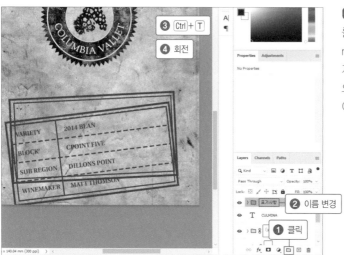

09 [Layers] 패널에서 직사각형 도형과 문자를 입력한 레이어를 모두 선택하고 'Create a new Group' 아이콘(📁)을 클릭해서 그룹으로 지정한 다음 그룹 레이어의 이름을 '표기사항'으로 변경합니다. Ctrl+T를 눌러 그림과 같이 회전합니다.

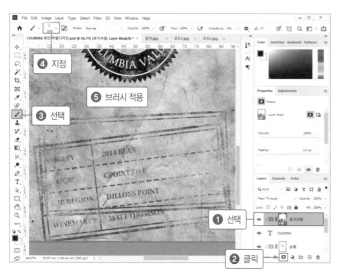

10 '표기사항' 그룹 레이어를 선택하고 'Add layer mask' 아이콘(🔲)을 클릭해서 마스크를 적용합니다. 브러시 도구(🖌)를 선택하고 'grunge_brushes'에서 '4' 브러시를 지정해 오래된 느낌이 나도록 그림과 같이 브러시를 적용합니다.

5 셰이프 도구로 배경 빈티지하게 꾸미기

01 사용자 셰이프 도구(⬡.)를 선택합니다. 옵션바에서 Shape를 'Waves'로 지정하고 드래그하여 그림과 같이 그립니다.

02 'Waves' 레이어 2개를 선택하고 마우스 오른쪽 버튼을 클릭한 다음 **Merge Shapes** 를 실행하여 레이어를 합칩니다. 레이어의 이름을 '검정 물결'로 변경합니다. 'Add layer mask' 아이콘(■)을 클릭해서 마스크를 적용합니다. 브러시 도구(✓.)를 선택하고 'grunge_brushes'에서 '4' 브러시를 지정해 오래된 느낌이 나도록 그림과 같이 브러시를 적용합니다.

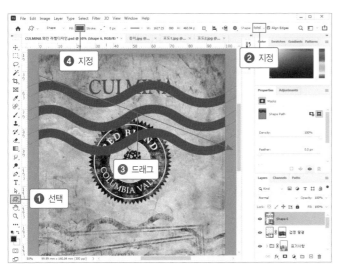

03 사용자 셰이프 도구(⬡.)를 선택합니다. 옵션바에서 Shape를 'Waves'로 지정하고 드래그하여 그림과 같이 그립니다. 옵션바에서 Fill을 '#a7142f'로 지정합니다.

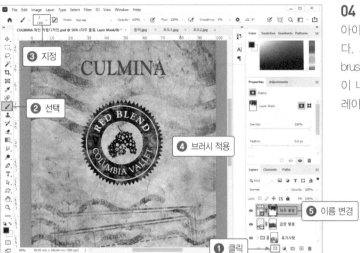

04 'Shape 6' 레이어에 'Add layer mask' 아이콘(◻)을 클릭해서 마스크를 적용합니다. 브러시 도구(✎)를 선택하고 'grunge_brushes'에서 '4' 브러시를 지정해 오래된 느낌이 나도록 그림과 같이 브러시를 적용합니다. 레이어의 이름을 '자주 물결'로 변경합니다.

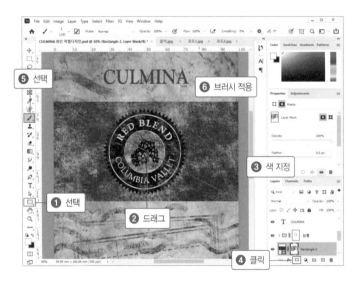

05 사각형 도구(▭)를 선택하고 드래그하여 그림과 같이 직사각형을 그린 다음 옵션바에서 Fill을 '#790000'으로 지정합니다. [Layers] 패널에서 'Add layer mask' 아이콘(◻)을 클릭해서 마스크를 적용합니다. 오래된 느낌이 들도록 브러시를 적용합니다.

06 문자 도구(T)를 선택하고 'NO. 212'를 입력합니다. 옵션바에서 글꼴을 'Jellyka Saint-Andrew's Queen', 크기를 '16pt'로 지정합니다.

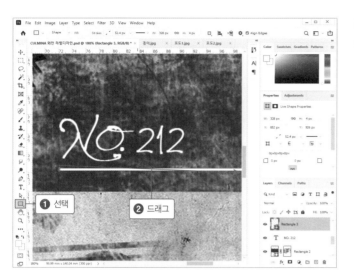

07 사각형 도구(□)를 선택하고 드래그하여 그림과 같이 직사각형을 그립니다.

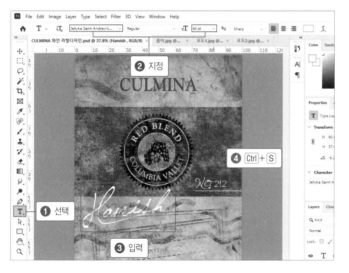

08 문자 도구(T.)를 선택합니다. 옵션바에서 글꼴을 'Jellyka Saint-Andrew's Queen', 크기를 '60pt'로 지정합니다. 'Hamish'를 입력하고 [File] → Save(Ctrl+S)를 실행하여 완성된 파일을 저장합니다.

디자인 사례

패키지 디자인을 할 때, 이미지를 사용하지 않고 일러스트 이미지를 활용하면 상
품 고유한 이미지와 특성을 살려 표현할 수 있습니다. 감각적인 그래픽과 레이아
웃, 패밀리 제품군의 컬러 변화로 일관성 있는 이미지를 소비자에게 전달할 수 있
습니다.

PART
05

임팩트 있는
배너 디자인

포토샵으로 네온 효과 그래픽을 적용하고, 기본 도형의
변형, 풍부한 그러데이션 컬러를 활용하여 배너 디자인을
구성합니다.

TRAMPOLINE PARK 홈페이지 배너 디자인

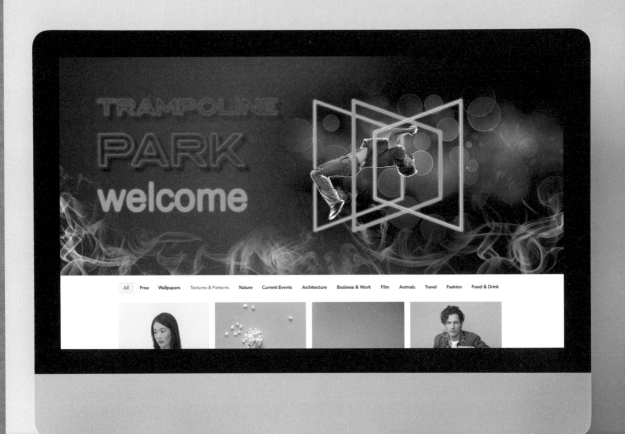

TRAMPOLINE PARK 홈페이지 배너 디자인

4094 pixels
1722 pixels

•

사용 목적 TRAMPOLINE PARK 홈페이지 배너 디자인

작업 크기 4094 x 1722(pixels) / 해상도 : 300dpi

실제 크기 1920 x 807(pixels) / 해상도 : 72dpi

기능 사용 배경에 그러데이션을 적용하고 이미지에 Glowing Edges 필터 갤러리를 적용합니다. 도형 및 텍스트에 네온 효과 그래픽을 적용한 다음 브러시로 배경을 장식하여 홈페이지 배너 디자인을 완성합니다.

예제 작업 과정

1

그러데이션 적용하기

2

이미지에 Glowing Edges 필터 갤러리를 적용하기

3

이미지에 마스크 적용하기

4

도형에 네온 효과 적용하기

5

배경에 이미지와 브러시 사용해서 그래픽 효과 적용하기

6

그러데이션 텍스트에 네온 효과 적용하기

SECTION 01
TRAMPOLINE PARK 홈페이지 배너 디자인

네온 효과 그래픽을 활용한 홈페이지 배너 디자인하기

⚙ **예제 파일** 05\남자 점프.jpg, 조명.jpg, Real Smoke.abr ┃ ⚙ **완성 파일** 05\TRAMPOLINE PARK 홈페이지 배너디자인.psd

네온 효과 그래픽을 활용하여 간단하지만 강하게 시선을 끌 수 있는 TRAMPOLINE
PARK 홈페이지 배너를 디자인합니다.

1 이미지 편집하고 필터와 마스크 적용하기

01 [File] → New(Ctrl + N)를 실행합니다. 파일 이름을 'TRAMPOLINE PARK 홈페이지 배너디자인', Width를 '4096 Pixels', Height를 '1722 Pixels', Resolution을 '300 Pixels/Inch', Color Mode를 'RGB Color'로 설정하고 〈Create〉 버튼을 클릭합니다.

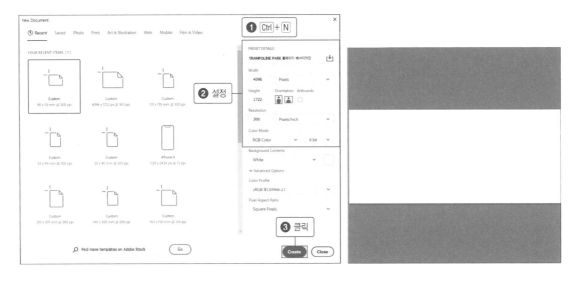

02 [File] → Open(Ctrl + O)을 실행하고 05 폴더에서 '남자 점프.jpg' 파일을 불러옵니다. 개체 선택 도구(🔲)를 선택하고 점프하는 남자 이미지 바깥 부분에서 드래그하면 그림과 같이 선택 영역으로 지정됩니다.

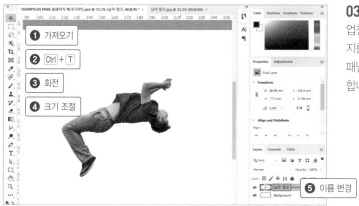

03 선택 영역으로 지정한 이미지를 기존 작업창으로 가져옵니다. Ctrl + T 를 눌러 이미지를 회전하고 크기를 조절한 다음 [Layers] 패널에서 레이어의 이름을 '남자 점프'로 변경합니다.

04 그레이디언트 도구(▣)를 선택하고 옵션바에서 '방사형 그러데이션' 아이콘(▣)을 클릭한 다음 Gradient 스펙트럼을 클릭합니다. [Gradient Editor] 대화상자가 표시되면 왼쪽 색상을 '#014cd6', 오른쪽 색상을 '#0d292d'로 지정한 다음 〈OK〉 버튼을 클릭합니다. [Layers] 패널에서 'Background' 레이어를 선택하고 드래그하여 그러데이션을 적용합니다.

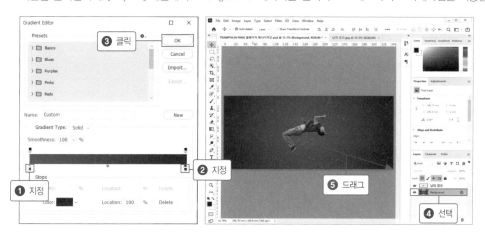

05 [Layers] 패널에서 '남자 점프' 레이어를 선택하고 Ctrl + J 를 눌러 레이어를 복제합니다. [**Filter**] → Filter Gallery 를 실행합니다. [Filter Gallery] 대화상자가 표시되면 Stylize에서 'Glowing Edges'를 선택합니다. Edge Width를 '7', Edge Brightness를 '20', Smoothness를 '15'로 설정하고 〈OK〉 버튼을 클릭합니다.

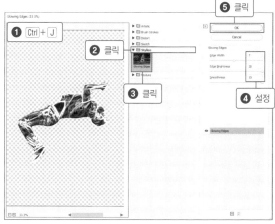

06 [Layers] 패널에서 '남자 점프 copy' 레이어를 선택하고 'Add layer mask' 아이콘(🔲)을 클릭합니다. 브러시 도구(🖌)를 선택하고 점프 이미지의 외곽을 드래그하면서 그림과 같이 마스크를 적용합니다.

2 사각형 변형하고 레이어 스타일 적용하기

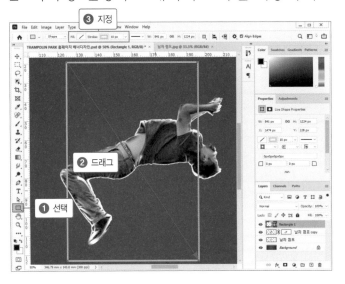

01 사각형 도구(▱)를 선택합니다. 드래그해서 직사각형을 그리고 옵션바에서 Fill을 'No color', Stroke를 '#00ffff', 두께를 '10px'로 지정합니다.

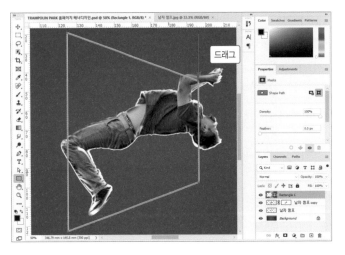

02 [Edit] → Transform Path → Perspective를 실행합니다. 오른쪽 상단 조절점을 아래로 드래그하여 그림과 같이 이미지를 변형합니다.

03 [Layers] 패널에서 'Add a layer style' 아이콘(fx)을 클릭한 다음 **Bevel & Emboss**를 실행합니다. [Layer Style] 대화
상자가 표시되면 Style을 'Inner Bevel', Technique을 'Smooth', Depth를 '32%', Size를 '4px', Soften을 '4px'로 설정합니다.

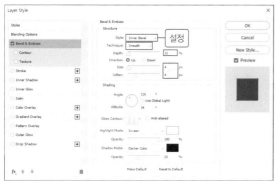

04 항목에서 'Outer Glow'를 선택합니다. Blend Mode를 'Normal', Opacity를 '85%', Noise를 '0%', Color를 '#00ffff'로 설
정하고 〈OK〉 버튼을 클릭합니다. [Layers] 패널에서 레이어의 이름을 '파란 네온'으로 변경합니다.

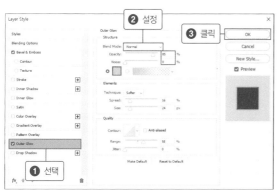
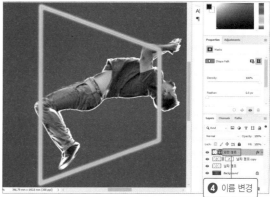

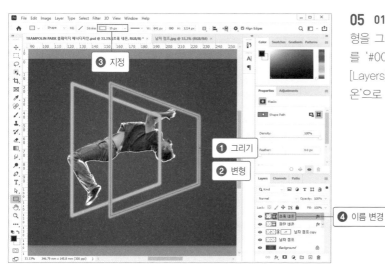

05 01~04번 과정과 같은 방법으로 사각
형을 그리고 변형한 다음 옵션바에서 Stroke
를 '#00ff00', 두께를 '15px'로 지정합니다.
[Layers] 패널에서 레이어의 이름을 '초록 네
온'으로 변경합니다.

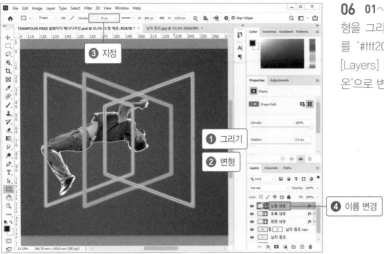

06 01~04번 과정과 같은 방법으로 사각
형을 그리고 변형한 다음 옵션바에서 Stroke
를 '#fff200', 두께를 '15px'로 지정합니다.
[Layers] 패널에서 레이어의 이름을 '노랑 네
온'으로 변경합니다.

07 [Layers] 패널에서 '남자 점프' 레이어의 썸네일에 Ctrl을 누른 상태로 클릭합니다. Ctrl + Shift + I 를 눌러 선택 영역
을 반전합니다. [Layers] 패널에서 '파란 네온' 레이어를 선택하고 'Add a mask' 아이콘(▣)을 클릭해서 마스크를 적용합
니다.

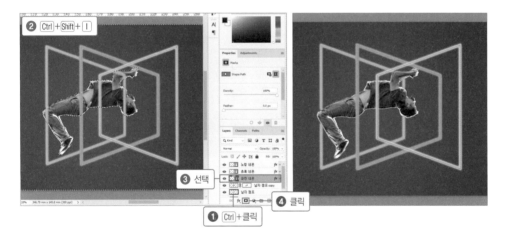

3 이미지와 브러시를 이용해 배경 꾸미기

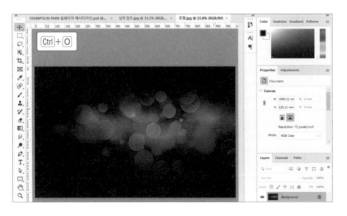

01 [File] → Open(Ctrl + O)을 실행하고
05 폴더에서 '조명.jpg' 파일을 불러옵니다.

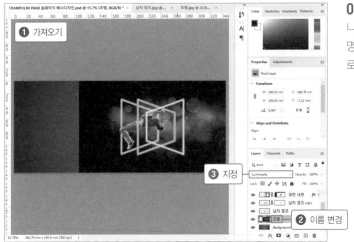

02 조명 이미지를 기존 작업창으로 가져옵니다. [Layers] 패널에서 레이어의 이름을 '조명'으로 변경하고 블렌딩 모드를 'Luminosity'로 지정합니다.

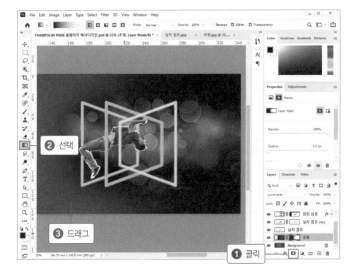

03 [Layers] 패널에서 'Add layer mask' 아이콘(▣)을 클릭합니다. 그레이디언트 도구(▣)를 선택하고 드래그하여 그림과 같이 마스크를 적용합니다.

TIP 전경색이 검은색으로 지정되어 있어야 합니다.

04 [Layers] 패널에서 'Create a new layer' 아이콘(▣)을 클릭하여 새로운 레이어를 만들고 레이어의 이름을 '연기'로 변경합니다. 브러시 도구(✎)를 선택하고 05 폴더에서 'Real Smoke' 브러시를 불러옵니다. 브러시를 '1'로 지정한 다음 캔버스를 클릭하여 그림과 같이 적용합니다.

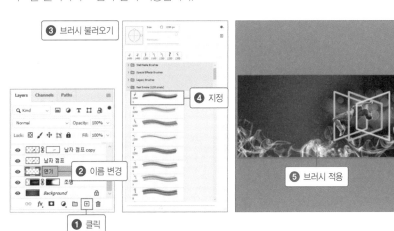

TIP 전경색이 흰색으로 지정되어 있어야 합니다.

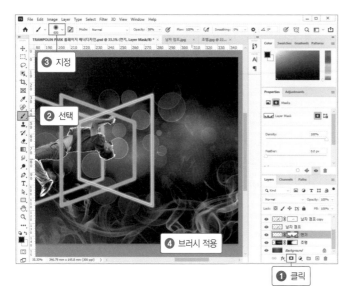

05 [Layers] 패널에서 'Add layer mask' 아이콘(▣)을 클릭합니다. 브러시 도구(✎)를 선택하고 'Soft Round' 브러시를 지정합니다. 캔버스를 클릭하여 연기가 자연스럽게 보이도록 적용합니다.

4 텍스트에 레이어 스타일 적용하고 배치하기

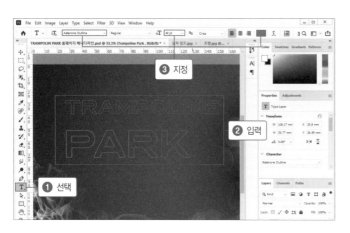

01 문자 도구(T.)를 선택하고 'TRAMPOLINE PARK'를 입력합니다. 옵션바에서 글꼴을 'Asterone Outline', 크기를 '40pt', '80pt', 색상을 '#ff00f0'으로 지정합니다.

02 [Layers] 패널에서 'Add a layer style' 아이콘(fx)을 클릭한 다음 **Outer Glow**를 실행합니다. Blend Mode를 'Normal', Opacity를 '80%', Noise를 '0%', Color를 '#ff00f0'으로 설정합니다.

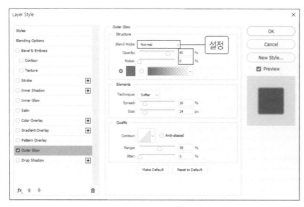

03 항목에서 'Bevel & Emboss'를 선택합니다. Style을 'Inner Bevel', Technique을 'Smooth', Depth를 '2%', Size를 '4px', Soften을 '2px'로 설정합니다.

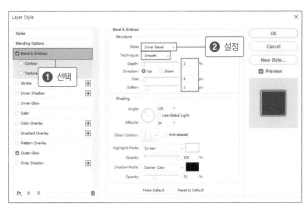 

04 항목에서 'Drop Shadow'를 선택합니다. Blend Mode를 'Normal', Opacity를 '70%', Angle을 '135°', Distance를 '50px', Size를 '30px'로 설정하고 〈OK〉 버튼을 클릭합니다.

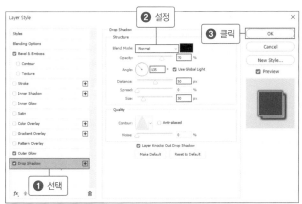 

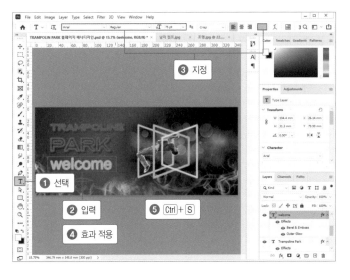

05 문자 도구(T.)를 선택하고 'welcome'을 입력합니다. 옵션바에서 글꼴을 'Arial', 스타일을 'Regular', 크기를 '75pt', 색상을 '#00ff00'으로 지정하고 **02~05**번 과정과 같은 방법으로 효과를 적용합니다. [**File**] → **Save**(Ctrl + S)를 실행하여 완성된 파일을 저장합니다.

UX conference 배너 디자인

●

사용 목적 UX conference 배너 디자인
작업 크기 342 x 128(mm) / 해상도 : 300dpi
실제 크기 3420 x 1280(mm) / 해상도 : 300dpi
기능 사용 도형 도구를 사용하여 배너 타이틀을 디자인합니다. 사용
자 셰이프 도구와 도형 도구를 활용해 그래픽 요소를 추가하여 배너
디자인을 완성합니다.

예제 작업 과정

1

그러데이션 적용하기

2

도형 도구를 사용하여 UX 타이틀 디자
인하기

3

사각형 도구와 사용자 셰이프 도구를 활용
해 그래픽 장식하기

4

다양한 그래픽 요소 추가하기

5

텍스트 입력하고 도형 도구로 그래픽 요
소 추가하기

6

원형 도구 설정을 변경하여 디자인 요소
추가하기

SECTION 02

UX conference 배너 디자인

그러데이션과 다양한 그래픽 요소로 디자인하기

● **완성 파일** 05\UX conference 배너디자인.psd

그러데이션과 선의 두께를 변형하고, 화려한 컬러를 적용하여 UX conference
배너를 디자인합니다.

1 배경에 그러데이션 적용하고 사각형으로 글씨 만들기

01 [File] → New(Ctrl+N)를 실행합니다. 파일 이름을 'UX conference 배너디자인', Width를 '342mm', Height를 '128mm', Resolution을 '300 Pixels/Inch', Color Mode를 'RGB Color'로 설정하고 〈Create〉 버튼을 클릭합니다.

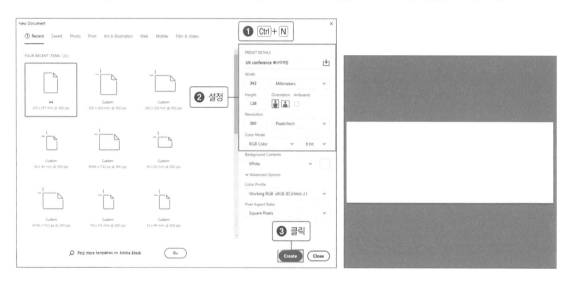

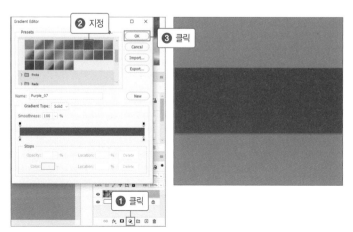

02 [Layers] 패널에서 'Create new fill or adjustment layer' 아이콘(●)을 클릭한 다음 **Gradient**를 실행합니다. [Gradient Fill] 대화상자가 표시되면 Gradient 스펙트럼을 클릭합니다. [Gradient Editor]대화상자가 표시되면 'Purple_07'로 지정하고 〈OK〉 버튼을 클릭합니다.

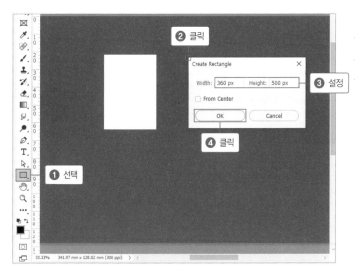

03 사각형 도구(□)를 선택하고 캔버스를 클릭합니다. [Create Rectangle] 대화상자가 표시되면 Width를 '360px', Height를 '500px'로 설정하고 〈OK〉 버튼을 클릭합니다.

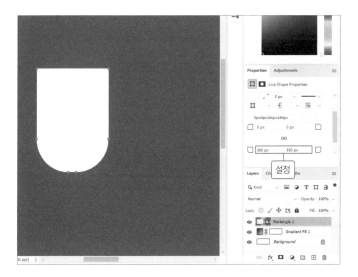

04 [Properties] 패널에서 왼쪽, 오른쪽 하단의 corner radius를 '160px'로 설정하여 도형을 변형합니다.

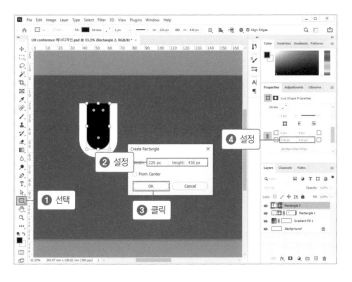

05 사각형 도구(□)를 선택하고 캔버스를 클릭합니다. [Create Rectangle] 대화상자가 표시되면 Width를 '220px', Height를 '430px'로 설정하고 〈OK〉 버튼을 클릭합니다. [Properties] 패널에서 왼쪽, 오른쪽 하단의 corner radius를 '110px'로 설정하여 도형을 변형합니다.

06 [Layers] 패널에서 'Rectangle 2' 레이어의 썸네일에 `Ctrl`을 누른 상태로 클릭합니다. `Ctrl`+`Shift`+`I`를 눌러 선택 영역을 반전하고 'Rectangle 1' 레이어를 선택한 다음 'Add layer mask' 아이콘(🔲)을 클릭해서 마스크를 적용합니다. 'Rectangle 2' 레이어의 '눈' 아이콘(👁)을 클릭해서 레이어를 숨깁니다.

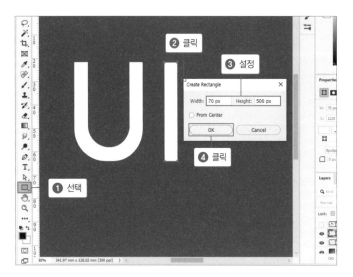

07 사각형 도구(🔲)를 선택하고 캔버스를 클릭합니다. [Create Rectangle] 대화상자가 표시되면 Width를 '70px', Height를 '500px'로 설정하고 〈OK〉 버튼을 클릭합니다.

08 직접 선택 도구(▷)를 선택하고 직사각형의 하단 2개의 점을 선택하여 그림과 같이 오른쪽으로 드래그해서 도형을 변형합니다.

09 [Layers] 패널에서 'Rectangle 3' 레이어를 선택하고 Ctrl + J 를 눌러 레이어를 복제합니다. [Edit] → Transform Path → Flip Horizontal을 실행한 다음 그림과 같이 배치합니다.

2 사각형 도형과 셰이프 도구를 이용해 꾸미기

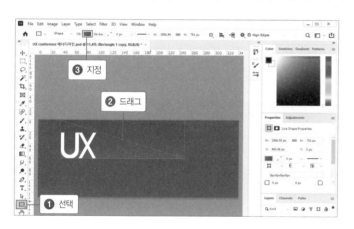

01 사각형 도구(□)를 선택하고 드래그하여 그림과 같이 직사각형을 그립니다. 옵션바에서 Fill을 'Gradient', 'Purple_20'으로 지정합니다.

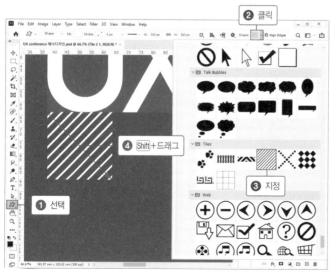

02 사용자 셰이프 도구(☒)를 선택하고 옵션바에서 Shape를 'Tile 2'로 지정한 다음 Shift 를 누른 상태로 드래그해서 그림과 같이 아이콘을 그립니다.

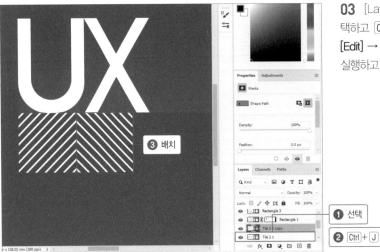

03 [Layers] 패널에서 'Tile 2 1' 레이어를 선택하고 Ctrl + J 를 눌러 레이어를 복제합니다. **[Edit]** → Transform Path → Flip Horizontal을 실행하고 그림과 같이 배치합니다.

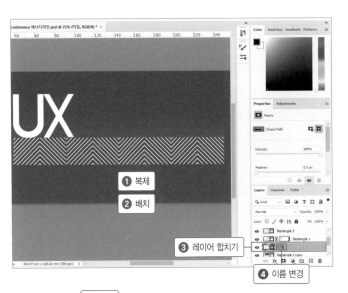

04 **03**번 과정과 같은 방법으로 도형을 복제하고 배치한 다음 타일을 그린 레이어를 모두 선택합니다. 마우스 오른쪽 버튼을 클릭하여 **Merge Shapes**를 실행해서 레이어를 합치고 레이어의 이름을 '타일'로 변경합니다.

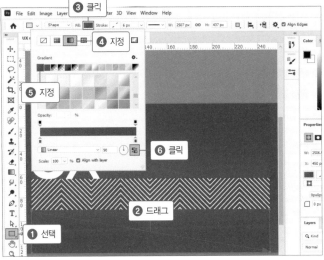

05 사각형 도구(▭)를 선택하고 드래그하여 그림과 같이 직사각형을 그립니다. 옵션바에서 Fill을 'Gradient', 'Purple_20'으로 지정하고 'Reverse the gradient colors' 아이콘(▦)을 클릭합니다.

3 다양한 모양의 장식 요소 만들기

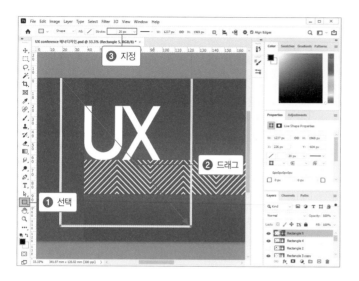

01 사각형 도구(□)를 선택하고 드래그하여 그림과 같이 직사각형을 그립니다. 옵션바에서 Stroke를 '#ffffff', 두께를 '20px'로 지정합니다.

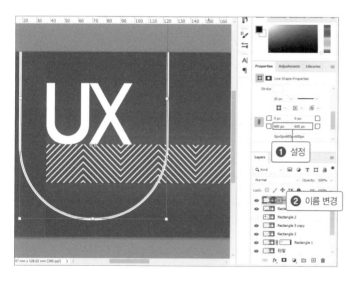

02 [Properties] 패널에서 왼쪽, 오른쪽 하단의 corner radius를 '600px'로 설정하여 도형을 변형합니다. [Layers] 패널에서 'Rectangle 5' 레이어의 이름을 'U'로 변경합니다.

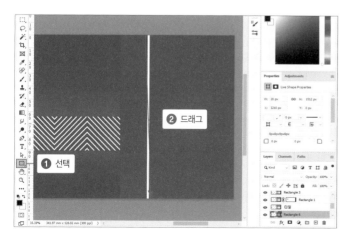

03 사각형 도구(□)를 선택하고 그림과 같이 드래그하여 직사각형을 그립니다.

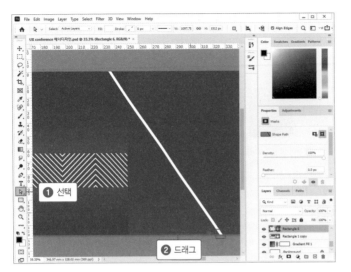

04 직접 선택 도구(⟨k.⟩)를 선택합니다. 직사각형 하단 2개의 점을 선택하고 그림과 같이 오른쪽으로 드래그해서 도형을 변형합니다.

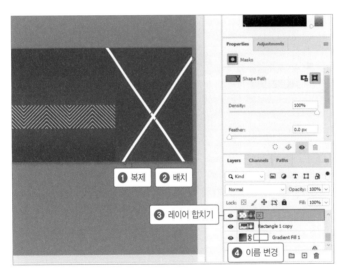

05 (Ctrl)+(J)를 눌러 'Rectangle 6' 레이어를 복제하고 **[Edit]** → **Transform Path** → **Flip Horizontal**을 실행한 다음 그림과 같이 배치합니다. X를 그린 2개의 레이어를 선택하고 마우스 오른쪽 버튼을 클릭한 다음 **Merge Shapes**를 실행하여 레이어를 합칩니다. 레이어의 이름을 'X'로 변경합니다.

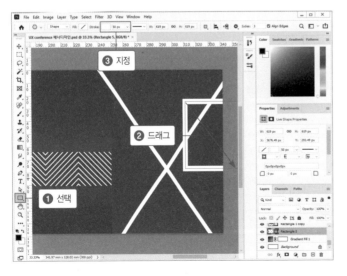

06 사각형 도구(□)를 선택하고 드래그하여 그림과 같이 사각형을 그립니다. 옵션바에서 Stroke를 '#ffffff', 두께를 '50px'로 지정합니다.

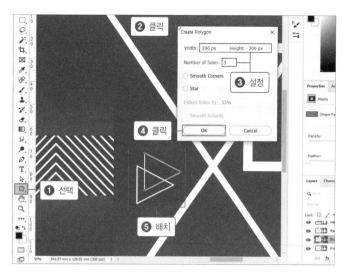

07 다각형 도구(▣.)를 선택하고 캔버스를 클릭합니다. [Create Polygon] 대화상자가 표시되면 Width를 '200px', Height를 '200px', Number of Sides를 '3'으로 설정한 다음 〈OK〉 버튼을 클릭합니다. 이 과정을 한 번 더 반복하고 그림과 같이 배치합니다.

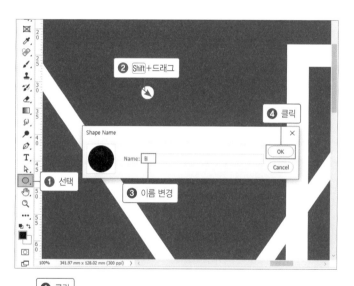

08 원형 도구(◯.)를 선택하고 Shift를 누른 상태로 드래그하여 '30px' 정원을 그립니다. [Edit] → **Define Custom Shape**를 실행합니다. [Shape Name] 대화상자가 표시되면 Name을 '원'으로 변경하고 〈OK〉 버튼을 클릭합니다.

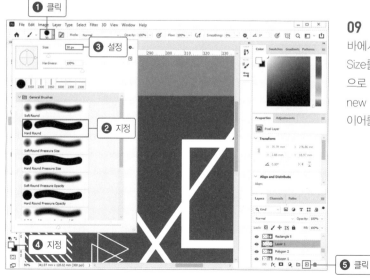

09 브러시 도구(✐.)를 선택합니다. 옵션바에서 브러시를 'Hard Round'로 지정하고 Size를 '30px'로 설정합니다. 전경색을 '흰색'으로 지정하고 [Layers] 패널에서 'Create a new layer' 아이콘(□)을 클릭하여 새로운 레이어를 만듭니다.

10 [Brush Settings] 패널에서 'Smoothing'을 선택하고 Spacing '250%'로 설정합니다. Shift를 누른 상태로 드래그하여 그림과 같이 점선을 그립니다.

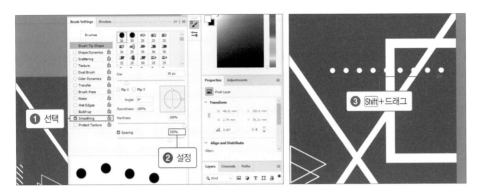

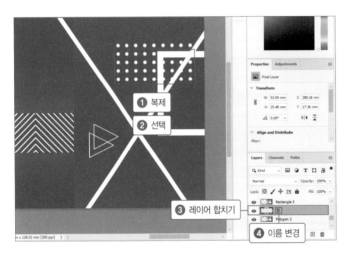

11 Ctrl+J를 눌러 점선을 그린 레이어를 여러 개 복제하고 레이어를 모두 선택합니다. 마우스 오른쪽 버튼을 클릭해서 **Merge Layers**를 실행하여 레이어를 합친 다음 레이어의 이름을 '점'으로 변경합니다.

4 텍스트 입력하고 디자인 요소 추가하기

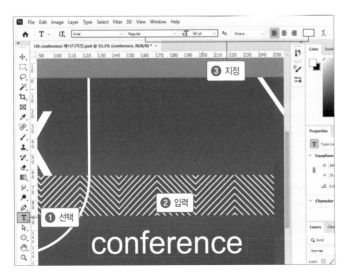

01 문자 도구(T.)를 선택하고 'conference'를 입력합니다. 옵션바에서 글꼴을 'Arial', 스타일을 'Regular', 크기를 '60pt', 색상을 '#ffffff'로 지정합니다.

02 원형 도구(◯)를 선택하고 Shift 를 누른 상태로 드래그하여 정원을 그립니다. 옵션바에서 Stroke를 '#ffffff', 두께를 '20px'로 지정하고 Stroke Options에서 〈More Options〉 버튼을 클릭합니다. [Stroke] 대화상자가 표시되면 Dash를 '20', Gap을 '5'로 설정하고 〈OK〉 버튼을 클릭합니다.

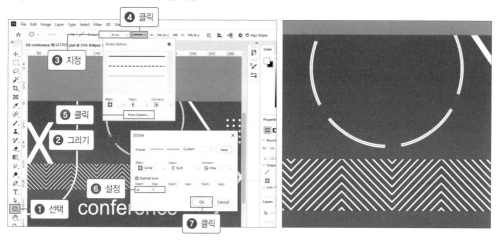

03 Ctrl + J 를 눌러 동그란 점선을 그린 레이어를 복제하고 [Properties] 패널에서 두께를 '10px', '5px'로 지정한 다음 그림과 같이 배치합니다.

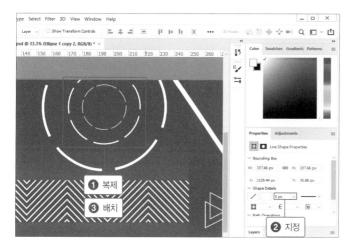

04 X를 그린 레이어 2개를 선택하고 Ctrl + J 를 눌러 레이어를 복제합니다. 옵션바에서 Fill을 'No color', 두께를 '10px'로 지정합니다. 복제한 레이어 2개를 선택하고 마우스 오른쪽 버튼을 클릭한 다음 Merge Shapes 를 실행하여 레이어를 합칩니다. [File] → Save(Ctrl + S)를 실행하여 완성된 파일을 저장합니다.

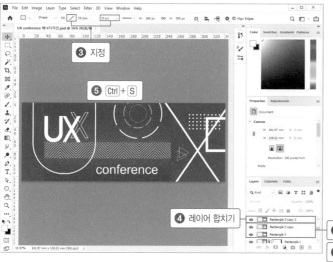

CAFE FAIR 배너 디자인

●

사용 목적 CAFE FAIR 배너 디자인
작업 크기 136 x 313(mm) / 해상도 : 300dpi
실제 크기 1360 x 3130(mm) / 해상도 : 300dpi
기능 사용 도형 도구를 사용하여 타이틀(알파벳)을 디자인합니다.
그러데이션을 활용하여 그래픽 요소를 추가하고, 사각형 도형에 그
러데이션을 적용하여 배너 디자인을 완성합니다.

136mm

313mm

예제 작업 과정

1
도형 도구로 타이틀 디자인하기

2
도형 도구로 타이틀 디자인 완성
하기

3
배경에 컬러 적용하기

4
타이틀 컬러 변경하기

5
타이틀에 그래픽 요소 추가하기

6
배경에 그래픽 요소 추가하기

SECTION 03
CAFE FAIR 배너 디자인

타이포그래피와 그러데이션으로 배너 디자인하기

🔵 **완성 파일** 05\CAFE FAIR 배너디자인.psd

기본 도형을 활용하여 타이포그래피를 디자인하고 그러데이션을 적용하여 CAFE
FAIR 배너를 디자인합니다.

1 도형을 조합해 알파벳 C 만들기

01 [File] → New(Ctrl + N)를 실행합니다. 파일 이름을 'CAFE FAIR 배너디자인', Width를 '136mm', Height를 '313mm',
Resolution을 '300 Pixels/Inch', Color Mode를 'RGB Color'로 설정하고 〈Create〉 버튼을 클릭합니다.

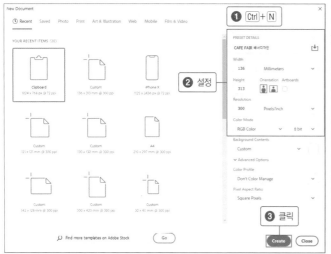

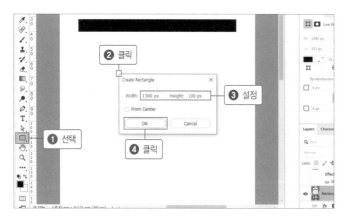

02 사각형 도구(▢)를 선택하고 캔버스를
클릭합니다. [Create Rectangle] 대화상자가
표시되면 Width를 '1300px', Height를 '100px'
로 설정하고 〈OK〉 버튼을 클릭합니다.

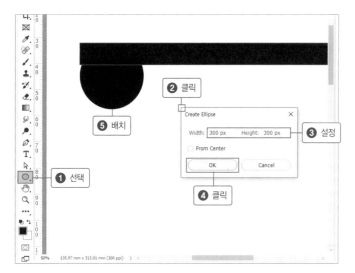

03 원형 도구(◯.)를 선택하고 캔버스를 클릭합니다. [Create Ellipse] 대화상자가 표시되면 Width를 '300px', Height를 '300px'로 설정하고 〈OK〉 버튼을 클릭한 다음 그림과 같이 배치합니다.

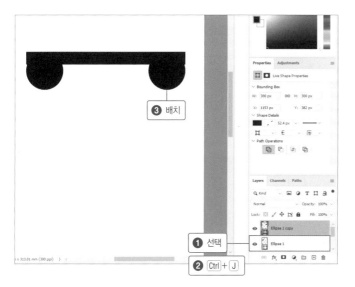

04 [Layers] 패널에서 'Ellipse 1' 레이어를 선택하고 Ctrl + J 를 눌러 레이어를 복제한 다음 그림과 같이 배치합니다.

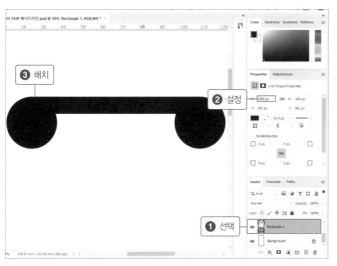

05 [Layers] 패널에서 'Rectangle 1' 레이어를 선택하고 [Properties] 패널에서 W를 '1000px'로 설정한 다음 그림과 같이 배치합니다.

06 [Layers] 패널에서 'Rectangle 1' 레이어를 선택하고 Ctrl + J 를 눌러 레이어를 복제합니다. [Properties] 패널에서 W를 '1100px'로 설정한 다음 그림과 같이 배치합니다. 원형 도구(◯)를 선택하고 옵션바에서 Fill을 '#ffffff'로 지정합니다.

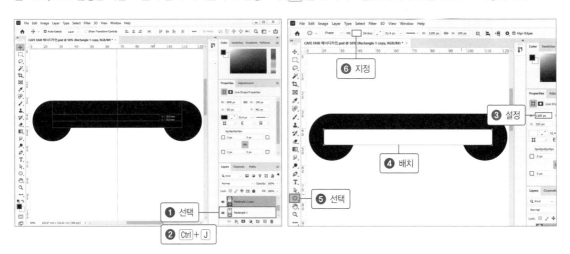

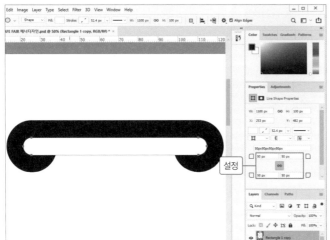

07 [Properties] 패널에서 corner radius를 '50px'로 설정합니다.

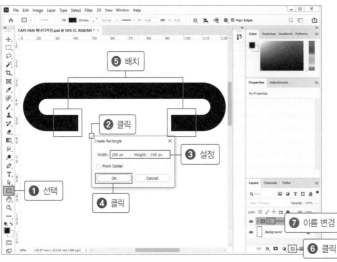

08 사각형 도구(▢)를 선택하고 캔버스를 클릭합니다. [Create Rectangle] 대화상자가 표시되면 Width를 '200px', Height를 '100px'로 설정하고 〈OK〉 버튼을 클릭합니다. 이 과정을 1번 더 반복하여 그림과 같이 배치합니다. [Layers] 패널에서 C를 그린 레이어를 모두 선택하고 'Create a new group' 아이콘(▢)을 클릭하여 그룹으로 지정한 다음 그룹 레이어의 이름을 'C'로 변경합니다.

2 도형을 조합해 나머지 알파벳 만들기

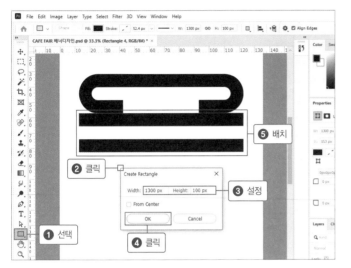

01 사각형 도구(□)를 선택하고 캔버스를 클릭합니다. [Create Rectangle] 대화상자가 표시되면 Width를 '1300px', Height를 '100px'로 설정하고 〈OK〉 버튼을 클릭합니다. 이 과정을 1번 더 반복하여 그림과 같이 배치합니다.

TIP 직사각형 간격을 '100px'로 배치합니다.

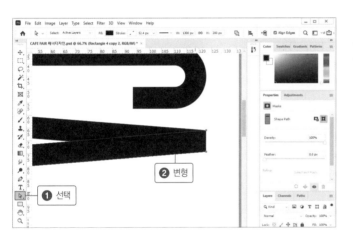

02 직접 선택 도구(▷)를 선택합니다. 직사각형 오른쪽 2개의 조절점을 클릭하고 드래그하여 그림과 같이 도형을 변형합니다.

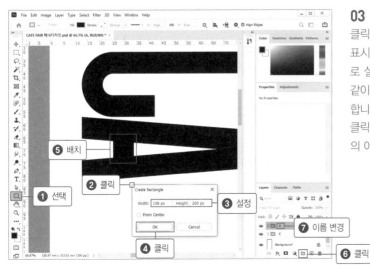

03 사각형 도구(□)를 선택하고 캔버스를 클릭합니다. [Create Rectangle] 대화상자가 표시되면 Width를 '100px', Height를 '200px'로 설정하고 〈OK〉 버튼을 클릭합니다. 그림과 같이 배치하고 A를 그린 레이어를 모두 선택합니다. 'Create a new group' 아이콘(□)을 클릭하여 그룹으로 지정한 다음 그룹 레이어의 이름을 'A'로 변경합니다.

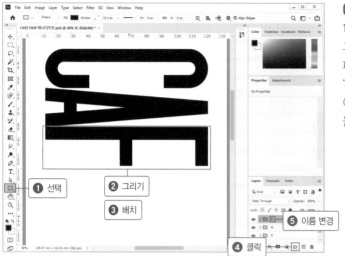

04 사각형 도구(□)를 선택하여 '1300px × 100px', '100px × 300px' 크기의 직사각형을 그린 다음 그림과 같이 배치합니다. [Layers] 패널에서 F를 그린 레이어를 모두 선택하고 'Create a new group' 아이콘(□)을 클릭하여 그룹으로 지정한 다음 그룹 레이어의 이름을 'F'로 변경합니다.

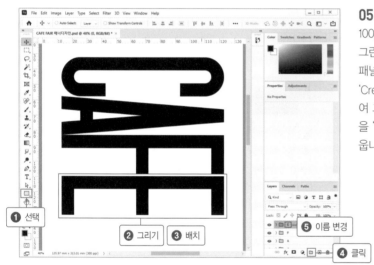

05 사각형 도구(□)를 선택하여 '1300px × 100px', '100px × 300px' 크기의 직사각형을 그린 다음 그림과 같이 배치합니다. [Layers] 패널에서 E를 그린 레이어를 모두 선택하고 'Create a new group' 아이콘(□)을 클릭하여 그룹으로 지정한 다음 그룹 레이어의 이름을 'E'로 변경합니다. E와 F의 간격을 조금 띄웁니다.

06 [Layers] 패널에서 'F', 'A' 그룹 레이어를 선택하고 Ctrl + J를 눌러 레이어를 복제한 다음 그림과 같이 배치합니다.

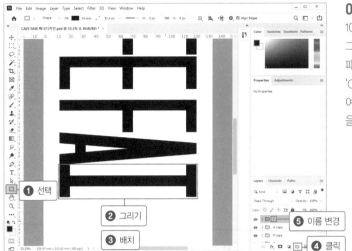

07 사각형 도구(□)를 선택하여 '1300px × 100px', '100px × 300px' 크기의 직사각형을 그린 다음 그림과 같이 배치합니다. [Layers] 패널에서 I를 그린 레이어를 모두 선택하고 'Create a new group' 아이콘(□)을 클릭하여 그룹으로 지정한 다음 그룹 레이어의 이름을 'I'로 변경합니다.

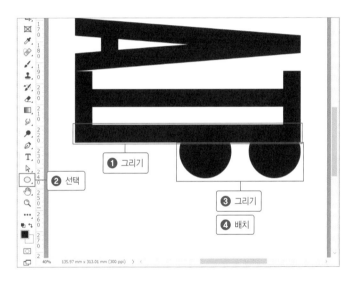

08 사각형 도구(□)를 선택하여 '1300px × 100px' 크기의 직사각형을 그립니다. 원형 도구(○)를 선택하여 '300px × 300px' 크기의 원을 그린 다음 그림과 같이 배치합니다.

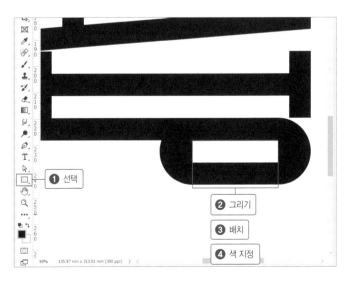

09 사각형 도구(□)를 선택하여 '400px × 100px' 크기의 직사각형을 2개 그리고 그림과 같이 배치한 다음 색을 지정합니다.

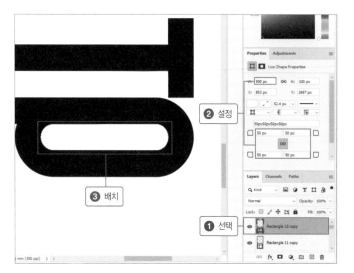

10 [Layers] 패널에서 흰색 직사각형을 그린 레이어를 선택합니다. [Properties] 패널에서 W를 '500px', corner radius를 '50px'로 설정한 다음 그림과 같이 배치합니다.

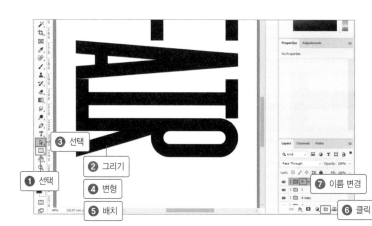

11 사각형 도구(□)를 선택하여 '700px × 100px' 크기의 직사각형을 그립니다. 직접 선택 도구(ℝ)를 선택하고 직사각형 오른쪽 2개의 조절점을 드래그하여 변형한 다음 그림과 같이 배치합니다. [Layers] 패널에서 R을 그린 레이어를 모두 선택하고 'Create a new group' 아이콘(□)을 클릭하여 그룹으로 지정한 다음 그룹 레이어의 이름을 'R'로 변경합니다.

3 배경색 지정하고 그러데이션을 사용해 배너 꾸미기

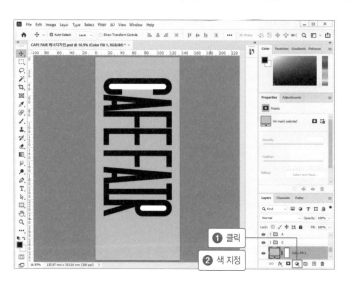

01 [Layers] 패널에서 'Create new fill or adjustment layer' 아이콘(◑)을 클릭한 다음 **Solid Color**를 실행합니다. [Color Picker] 대화상자가 표시되면 색상을 '#6ce8de'로 지정합니다.

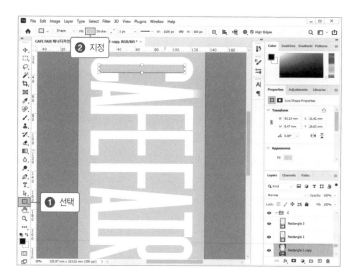

02 [Layers] 패널에서 레이어를 각각 선택한 다음 사각형 도구(□)를 선택합니다. 옵션바에서 Fill을 '#ffffff', '#6ce8de'로 지정하여 그림과 같이 변경합니다.

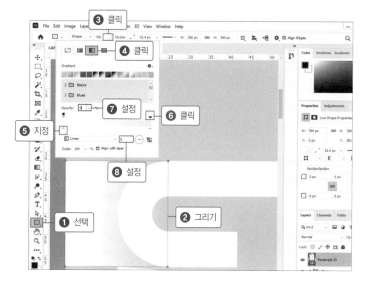

03 사각형 도구(□)를 선택하고 '300px × 300px' 크기의 정사각형을 그립니다. 옵션바에서 Fill을 'Gradient'로 지정한 다음 왼쪽 색상을 '#ffffff', 오른쪽 색상 Opacity를 '0%', Angle을 '0''로 설정합니다.

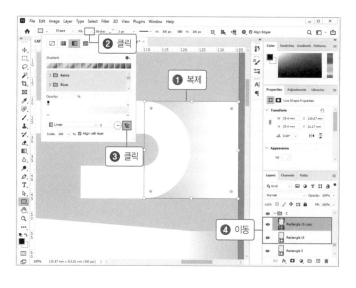

04 [Layers] 패널에서 정사각형을 그린 레이어를 선택하고 Ctrl+J를 눌러 레이어를 복제합니다. 옵션바에서 Fill의 'Reverse the gradient colors' 아이콘(▨)을 클릭합니다. 정사각형을 그린 2개의 레이어를 'C' 그룹 레이어로 이동합니다.

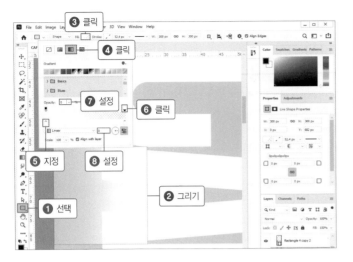

05 사각형 도구(▣)를 선택하고 '300px ×
300px' 크기의 정사각형을 그립니다. 옵션
바에서 Fill을 'Gradient'로 지정한 다음 왼쪽
색상을 '#ffffff', 오른쪽 색상 Opacity를 '0%',
Angle을 '0°'로 설정합니다.

06 기준점 추가 도구(▨)를 선택하고 그림과 같은 부분을 클릭한 다음 기준점 변환 도구(∧)를 선택하고 추가한 점을 클
릭합니다. 직접 선택 도구(▨)를 선택하고 직사각형 오른쪽 상단의 조절점을 드래그하여 그림과 같이 변형합니다. 이 과정
을 반복하여 반대편도 변형합니다.

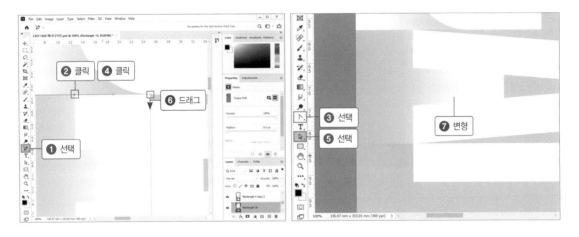

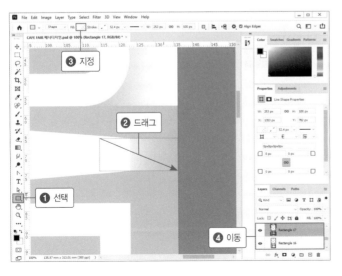

07 사각형 도구(▣)를 선택하고 드래그하
여 직사각형을 그립니다. 옵션바에서 Fill을 그
림과 같이 그러데이션으로 지정합니다. 도형
을 그린 2개의 레이어를 'A' 그룹 레이어로 이
동합니다.

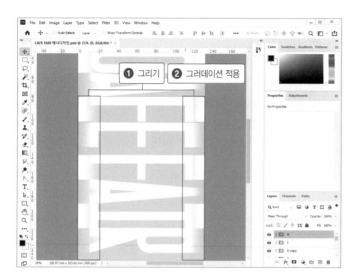

08 03~07번 과정과 같은 방법으로 'F', 'E', 'F', 'A', 'I', 'R'에도 사각형을 그리고 그러데이션을 적용합니다.

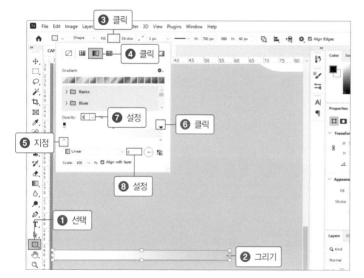

09 사각형 도구(□)를 선택하고 '700px × 40px' 크기의 직사각형을 그립니다. 옵션바에서 Fill을 'Gradient'로 지정한 다음 왼쪽 색상을 '#ffffff', 오른쪽 색상 Opacity를 '0%', Angle을 '0°'로 설정합니다.

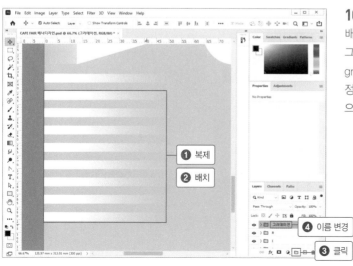

10 직사각형을 8개 복제해서 그림과 같이 배치합니다. [Layers] 패널에서 직사각형을 그린 레이어를 모두 선택하고 'Create a new group' 아이콘(□)을 클릭하여 그룹으로 지정한 다음 그룹 레이어의 이름을 '그러데이션'으로 변경합니다.

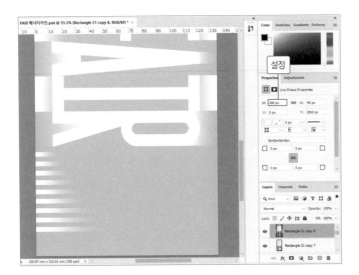

11 직사각형을 그린 레이어를 각각 선택하고 [Properties] 패널에서 W를 설정합니다.

TIP 가장 짧은 직사각형을 '300px'로 설정하고 아래로 내려갈수록 '50px'씩 더해 길이를 설정합니다.

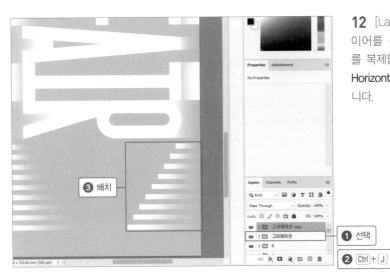

12 [Layers] 패널에서 '그러데이션' 그룹 레이어를 선택하고 [Ctrl]+[J]를 눌러 레이어를 복제합니다. **[Edit]** → **Transform** → **Flip Horizontal**을 실행한 다음 그림과 같이 배치합니다.

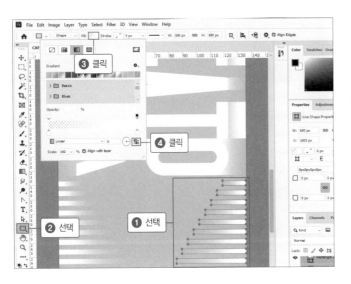

13 [Layers] 패널에서 '그러데이션 copy' 그룹 레이어 안에 레이어를 모두 선택합니다. 사각형 도구(□)를 선택하고 옵션바에서 Fill의 'Reverse the gradient colors' 아이콘(⊡)을 클릭하여 그러데이션 방향을 변경합니다.

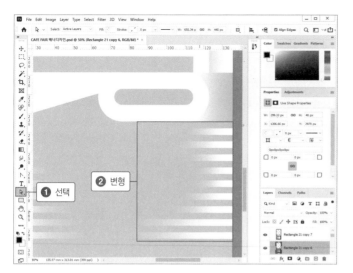

14 직접 선택 도구(⊾)를 선택해서 직사각형 왼쪽 2개의 조절점을 드래그하여 그림과 같이 머그컵 손잡이 모양처럼 변형합니다.

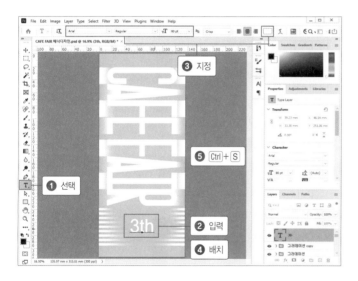

15 문자 도구(T.)를 선택하고 '3th'를 입력합니다. 옵션바에서 글꼴을 'Arial', 스타일을 'Regular', 크기를 '80pt', 색상을 '#ffffff'로 지정하고 그림과 같이 배치합니다. [File] → Save(Ctrl + S)를 실행하여 완성된 파일을 저장합니다.

PIANO CONCERT 배너 디자인

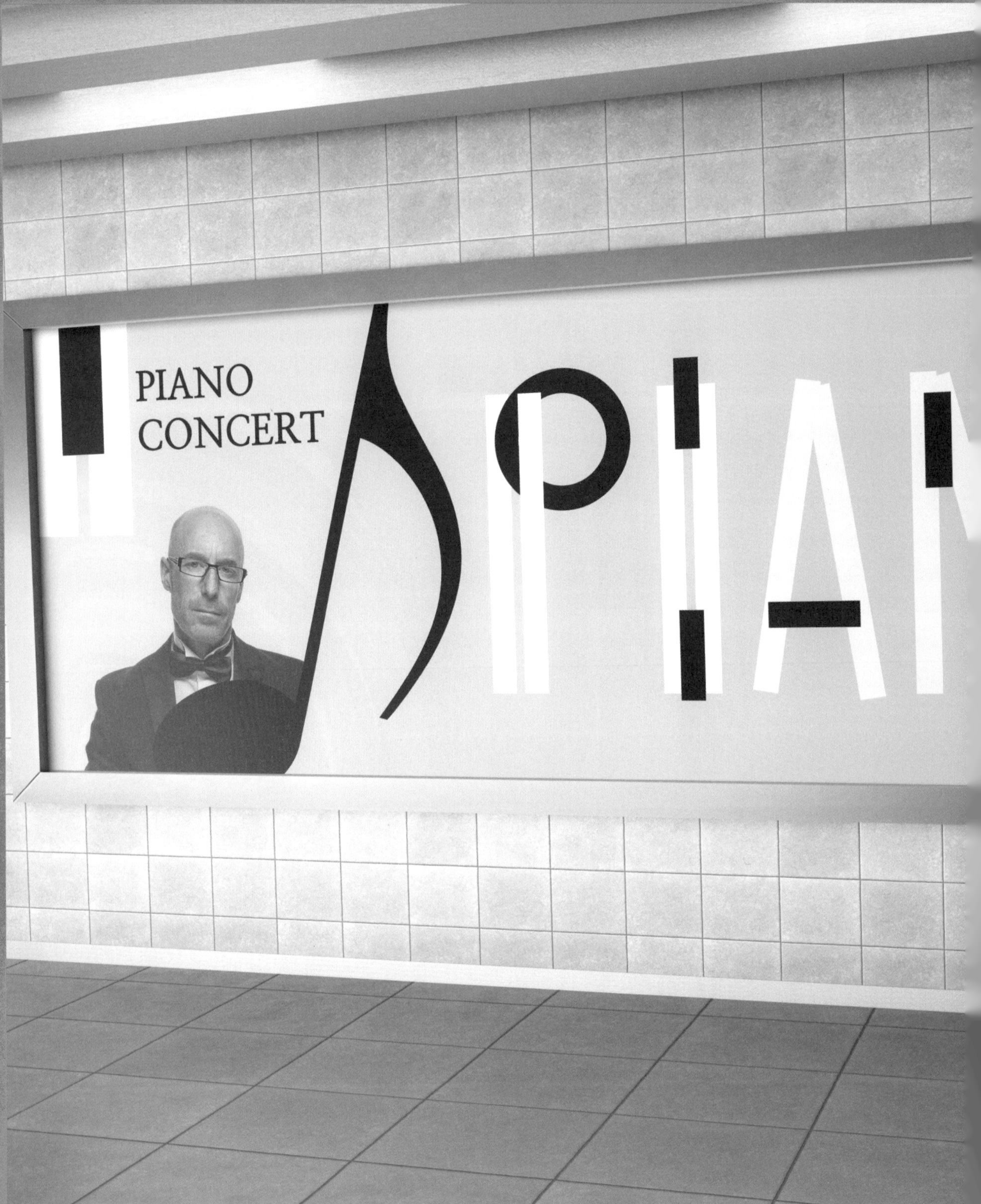

PIANO CONCERT 배너 디자인

●

305mm

117mm

사용 목적 PIANO CONCERT 배너 디자인

작업 크기 305 x 117(mm) / 해상도 : 300dpi

실제 크기 3050 x 1170(mm) / 해상도 : 300dpi

기능 사용 도형을 활용하여 타이틀을 디자인하고 사용자 셰이프 도구를 활용하여 그래픽 요소를 추가합니다. 이미지를 보정하고 마스크를 적용하여 배너 디자인을 완성합니다.

예제 작업 과정

1

배경 컬러 적용하기

2

도형 도구로 타이틀 다자인하기

3

도형 도구로 타이틀 다자인 완성하기

4

사용자 셰이프 도구로 그래픽 요소 추가하기

5

이미지 보정 및 편집하기

6

도형 도구로 그래픽 요소 추가하기

SECTION 04
PIANO CONCERT 배너 디자인

타이포그래피를 활용하여 배너 디자인하기

● **예제 파일** 05\피아노 연주자.jpg | ● **완성 파일** 05\PIANO CONCERT 배너디자인.psd

도형을 활용하여 타이포그래피 스타일의 PIANO CONCERT 배너를 디자인합니다.

1 도형을 이용하여 PIANO 알파벳 만들기

01 [File] → New(Ctrl + N)를 실행합니다. 파일 이름을 'PIANO CONCERT 배너디자인', Width를 '305mm', Height를 '117mm', Resolution을 '300 Pixels/Inch', Color Mode를 'RGB Color'로 설정하고 〈Create〉 버튼을 클릭합니다.

[Layers] 패널에서 'Create new fill or **02** adjustment layer' 아이콘(◐)을 클릭한 다음 **Solid Color**를 실행합니다. [Color Picker] 대화상자가 표시되면 색상을 '#ebec79'로 지정한 다음 〈OK〉 버튼을 클릭합니다.

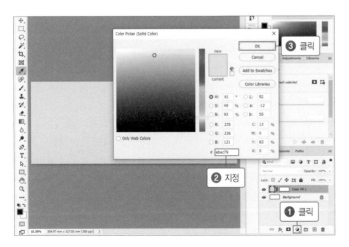

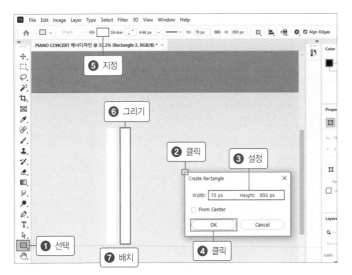

03 사각형 도구(□.)를 선택하고 캔버스를 클릭합니다. [Create Rectangle] 대화상자가 표시되면 Width를 '70px', Height를 '850px'로 설정하고 〈OK〉 버튼을 클릭합니다. 옵션바에서 Fill을 '#ffffff'로 지정합니다. 같은 방법으로 같은 크기의 직사각형을 1개 더 그리고 그림과 같이 배치합니다.

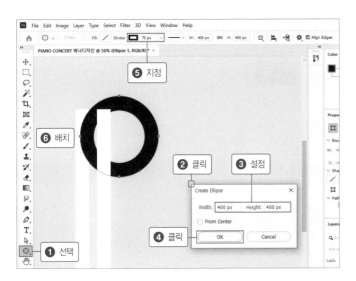

04 원형 도구(○.)를 선택하고 캔버스를 클릭합니다. [Create Ellipse] 대화상자가 표시되면 Width를 '400px', Height를 '400px'로 설정하고 〈OK〉 버튼을 클릭합니다. 옵션바에서 Stroke를 '#000000', 두께를 '70px'로 그림과 같이 배치하여 'P'를 완성합니다.

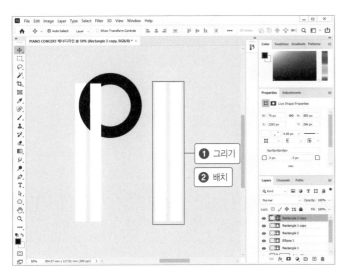

05 03번 과정과 같은 방법으로 직사각형을 2개 그리고 그림과 같이 배치합니다.

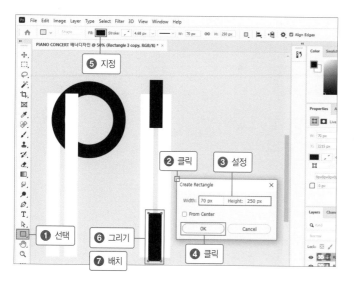

06 사각형 도구(□)를 선택하고 캔버스를 클릭합니다. [Create Rectangle] 대화상자가 표시되면 Width를 '70px', Height를 '250px'로 설정하고 〈OK〉 버튼을 클릭합니다. 옵션바에서 Fill을 '#000000'으로 지정합니다. 같은 방법으로 같은 크기의 직사각형을 1개 더 그리고 그림과 같이 배치하여 'I'를 완성합니다.

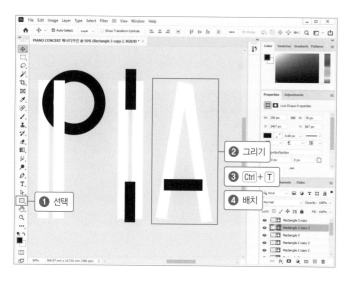

07 사각형 도구(□)로 도형을 그린 다음 Ctrl+T를 눌러 그림과 같이 회전하고 배치하여 'A'를 완성합니다.

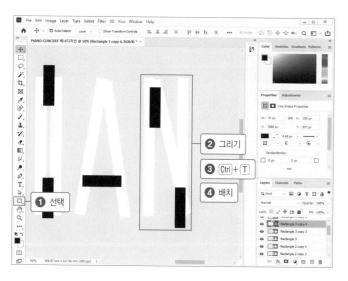

08 사각형 도구(□)로 도형을 그린 다음 Ctrl+T를 눌러 그림과 같이 회전하고 배치하여 'N'을 완성합니다.

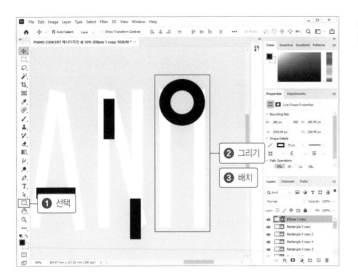

09 사각형 도구(□)와 원형 도구(○)로 도형을 그린 다음 그림과 같이 배치합니다.

10 사각형 선택 도구(□)를 선택하고 그림과 같이 드래그한 다음 [Layers] 패널에서 'Add layer mask' 아이콘(■)을 클릭해서 마스크를 적용합니다.

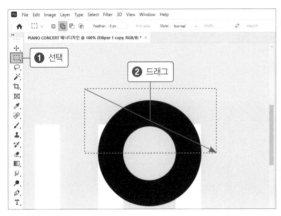
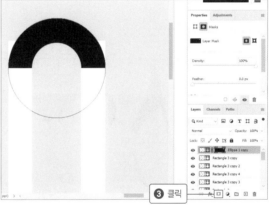

11 10번 과정과 같은 방법으로 원을 그리고 마스크를 적용한 다음 그림과 같이 배치하여 'O'를 완성합니다.

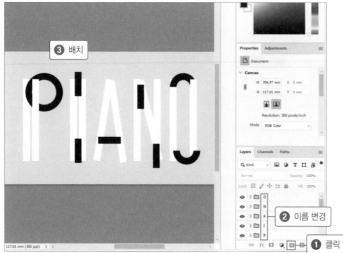

12 [Layers] 패널에서 PIANO를 그린 레이어를 각각 알파벳별로 선택하고 'Create a new group' 아이콘(□)을 클릭하여 그룹으로 지정합니다. 그룹 레이어의 이름을 각각 'P', 'I', 'A', 'N', 'O'로 변경하고 그림과 같이 배치합니다.

2 음표 그리고 이미지 편집하여 흑백으로 변경하기

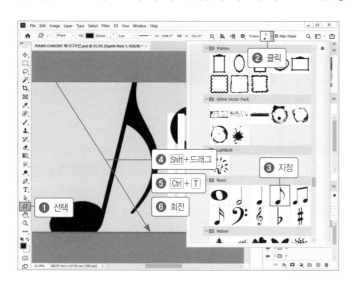

01 사용자 셰이프 도구(🔲)를 선택하고 옵션바에서 Shape를 'Eighth Note'로 지정한 다음 Shift를 누른 상태로 드래그해서 그립니다. Ctrl+T를 눌러 그림과 같이 회전합니다.

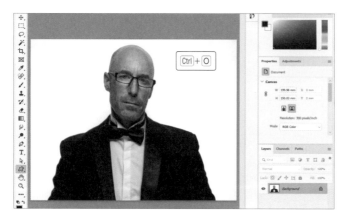

02 [File] → Open(Ctrl+O)을 실행하고 05 폴더에서 '피아노 연주자.jpg' 파일을 불러옵니다.

03 마술봉 도구(🪄)를 선택하고 배경을 클릭하여 선택 영역으로 지정합니다. Ctrl + Shift + I 를 눌러 선택 영역을 반전하여 피아노 연주자 이미지만 선택 영역으로 지정합니다.

04 이미지를 기존 작업창으로 가져옵니다. Ctrl + T 를 눌러 이미지 크기를 조절한 다음 [Layers] 패널에서 레이어의 이름을 '피아노 연주자'로 변경합니다.

05 [Adjustments] 패널에서 'Black & White' 아이콘(■)을 클릭합니다. [Layers] 패널에서 'Black & White' 레이어를 선택하고 마우스 오른쪽 버튼을 클릭한 다음 **Create Clipping Mask**를 실행합니다.

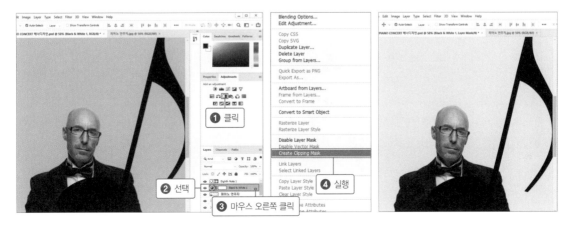

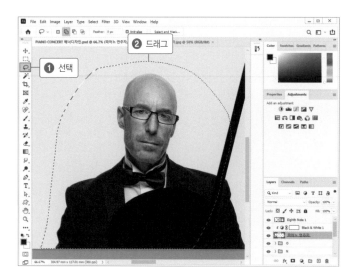

06 올가미 도구( )를 선택하고 그림과 같이 음표의 왼쪽 연주자 이미지만 드래그해서 선택 영역으로 지정합니다.

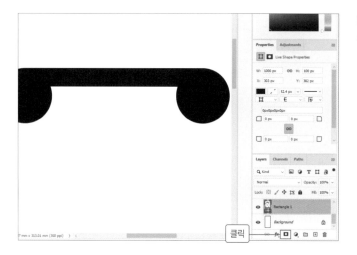

07 [Layers] 패널에서 'Add layer mask' 아이콘( )을 클릭해서 마스크를 적용합니다.

3 도형으로 피아노 건반 만들고 문자 입력하기

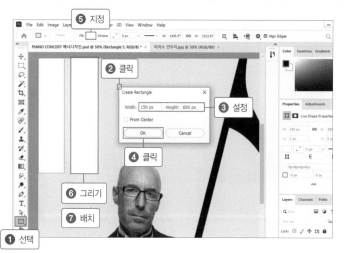

01 사각형 도구( )를 선택하고 캔버스를 클릭합니다. [Create Rectangle] 대화상자가 표시되면 Width를 '150px', Height를 '650px'로 설정하고 〈OK〉 버튼을 클릭합니다. 옵션바에서 Fill을 '#ffffff'로 지정합니다. 같은 방법으로 같은 크기의 직사각형을 1개 더 그리고 그림과 같이 배치합니다.

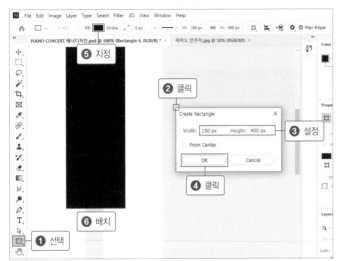

02 사각형 도구(□)를 선택하고 캔버스를 클릭합니다. [Create Rectangle] 대화상자가 표시되면 Width를 '150px', Height를 '400px'로 설정하고 〈OK〉 버튼을 클릭합니다. 옵션바에서 Fill을 '#000000'으로 지정하고 그림과 같이 배치합니다.

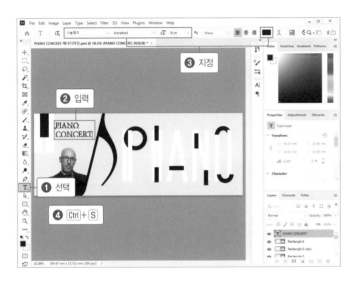

03 문자 도구(T.)를 선택하고 'PIANO CONCERT'를 입력합니다. 옵션바에서 글꼴을 '나눔명조', 스타일을 'ExtraBold', 크기를 '30pt', 색상을 '#000000'으로 지정합니다. [File] → Save(Ctrl + S)를 실행하여 완성된 파일을 저장합니다.

디자인 사례

배너에 이미지를 활용하여 디자인을 하지만 주제에 어울리는 타이포그래피 디자인을 통하여 정보를 전달할 수 있습니다. 눈에 띄는 컬러와 레이아웃으로 매장이나 전시장에서 고객의 시선을 사로잡을 수 있습니다.

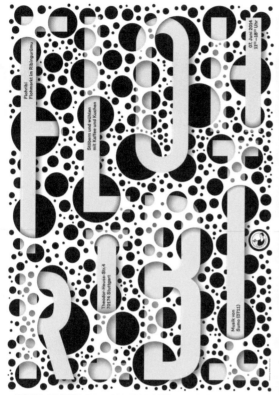

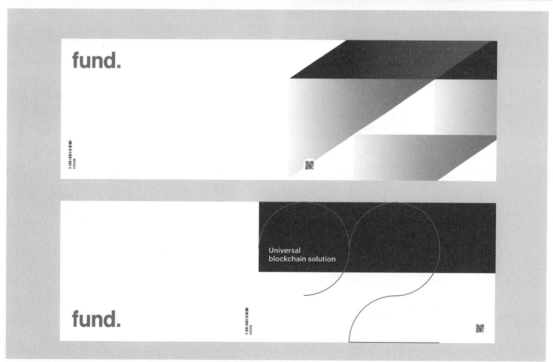

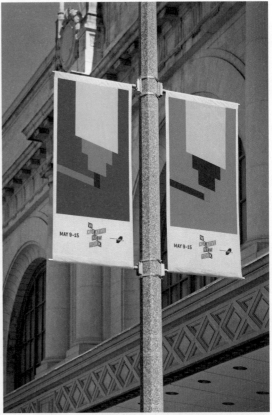

PART
06

전달력을 높인
명함·카드 디자인

포토샵의 듀오톤 기능으로 컬러를 변형하고, 도형에 필터를 적용해 일러스트 효과를 표현하여 명함, 카드 디자인을 구성합니다.

사원증 디자인

●

사용 목적 사원증 디자인

작업 크기 55 x 99(mm) / 해상도 : 300dpi

실제 크기 55 x 99(mm) / 해상도 : 300dpi

기능 사용 사각형 도구를 사용하여 사각형을 만들고 변형한 다음 그러
데이션을 적용하여 로고를 만듭니다. 이미지에 듀오톤을 적용하여 이
미지를 편집하고 사원증 디자인을 완성합니다.

55mm

99mm

예제 작업 과정

1

사각형을 만들고 변형 및 그러데
이션 적용하기

2

로고 디자인 완성하기

3

이미지에 듀오톤 적용하기

4

이미지에 마스크 적용하기

5

그래픽 효과 적용하기

6

그래픽 효과 및 텍스트(이름)
입력하기

로고 디자인과 듀오톤으로 사원증 디자인하기

🔵 **예제 파일** 06\Brian.jpg | 🔵 **완성 파일** 06\사원증디자인.psd

그러데이션을 활용하여 입체감 있는 로고를 만든 다음 듀오톤을 활용하여 사원증의
컬러 아이덴티티를 적용한 사원증을 디자인합니다.

1 그러데이션을 이용한 로고 만들기

01 [File] → New(Ctrl + N)를 실행합니다. 파일 이름을 '사원증디자인', Width를 '55mm', Height를 '99mm', Resolution 을 '300 Pixels/Inch', Color Mode를 'RGB Color'로 설정하고 〈Create〉 버튼을 클릭합니다.

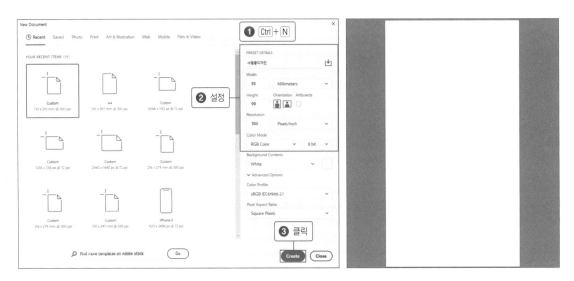

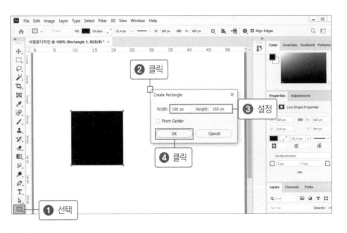

02 사각형 도구(□)를 선택하고 캔버스를 클릭합니다. [Create Rectangle] 대화상자가 표시되면 Width를 '160px', Height를 '160px'로 설정하고 〈OK〉 버튼을 클릭합니다.

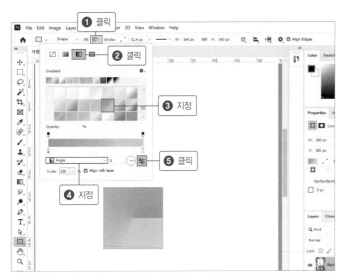

03 옵션바에서 Fill을 'Gradient', 'Iridescent_12', 'Angle'로 지정하고 'Reverse the gradient colors' 아이콘(■)을 클릭합니다.

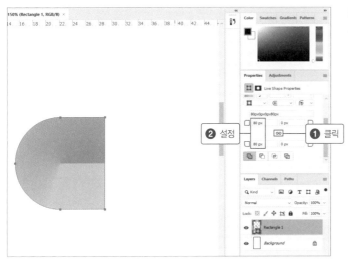

04 [Properties] 패널에서 'Link' 아이콘(∞)을 클릭하여 링크를 해제하고 왼쪽 상단과 하단의 corner radius를 '80px'로 설정합니다.

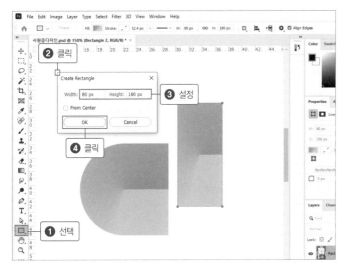

05 사각형 도구(□)를 선택하고 캔버스를 클릭합니다. [Create Rectangle] 대화상자가 표시되면 Width를 '80px', Height를 '180px'로 설정하고 〈OK〉 버튼을 클릭합니다.

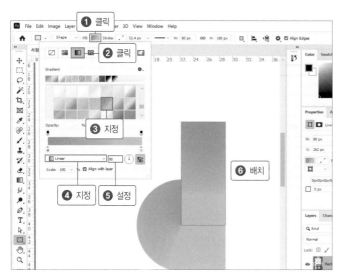

06 옵션바에서 Fill을 'Gradient', 'Iridescent_12', 'Linear', '90°'로 지정하고 그림과 같이 배치합니다.

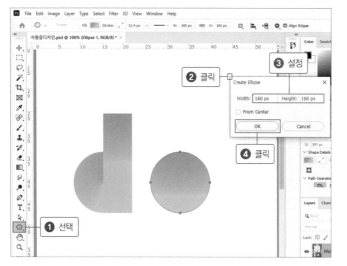

07 원형 도구(◯)를 선택하고 캔버스를 클릭합니다. [Create Ellipse] 대화상자가 표시되면 Width를 '160px', Height를 '160px'로 설정하고 〈OK〉 버튼을 클릭합니다.

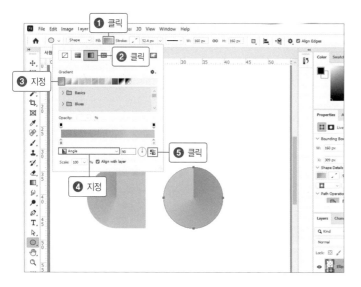

08 옵션바에서 Fill을 'Gradient', 'Iridescent_12', 'Angle'로 지정하고 'Reverse the gradient colors' 아이콘(圖)을 클릭합니다.

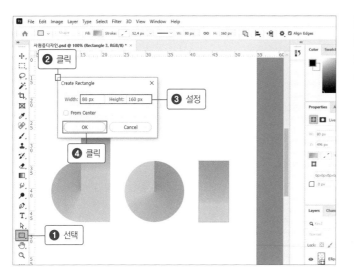

09 사각형 도구(□)를 선택하고 캔버스를 클릭합니다. [Create Rectangle] 대화상자가 표시되면 Width를 '80px', Height를 '160px'로 설정하고 〈OK〉 버튼을 클릭합니다.

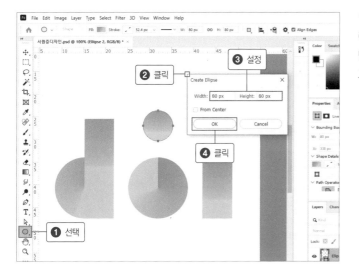

10 원형 도구(○)를 선택하고 캔버스를 클릭합니다. [Create Ellipse] 대화상자가 표시되면 Width를 '80px', Height를 '80px'로 설정하고 〈OK〉 버튼을 클릭합니다.

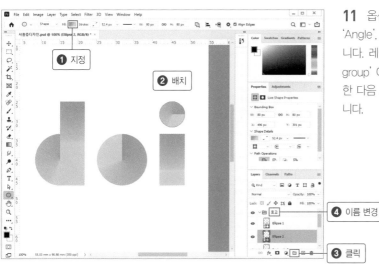

11 옵션바에서 Fill을 'Gradient', 'Iridescent_12', 'Angle', '0°'로 지정하고 그림과 같이 배치합니다. 레이어를 모두 선택하고 'Create a new group' 아이콘(□)을 클릭하여 그룹으로 지정한 다음 그룹 레이어의 이름을 '로고'로 변경합니다.

2 듀오톤으로 보정한 이미지 꾸미기

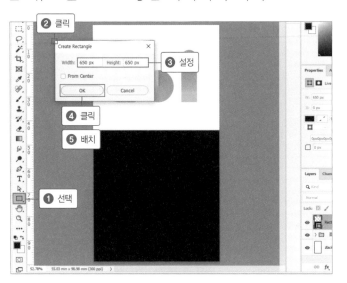

01 사각형 도구(□)를 선택하고 캔버스를 클릭합니다. [Create Rectangle] 대화상자가 표시되면 Width를 '650px', Height를 '650px'로 설정하고 〈OK〉 버튼을 클릭합니다. 그림과 같이 배치합니다.

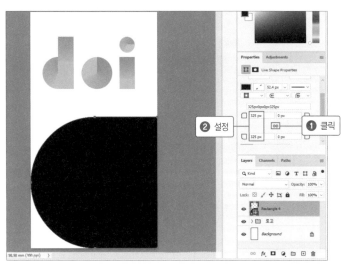

02 [Properties] 패널에서 'Link' 아이콘(∞)을 클릭하여 링크를 해제하고 왼쪽 상단과 하단의 corner radius를 '325px'로 설정합니다.

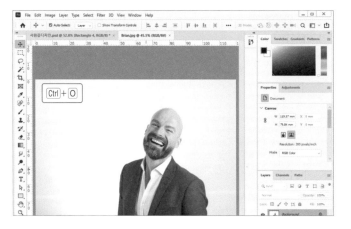

03 [File] → Open(Ctrl+O)을 실행하고 06 폴더에서 'Brian.jpg' 파일을 불러옵니다.

04 [Image] → Mode → Grayscale을 실행하여 이미지를 흑백으로 변경합니다.

05 [Image] → Mode → Duotone을 실행합니다.

06 [Duotone Options] 대화상자가 표시되면 Type을 'Monotone'으로 지정하고 Ink 1의 색상을 '#60e4de'로 지정한 다음 〈OK〉 버튼을 클릭합니다.

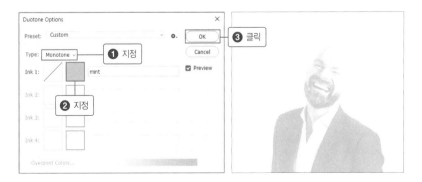

07 [Image] → Adjustments → Levels를 실행합니다.

08 [Levels] 대화상자가 표시되면 Input Levels를 왼쪽부터 '31', '0.69', '255'로 설정하고 〈OK〉 버튼을 클릭합니다.

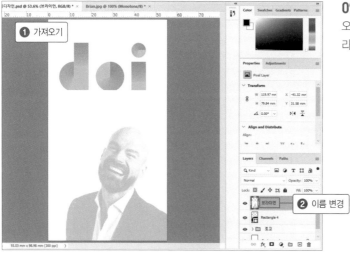

09 불러온 이미지를 기존 작업창으로 가져오고 [Layers] 패널에서 레이어의 이름을 '브라이언'으로 변경합니다.

10 [Layers] 패널에서 'Rectangle 4' 레이어의 섬네일에 [Ctrl]을 누른 상태로 클릭합니다. '브라이언' 레이어를 선택하고 'Add vector mask' 아이콘(◻)을 클릭해서 마스크를 적용합니다.

11 마스크가 적용된 '브라이언' 레이어의 'Link' 아이콘(⑧)을 클릭해 링크를 해제합니다. [Ctrl]+[T]를 눌러 그림과 같이 축소합니다.

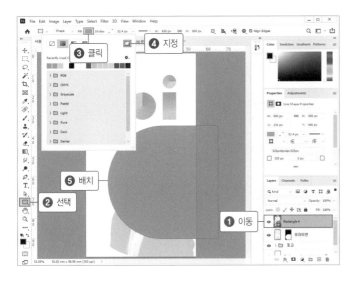

12 [Layers] 패널에서 'Rectangle 4' 레이어를 드래그하여 '브라이언' 레이어 위로 이동합니다. 사각형 도구(◻)를 선택하고 옵션바에서 Fill을 '#b193cb'로 지정한 다음 그림과 같이 배치합니다.

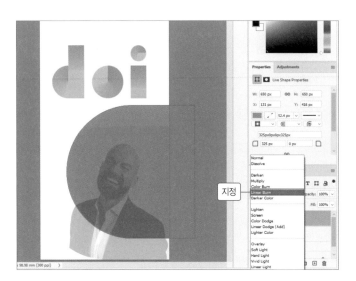

13 [Layers] 패널에서 블렌딩 모드를 'Linear Burn'으로 지정합니다.

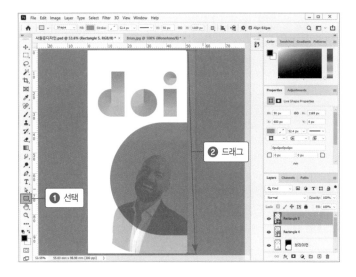

14 사각형 도구(□)를 선택하고 드래그하여 그림과 같이 직사각형을 그립니다.

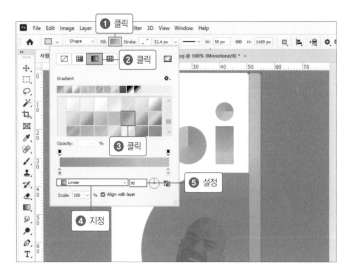

15 옵션바에서 Fill을 'Gradient', 'Iridescent_12', 'Linear', '90'로 지정합니다.

16 [Layers] 패널에서 'Rectangle 5' 레이어를 드래그하여 '브라이언' 레이어 위로 이동합니다.

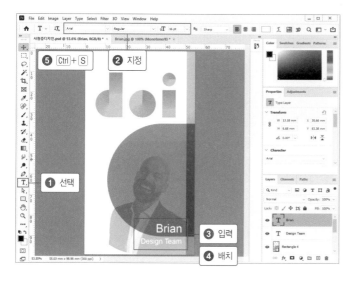

17 문자 도구(T.)를 선택하고 옵션바에서 글꼴을 'Arial', 스타일을 'Regular', 크기를 '16pt', '10pt'로 지정한 다음 'Brian', 'Design Team'을 각각 입력하고 그림과 같이 배치합니다. [File] → Save(Ctrl + S)를 실행하여 완성된 파일을 저장합니다.

캠핑샵 명함 디자인

●

사용 목적 캠핑샵 명함 디자인

작업 크기 90 x 50(mm) / 해상도 : 300dpi

실제 크기 90 x 50(mm) / 해상도 : 300dpi

기능 사용 원형 도구를 사용해 로고 형태를 만듭니다. 사용자 셰이프 도구 및 원형 도구와 문자 도구를 활용하여 텍스트를 입력합니다. 그래픽 요소를 추가하여 브랜드 디자인을 완성합니다.

예제 작업 과정

1

원 만들기

2

사용자 셰이프 도구를 사용해 그래픽 장식하기

3

사용자 셰이프 도구를 사용해 그래픽을 추가 장식하고 원에 마스크 적용하기

4

원형 도구와 문자 도구를 활용하여 텍스트 입력하기

5

텍스트 입력하고 명함에 그래픽 요소 추가 하기

6

명함 뒷면 완성하기

원형 도구 및 사용자 셰이프 도구를 활용하여 브랜드 디자인하기

● **완성 파일** 06\캠핑샵 명함디자인.psd

원형 도구 및 다양한 사용자 셰이프 도구를 활용하여 캠핑샵 명함을 디자인합니다.

1 원과 마스크 기능을 이용해 로고 배경 만들기

01 [File] → New(Ctrl+N)를 실행합니다. 파일 이름을 '캠핑샵 명함디자인', Width를 '90mm', Height를 '50mm', Resolution을 '300 Pixels/Inch', Color Mode를 'RGB Color'로 설정하고 〈Create〉 버튼을 클릭합니다.

02 원형 도구(◯)를 선택하고 Shift를 누른 상태로 드래그하여 정원을 그립니다. 옵션바에서 Fill을 '#066081'로 지정합니다.

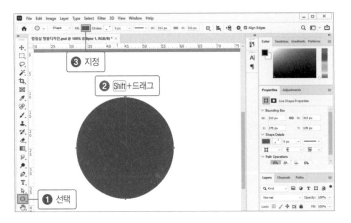

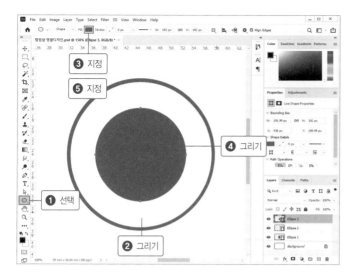

03 원형 도구(◯)를 선택하고 Shift를 누른 상태로 드래그하여 그림과 같이 정원을 2개 그리고 배치합니다. 옵션바에서 Fill을 '#ffffff', '#066081'로 지정합니다.

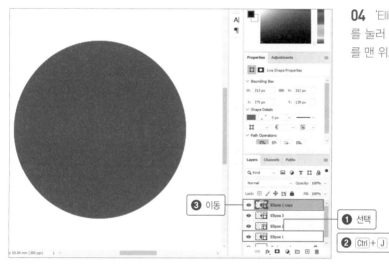

04 'Ellipse 1' 레이어를 선택하고 Ctrl + J 를 눌러 레이어를 복제합니다. 복제한 레이어를 맨 위로 이동합니다.

05 사각형 선택 도구(▦)를 선택하고 그림과 같이 드래그합니다. [Layers] 패널에서 'Add layer mask' 아이콘(◻)을 클릭해서 마스크를 적용합니다.

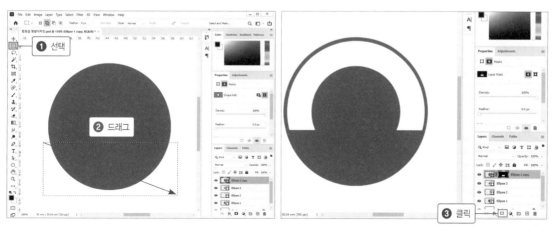

2 셰이프 도구와 문자 도구를 이용해 로고 완성하기

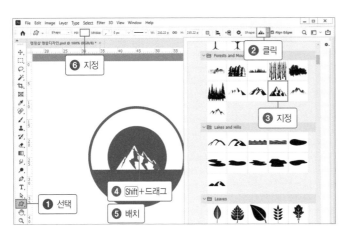

01 사용자 셰이프 도구(⬚.)를 선택하고 옵션바에서 Shape를 'Shape 86'으로 지정한 다음 Shift를 누른 상태로 드래그해서 아이콘을 그리고 그림과 같이 배치합니다. 옵션바에 Fill을 '#ffffff'로 지정합니다.

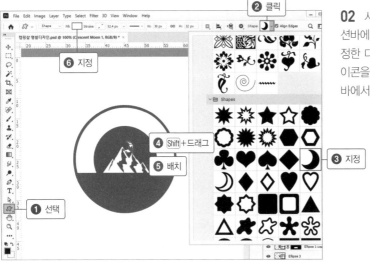

02 사용자 셰이프 도구(⬚.)를 선택하고 옵션바에서 Shape를 'Crescent Moon'으로 지정한 다음 Shift를 누른 상태로 드래그해서 아이콘을 그리고 그림과 같이 배치합니다. 옵션바에서 Fill을 '#ffffff'로 지정합니다.

03 문자 도구(T.)를 선택하고 글꼴을 'Arial', 스타일을 'Black', 크기를 '6.5pt'로 지정한 다음 'Native Forest'를 입력하고 그림과 같이 배치합니다.

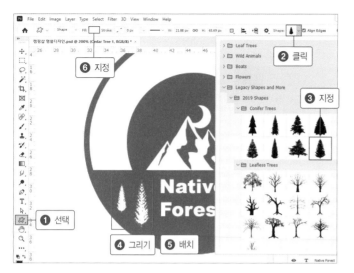

04 사용자 셰이프 도구()를 선택합니다. 옵션바에서 Shape를 'Cedar Tree'로 지정한 다음 Shift 를 누른 상태로 드래그해서 아이콘을 2개 그리고 그림과 같이 배치합니다. 옵션바에서 Fill을 '#ffffff'로 지정합니다.

05 **04**번 과정과 같은 방법으로 나무 모양을 그리고 그림과 같이 배치합니다.

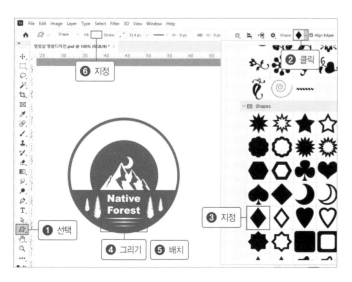

06 사용자 셰이프 도구()를 선택합니다. 옵션바에서 Shape를 'Diamond'로 지정한 다음 드래그해서 아이콘을 3개를 그리고 그림과 같이 배치합니다. 옵션바에서 Fill을 '#ffffff'로 지정합니다.

07 원형 도구(◯.)를 선택하고 Shift를 누른 상태로 드래그하여 정원을 그리고 그림과 같이 배치합니다. 옵션바에서 Stroke를 '#066081', 두께를 '6px'로 지정합니다.

08 Ctrl + J를 눌러 'Ellipse 4' 레이어를 복제하고 크기를 축소합니다.

09 문자 도구(T.)를 선택하고 정원 패스에 마우스 커서를 가져가 커서 아이콘이 변경되면 클릭하여 'CAMPPING'을 입력합니다. 옵션바에서 글꼴을 'Arial', 스타일을 'Black', 크기를 '9.5pt', 색상을 #066081'로 지정합니다. [Layers] 패널에서 'Ellipse 4 copy' 레이어의 '눈' 아이콘(◉)을 클릭해서 레이어를 숨깁니다.

10 사각형 선택 도구(⬚)를 선택하고 그림과 같이 드래그합니다. [Layers] 패널에서 'Add layer mask' 아이콘(◻)을 클릭해서 마스크를 적용합니다.

11 사용자 셰이프 도구(⬠)를 선택하고 옵션바에서 Shape를 'Triangle'로 지정한 다음 드래그해서 아이콘을 여러 개 그리고 그림과 같이 배치합니다. 옵션바에서 Fill을 '#ffffff'로 지정합니다. 삼각형을 그린 레이어를 모두 선택하고 마우스 오른쪽 버튼을 클릭한 다음 **Merge Shapes**를 실행하여 레이어를 합칩니다.

12 11번 과정과 같은 방법으로 삼각형을 그리고 그림과 같이 배치합니다.

3 장식 요소를 추가하고 텍스트 입력하여 명함 앞면 완성하기

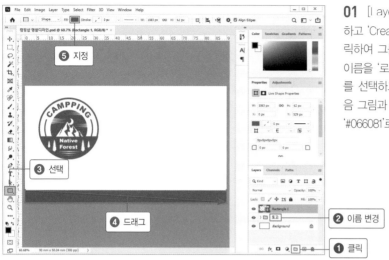

01 [Layers] 패널에서 모든 레이어를 선택하고 'Create a new group' 아이콘(▣)을 클릭하여 그룹으로 지정한 다음 그룹 레이어의 이름을 '로고'로 변경합니다. 사각형 도구(▢)를 선택하고 드래그하여 직사각형을 그린 다음 그림과 같이 배치합니다. 옵션바에서 Fill을 '#066081'로 지정합니다.

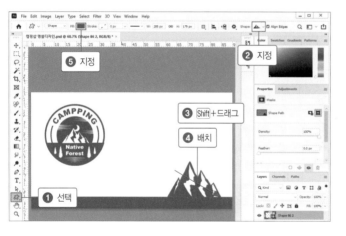

02 사용자 셰이프 도구(⌖)를 선택하고 옵션바에서 Shape를 'Shape 86'으로 지정한 다음 Shift를 누른 상태로 드래그해서 아이콘을 그리고 그림과 같이 배치합니다. 옵션바에서 Fill을 '#066081'로 지정합니다.

03 문자 도구(T.)를 선택하고 '성안당'과 주소를 입력합니다. 옵션바에서 글꼴을 '나눔스퀘어', 스타일을 'Regular', 크기를 '11pt', '8pt', 색상을 '#494949'로 지정하고 '왼쪽 정렬' 아이콘(▤)을 클릭한 다음 그림과 같이 배치합니다. [Layers] 패널에서 모든 레이어를 선택하고 'Create a new group' 아이콘(▣)을 클릭하여 그룹으로 지정한 다음 그룹 레이어의 이름을 '앞면'으로 변경합니다.

4 로고 복사하고 색 반전하여 명함 뒷면 완성하기

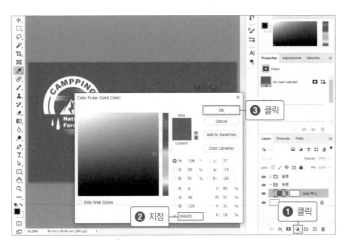

01 [Layers] 패널에서 'Create new fill or adjustment layer' 아이콘( )을 클릭한 다음 **Solid Color**를 실행합니다. [Color Picker] 대화상자가 표시되면 색상을 '#066081'로 지정하고 〈OK〉 버튼을 클릭합니다.

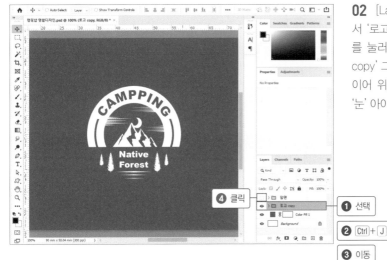

02 [Layers] 패널에서 '앞면' 그룹 레이어에서 '로고' 그룹 레이어를 선택하고 Ctrl + J 를 눌러 레이어를 복제합니다. 복제한 '로고 copy' 그룹 레이어를 Solid Color를 적용한 레이어 위로 이동합니다. '앞면' 그룹 레이어의 '눈' 아이콘( )을 클릭해 레이어를 숨깁니다.

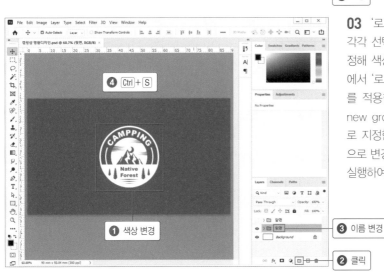

03 '로고 copy' 그룹 레이어에서 레이어를 각각 선택하여 옵션바에서 로고의 색상을 지정해 색상이 반전되게 합니다. [Layers] 패널에서 '로고 copy' 그룹 레이어와 Solid Color를 적용한 레이어를 선택합니다. 'Create a new group' 아이콘( )을 클릭하여 그룹으로 지정한 다음 그룹 레이어의 이름을 '뒷면'으로 변경합니다. **[File] → Save**(Ctrl + S)를 실행하여 완성된 파일을 저장합니다.

커피 스탬프 카드 디자인

•

사용 목적 커피 스탬프 카드 디자인
작업 크기 90 x 50(mm) / 해상도 : 300dpi
실제 크기 90 x 50(mm) / 해상도 : 300dpi
기능 사용 도형과 필터를 활용하여 커피 로고를 만들고 도형으로 그래
픽 요소를 구성하여 스탬프 카드 디자인을 완성합니다.

90mm

50mm

COFFEE STAMP

FREE

예제 작업 과정

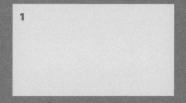

1

배경에 컬러 적용하기

2

로고 형태 만들기

3

로고에 커피 잔 일러스트 만들기

4

로고 그래픽 요소 추가하기

5

도형의 점선을 편집하기

6

원을 그려 스탬프 완성하기

SECTION 03

커피 스탬프 카드 디자인

도형에 필터를 적용하여 스탬프 카드 디자인하기

● **완성 파일** 06\커피스탬프 카드디자인.psd

도형과 필터를 활용하여 커피 잔 일러스트를 완성하고, 정원을 활용하여 커피
스탬프 카드를 디자인합니다.

1 사각형으로 카드 배경 그리기

01 [File] → New(Ctrl+N)를 실행합니다. 파일 이름을 '커피스탬프 카드디자인', Width를 '90mm', Height를 '50mm', Resolution을 '300 Pixels/Inch', Color Mode를 'RGB Color'로 설정하고 〈Create〉 버튼을 클릭합니다.

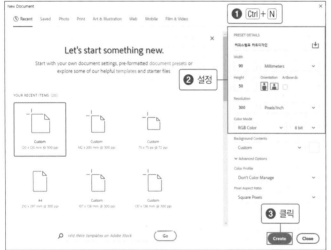

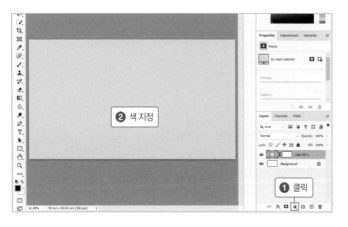

02 [Layers] 패널에서 'Create new fill or adjustment layer' 아이콘(◉)을 클릭한 다음 **Solid Color**를 실행합니다. [Color Picker] 대화상자가 표시되면 색상을 '#efdaba'로 지정합니다.

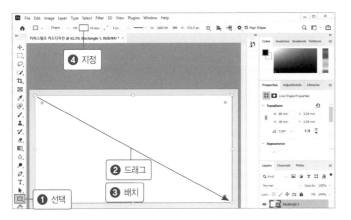

03 사각형 도구(□)를 선택하고 드래그하여 직사각형을 그린 다음 그림과 같이 배치합니다. 옵션바에서 Fill을 '#ffffff'로 지정합니다.

2 로고에 커피 잔 그리기

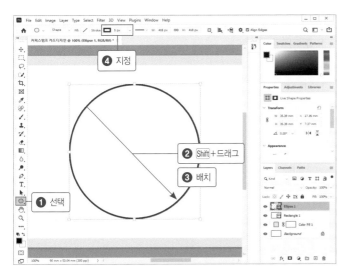

01 원형 도구(○)를 선택하고 Shift를 누른 상태로 드래그하여 정원을 그린 다음 그림과 같이 배치합니다. 옵션바에서 Stroke를 '#483306', 두께를 '5px'로 지정합니다.

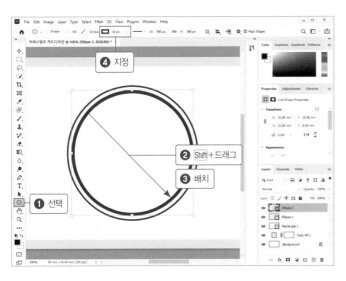

02 원형 도구(○)를 선택하고 Shift를 누른 상태로 드래그하여 정원을 그린 다음 그림과 같이 배치합니다. 옵션바에서 Stroke를 '#483306', 두께를 '10px'로 지정합니다.

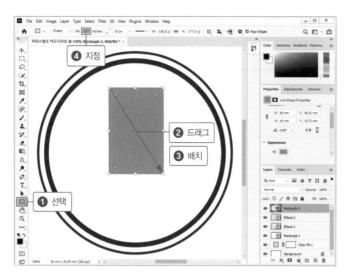

03 사각형 도구(□)를 선택하고 드래그하여 직사각형을 그린 다음 그림과 같이 배치합니다. 옵션바에서 Fill을 '#e79719'로 지정합니다.

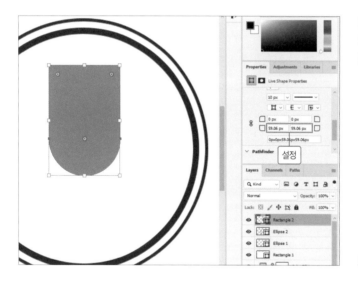

04 [Properties] 패널에서 직사각형의 왼쪽과 오른쪽 하단 coner radius를 설정하여 둥글게 변형합니다.

TIP 직사각형 크기에 따라 coner radius 값이 다릅니다.

05 [Filter] → Distort → Wave를 실행합니다. [Wave] 대화상자가 표시되면 Wavelength에서 Min.을 '1', Max.를 '526', Amplitude에서 Min.을 '1', Max.를 '10'으로 설정하고 〈OK〉 버튼을 클릭합니다.

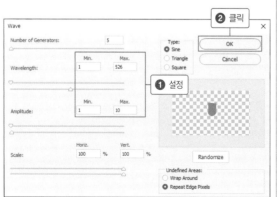

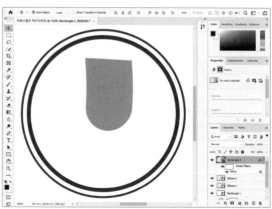

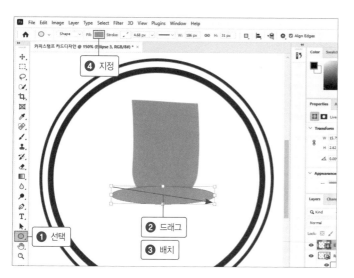

06 원형 도구(○.)를 선택하고 드래그하여 타원을 그린 다음 그림과 같이 배치합니다. 옵션바에서 Fill을 '#e79719'로 지정합니다.

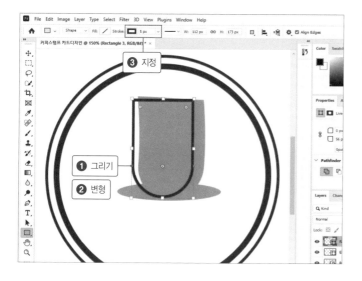

07 **03~04**번 과정과 같은 방법으로 직사각형을 그리고 변형합니다. 옵션바에서 Stroke를 '#483306', 두께를 '5px'로 지정합니다.

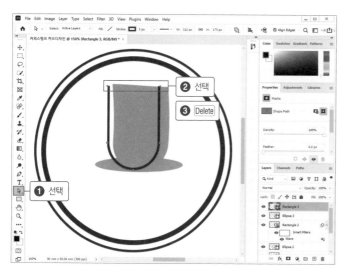

08 직접 선택 도구(▷.)를 선택하고 도형의 상단 조절점을 선택한 다음 Delete를 눌러 삭제합니다.

09 [Filter] → Distort → Twirl을 실행합니다. [Twirl] 대화상자가 표시되면 Angle을 '−7'(각도)'로 설정하고 〈OK〉 버튼을 클릭합니다.

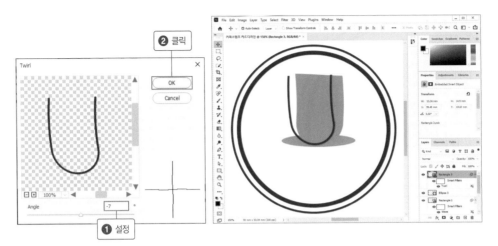

10 원형 도구(◯)를 선택하고 드래그하여 타원을 그린 다음 그림과 같이 배치합니다. 옵션바에서 Stroke를 '#483306', 두께를 '5px'로 지정합니다.

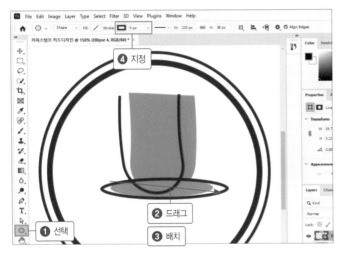

11 원형 도구(◯)를 선택하고 드래그하여 타원을 그린 다음 그림과 같이 배치합니다. 옵션바에서 Stroke를 '#483306', 두께를 '5px'로 지정합니다. [Filter] → Distort → Twirl을 실행합니다. [Twirl] 대화상자가 표시되면 Angle을 '20'(각도)'로 설정하고 〈OK〉 버튼을 클릭합니다.

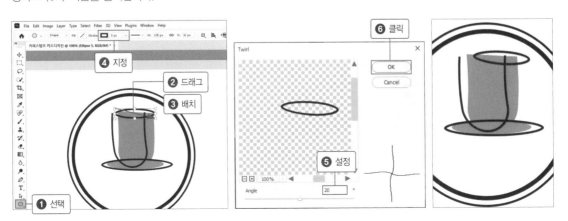

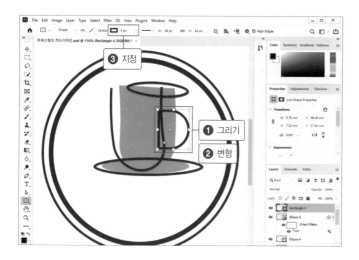

12 03~04번 과정과 같은 방법으로 직사각형 그린 다음 변형합니다. 옵션바에서 Stroke를 '#483306', 두께를 '5px'로 지정합니다.

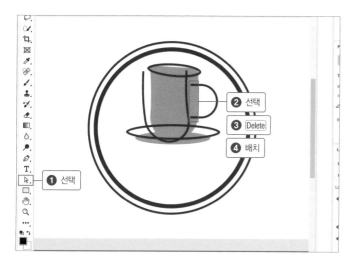

13 직접 선택 도구(▸.)를 선택하고 도형의 왼쪽 조절점을 선택한 다음 Delete 를 눌러 삭제합니다. 그림과 같이 도형을 배치합니다.

3 텍스트 입력하고 사각형을 그려 로고 완성하기

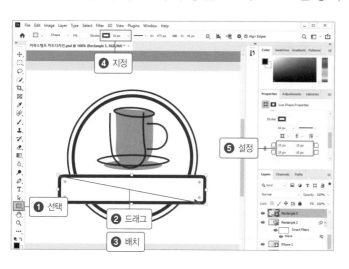

01 사각형 도구(□)를 선택하고 드래그하여 직사각형을 그린 다음 그림과 같이 배치합니다. 옵션바에서 Stroke를 '#483306', 두께를 '10px'로 지정합니다. [Properties] 패널에서 직사각형의 corner radius를 '15px'로 설정하여 둥글게 변형합니다.

02 문자 도구(T.)를 선택하고 'COFFEE'를 입력합니다. 옵션바에서 글꼴을 'Arial', 스타일을 'Black', 크기를 '13pt', 색상을 '#483306'으로 지정한 다음 그림과 같이 배치합니다.

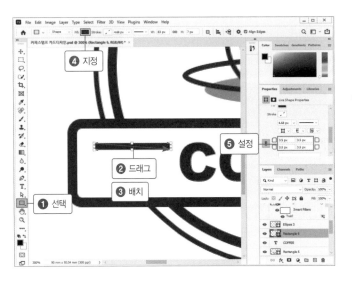

03 사각형 도구(□)를 선택하고 드래그하여 직사각형을 그린 다음 그림과 같이 배치합니다. 옵션바에서 Fill을 '#483306'으로 지정합니다. [Properties] 패널에서 직사각형의 corner radius를 설정하여 둥글게 변형합니다.

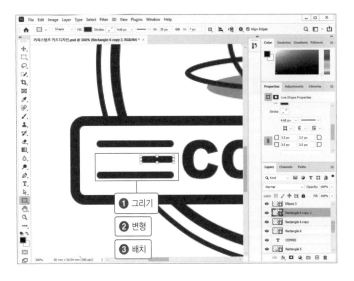

04 03번 과정과 같은 방법으로 직사각형을 그린 다음 변형하고 그림과 같이 배치합니다.

05 [Layers] 패널에서 둥근 직사각형 3개를 그린 레이어를 모두 선택하고 Ctrl+J를 눌러 레이어를 복제한 다음 그림과 같이 배치합니다.

06 [Layers] 패널에서 'Color Fill 1' 레이어를 제외한 레이어를 모두 선택합니다. 'Create a new group' 아이콘(🗀)을 클릭하여 그룹으로 지정한 다음 그룹 레이어의 이름을 '앞면'으로 변경합니다.

4 스탬프 카드 뒷면 만들기

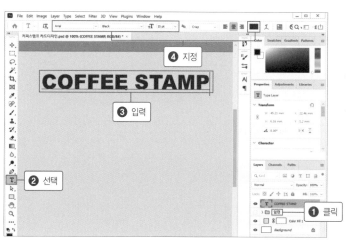

01 [Layers] 패널에서 '앞면' 그룹 레이어의 '눈' 아이콘(👁)을 클릭하여 레이어를 숨깁니다. 문자 도구(T.)를 선택하고 'COFFEE STAMP'를 입력합니다. 옵션바에서 글꼴을 'Arial', 스타일을 'Black', 크기를 '15pt', 색상을 '#483306'으로 지정합니다.

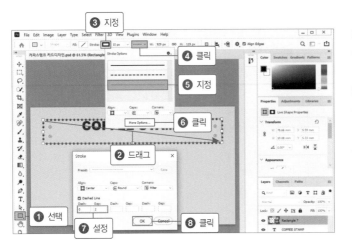

02 사각형 도구(□)를 선택하고 드래그하여 그림과 같이 직사각형을 그립니다. 옵션바에서 Stroke를 '#483306', 두께를 '10px', Stroke Options를 '원 점선'으로 지정하고 〈More Options〉 버튼을 클릭합니다. [Stroke] 대화상자가 표시되면 Dash를 '0', Gap을 '2'로 설정하고 〈OK〉 버튼을 클릭합니다.

03 직접 선택 도구(▷)를 선택하고 왼쪽과 오른쪽 상단의 조절점을 선택한 다음 Delete를 눌러 삭제합니다.

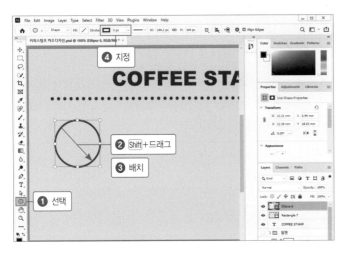

04 원형 도구(○)를 선택하고 Shift를 누른 상태로 드래그하여 정원을 그린 다음 그림과 같이 배치합니다. 옵션바에서 Stroke를 '#483306', 두께를 '5px'로 지정합니다.

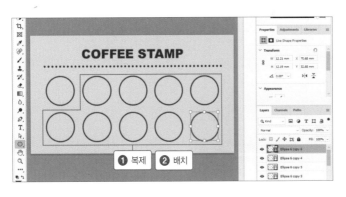

05 Ctrl+J를 눌러 정원을 복제한 다음 그림과 같이 배치합니다.

06 마지막에 위치한 정원을 선택하고 [Filter] → Distort → Twirl을 실행합니다. [Twirl] 대화상자가 표시되면 Angle을 '−45°'로 설정하고 〈OK〉 버튼을 클릭합니다.

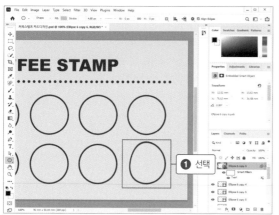
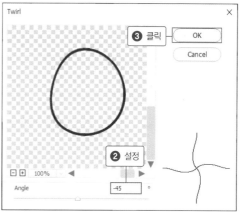

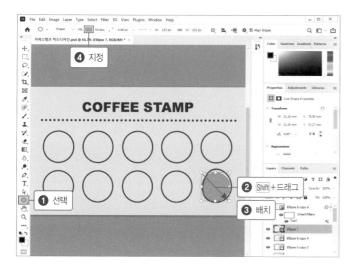

07 원형 도구(◯)를 선택하고 Shift를 누른 상태로 드래그하여 정원을 그린 다음 그림과 같이 배치합니다. 옵션바에서 Fill을 '#e79719'로 지정합니다.

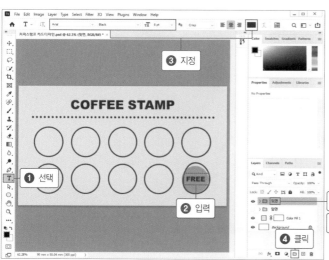

08 문자 도구(T.)를 선택하고 'FREE'를 입력합니다. 옵션바에서 글꼴을 'Arial', 스타일을 'Black', 크기를 '8pt', 색상을 '#483306'으로 지정합니다. '앞면' 그룹 레이어와 'Color Fill 1' 레이어를 제외한 모든 레이어를 선택하고 'Create a new group' 아이콘(▢)을 클릭하여 그룹으로 지정한 다음 그룹 레이어의 이름을 '뒷면'으로 변경합니다. [File] → Save(Ctrl +S)를 실행하여 완성된 파일을 저장합니다.

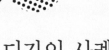

디자인 사례

기업의 명함 디자인을 할 때는 기업의 특징을 나타낼 수 있는 그래픽 요소가 들어가는 것이 좋습니다. 사원증 디자인은 기업의 컬러를 활용하여 아이덴티티를 유지하면 일관적인 이미지를 전달할 수 있습니다.

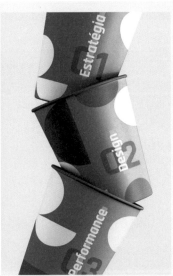

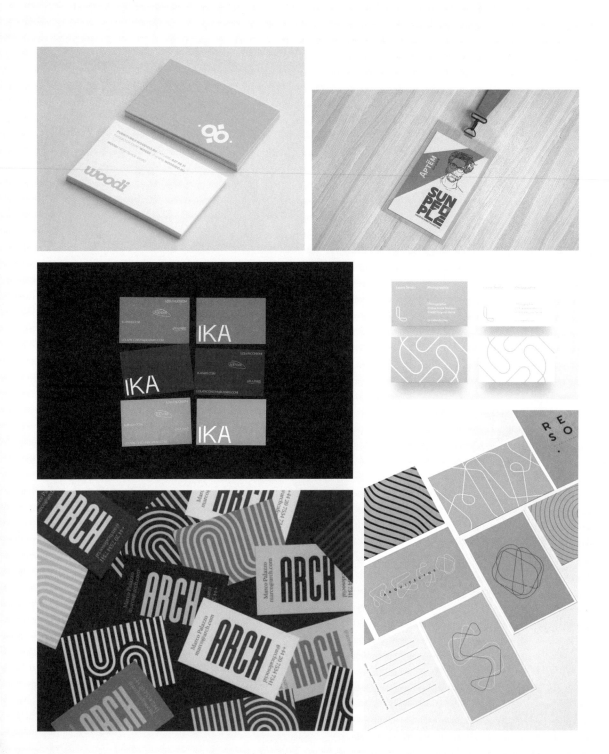

한눈에
들어오는
초대장 디자인

포토샵으로 이미지를 보정하여 로맨틱한 분위기로 변형
하고, 도형의 활용. 블렌딩 모드를 통한 컬러 조정을 통하
여 초대장 디자인을 구성합니다.

결혼식 청첩장 디자인

결혼식 청첩장 디자인

사용 목적   결혼식 청첩장 디자인
작업 크기   100 x 150(mm) / 해상도 : 200dpi
실제 크기   100 x 150(mm) / 해상도 : 300dpi
기능 사용   이미지를 보정하고 사용자 셰이프 도구를 사용하여 프레임
을 만듭니다. 사용자 셰이프 도구의 장식 도형을 활용하여 그래픽 효과
를 적용하고 원에 Twirl 필터를 적용하여 청첩장 디자인을 완성합니다.

예제 작업 과정

1
이미지 가져오기

2
사용자 셰이프 도구를 사용해
프레임 만들기

3
프레임을 변형하고 하단에 컬러
적용하기

4
텍스트를 입력하고 그래픽 장
식하기

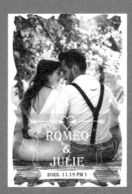

5
사용자 셰이프 도구로 그래픽
효과 적용하기

6
원에 Twirl 필터를 적용하기

프레임을 사용한 로맨틱한 청첩장 디자인하기

● **예제 파일** 07\웨딩 사진.jpg, decorative-twings.abr | ● **완성 파일** 07\청첩장디자인.psd

이미지를 보정하여 로맨틱한 분위기를 연출하고, 사용자 셰이프 도구를 활용하여
결혼식 청첩장을 디자인합니다.

1 배경 이미지 보정하기

01 [File] → New(Ctrl+N)를 실행합니다. 파일 이름을 '청첩장디자인', Width를 '100mm', Height를 '150mm', Resolution
을 '200 Pixels/Inch', Color Mode를 'RGB Color'로 설정하고 〈Create〉 버튼을 클릭합니다.

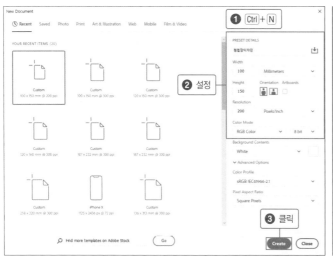

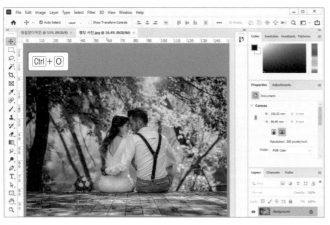

02 [File] → Open(Ctrl+O)을 실행하고 07
폴더에서 '웨딩 사진.jpg' 파일을 불러옵니다.

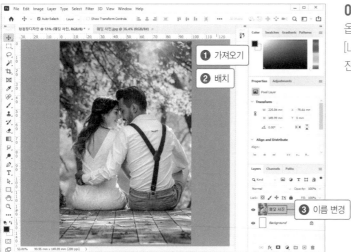

03 불러온 이미지를 기존 작업창으로 가져옵니다. 이미지를 캔버스에 맞게 배치한 다음 [Layers] 패널에서 레이어의 이름을 '웨딩 사진'으로 변경합니다.

04 [Adjustments] 패널에서 'Photo Filter' 아이콘(📷)을 클릭하고 [Properties] 패널에서 Filter를 'Sepia', Density를 '60%'로 설정합니다.

05 [Adjustments] 패널에서 'Levels' 아이콘(📊)을 클릭하고 [Properties] 패널에서 왼쪽부터 '34', '0.86', '206'으로 설정합니다.

2 셰이프 도구로 프레임 만들기

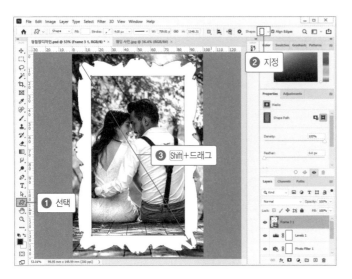

01 사용자 셰이프 도구(🖌️)를 선택하고 옵션바에서 Shape를 'Frame 3'으로 지정한 다음 Shift 를 누른 상태로 드래그해서 그림과 같이 아이콘을 그립니다.

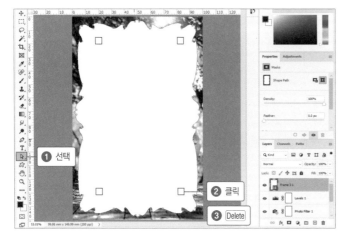

02 직접 선택 도구(▶)를 선택하고 프레임 안쪽 4개의 조절점을 클릭한 다음 Delete 를 눌러 삭제합니다.

03 [Layers] 패널에서 'Frame 3 1' 레이어의 섬네일에 Ctrl 을 누른 상태로 클릭하여 선택 영역으로 지정합니다. Ctrl + Shift + I 를 눌러 반전하고 'Frame 3 1' 레이어의 '눈' 아이콘(👁️)을 클릭해 레이어를 숨깁니다. 'Create a new layer' 아이콘(🗔)을 클릭해 새로운 레이어를 만들고 레이어의 이름을 '흰색 프레임'으로 변경합니다.

04 [Edit] → Fill을 실행합니다. [Fill] 대화상자가 표시되면 Contents를 'White'로 지정하고 〈OK〉 버튼을 클릭합니다. Ctrl+D를 눌러 선택 영역을 해제합니다.

3 문자와 셰이프 도구로 배경 꾸미기

01 사각형 도구(□)를 선택하고 드래그하여 그림과 같이 직사각형을 그리고 옵션바에서 Fill을 '#f2ea99'로 지정합니다. [Layers] 패널에서 블렌딩 모드를 'Multiply'로 지정합니다.

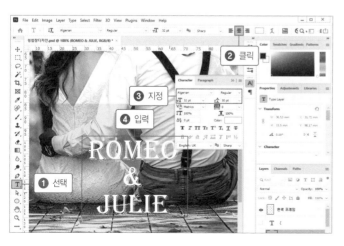

02 문자 도구(T.)를 선택하고 옵션바에서 'Center text' 아이콘(▤)을 클릭해 가운데 정렬합니다. [Character] 패널에서 글꼴을 'Algerian', 크기를 '32pt', 행간을 '30pt'로 지정합니다. 청첩장 가운데 하단에 'ROMEO & JULIE'를 입력합니다.

03 문자 도구(T.)를 선택합니다. 옵션바에서 글꼴을 'Perpetua Titling MT', 스타일을 'Bold', 크기를 '100pt'로 지정하고 '{'를 입력한 다음 그림과 같이 배치합니다.

04 [Layers] 패널에서 '{' 레이어의 섬네일에 Ctrl을 누른 상태로 클릭하여 선택 영역으로 지정합니다. '{' 레이어의 '눈' 아이콘(👁)을 클릭해 레이어를 숨깁니다. 'Create a new layer' 아이콘(⊡)을 클릭해 새로운 레이어를 만들고 레이어의 이름을 '괄호'로 변경합니다.

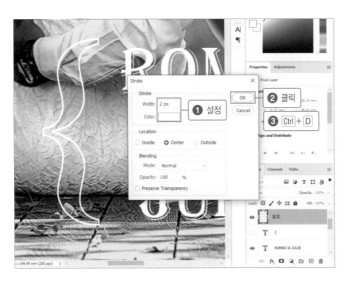

05 [Edit] → **Stroke**를 실행합니다. [Stroke] 대화상자가 표시되면 Width를 '2px', Color를 '#ffffff'로 지정한 다음 〈OK〉 버튼을 클릭합니다. Ctrl+D를 눌러 선택 영역을 해제합니다.

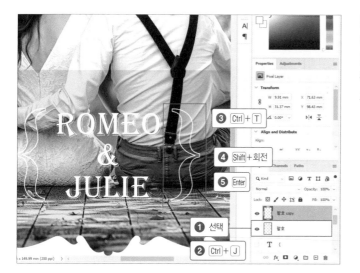

06 [Layers] 패널에서 '괄호' 레이어를 선택하고 Ctrl+J를 눌러 레이어를 복제합니다. Ctrl+T를 누르고 Shift를 누른 상태로 오른쪽으로 180° 회전한 다음 그림과 같이 배치하고 Enter를 누릅니다.

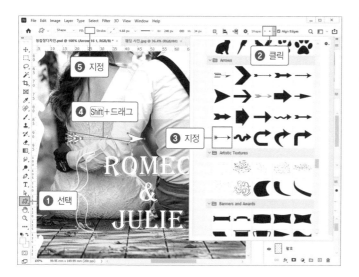

07 사용자 셰이프 도구(￼)를 선택하고 옵션바에서 Shape를 'Arrow 16'으로 지정한 다음 Shift를 누른 상태로 드래그해서 아이콘을 그립니다. 옵션바에서 Fill을 '#ffffff'로 지정합니다.

08 [Filter] → Distort → Twirl을 실행합니다. [Twirl] 대화상자가 표시되면 Angle을 '9°'로 설정한 다음 〈OK〉 버튼을 클릭합니다.

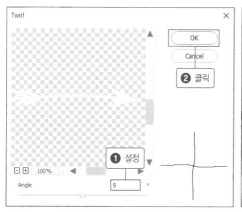

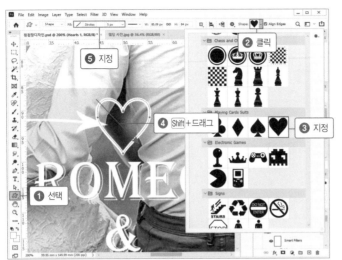

09 사용자 셰이프 도구(☐.)를 선택하고 옵션바에서 Shape를 'Heart'로 지정한 다음 Shift를 누른 상태로 드래그해서 아이콘을 그립니다. 옵션바에서 Fill을 'No color', Stroke를 '#ffffff', 두께를 '5px'로 지정합니다.

10 [Layers] 패널에서 'Arrow 16 1' 레이어를 선택하고 Ctrl+J를 눌러 레이어를 복제합니다. [Edit] → Transform → Flip Horizontal을 실행한 다음 그림과 같이 배치합니다.

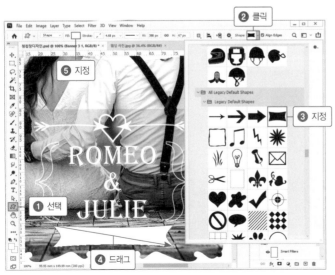

11 사용자 셰이프 도구(☐.)를 선택하고 옵션바에서 Shape를 'Banner 3'으로 지정한 다음 드래그해서 아이콘을 그립니다. 옵션바에서 Fill을 '#ffffff'로 지정합니다.

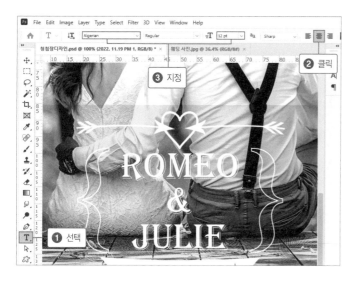

12 문자 도구(T.)를 선택하고 옵션바에서 'Center Text' 아이콘(畺)을 클릭한 다음 글꼴을 'Algerian', 크기를 '12pt'로 지정합니다.

13 그림과 같이 '2022. 11.19 PM 1'을 입력한 다음 배치합니다.

4 도형에 필터 적용하고 브러시로 꾸미기

01 원형 도구(○.)를 선택하고 드래그하여 원을 그립니다. 옵션바에서 Stroke를 '#ffffff', 두께를 '5px'로 지정합니다.

02 [Filter] → Distort → Twirl을 실행합니다. [Twirl] 대화상자가 표시되면 Angle을 '−20°'로 설정한 다음 〈OK〉 버튼을 클릭합니다.

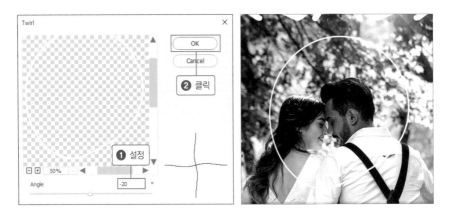

03 01~02번 과정과 같은 방법으로 원을 그리고 Twirl에서 Angle을 '10°'로 설정한 다음 〈OK〉 버튼을 클릭합니다.

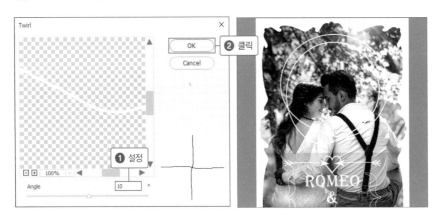

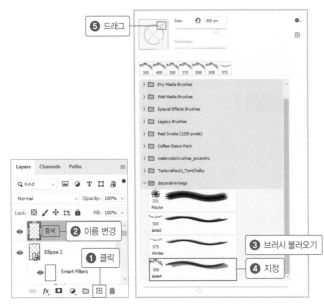

04 [Layers] 패널에서 'Create a new layer' 아이콘(⊞)을 클릭해 새로운 레이어를 만들고 레이어의 이름을 '장식'으로 변경합니다. 브러시 도구(✎)를 선택하고 07 폴더에서 'decorative–twigs' 브러시를 불러옵니다. 브러시를 'aste4'로 지정한 다음 브러시를 회전합니다.

05 브러시를 적용하여 그림과 같이 장식하고 배치합니다.

06 [Layers] 패널에서 '장식' 레이어를 선택하고 Ctrl+J를 눌러 레이어를 복제합니다. [Edit] → Transform → Flip Horizontal을 실행합니다. Ctrl+T를 눌러 크기를 조절하고 그림과 같이 배치합니다. [File] → Save(Ctrl +S)를 실행하여 완성된 파일을 저장합니다.

BLINK 212 공연 초대장 디자인

348mm
171mm

●

사용 목적 BLINK 212 공연 초대장 디자인

작업 크기 348 x 171(mm) / 해상도 : 300dpi

실제 크기 116 x 57(mm) / 해상도 : 300dpi

기능 사용 이미지에 그러데이션과 블렌딩 모드를 적용하여 편집 및 보
정을 합니다. 세이프를 변형하고 그래픽 요소를 추가하여 공연 초대장
디자인을 완성합니다.

예제 작업 과정

1
배경 이미지 가져오기

2
배경 이미지 보정하기

3
배경 이미지 복사하고 편집하기

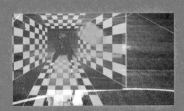

4
사용자 세이프 도구로 그래픽 요소 만들기

5
도형과 필터를 활용하여 그래픽 요소 만들기

6
텍스트 입력하고 변형하기

SECTION 02
BLINK 212 공연 초대장 디자인

그러데이션으로 이미지를 편집하여 BLINK 212
공연 초대장 디자인하기

🌼 **예제 파일** 07\BLINK 212.jpg | 🌼 **완성 파일** 07\BLINK 212 공연 초대장디자인.psd

그러데이션과 블렌딩 모드를 활용하여 이미지를 편집하고 시선을 사로잡는 컬러를
사용하여 BLINK 212 공연 초대장을 디자인합니다.

1 이미지에 다양한 효과와 마스크 적용하기

01 [File] → New(Ctrl + N)를 실행합니다. 파일 이름을 'BLINK 212 공연 초대장디자인', Width를 '348mm', Height를 '171mm', Resolution을 '300 Pixels/Inch', Color Mode를 'RGB Color'로 설정하고 〈Create〉 버튼을 클릭합니다.

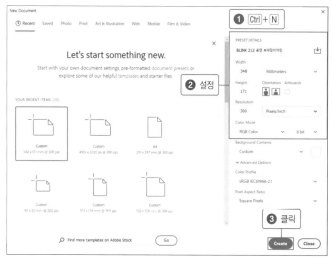

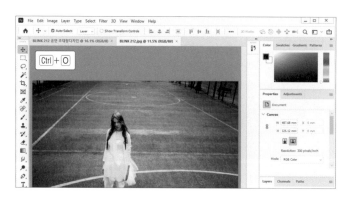

02 [File] → Open(Ctrl + O)을 실행하고 07 폴더에서 'BLINK 212.jpg' 파일을 불러옵니다.

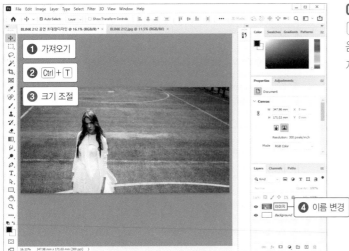

03 이미지를 기존 작업창으로 가져옵니다. Ctrl+T를 누르고 이미지 크기를 조절한 다음 [Layers] 패널에서 레이어의 이름을 '이미지'로 변경합니다.

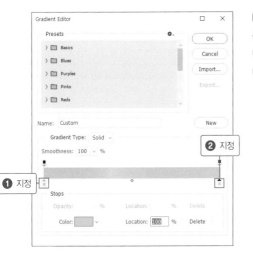

04 [Layers] 패널에서 'Create new fill or adjustment layer' 아이콘(◉)을 클릭한 다음 **Gradient**를 실행합니다. [Gradient Fill] 대화상자가 표시되면 Gradient 스펙트럼을 클릭합니다. [Gradient Editor] 대화상자가 표시되면 왼쪽 색상을 '#12c802', 오른쪽 색상을 '#33ffcc'로 지정합니다.

05 Gradient 스펙트럼을 클릭하여 '#e95656', '#a212e6', '#0557de' 색상을 추가한 다음 〈OK〉 버튼을 클릭합니다.

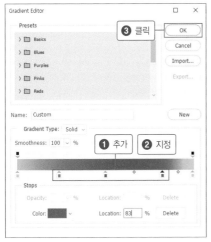

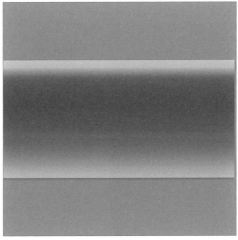

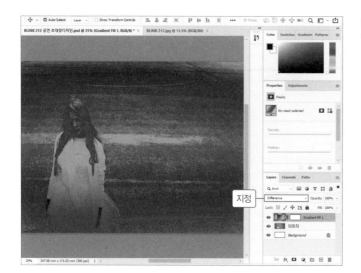

06 [Layers] 패널에서 블렌딩 모드를 'Difference'로 지정합니다.

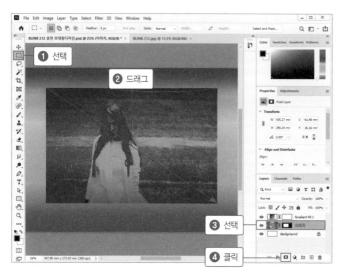

07 사각형 선택 도구(▱)를 선택하고 드 래그하여 그림과 같이 직사각형을 그립니다. [Layers] 패널에서 '이미지' 레이어를 선택하 고 'Add layer mask' 아이콘(◉)을 클릭해서 마스크를 적용합니다.

08 'BLINK 212' 작업창을 클릭한 다음 [Image] → Mode → Grayscale을 실행합니다.

09 Ctrl + L 을 눌러 [Levels] 대화상자가 표시되면 Input Levels를 왼쪽부터 '16', '0.7', '221'로 설정하고 〈OK〉버튼을 클릭합니다.

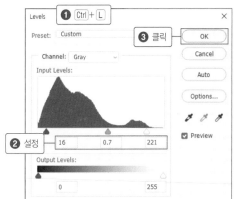

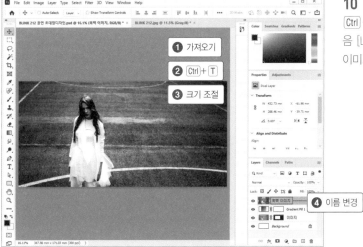

10 이미지를 기존 작업창으로 가져옵니다. Ctrl + T 를 누르고 이미지 크기를 조절한 다음 [Layers] 패널에서 레이어의 이름을 '흑백 이미지'로 변경합니다.

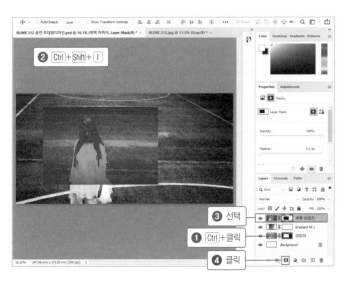

11 [Layers] 패널에서 '이미지' 레이어의 마스크 섬네일 부분에 Ctrl 을 누른 상태로 클릭합니다. 레이어의 이미지 부분만 선택 영역으로 지정됩니다. Ctrl + Shift + I 를 눌러 선택 영역을 반전한 다음 '흑백 이미지' 레이어를 선택하고 'Add layer mask' 아이콘(◻)을 클릭해서 마스크를 적용합니다.

2 셰이프를 그리고 변형하기

01 사용자 셰이프 도구(⬚)를 선택하고 옵션바에서 Shape를 'Checkerboard 2'로 지정한 다음 Shift 를 누른 상태로 드래 그해서 그립니다. 옵션바에서 Fill을 '#3efad4'로 지정합니다.

 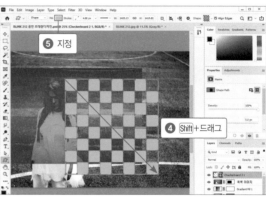

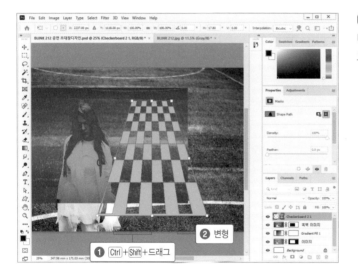

02 [Edit] → Transform → Skew를 실행합니다. Ctrl + Shift 를 누른 상태로 드래그해서 그림과 같이 변형합니다.

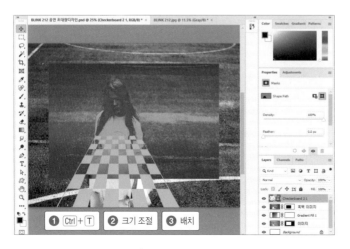

03 Ctrl + T 를 눌러 그림과 같이 축소하고 배치합니다.

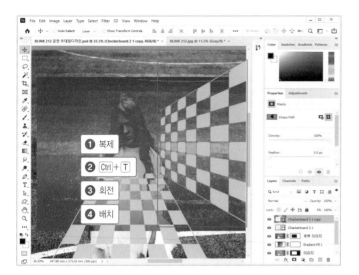

04 [Layers] 패널에서 'Checkerboard 2 1' 레이어를 선택하고 Ctrl + J를 눌러 레이어를 복제합니다. Ctrl + T를 눌러 그림과 같이 회전하고 배치합니다.

1 복제
2 Ctrl + T
3 회전
4 배치

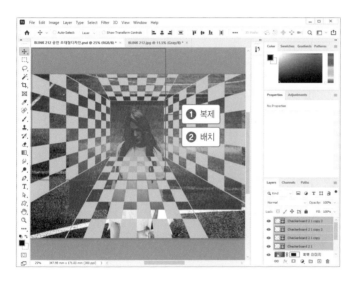

05 **04**번 과정과 같은 방법으로 'Checkerboard 2 1' 레이어를 복제하고 그림과 같이 배치합니다.

1 복제
2 배치

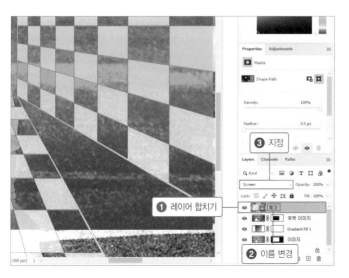

06 [Layers] 패널에서 복제한 4개의 레이어를 모두 선택하고 마우스 오른쪽 버튼을 클릭하여 **Merge Shapes**를 실행합니다. 레이어의 이름을 '체크'로 변경하고 블렌딩 모드를 'Screen'으로 지정합니다.

3 지정
1 레이어 합치기
2 이름 변경

3 도형에 블렌딩 모드와 모션 블러 효과 적용하기

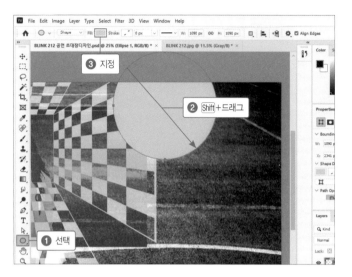

01 원형 도구(◯.)를 선택하고 Shift 를 눌러 드래그하여 정원을 그린 다음 옵션바에서 Fill을 '#ffd408'로 지정합니다.

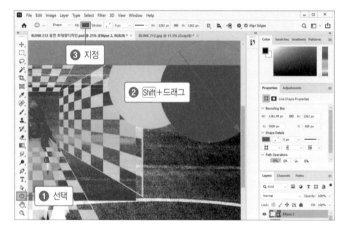

02 원형 도구(◯.)를 선택하고 Shift 를 눌러 드래그하여 정원을 그린 다음 옵션바에서 Fill을 '#a705a6'으로 지정합니다.

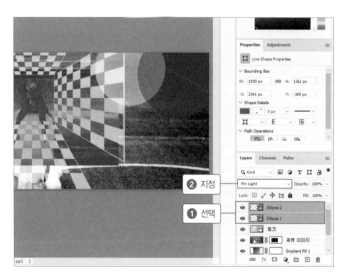

03 [Layers] 패널에서 2개의 정원을 그린 레이어를 선택하고 블렌딩 모드를 'Pin Light'로 지정합니다.

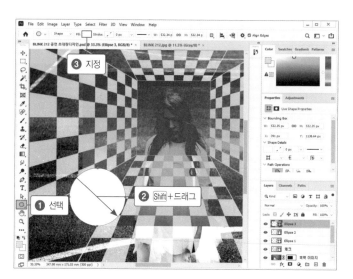

04 원형 도구(◯.)를 선택하고 Shift를 눌러 드래그하여 정원을 그린 다음 옵션바에서 Fill 을 '#ffffff'로 지정합니다.

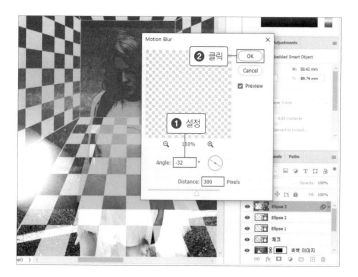

05 [Filter] → Blur → Motion Blur를 실행 합니다. [Motion Blur] 대화상자가 표시되면 Angle을 '−32°', Distance를 '300 Pixels'로 설 정하고 〈OK〉 버튼을 클릭합니다.

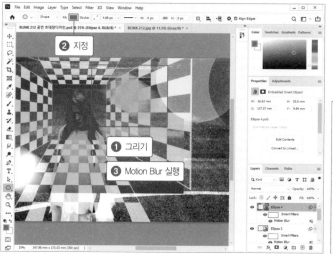

06 04~05번 과정과 같은 방법으로 '#06ff00' 색상의 원을 그립니다. [Filter] → Blur → Motion Blur를 실행합니다. [Motion Blur] 대화 상자가 표시되면 Distance를 '400 Pixels'로 설 정하고 〈OK〉 버튼을 클릭합니다.

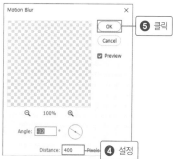

4 문자를 입력하고 변형하기

01 문자 도구([T.])를 선택하고 'BLINK 212'를 입력합니다. 옵션바에서 글꼴을 'Arial', 스타일을 'Bold', 색상을 '#ffffff'로 지정하고 그림과 같이 배치합니다. [Layers] 패널에서 'BLINK 212' 레이어를 선택하고 마우스 오른쪽 버튼을 클릭한 다음 **Rasterize Type**을 실행합니다.

02 사각형 선택 도구([□])를 선택하고 드래그하여 그림과 같이 직사각형을 그립니다. [**Edit**] → Transform → Skew를 실행한 다음 그림과 같이 변형합니다.

03 [Edit] → Fill을 실행합니다. [Fill] 대화상자가 표시되면 Contents를 'Color'로 지정합니다. [Color Picker] 대화상자가 표시되면 색상을 '#e0e0dc'로 지정하고 〈OK〉 버튼을 클릭합니다. [Ctrl]+[D]를 눌러 선택 영역을 해제합니다.

5 사각형으로 장식 요소 만들기

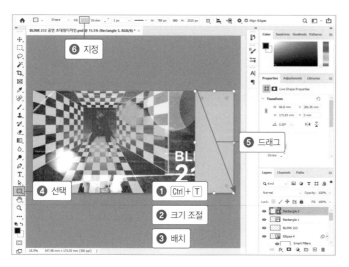

01 Ctrl+T를 눌러 'BLINK 212' 레이어를 축소하고 배치합니다. 사각형 도구(□)를 선택하고 드래그하여 그림과 같이 그린 다음 배치합니다. 옵션바에서 Fill을 '#3efad4'로 지정합니다.

02 [Edit] → Transform → Skew를 실행한 다음 그림과 같이 변형합니다. [Layers] 패널에서 블렌딩 모드를 'Hard Mix'로 지정합니다.

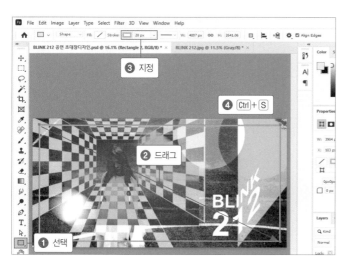

03 사각형 도구(□)를 선택하고 드래그하여 그림과 같이 직사각형을 그린 다음 옵션바에서 Stroke를 '#06ff00', 두께를 '20px'로 지정합니다. [File] → Save(Ctrl+S)를 실행하여 완성된 파일을 저장합니다.

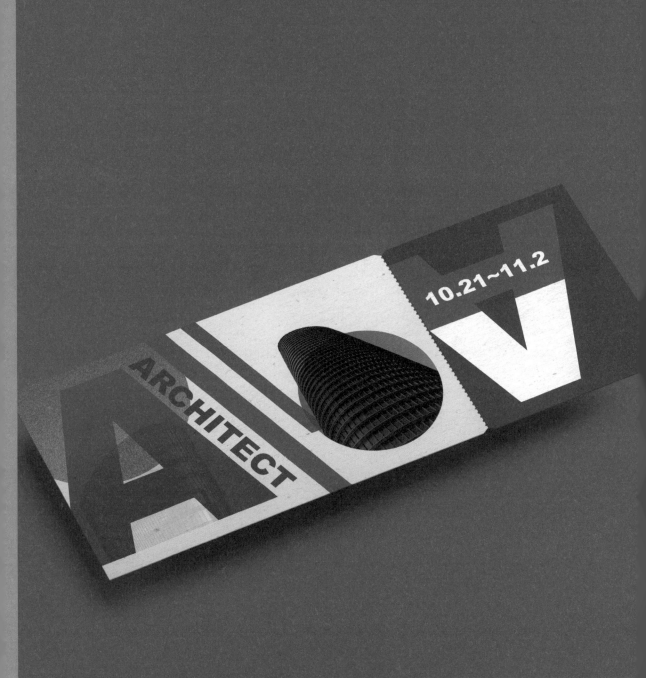

ARCHITECT 전시회 초대장 디자인

●

338mm

129mm

사용 목적 ARCHITECT 전시회 초대장 디자인

작업 크기 338 x 129(mm) / 해상도 : 300dpi

실제 크기 123 x 43(mm) / 해상도 : 300dpi

기능 사용 도형과 필터를 활용하여 그래픽 요소를 만들고 이미지를 재
구성하여 편집합니다. 도형과 텍스트를 변형하여 전시회 초대장 디자
인을 완성합니다.

예제 작업 과정

1

배경에 그러데이션 적용하기

2

필터를 활용해 그래픽 요소 만들기

3

블렌딩 모드를 활용해 이미지 적용하기

4

도형을 편집하고 텍스트 입력하기

5

이미지에 마스크 및 블렌딩 모드 적용하기

6

텍스트 입력하고 회전하기

SECTION 03
ARCHITECT 전시회 초대장 디자인

블렌딩 모드와 필터를 활용하여 초대장 디자인하기

⊙ **예제 파일** 07\건물1.jpg, 건물2.jpg | ⊙ **완성 파일** 07\ARCHITECT 전시회 초대장디자인.psd

노이즈 필터를 사용하여 그래픽에 질감을 표현하고, 이미지에 블렌딩 모드 및
마스크를 적용하여 ARCHITECT 전시회 초대장을 디자인합니다.

1 도형과 문자에 그러데이션과 필터 적용하기

01 [File] → New(Ctrl + N)를 실행합니다. 파일 이름을 'ARCHITECT 전시회 초대장디자인', Width를 '338mm', Height를 '129mm', Resolution을 '300 Pixels/Inch', Color Mode를 'RGB Color'로 설정하고 〈Create〉 버튼을 클릭합니다.

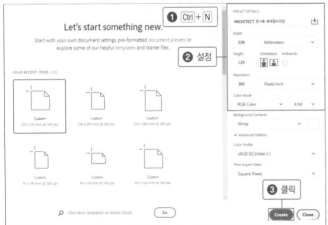

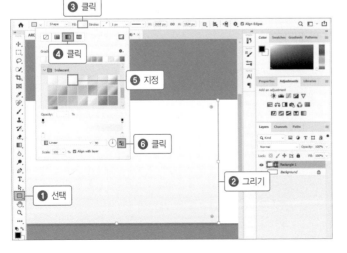

02 사각형 도구(⬜)를 선택하고 그림과 같이 직사각형을 그립니다. 옵션바에서 Fill을 'Gradient', 'Iridescent_03'으로 지정하고 'Reverse the gradient colors' 아이콘(🔳)을 클릭합니다.

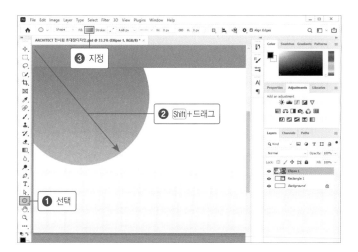

03 원형 도구(◯.)를 선택하고 Shift를 누른 상태로 드래그하여 정원을 그린 다음 옵션바에서 Fill을 'Gradient', 'Blue_21'로 지정합니다.

04 [Filter] → Noise → Add Noise를 실행합니다. [Add Noise] 대화상자가 표시되면 Amount를 '40%'로 설정하고 〈OK〉 버튼을 클릭합니다.

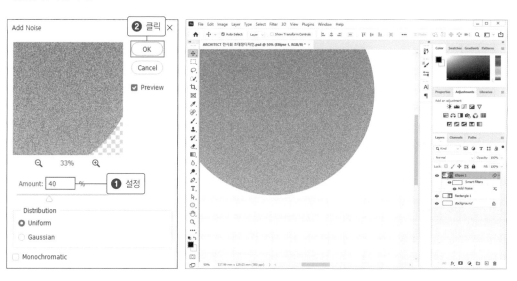

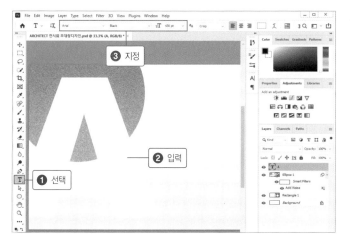

05 문자 도구(T.)를 선택하고 'A'를 입력합니다. 옵션바에서 글꼴을 'Arial', 스타일을 'Black', 크기를 '430pt'로 지정합니다.

06 [Layers] 패널에서 'A' 레이어의 섬네일에 Ctrl을 누른 상태로 클릭합니다. 'Create new fill or adjustment layer' 아이콘(◙)을 클릭하고 **Gradient**를 실행합니다. [Gradient Fill] 대화상자가 표시되면 Gradient 스펙트럼을 클릭합니다. [Gradient Editor] 대화상자가 표시되면 'Blue_24'로 지정한 다음 〈OK〉 버튼을 클릭합니다. 'A' 레이어의 '눈' 이이콘(◉)을 클릭해 레이어를 숨깁니다.

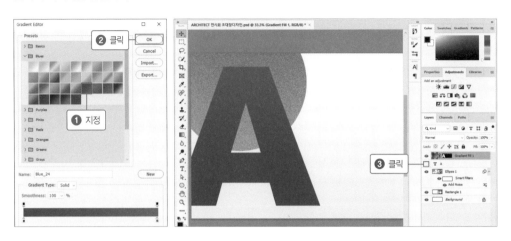

2 건물 이미지에 블렌딩 모드 적용하기

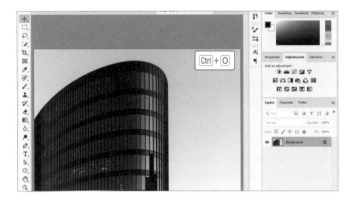

01 [File] → Open(Ctrl+O)을 실행하고 07 폴더에서 '건물1.jpg' 파일을 불러옵니다.

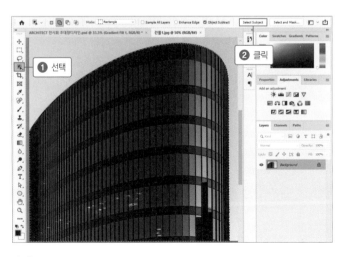

02 개체 선택 도구(▦)를 선택하고 옵션바에서 〈Select Subject〉 버튼을 클릭하여 건물 이미지만 선택 영역으로 지정합니다.

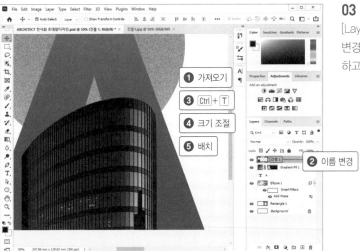

03 이미지를 기존 작업창으로 가져옵니다. [Layers] 패널에서 레이어의 이름을 '건물 1'로 변경합니다. Ctrl+T를 눌러 이미지를 축소하고 그림과 같이 배치합니다.

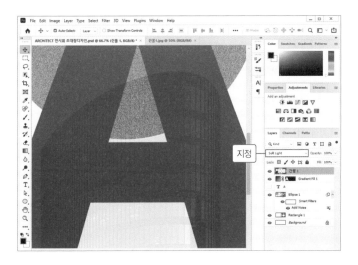

04 [Layers] 패널에서 블렌딩 모드를 'Soft Light'로 지정합니다.

3 패스에 문자 입력하고 도형 변형하기

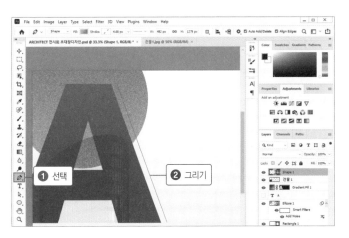

01 펜 도구( )를 선택하고 A 문자에 맞춰서 그림과 같이 대각선을 그립니다.

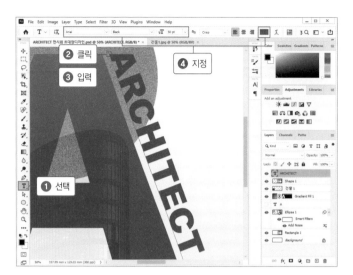

02 문자 도구(T.)를 선택하고 대각선 패스에 마우스 커서를 가져가 커서의 아이콘이 변경되면 클릭하여 'ARCHITECT'를 입력합니다. 옵션바에서 글꼴을 'Arial', 스타일을 'Black', 크기를 '50pt', 색상을 '#6718cd'로 지정합니다.

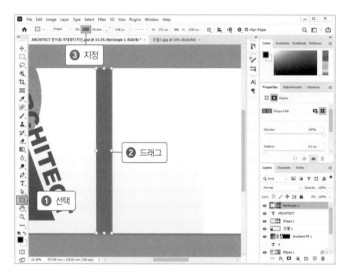

03 사각형 도구(口)를 선택하고 그림과 같이 드래그하여 직사각형을 그립니다. 옵션바에서 Fill을 '#2871fa'로 지정합니다.

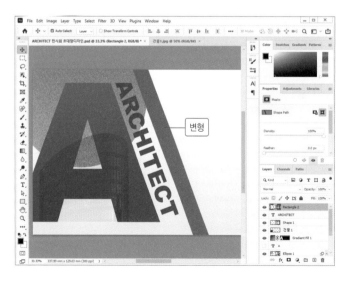

04 [Edit] → Transform Path → Skew를 실행합니다. 상단 조절점을 왼쪽으로 드래그하여 그림과 같이 변형합니다.

4 선택 영역을 추가로 지정하여 마스크 적용하기

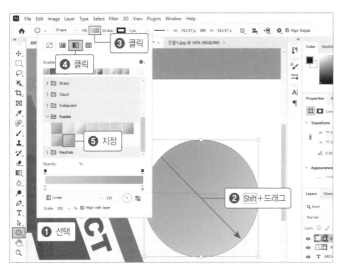

01 원형 도구(◯)를 선택하고 Shift를 누른 상태로 드래그하여 정원을 그립니다. 옵션바에서 Fill을 'Gradient', 'Pastels_09'로 지정합니다.

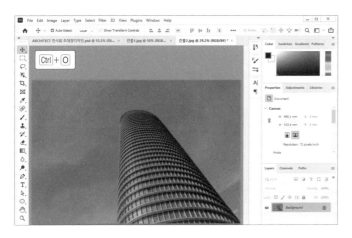

02 [File] → Open(Ctrl + O)을 실행하고 07 폴더에서 '건물2.jpg' 파일을 불러옵니다.

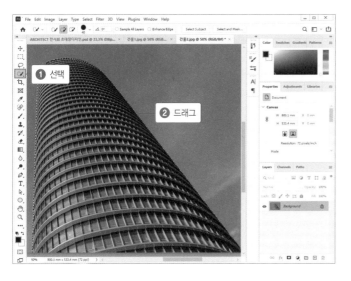

03 빠른 선택 도구(◹)를 선택하고 드래그하여 그림과 같이 건물 이미지만 선택 영역으로 지정합니다.

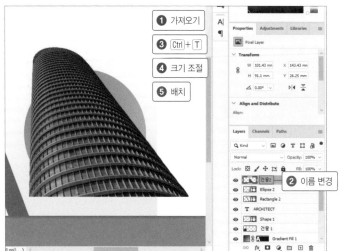

04 이미지를 기존 작업창으로 가져옵니다. [Layers] 패널에서 레이어의 이름을 '건물2'로 변경합니다. Ctrl+T를 눌러 이미지를 축소하고 그림과 같이 배치합니다.

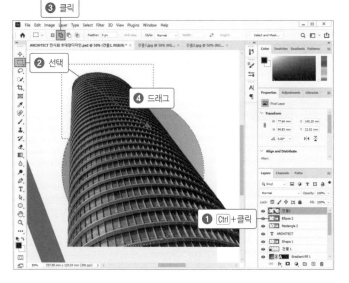

05 [Layers] 패널에서 'Ellipse 2' 레이어의 섬네일에 Ctrl을 누른 상태로 클릭합니다. 선택 영역으로 지정되면 사각형 선택 도구(⬚)를 선택합니다. 옵션바에서 'Add to selection' 아이콘(⬚)을 클릭한 다음 드래그하여 그림과 같이 추가로 선택 영역을 지정합니다.

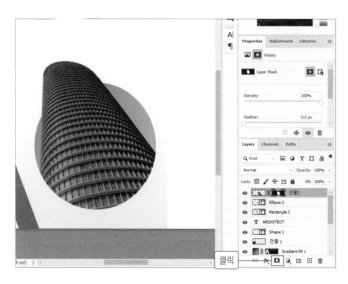

06 [Layers] 패널에서 'Add layer mask' 아이콘(▣)을 클릭하여 마스크를 적용합니다.

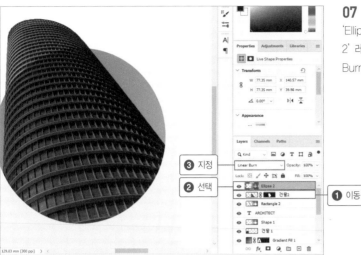

07 [Layers] 패널에서 '건물2' 레이어를 'Ellipse 2' 레이어 아래로 이동합니다. 'Ellipse 2' 레이어를 선택하고 블렌딩 모드를 'Linear Burn'으로 지정합니다.

5 문자와 도형 이용하여 완성하기

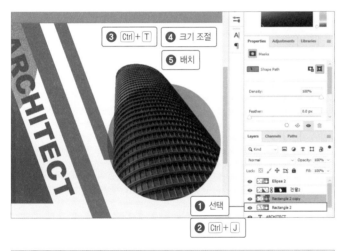

01 사다리꼴 형태로 변형한 'Rectangle 2' 레이어를 선택하고 [Ctrl]+[J]를 눌러 레이어를 복제한 다음 [Ctrl]+[T]를 눌러 축소하고 그림과 같이 배치합니다.

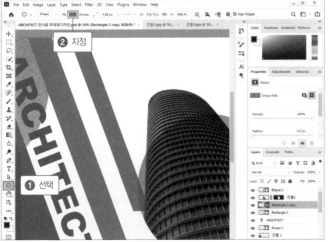

02 원형 도구(⬭)를 선택하고 옵션바에서 Fill을 '#e310a0'으로 지정하여 색상을 변경합니다.

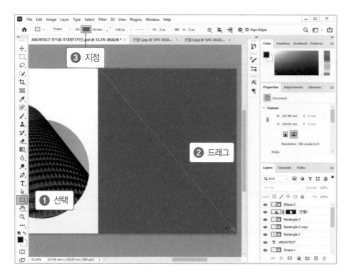

03 사각형 도구(□)를 선택하고 그림과 같이 드래그하여 사각형을 그립니다. 옵션바에서 Fill을 '#6718cd'로 지정합니다.

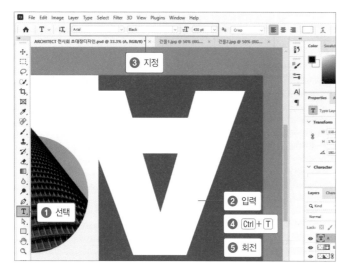

04 문자 도구(T.)를 선택하고 'A'를 입력합니다. 옵션바에서 글꼴을 'Arial', 스타일을 'Black', 크기를 '430pt'로 지정합니다. Ctrl +T를 눌러 그림과 같이 회전합니다.

05 [Layers] 패널에서 'Rectangle 3' 레이어의 섬네일에 Ctrl을 누른 상태로 클릭합니다. 'Add layer mask' 아이콘(□)을 클릭하여 마스크를 적용합니다.

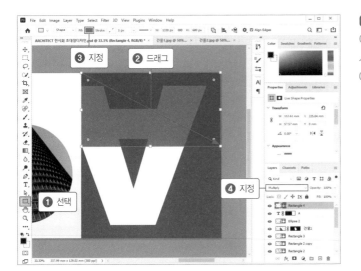

06 사각형 도구(□.)를 선택하고 그림과 같이 드래그하여 직사각형을 그립니다. 옵션바에서 Fill을 '#2871fa'로 지정합니다. [Layers] 패널에서 블렌딩 모드를 'Multiply'로 지정합니다.

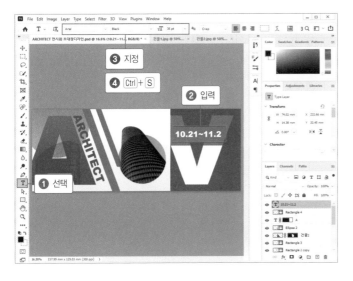

07 문자 도구(T.)를 선택하고 '10.21~11.2'를 입력한 다음 옵션바에서 글꼴을 'Arial', 스타일을 'Black', 크기를 '35pt'로 지정합니다. [File] → Save(Ctrl+S)를 실행하여 완성된 파일을 저장합니다.

디자인 사례

다양한 행사나 전시회에 초대장이 많이 사용됩니다. 결혼식 청첩장은 로맨틱한 분위기를 연출하고 전시회 및 공연 초대장은 기획 의도에 맞는 그래픽 디자인을 하면 좋습니다.

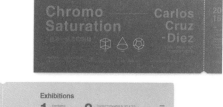

호소력 있는
앨범 커버 디자인

포토샵으로 이미지를 조각나게 편집 및 도형을 활용하여
그래픽 요소를 표현하고, 강한 색상 대비 등의 요소로 앨범
커버 디자인을 구성합니다.

ASH 앨범 커버 디자인

130mm

130mm

사용 목적　ASH 앨범 커버 디자인

작업 크기　130 x 130(mm) / 해상도 : 300dpi

실제 크기　130 x 130(mm) / 해상도 : 300dpi

기능 사용　텍스트를 다양한 도형으로 자릅니다. 자른 도형에 이미지를 복사하여 적용하고 텍스트에 입체감을 표현하여 앨범 커버 디자인을 완성합니다.

예제 작업 과정

1

이미지 가져오기

2

텍스트 입력하기

3

텍스트를 다양한 도형으로 자르기

4

자른 도형에 이미지 붙여 넣기

5

사각형 도구를 사용하여 그래픽 장식하기

6

텍스트 입력하고 도형에 마스크 적용하기

SECTION 01

ASH 앨범 커버 디자인

조각난 이미지를 사용한 앨범 커버 디자인하기

● **예제 파일** 08\ASH.jpg ｜ ● **완성 파일** 08\ASH 앨범 커버디자인.psd

텍스트를 다양한 모양으로 자르고 이미지를 붙여 넣어 타이포그래피 스타일의
ASH 앨범 커버를 디자인합니다.

1 배경 배치하고 문자 입력하기

01 [File] → New(Ctrl + N)를 실행합니다. 파일 이름을 'ASH 앨범 커버디자인', Width를 '130mm', Height를 '130mm', Resolution을 '300 Pixels/Inch', Color Mode를 'RGB Color'로 설정하고 〈Create〉 버튼을 클릭합니다.

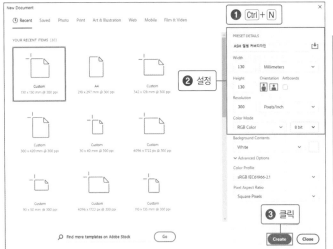

02 [File] → Open(Ctrl + O)을 실행하고 08 폴더에서 'ASH.jpg' 파일을 불러옵니다. 불러온 이미지를 기존 작업창으로 가져옵니다. Ctrl + T를 누르고 이미지 크기를 캔버스에 맞게 조절한 다음 [Layers] 패널에서 레이어의 이름을 '이미지'로 변경합니다.

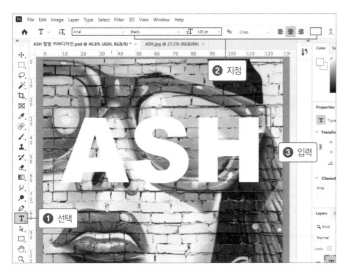

03 문자 도구(T.)를 선택하고 옵션바에서 글꼴을 'Arial', 스타일을 'Black', 크기를 '135pt', 색상을 '#ffffff'로 지정한 다음 배경 이미지 가운데에 'ASH'를 입력합니다.

2 선으로 문자를 자르고 외곽선만 남기기

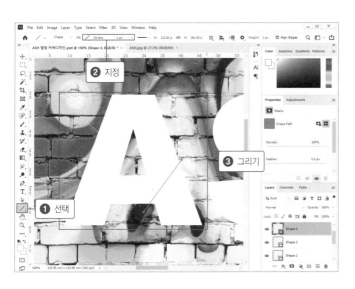

01 선 도구(∠.)를 선택하고 옵션바에서 Fill을 'No color', Stroke를 '#ffffff', 두께를 '1px'로 지정합니다. 그림과 같이 문자 'A' 위에 여러 개의 선을 그립니다.

02 **01**번의 과정과 같은 방법으로 나머지 문자 위에도 선을 그려 마치 면이 나누어진 것처럼 보이게 만듭니다.

03 [Layers] 패널에서 선을 그린 레이어를 모두 선택하고 마우스 오른쪽 버튼을 클릭해서 **Merge Shapes**를 실행하여 레이어를 합칩니다.

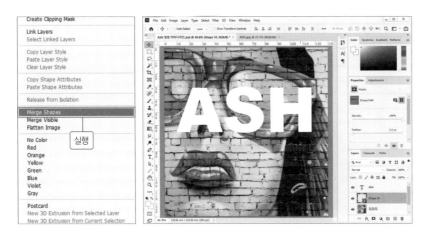

04 [Layers] 패널에서 합친 레이어를 선택합니다. 마우스 오른쪽 버튼을 클릭한 다음 **Rasterize Layer**를 실행하여 이미지 레이어로 변경합니다. 레이어의 이름을 '타이포'로 변경합니다.

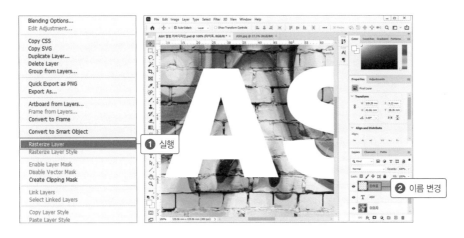

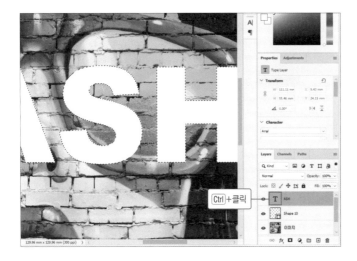

05 [Layers] 패널에서 'ASH' 레이어의 섬네일에 Ctrl을 누른 상태로 클릭하여 선택 영역으로 지정합니다.

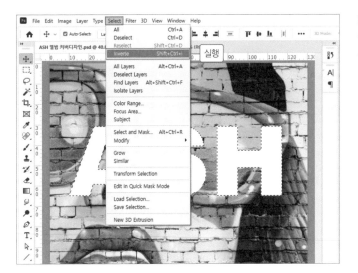

06 [Select] → Inverse를 실행하여 선택 영역을 반전합니다. 'ASH' 문자 바깥쪽이 선택 영역으로 지정됩니다.

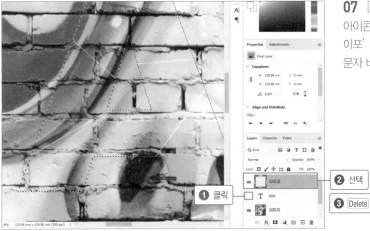

07 [Layers] 패널에서 'ASH' 레이어의 '눈' 아이콘(👁)을 클릭하여 레이어를 숨깁니다. '타이포' 레이어를 선택하고 Delete를 눌러 'ASH' 문자 바깥으로 튀어나온 선을 삭제합니다.

08 [Select] → Inverse를 실행하여 선택 영역을 반전합니다. 'ASH' 문자의 외곽선이 선택 영역으로 지정됩니다.

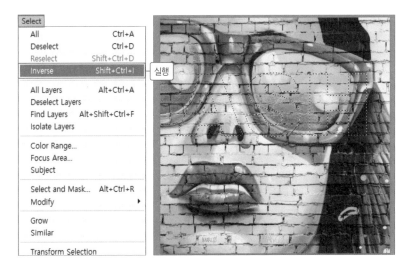

09 [Layers] 패널에서 '타이포' 레이어의 섬네일에 Ctrl을 누른 상태로 클릭하여 선택 영역으로 지정합니다. **[Edit]** →
Stroke를 실행합니다. [Stroke] 대화상자가 표시되면 Width를 '4px', Color를 '#ffffff'로 설정한 다음 〈OK〉 버튼을 클릭합니다.

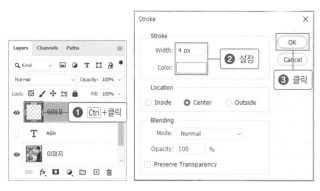

10 **[Edit]** → **Stroke**를 실행합니다. [Stroke] 대화상자가 표시되면 Width를 '2px', Color를 '#000000'으로 설정하고 〈OK〉
버튼을 클릭합니다.

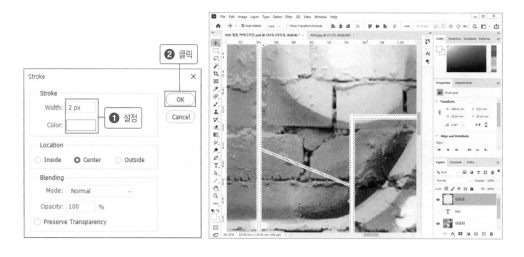

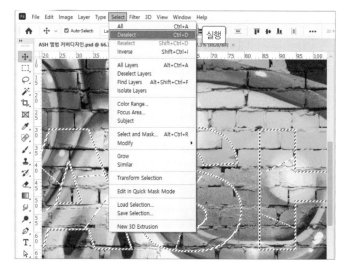

11 **[Select]** → **Deselect**를 실행하여 선택
영역을 해제합니다.

3 문자에 이미지 복사하여 붙여 넣기

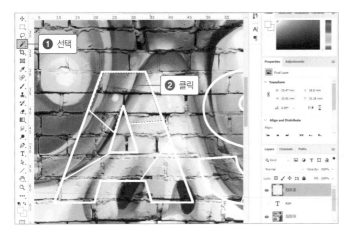

01 마술봉 도구(✎)를 선택하고 그림과 같이 A의 윗부분을 클릭하여 선택 영역으로 지정합니다.

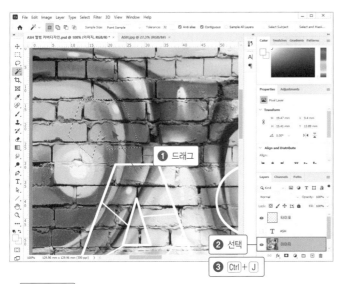

02 선택 영역을 적당한 위치로 드래그하여 이동합니다. [Layers] 패널에서 '이미지' 레이어를 선택하고 Ctrl + J를 눌러 레이어를 복제합니다. 선택 영역에 복제된 상태로 새로운 이미지가 만들어집니다.

03 이동 도구(✛)를 선택하고 옵션바에서 'Auto-Select'를 체크 해제합니다. [Layers] 패널에서 복제한 레이어를 선택한 다음 문자 'A'에 들어가도록 배치합니다.

TIP 복제한 이미지를 이동하기 어렵다면 Ctrl + T를 누르고 이동합니다.

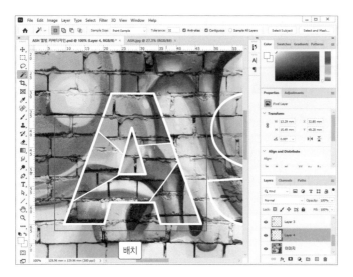

04 **01~03**번 과정과 같은 방법으로 문자 'A'의 나누어진 영역에 이미지를 배치합니다.

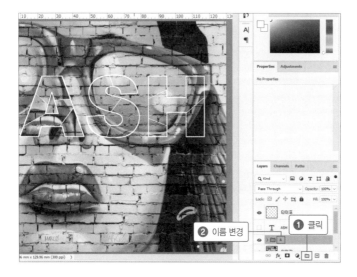

05 문자 'A'의 나누어진 영역을 채운 레이어를 모두 선택하고 'Create a new group' 아이콘(▣)을 클릭하여 그룹으로 지정한 다음 그룹 레이어의 이름을 'A'로 변경합니다.

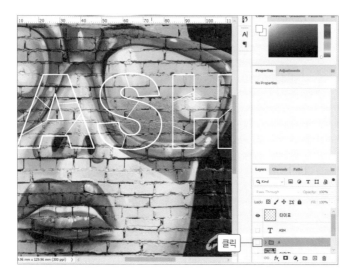

06 'A' 그룹 레이어의 '눈' 아이콘(◉)을 클릭하여 레이어를 숨깁니다.

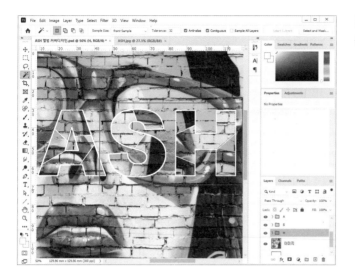

07 01~06번 과정과 같은 방법으로 'S', 'H'를 완성합니다.

08 [Layers] 패널에서 'ASH' 문자 레이어의 '눈' 아이콘(👁)을 클릭하여 레이어를 표시합니다. 'Add a layer style' 아이콘(*fx*)을 클릭한 다음 **Inner Shadow**를 실행합니다. [Layer Style] 대화상자가 표시되면 Blend Mode를 'Multiply', Distance를 '0px', Choke를 '40%', Size를 '80px'로 설정하고 〈OK〉 버튼을 클릭합니다.

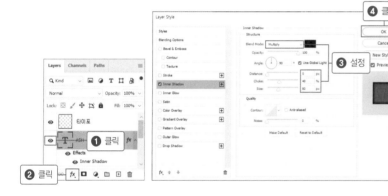

09 [Layers] 패널에서 Opacity를 '20%'로 설정하여 투명도를 조절합니다.

4 문자 입력하고 도형에 마스크 적용하기

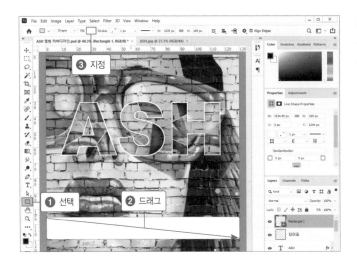

01 사각형 도구(□)를 선택하고 드래그해서 그림과 같이 직사각형을 그리고 옵션바에서 Fill을 '#ffffff'로 지정합니다.

02 직접 선택 도구(ᐳ)를 선택하고 오른쪽 상단과 하단 조절점을 클릭하고 Shift를 누른 상태로 드래그해서 그림과 같이 변형합니다.

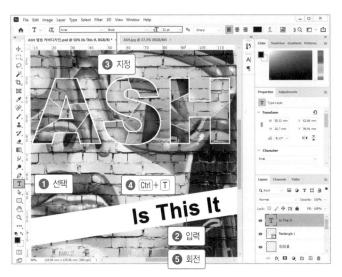

03 문자 도구(T.)를 선택하고 'Is This It'을 입력합니다. 옵션바에서 글꼴을 'Arial', 스타일을 'Bold', 크기를 '32pt'로 지정합니다. Ctrl +T를 누르고 드래그하여 그림과 같이 회전한 다음 배치합니다.

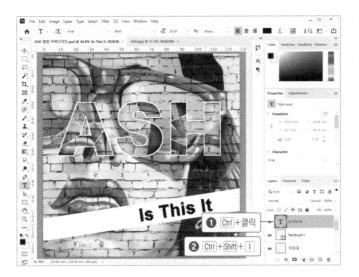

04 [Layers] 패널에서 'Is This It' 레이어의 섬네일에 `Ctrl`을 누른 상태로 클릭해 선택 영역으로 지정합니다. `Ctrl`+`Shift`+`I`를 눌러 선택 영역을 반전합니다.

05 [Layers] 패널에서 'Is This It' 레이어의 '눈' 아이콘(◉)을 클릭하여 레이어를 숨깁니다. 'Rectangle 1' 레이어를 선택하고 'Add layer mask' 아이콘(◻)을 클릭해서 마스크를 적용합니다.

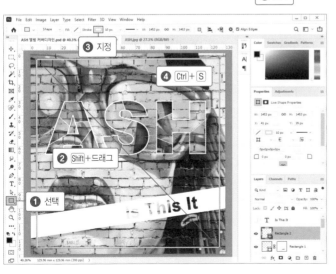

06 사각형 도구(▢)를 선택하고 `Shift`를 누른 상태로 드래그하여 그림과 같이 정사각형을 그린 다음 배치합니다. 옵션바에서 Stroke를 '#fdd700'으로 지정하고 **[File]** → **Save**(`Ctrl`+`S`)를 실행하여 완성된 파일을 저장합니다.

THE STROKES LP 앨범 커버 디자인

●

사용 목적 THE STROKES LP 앨범 커버 디자인
작업 크기 121 x 121(mm) / 해상도 : 300dpi
실제 크기 300 x 300(mm) / 해상도 : 300dpi
기능 사용 마스크로 이미지를 편집하고 디자인 요소를 그려 필터를 적용합니다. 정원 패스에 텍스트를 입력하고 물결 효과를 만든 다음 마스크를 적용하여 LP 앨범 커버 디자인을 완성합니다.

예제 작업 과정

1
이미지에 마스크 적용하기

2
도형 도구로 디자인 요소 적용하기

3
도형에 필터를 적용하여 변형하기

4
도형 도구와 펜 도구를 사용하여 그래픽 효과 적용하기

5
정원 패스에 텍스트 입력하기

6
물결 효과 및 타이틀(텍스트)에 마스크 적용하기

SECTION 02
THE STROKES LP 앨범 커버 디자인

도형을 변형한 그래픽 요소를 활용하여
앨범 커버 디자인하기

◉ **예제 파일** 08\물속 남자.jpg | ◉ **완성 파일** 08\THE STROKES LP 앨범 커버디자인.psd

자연스럽게 마스크를 적용하여 배경을 지우고 도형을 변형하여 개성 있고 감각적인
THE STROKES LP 앨범 커버를 디자인합니다.

1 마스크로 이미지 편집하기

01 [File] → New(Ctrl + N)를 실행합니다. 파일 이름을 'THE STROKES LP 앨범 커버디자인', Width를 '121mm', Height를 '121mm', Resolution을 '300 Pixels/Inch', Color Mode를 'RGB Color'로 설정하고 〈Create〉 버튼을 클릭합니다.

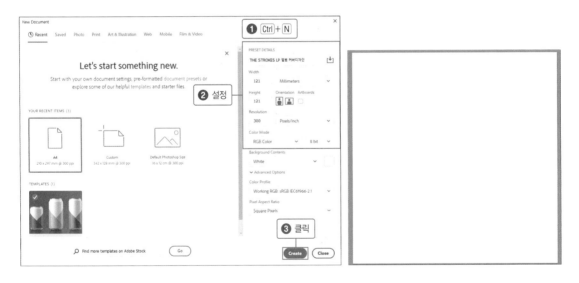

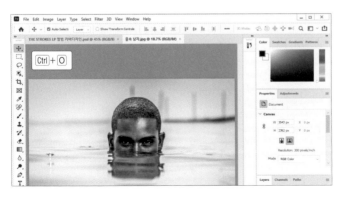

02 [File] → Open(Ctrl + O)을 실행하고 08 폴더에서 '물속 남자.jpg' 파일을 불러옵니다.

03 개체 선택 도구(📷)를 선택하고 얼굴과 얼굴 주위를 드래그해서 선택 영역으로 지정합니다.

04 올가미 도구(🔲)를 선택하고 옵션바에서 'Add to selection' 아이콘(🔲)을 클릭한 다음 양쪽 귀 부분을 드래그해서 선택 영역을 추가 지정합니다.

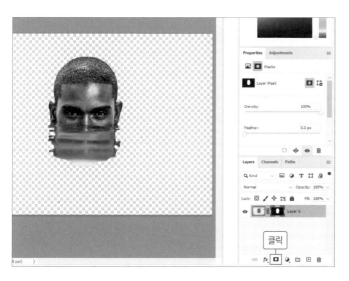

05 [Layers] 패널에 'Add layer mask' 아이콘(🔲)을 클릭해서 마스크를 적용합니다.

06 브러시 도구(✐)를 선택하고 옵션바에서 브러시를 'Soft Round'로 지정합니다. [Layers] 패널에서 마스크 섬네일을 클릭합니다. 전경색을 '#ffffff'로 지정하고 드래그해서 물이 보이게 마스크를 적용합니다.

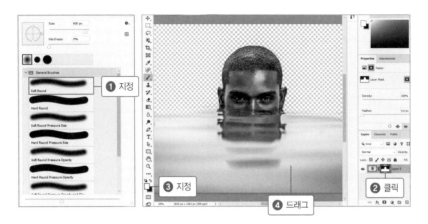

07 이미지를 기존 작업창으로 가져옵니다. Ctrl + T를 누르고 이미지 크기를 조절한 다음 [Layers] 패널에서 레이어의 이름을 '이미지'로 변경합니다.

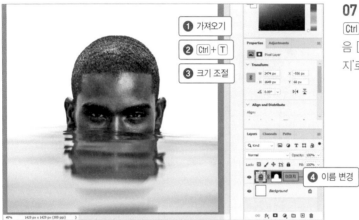

2 여러 가지 디자인 요소를 그리고 필터 적용하기

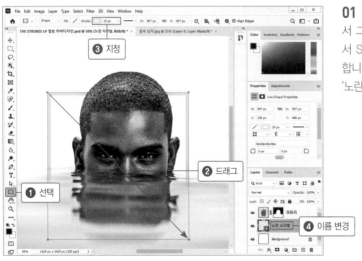

01 사각형 도구(▢)를 선택하고 드래그해서 그림과 같이 사각형을 그립니다. 옵션바에서 Stroke를 '#ffe400', 두께를 '20px'로 지정합니다. [Layers] 패널에서 레이어의 이름을 '노란 사각형'으로 변경합니다.

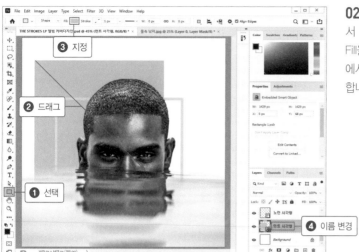

02 사각형 도구(□)를 선택하고 드래그해서 그림과 같이 사각형을 그리고 옵션바에서 Fill을 '#29e5d1'로 지정합니다. [Layers] 패널에서 레이어의 이름을 '민트 사각형'으로 변경합니다.

03 [Filter] → Distort → Pinch를 실행합니다. [Pinch] 대화상자가 표시되면 Amount를 '60%'로 설정하고 〈OK〉 버튼을 클릭합니다.

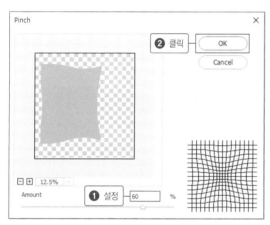

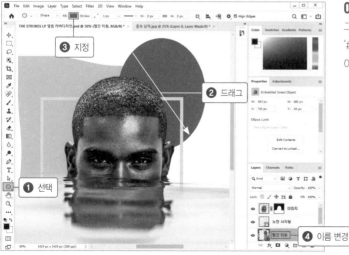

04 원형 도구(○)를 선택하고 드래그해서 그림과 같이 타원을 그리고 옵션바에서 Fill을 '#e01251'로 지정합니다. [Layers] 패널에서 레이어의 이름을 '빨간 타원'으로 변경합니다.

05 [Filter] → Distort → Pinch를 실행합니다. [Pinch] 대화상자가 표시되면 Amount를 '−70%'로 설정하고 〈OK〉 버튼을 클릭합니다.

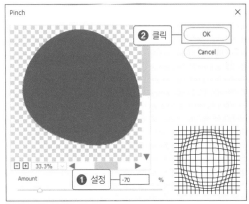 

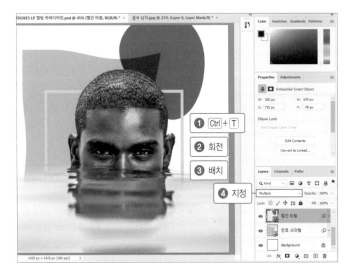

06 Ctrl + T 를 눌러 회전하고 그림과 같이 배치합니다. [Layers] 패널에서 블렌딩 모드를 'Multiply'로 지정합니다.

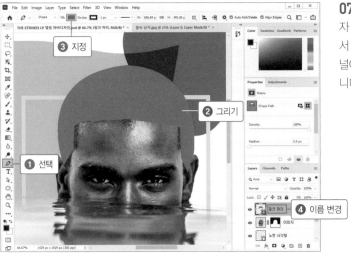

07 펜 도구( )를 선택하고 그림과 같이 남자 이미지의 머리 부분을 그립니다. 옵션바에서 Fill을 '#ff00de'로 지정합니다. [Layers] 패널에서 레이어의 이름을 '핑크 머리'로 변경합니다.

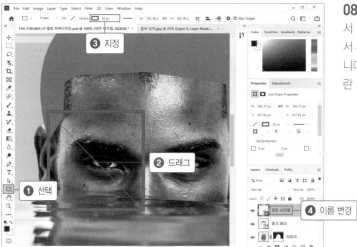

08 사각형 도구(□)를 선택하고 드래그해서 그림과 같이 사각형을 그립니다. 옵션바에서 Stroke를 '#002aff', 두께를 '10px'로 지정합니다. [Layers] 패널에서 레이어의 이름을 '파란 사각형'으로 변경합니다.

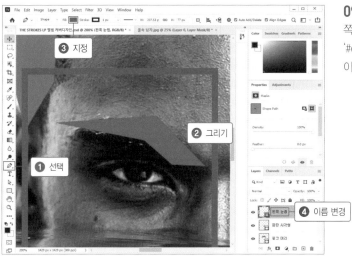

09 펜 도구(∅)를 선택하고 그림과 같이 왼쪽 눈썹 부분을 그립니다. 옵션바에서 Fill을 '#e01251'로 지정합니다. [Layers] 패널에서 레이어의 이름을 '왼쪽 눈썹'으로 변경합니다.

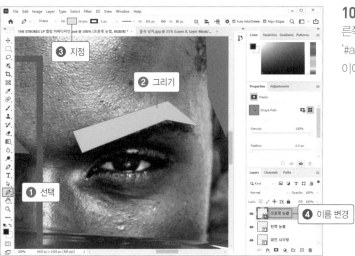

10 펜 도구(∅)를 선택하고 그림과 같이 오른쪽 눈썹 부분을 그립니다. 옵션바에서 Fill을 '#aae911'로 지정합니다. [Layers] 패널에서 레이어의 이름을 '오른쪽 눈썹'으로 변경합니다.

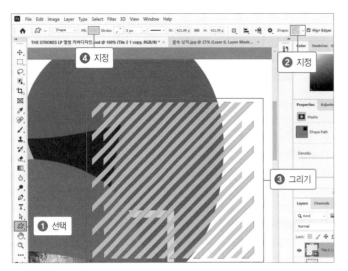

11 사용자 셰이프 도구(🖉)를 선택하고 옵션바에서 Shape를 'Tile 2'로 지정한 다음 Shift를 누른 상태로 드래그해서 2개 그립니다. 옵션바에서 Fill을 '#aae911'로 지정합니다.

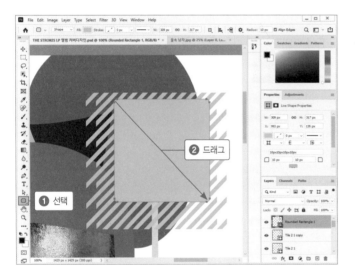

12 둥근 사각형 도구(🔲)를 선택하고 드래그해서 그림과 같이 둥근 사각형을 그립니다.

13 [Filter] → Distort → Pinch를 실행합니다. [Pinch] 대화상자가 표시되면 Amount를 '100%'로 설정하고 〈OK〉 버튼을 클릭합니다.

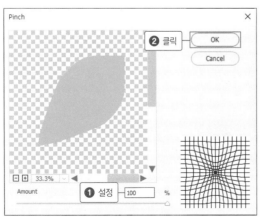

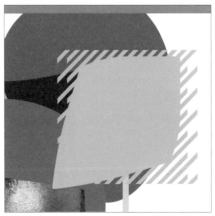

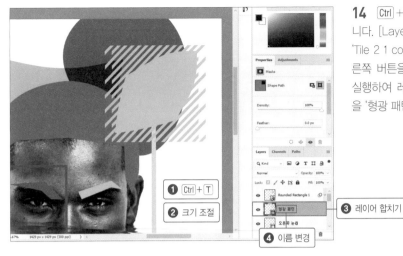

14 Ctrl + T 를 눌러 그림과 같이 축소합니다. [Layers] 패널에서 'Tile 2 1' 레이어와 'Tile 2 1 copy' 레이어를 선택하고 마우스 오른쪽 버튼을 클릭한 다음 **Merge Shapes**를 실행하여 레이어를 합칩니다. 레이어의 이름을 '형광 패턴'으로 변경합니다.

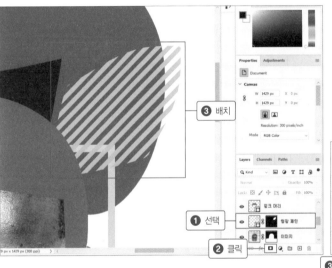

15 [Layers] 패널에서 'Rounded Rectangle 1' 레이어의 섬네일에 Ctrl 을 누른 상태로 클릭해 선택 영역으로 지정합니다. '형광 패턴' 레이어를 선택하고 'Add layer mask' 아이콘(▣)을 클릭해서 마스크를 적용합니다. 'Rounded Rectangle 1' 레이어의 '눈' 아이콘(◉)을 클릭하고 '형광 패턴' 레이어를 그림과 같이 배치합니다.

16 [Layers] 패널에서 'Create a new layer' 아이콘(▣)을 클릭하여 새로운 레이어를 만들고 레이어의 이름을 '흰 도트 원'으로 변경합니다. 브러시 도구(✏)를 선택합니다. 옵션바에서 브러시를 'Kyle's Screentones 38'로 지정하고 Size를 '500px'로 설정한 다음 그림과 같이 클릭하여 브러시를 적용합니다.

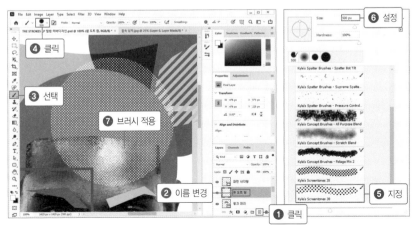

3 정원 패스에 텍스트 입력하기

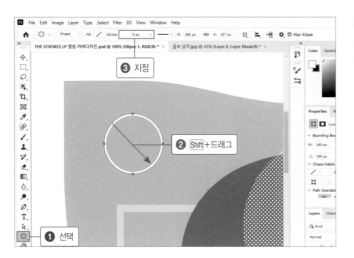

01 원형 도구(⬭)를 선택하고 Shift를 누른 상태로 드래그해서 정원을 그립니다. 옵션바에서 Stroke를 '#ffffff', 두께를 '5px'로 지정합니다.

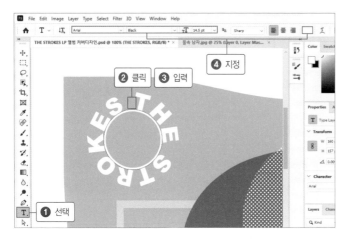

02 문자 도구(T.)를 선택하고 정원 패스에 마우스 커서를 가져가 커서의 아이콘이 변경되면 클릭하여 'THE STROKES'를 입력합니다. 옵션바에서 글꼴을 'Arial', 스타일을 'Black', 크기를 '14.5pt', 색상을 '#ffffff'로 지정합니다.

03 [Layers] 패널에서 'Filipse 1' 레이어를 선택합니다. Ctrl + T를 누르고 드래그해서 축소합니다. 옵션바에서 Stroke Options의 〈More Options〉 버튼을 클릭합니다. [Stroke] 대화상자가 표시되면 Preset을 '점선', Dash를 '4', Gap을 '2.25'로 설정하고 〈OK〉 버튼을 클릭합니다. 레이어의 이름을 '점선 정원'으로 변경합니다.

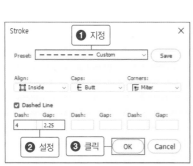

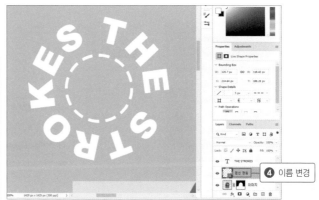

4 물결 효과 만들고 문자에 마스크 적용하기

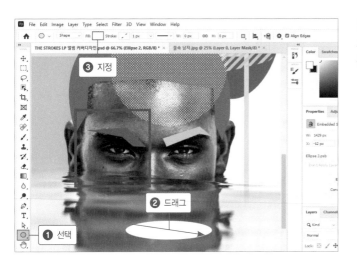

01 원형 도구(⬭)를 선택하고 드래그하여 그림과 같이 타원을 그립니다. 옵션바에서 Fill을 '#ffffff'로 지정합니다.

02 [Filter] → Distort → ZigZag를 실행합니다. [ZigZag] 대화상자가 표시되면 Amount를 '100', Ridges를 '11'로 설정하고 〈OK〉 버튼을 클릭합니다. [Layers] 패널에서 레이어의 이름을 '흰색 물결'로 변경합니다.

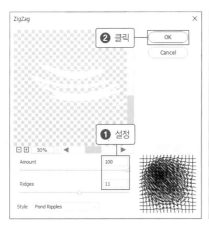
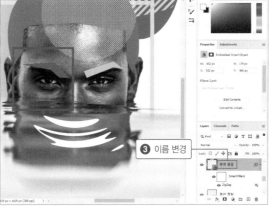

03 문자 도구(T.)를 선택하고 'Last Time'을 입력합니다.

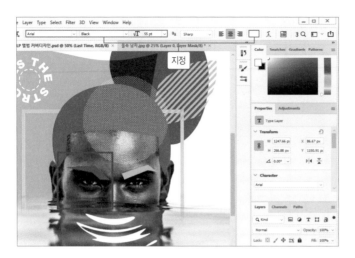

04 옵션바에서 글꼴을 'Arial', 스타일을 'Black', 크기를 '55pt', 색상을 '#ffffff'로 지정합니다.

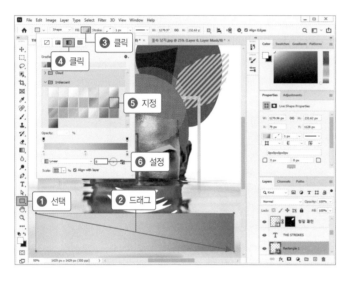

05 사각형 도구(□)를 선택하고 드래그하여 그림과 같이 직사각형을 그립니다. 옵션바에서 Fill을 'Gradient', 'Iridescent_14'로 지정하고 Angle을 '0°'로 설정합니다.

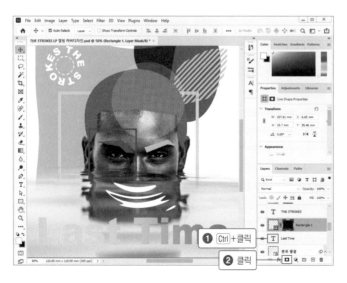

06 [Layers] 패널에서 'Last Time' 레이어의 섬네일에 Ctrl을 누른 상태로 클릭해 선택 영역으로 지정합니다. 'Add layer mask' 아이콘(□)을 클릭해서 마스크를 적용합니다.

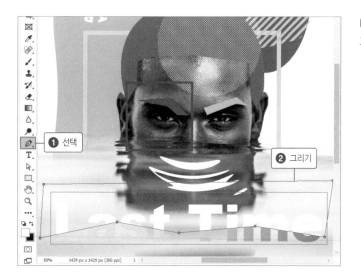

07 펜 도구(✐)를 선택하고 클릭하여 그림과 같이 도형을 그리면 마스크가 수정됩니다.

❶ 선택

❷ 그리기

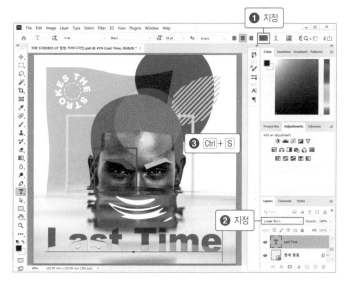

❶ 지정

❸ Ctrl + S

❷ 지정

08 옵션바에서 'Last Time' 문자의 색상을 '#ff008c'로 지정합니다. [Layers] 패널에서 블렌딩 모드를 'Linear Burn'으로 지정합니다. [File] → Save(Ctrl + S)를 실행하여 완성된 파일을 저장합니다.

Girls in the kitchen 앨범 커버 디자인

120mm
120mm

●

사용 목적 Girls in the kitchen 앨범 커버 디자인
작업 크기 120 x 120(mm) / 해상도 : 300dpi
실제 크기 120 x 120(mm) / 해상도 : 300dpi
기능 사용 도형을 활용하여 배경을 만들고 이미지에 듀오톤을 적용하
여 편집합니다. 펜 도구로 그래픽 요소를 추가하고 텍스트에 마스크를
적용하여 앨범 커버 디자인을 완성합니다.

예제 작업 과정

1

배경에 컬러 적용하기

2

이미지 듀오톤으로 만들기

3

이미지에 블렌딩 모드 적용하기

4

펜 도구로 그래픽 요소 만들기

5

텍스트 재구성하기

6

펜 도구로 지그재그 선 그리기

SECTION 03
Girls in the kitchen 앨범 커버 디자인

듀오톤을 활용하여 앨범 커버 디자인하기

⊙ **예제 파일** 08\여자1.jpg, 여자2.jpg | ⊙ **완성 파일** 08\Girls in the kitchen 앨범 커버디자인.psd

듀오톤과 블렌딩 모드를 활용하여 이미지를 편집하고 펜 도구를 활용하여 일러스트
스타일의 그래픽을 적용하여 Girls in the kitchen 앨범 커버를 디자인합니다.

1 도형을 사용해 배경 만들기

01 [File] → New(Ctrl+N)를 실행합니다. 파일 이름을 'Girls in the kitchen 앨범 커버디자인', Width를 '120mm', Height
를 '120mm', Resolution을 '300 Pixels/Inch', Color Mode를 'RGB Color'로 설정하고 〈Create〉 버튼을 클릭합니다.

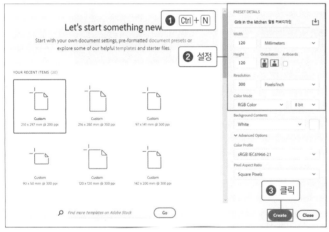

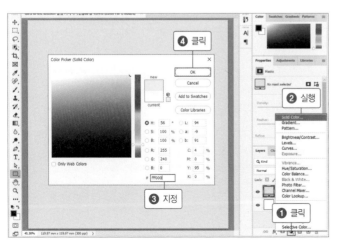

02 [Layers] 패널에서 'Create new fill or
adjustment layer' 아이콘(◉)을 클릭한 다음
Solid Color를 실행합니다. [Color Picker] 대
화상자가 표시되면 색상을 '#fff000'으로 지정
한 다음 〈OK〉 버튼을 클릭합니다.

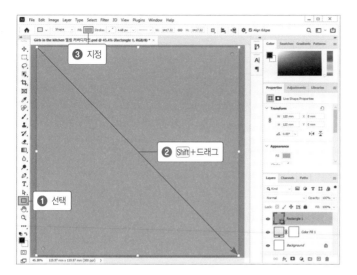

03 사각형 도구(□)를 선택하고 Shift를 누른 상태로 드래그하여 그림과 같이 정사각형을 그립니다. 옵션바에서 Fill을 '#3ab400'으로 지정합니다.

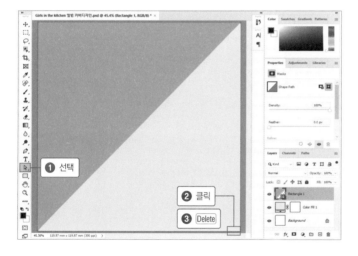

04 직접 선택 도구(▶.)를 선택하고 오른쪽하단 조절점을 선택한 다음 Delete를 눌러 삭제합니다.

2 이미지에 듀오톤과 마스크 적용하기

01 [File] → Open(Ctrl+O)을 실행하고 08 폴더에서 '여자1.jpg' 파일을 불러옵니다.

02 [Adjustments] 패널에서 'Levels' 아이콘
(📊)을 클릭합니다. [Properties] 패널에서 왼
쪽부터 '20', '1', '210'으로 설정합니다.

03 [Layers] 패널에서 모든 레이어를 선택하고 마우스 오른쪽 버튼을 클릭한 다음 **Merge Layers**를 실행하여 레이어를
합칩니다. **[Image] → Mode → Grayscale**을 실행합니다.

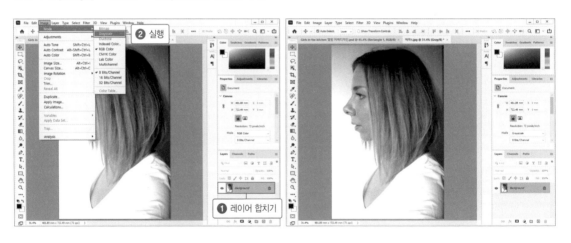

04 **[Image] → Mode → Duotone**을 실행
합니다. [Duotone Options] 대화상자가 표시
되면 Ink 1의 색상을 '#ec008c'로 지정하고
〈OK〉 버튼을 클릭합니다.

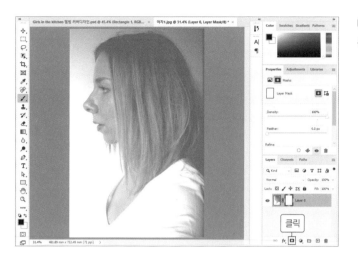

05 [Layers] 패널에서 'Add a mask' 아이콘()을 클릭하여 마스크를 적용합니다.

06 브러시 도구()를 선택하고 옵션바에서 브러시를 'Hard Round'로 지정합니다. 이미지의 외곽 부분을 드래그하여 마스크를 적용합니다.

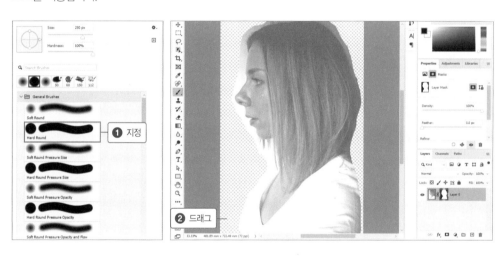

07 옵션바에서 브러시를 'Soft Round'로 지정합니다. 이미지의 외곽 부분을 드래그하여 자연스럽게 마스크를 적용합니다.

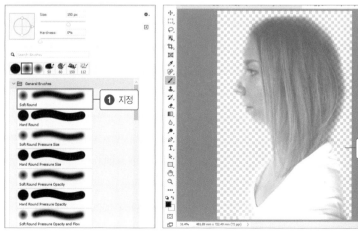
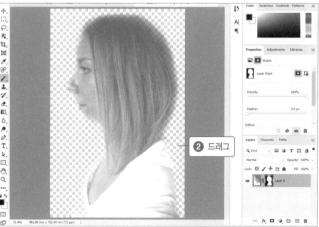

08 그레이디언트 도구(◼)를 선택하고 옵션바에서 Gradient 스펙트럼을 클릭합니다. [Gradient Editor] 대화상자가 표시되면 왼쪽 색상을 '#000000'으로 지정하고 〈OK〉 버튼을 클릭합니다. 이미지의 하단 부분을 드래그하여 자연스럽게 마스크를 적용합니다.

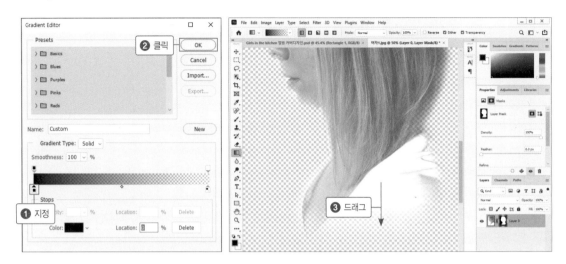

09 이미지를 기존 작업창으로 가져옵니다. [Layers] 패널에서 레이어의 이름을 '여자'로 변경합니다.

10 [File] → Open(Ctrl+O)을 실행하고 08 폴더에서 '여자2.jpg' 파일을 불러옵니다.

11 [Adjustments] 패널에서 'Levels' 아이콘 (▬▬)을 클릭합니다. [Properties] 패널에서 왼쪽부터 '40', '1', '220'으로 설정합니다.

설정

12 [Layers] 패널에서 모든 레이어를 선택하고 마우스 오른쪽 버튼을 클릭한 다음 **Merge Layers**를 실행하여 레이어를 합칩니다. [Image] → Mode → Grayscale을 실행합니다.

❶ 레이어 합치기

❷ Grayscale 적용

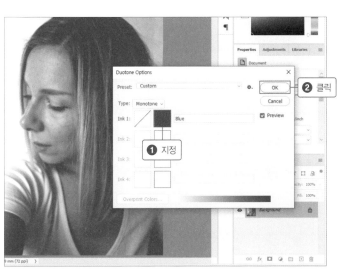

13 [Image] → Mode → Duotone을 실행합니다. [Duotone Options] 대화상자가 표시되면 Ink 1의 색상을 '#090dcb' 지정하고 〈OK〉 버튼을 클릭합니다.

❷ 클릭

❶ 지정

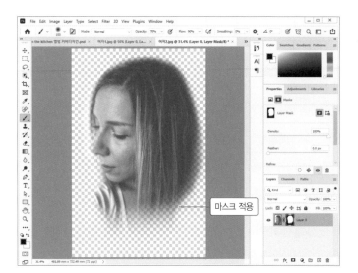

14 05~08번 과정과 같은 방법으로 마스크를 적용합니다.

마스크 적용

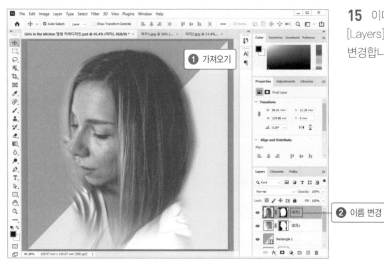

15 이미지를 기존 작업창으로 가져옵니다. [Layers] 패널에서 레이어의 이름을 '여자2'로 변경합니다.

① 가져오기

② 이름 변경

16 [Layers] 패널에서 '여자1' 레이어와 '여자2' 레이어를 선택하고 블렌딩 모드를 'Multiply'로 지정합니다.

② 지정

① 선택

3 펜 도구로 얼굴 그리기

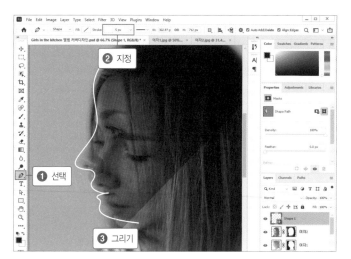

01 펜 도구(🖊️)를 선택하고 옵션바에서 Stroke를 '#ffffff', 두께를 '5px'로 지정한 다음 그림과 같이 얼굴 외곽 부분을 그립니다.

02 펜 도구(🖊️)로 눈, 코, 머리카락 부분을 추가적으로 그립니다.

4 문자에 마스크 적용하기

01 문자 도구(T.)를 선택하고 'Girls'를 입력합니다. 옵션바에서 글꼴을 'Arial', 스타일을 'Black', 크기를 '65pt'로 지정합니다.

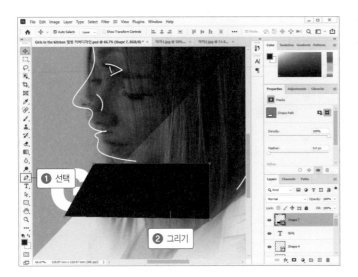

02 펜 도구(✎.)를 선택하고 그림과 같이 G 문자가 일부만 보이게 도형을 그립니다.

03 [Layers] 패널에서 'Shape 7' 레이어의 섬네일에 Ctrl을 누른 상태로 클릭합니다. 'Girls' 레이어를 선택하고 'Add layer mask' 아이콘(▣)을 클릭하여 마스크를 적용합니다. 'Shape 7' 레이어의 '눈' 아이콘(👁)을 클릭하여 레이어를 숨깁니다.

04 Ctrl+J를 눌러 'Girls' 레이어를 복제합니다. 'Girls copy' 레이어를 선택하고 '링크' 아이콘(🔗)을 클릭해서 마스크 적용을 해제한 다음 마스크 섬네일만 삭제합니다.

05 [Layers] 패널에서 숨긴 'Shape 7' 레이어의 섬네일에 Ctrl 을 누른 상태로 클릭합니다. Shift + Ctrl + I 를 눌러 선택 영역을 반전하고 'Add layer mask' 아이콘()을 클릭하여 마스크를 적용합니다. 마스크를 적용한 문자를 그림과 같이 이동합니다.

06 문자 도구(T.)를 선택하고 'in the kitchen'을 입력합니다. 옵션바에서 글꼴을 'Arial', 스타일을 'Black', 크기를 '21pt'로 지정합니다.

07 사각형 도구(□)를 선택하고 그림과 같이 드래그하여 직사각형을 그립니다. 옵션바에서 Fill을 '#ffffff'로 지정합니다.

5 펜 도구로 지그재그 선 그리기

01 펜 노구(🖋️)를 선택하고 옵션바에서 Stroke를 '#ff0000', 두께를 '80px'로 지정한 다음 그림과 같이 지그재그 선을 그립니다.

TIP 지그재그 선을 그린 레이어가 '여자' 레이어 아래에 위치해야 합니다.

02 펜 도구(🖋️)를 선택하고 옵션바에서 Stroke를 '#ffffff', 두께를 '40px'로 지정한 다음 그림과 같이 다시 지그재그 선을 그립니다. [File] → Save(Ctrl + S)를 실행하여 완성된 파일을 저장합니다.

디자인 사례

강렬한 색상의 대비와 단순한 그래픽의 요소는 주목성을 높이고 강인한 인상을
주는 데 효과적입니다. 눈길을 잡아 끌어야하는 앨범 커버 디자인에 효과적으로
사용할 수 있습니다.

PART

09

직관적이고
사용성을 높인
UI 디자인

포토샵으로 도형을 편집 및 재구성하여 입체감을 표현
하고, 이미지 보정 및 편집으로 UI 화면의 특징을 부각시켜
UI 디자인을 구성합니다.

룰렛 이벤트 페이지 UI 디자인

1125 pixel

2436 pixel

●

사용 목적　룰렛 이벤트 페이지 UI 디자인
작업 크기　1125 x 2436(pixels) / 해상도 : 72dpi
실제 크기　1125 x 2436(pixels) / 해상도 : 72dpi
기능 사용　도형과 마스크를 이용하여 룰렛을 만듭니다. 사용자 셰이프
도구를 활용하여 룰렛을 장식하고 텍스트 입력 및 변형을 통해 이벤트
페이지 UI 디자인을 완성합니다.

예제 작업 과정

1
그러데이션 적용하기

2
원형 도구로 룰렛 형태 만들기

3
도형에 마스크를 적용하여 룰렛
영역 나누기

4
룰렛에 그래픽 요소 추가하기

5
텍스트 입력하고 변형하기

6
배경에 그래픽 요소 적용하기

SECTION 01
룰렛 이벤트 페이지 UI 디자인

도형을 재구성하고 필터를 적용한 이벤트 페이지 UI 디자인하기

❋ **완성 파일** 09\룰렛이벤트 페이지 UI디자인.psd

소비자의 지속적인 App 접속을 위해 이벤트를 실시합니다. 회전하는 룰렛 이벤트
페이지 UI를 디자인합니다.

1 도형과 마스크를 이용해 룰렛 배경 만들기

01 [File] → New(Ctrl + N)를 실행합니다. [Mobile] 탭을 선택한 다음 'iphone X'를 선택합니다. 파일 이름을 '룰렛이벤
트 페이지 UI디자인'으로 입력하고 〈Create〉 버튼을 클릭합니다.

02 [Layers] 패널에서 'Create new fill or adjustment layer' 아이콘(⬤)을 클릭하고 **Gradient**를 실행합니다. [Gradient Fill] 대화상자가 표시되면 Gradient 스펙트럼을 클릭합니다. [Gradient Editor] 대화상자가 표시되면 'Pastels_09'로 지정하고 〈OK〉 버튼을 클릭합니다.

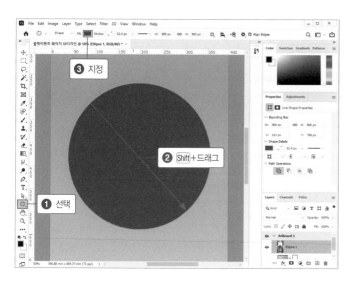

03 원형 도구(○.)를 선택하고 Shift를 누른 상태로 드래그해서 정원을 그립니다. 옵션바에서 Fill를 '#8b047b'로 지정합니다.

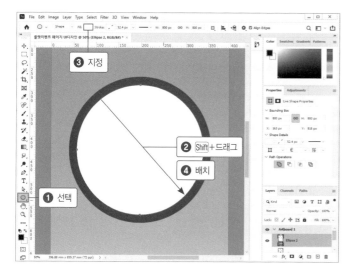

04 원형 도구(○.)를 선택하고 Shift를 누른 상태로 드래그해서 정원을 그립니다. 옵션바에서 Fill을 '#ffffff'로 지정하고 그림과 같이 배치합니다.

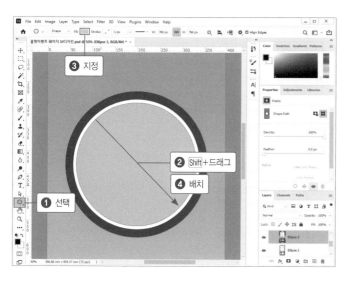

05 원형 도구(○.)를 선택하고 Shift를 누른 상태로 드래그해서 정원을 그립니다. 옵션바에서 Fill을 '#c1bfe6'으로 지정하고 그림과 같이 배치합니다.

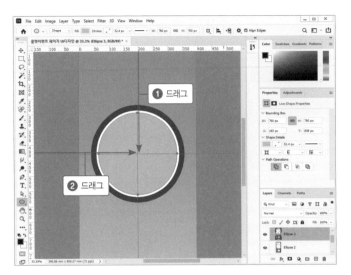

06 가로 눈금자에 클릭한 상태로 아래로 드 래그하면 캔버스의 중앙에 자석처럼 붙으면서 그리드가 표시됩니다. 세로도 동일하게 그리 드를 표시합니다.

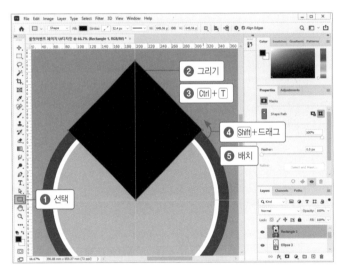

07 사각형 도구(□)를 선택하고 Shift를 누 른 상태로 드래그해서 정사각형을 그립니다. Ctrl+T를 누르고 Shift를 누른 상태에서 90° 회전한 다음 그림과 같이 배치합니다.

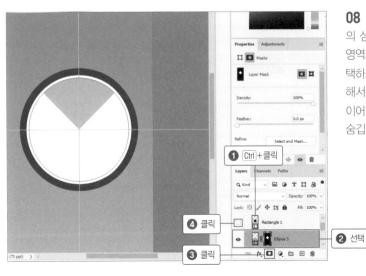

08 [Layers] 패널에서 'Rectangle 1' 레이어 의 섬네일에 Ctrl을 누른 상태로 클릭해 선택 영역으로 지정합니다. 'Ellipse 3' 레이어를 선 택하고 'Add layer mask' 아이콘(□)을 클릭 해서 마스크를 적용합니다. 'Rectangle 1' 레 이어의 '눈' 아이콘(◉)을 클릭해서 레이어를 숨깁니다.

09 사각형 선택 도구(▣)를 선택하고 그림과 같이 그리드에 맞춰 드래그하여 사각형을 그립니다. 전경색을 검은색으로 지정해 Alt + Delete 를 눌러 마스크를 수정합니다. Ctrl + D 를 눌러 선택 영역을 해제합니다.

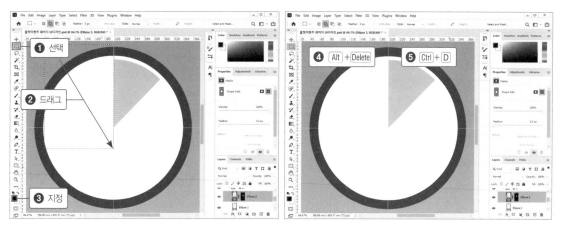

TIP　Alt + Delete는 전경색 채우기, Ctrl + Delete는 배경색 채우기 단축키입니다. [Tools] 패널에서 색상을 확인합니다.

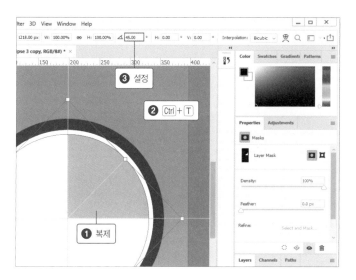

10 [Layers] 패널에서 'Ellipse 3' 레이어를 선택하고 Ctrl + J 를 눌러 레이어를 복제합니다. Ctrl + T 를 누른 다음 옵션바에서 Rotate를 '45°로 설정해 회전합니다.

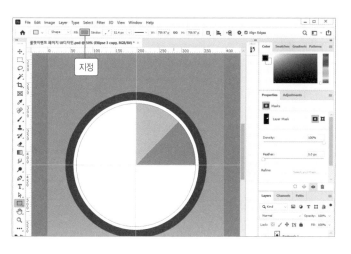

11 옵션바에서 Fill을 '#ea88de'로 지정합니다.

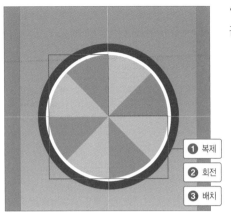

12 10~11번과 과정과 같은 방법으로 레이어를 복제하고 회전해 그림과 같이 배치합니다.

① 복제
② 회전
③ 배치

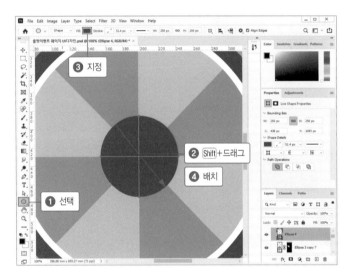

13 원형 도구(◯.)를 선택하고 Shift를 누른 상태로 드래그해서 정원을 그립니다. 옵션바에서 Fill을 '#8b047b'로 지정하고 그림과 같이 배치합니다.

③ 지정
② Shift+드래그
④ 배치
① 선택

2 문자 입력하여 룰렛 완성하기

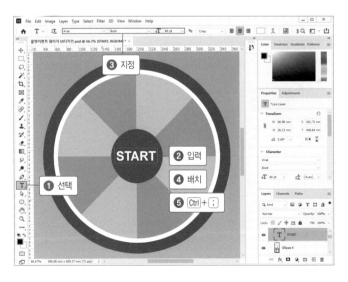

01 문자 도구(T.)를 선택하고 'START'를 입력합니다. 옵션바에서 글꼴을 'Arial', 스타일을 'Bold', 크기를 '60pt'로 지정하고 그림과 같이 배치합니다. Ctrl+;을 눌러 그리드를 숨깁니다.

③ 지정
① 선택
② 입력
④ 배치
⑤ Ctrl+;

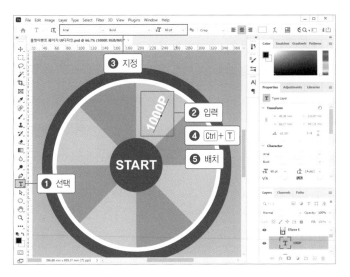

02 문자 도구(T.)를 선택하고 '1000P'를 입력합니다. 옵션바에서 글꼴을 'Arial', 스타일을 'Bold', 크기를 '60pt'로 지정합니다. Ctrl + T 를 누르고 옵션바에서 Rotate를 '–65°'로 설정해 회전한 다음 그림과 같이 배치합니다.

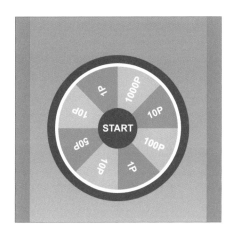

03 02번 과정과 같은 방법으로 그림과 같이 문자를 입력하고 각도를 조절한 다음 배치합니다.

3 셰이프 도구로 룰렛 꾸미고 효과 적용하기

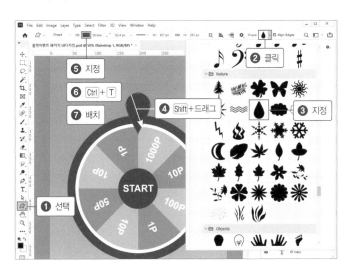

01 사용자 셰이프 도구(⌘.)를 선택하고 옵션바에서 Shape를 'Raindrop'으로 지정한 다음 Shift 를 누른 상태로 드래그해서 도형을 그립니다. 옵션바에서 Fill을 '#af0202'로 지정합니다. Ctrl + T 를 눌러 회전하고 그림과 같이 배치합니다.

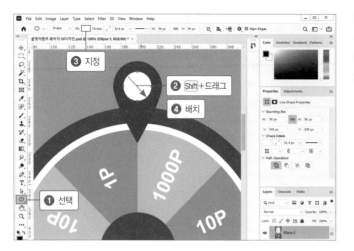

02 원형 도구(◯.)를 선택하고 Shift를 누른 상태로 드래그해서 정원을 그립니다. 옵션바에서 Fill을 '#ffffff'로 지정하고 그림과 같이 배치합니다.

03 [Layers] 패널에서 'Raindrop 1' 레이어를 선택하고 'Add a layer Style' 아이콘(fx.)을 클릭한 다음 **Drop Shadow**를 실행합니다. [Layer Style] 대화상자가 표시되면 Blend Mode를 'Normal', Color를 '#000000', Opacity를 '60%', Angle을 '135°', Distance를 '12px', Size를 '18px'로 설정하고 〈OK〉 버튼을 클릭합니다.

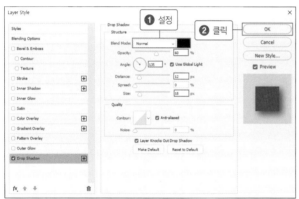

04 [Layers] 패널에서 'Ellipse 5' 레이어를 선택하고 'Add a layer Style' 아이콘(fx.)을 클릭한 다음 **Outer Glow**를 실행합니다. [Layer Style] 대화상자가 표시되면 Blend Mode를 'Normal', Opacity를 '70%', Color를 '#ffffff', Size를 '50px'로 설정하고 〈OK〉 버튼을 클릭합니다.

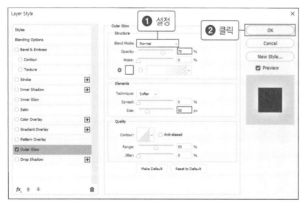

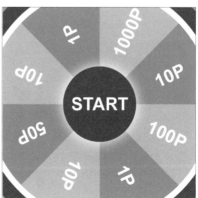

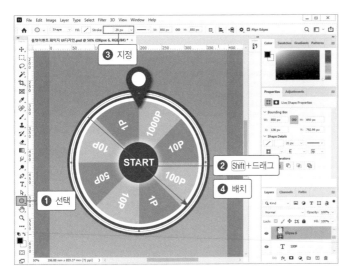

05 원형 도구(◯.)를 선택하고 Shift 를 누른 상태로 드래그해서 정원을 그립니다. 옵션바에서 Stroke를 '#ffffff', 두께를 '20px'로 지정하고 그림과 같이 배치합니다.

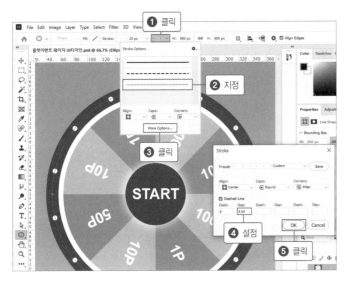

06 옵션바에서 Stroke Options를 '원점선'으로 지정하고 〈More Options〉 버튼을 클릭합니다. [Stroke] 대화상자가 표시되면 Gap을 '9.54'로 설정하고 〈OK〉 버튼을 클릭합니다.

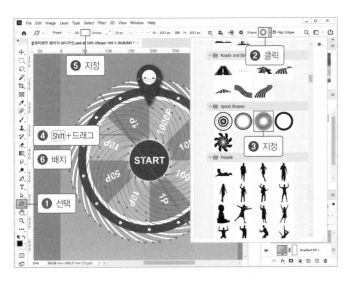

07 사용자 셰이프 도구(⌂.)를 선택하고 옵션바에서 Shape를 'Shape 169'로 지정한 다음 Shift 를 누른 상태로 드래그해서 그립니다. 옵션바에서 Fill을 '#ffffff'로 지정하고 그림과 같이 배치합니다.

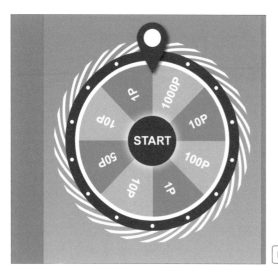

08 [Edit] → Transform Path → Flip Vertical을 실행하여 그림과 같이 반전합니다.

Flip Vertical 실행

09 [Filter] → Blur → Gaussian Blur를 실행합니다. [Gaussian Blur] 대화상자가 표시되면 Radius를 '8 Pixels'로 설정하고 〈OK〉 버튼을 클릭합니다.

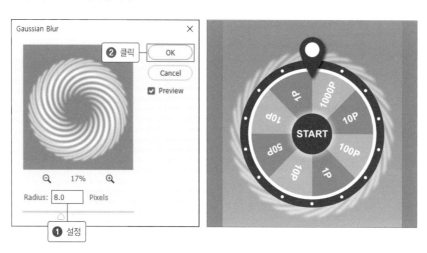

10 [Layers] 패널에서 룰렛을 그린 8개의 삼각형과 포인트를 입력한 문자 레이어를 모두 선택하고 Ctrl + T를 눌러 그림과 같이 회전합니다.

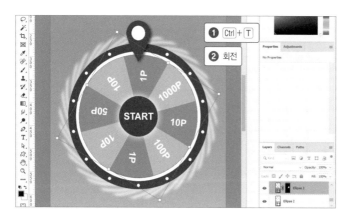

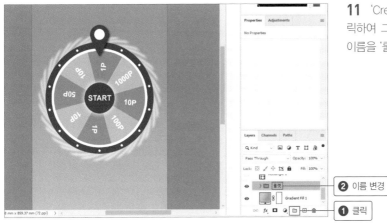

11 'Create a new group' 아이콘(🗖)을 클릭하여 그룹으로 지정한 다음 그룹 레이어의 이름을 '룰렛'으로 변경합니다.

4 문자 변형하고 장식 요소 추가하기

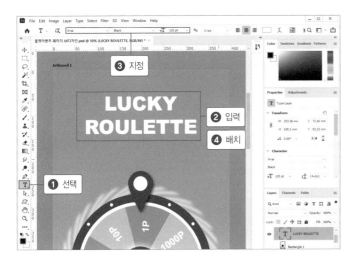

01 문자 도구(T)를 선택하고 'LUCKY ROULETTE'을 입력합니다. 옵션바에서 글꼴을 'Arial', 스타일을 'Black', 크기를 '120pt'로 지정하고 그림과 같이 배치합니다.

02 [Type] → Warp Text를 실행합니다. [Warp Text] 대화상자가 표시되면 Style을 'Arc'로 지정하고 Bend를 '+40%'로 설정한 다음 〈OK〉 버튼을 클릭합니다.

03 [Layers] 패널에서 'LUCKY ROULETTE' 레이어를 선택하고 'Add a layer Style' 아이콘(*fx*)을 클릭한 다음 **Drop Shadow**를 실행합니다. [Layer Style] 대화상자가 표시되면 Blend Mode를 'Normal', Color를 '#8b047b', Opacity를 '100%', Angle을 '135°', Distance를 '25px', Spread를 '100%', Size를 '9px'로 설정하고 〈OK〉 버튼을 클릭합니다.

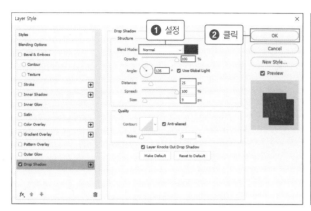

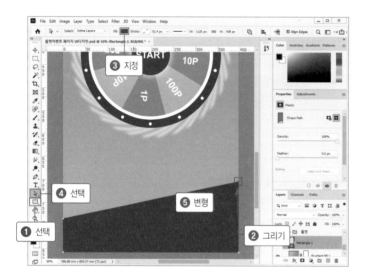

04 사각형 도구(□)를 선택하고 드래그하여 직사각형을 그리고 옵션바에서 Fill을 '#505050'으로 지정합니다. 직접 선택 도구(▷)를 선택하고 오른쪽 상단 조절점을 드래그하여 그림과 같이 변형합니다.

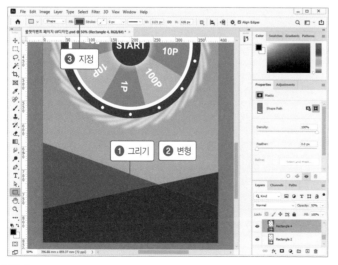

05 04번과 과정과 같은 방법으로 직사각형을 그리고 변형한 다음 옵션바에서 Fill을 '#4a0cbd'로 지정합니다.

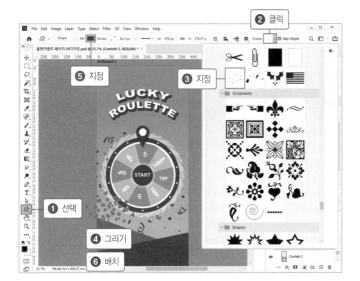

06 사용자 셰이프 도구(⚘.)를 선택하고 옵션바에서 Shape를 'Confetti'로 지정한 다음 Shift를 누른 상태로 드래그해서 그립니다. 옵션바에서 Fill을 '#8b047b'로 지정하고 그림과 같이 배치합니다.

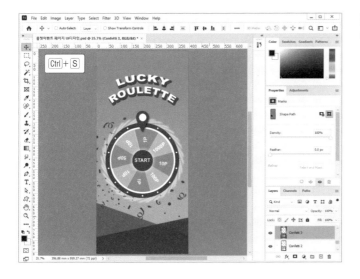

07 [File] → Save(Ctrl+S)를 실행하여 완성된 파일을 저장합니다.

날씨 App UI 디자인

날씨 App UI 디자인

●

사용 목적 날씨 App UI 디자인
작업 크기 1125 x 2436(pixels) / 해상도 : 72dpi
실제 크기 1125 x 2436(pixels) / 해상도 : 72dpi
기능 사용 이미지를 보정 및 편집하여 배경을 디자인합니다. 다양한
도형을 변형하여 아이콘을 디자인하고 UI 디자인을 완성합니다.

1125 pixels

2436 pixels

예제 작업 과정

1
배경 이미지 가져오기

2
배경 이미지 보정하기

3
추가 배경 이미지 가져와서
편집하기

4
아이콘 디자인하기

5
텍스트 입력하기

6
추가 아이콘 디자인하고
텍스트 입력하기

아이콘 제작과 날씨 App UI 디자인하기

◉ **예제 파일** 09\NEW YORK.jpg, RAINING.jpg | ◉ **완성 파일** 09\날씨 App UI디자인.psd

날씨 App의 배경 이미지를 보정 및 편집하여 입체감을 표현하고, 도형을 활용하여
날씨에 맞는 아이콘을 만들어 날씨 App UI를 디자인합니다.

1 이미지 합성하여 날씨 앱 배경 만들기

01 [File] → New(Ctrl+N)를 실행합니다. [Mobile] 탭을 선택한 다음 'iPhone X'를 선택합니다. 파일 이름을 '날씨 App
UI디자인'으로 입력하고 〈Create〉 버튼을 클릭합니다.

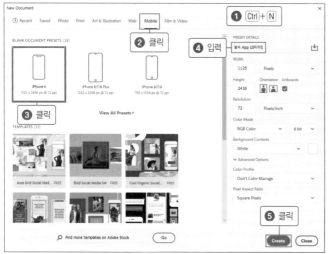

02 [File] → Open(Ctrl+O)을 실행하고
09 폴더에서 'NEW YORK.jpg' 파일을 불러옵
니다. 불러온 이미지를 기존 작업창으로 가져
옵니다. Ctrl+T를 눌러 이미지를 축소 및
이동하여 그림과 같이 배치합니다. [Layers]
패널에서 레이어의 이름을 '뉴욕'으로 변경합
니다.

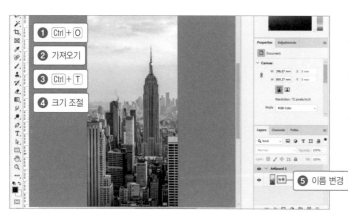

03 [File] → Open(Ctrl+O)을 실행하고 09 폴더에서 'RAINING.jpg' 파일을 불러옵니다. 불러온 이미지를 기존 작업창으로 가져옵니다. Ctrl+T를 눌러 이미지를 축소 및 이동하여 그림과 같이 배치합니다. [Layers] 패널에서 레이어의 이름을 '비'로 변경합니다. 블렌딩 모드를 'Multiply', Opacity를 '60%'로 설정합니다.

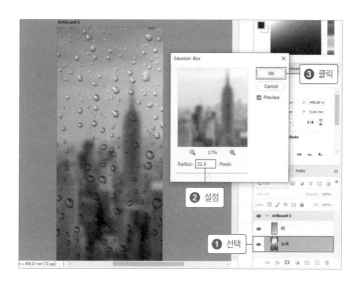

04 '뉴욕' 레이어를 선택하고 [Filter] → Blur → Gaussian Blur를 실행합니다. [Gaussian Blur] 대화상자가 표시되면 Radius를 '22 Pixels'로 설정하고 〈OK〉 버튼을 클릭합니다.

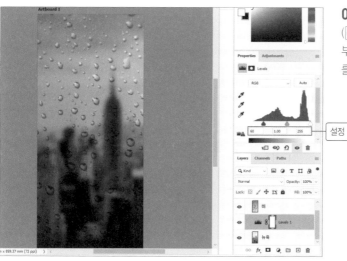

05 [Adjustments] 패널에서 'Levels' 아이콘(⬛)을 클릭하고 [Properties] 패널에서 왼쪽부터 '60', '1', '255'로 설정하여 이미지의 밝기를 조절합니다.

2 도형을 변형해 비 아이콘 만들기

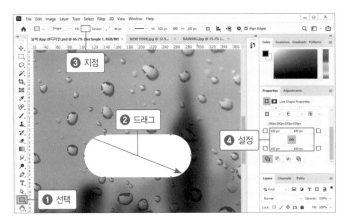

01 사각형 도구(▢)를 선택하고 드래그하여 그림과 같이 직사각형을 그립니다. 옵션바에서 Fill을 '#ffffff'로 지정합니다. [Properties] 패널에서 corner radius를 '100px'로 설정하여 둥근 직사각형으로 변형합니다.

TIP 직사각형 크기에 따라서 corner radius 값이 다릅니다.

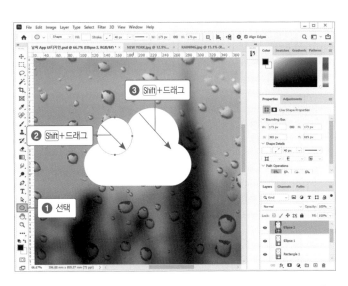

02 원형 도구(◯)를 선택하고 Shift를 누른 상태로 정원을 그림과 같이 2개 그립니다.

03 둥근 직사각형과 성원 2개를 그린 레이어를 선택하고 마우스 오른쪽 버튼을 클릭한 다음 **Merge Shapes**를 실행하여 레이어를 합칩니다.

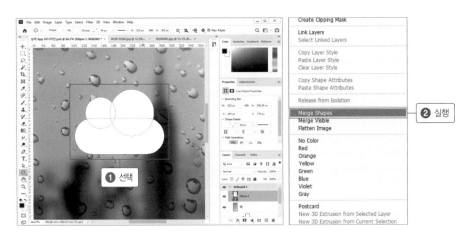

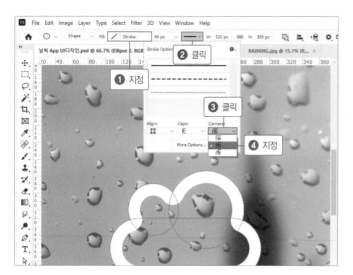

04 옵션바에 Fill을 'No Color', Stroke를 '#ffffff'로 지정한 다음 Stroke Options에서 Corners를 '둥근 형태'로 지정합니다.

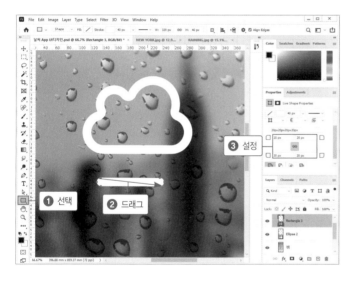

05 사각형 도구(□)를 선택하고 드래그 하여 그림과 같이 직사각형을 그립니다. [Properties] 패널에서 corner radius를 '20px' 로 설정하여 둥근 직사각형으로 변형합니다.

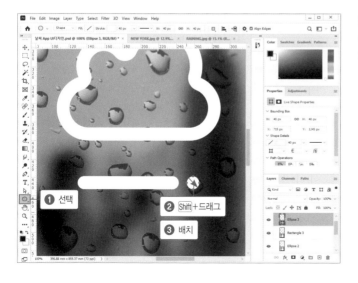

06 원형 도구(○)를 선택하고 Shift를 누른 상태로 드래그하여 정원을 그린 다음 그림과 같이 배치합니다.

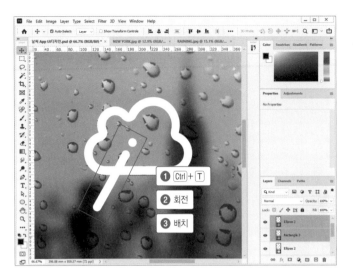

07 Ctrl+T를 누르고 Shift를 누른 상태로 도형을 회전하고 그림과 같이 배치합니다.

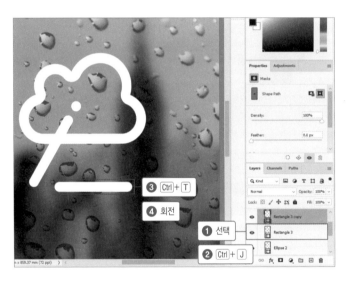

08 'Rectangle 3' 레이어를 선택하고 Ctrl +J를 눌러 레이어를 복제합니다. Ctrl+T 를 누르고 Shift를 누른 상태에서 도형을 그림과 같이 회전합니다.

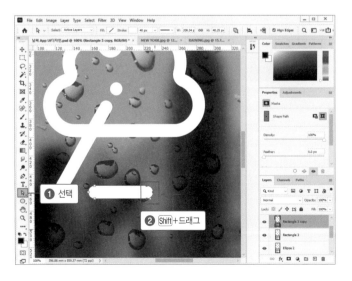

09 직접 선택 도구(▷)를 선택하고 오른쪽 3개의 조절점을 클릭하고 Shift를 누른 상태로 드래그하여 그림과 같이 변형합니다.

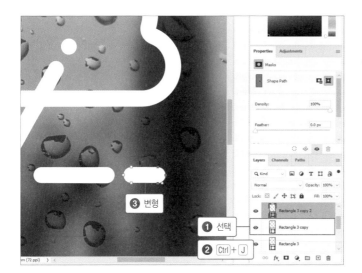

10 'Rectangle 3 copy' 레이어를 선택하고 Ctrl + J 를 눌러 레이어를 복제합니다. **09**번 과정과 같은 방법으로 도형을 변형합니다.

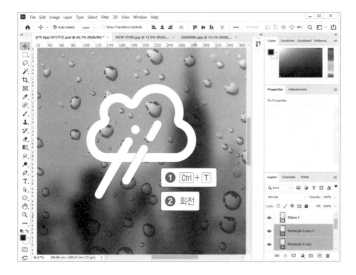

11 Ctrl + T 를 누르고 Shift 를 누른 상태로 도형을 그림과 같이 회전하고 배치합니다.

12 **05~07**번 과정과 같은 방법으로 그림과 같이 비를 그리고 배치합니다. [Layers] 패널 에서 비 아이콘을 그린 레이어를 모두 선택하 고 'Create a new group' 아이콘(◻)을 클릭 하여 그룹으로 지정한 다음 그룹 레이어의 이 름을 '비'로 변경합니다.

13 문자 도구( )를 선택하고 '12°', 'Raining'을 각각 입력합니다. 옵션바에서 글꼴을 '나눔스퀘어' 스타일을 'Light', 크기를 '380pt', '100pt'로 지정한 다음 그림과 같이 배치합니다.

3 도형으로 아이콘 만들기

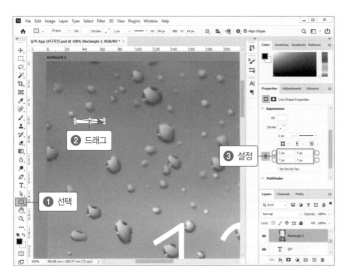

01 사각형 도구( )를 선택하고 드래그하여 그림과 같이 직사각형을 그립니다. [Properties] 패널에서 corner radius를 '7px'로 설정하여 둥근 직사각형으로 변형합니다.

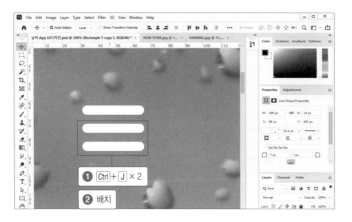

02 'Rectangle 3' 레이어를 선택하고 Ctrl +J를 2번 눌러 레이어를 복제한 다음 그림과 같이 배치합니다.

03 직접 선택 도구(▷.)를 선택하고 도형의 오른쪽 조절점을 드래그하여 그림과 같이 변형합니다. 둥근 직사각형을 그린 3개의 레이어를 모두 선택하고 'Create a new group' 아이콘(▢)을 클릭하여 그룹으로 지정한 다음 그룹 레이어의 이름을 '설정 아이콘'으로 변경합니다.

TIP 이동 도구로 레이어를 선택하고 직접 선택 도구로 조절점을 선택합니다.

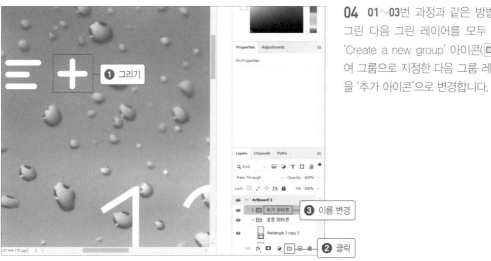

04 **01~03**번 과정과 같은 방법으로 '+'를 그린 다음 그린 레이어를 모두 선택합니다. 'Create a new group' 아이콘(▢)을 클릭하여 그룹으로 지정한 다음 그룹 레이어의 이름을 '추가 아이콘'으로 변경합니다.

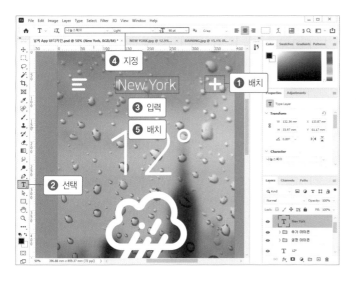

05 추가 아이콘을 그림과 같이 배치합니다. 문자 도구(T.)를 선택하고 'New York'을 입력합니다. 옵션바에서 글꼴을 '나눔스퀘어', 스타일을 'Light', 크기를 '90pt'로 지정한 다음 그림과 같이 배치합니다.

4 제작한 아이콘 변형하고 문자 입력하여 날씨 앱 완성하기

01 사각형 도구(□)를 선택하고 드래그하여 그림과 같이 직사각형을 그리고 배치합니다.

02 문자 도구(T.)를 선택하고 'TODAY', 'FRI', 'SAT'를 각각 입력합니다. 옵션바에서 글꼴을 '나눔스퀘어', 스타일을 'Light', 크기를 '50pt'로 지정한 다음 그림과 같이 배치합니다.

03 '비' 그룹 레이어를 선택하고 Ctrl + J 를 눌러 레이어를 복제한 다음 그룹 레이어의 이름을 '비 아이콘'으로 변경합니다.

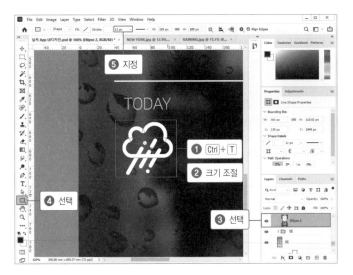

04 Ctrl+T를 누르고 Shift를 누른 상태로 축소한 다음 '비 아이콘' 그룹 레이어에서 구름을 그린 'Ellipse 2' 레이어를 선택합니다. 사각형 도구(□)를 선택하고 옵션바에서 Stroke를 '12px'로 지정합니다.

05 '비 아이콘' 그룹 레이어를 선택하고 Ctrl+J를 눌러 레이어를 복제하고 그림과 같이 배치합니다. 그룹 레이어의 이름을 '구름 아이콘'으로 변경합니다.

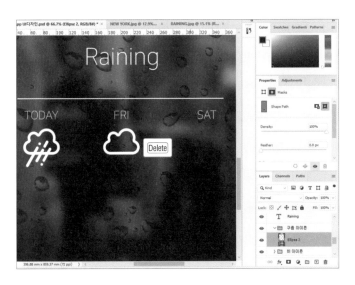

06 '구름 아이콘' 그룹 레이어에서 구름을 그린 'Ellipse 2' 레이어만 제외하고 Delete를 눌러 삭제합니다.

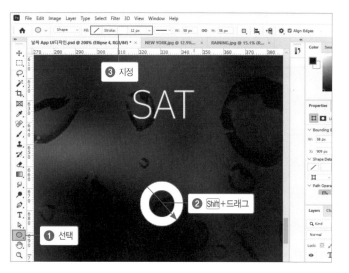

07 원형 도구(◯)를 선택하고 Shift를 누른 상태로 드래그하여 정원을 그립니다. 옵션바에 Fill을 'No Color', Stroke를 '#ffffff', 두께를 '12px'로 지정합니다.

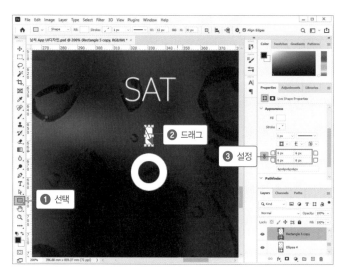

08 사각형 도구(▢)를 선택하고 드래그하여 그림과 같이 직사각형을 그립니다. [Properties] 패널에서 corner radius를 '6px'로 설정하여 둥근 직사각형으로 변형합니다.

09 'Rectangle 5' 레이어를 선택하고 Ctrl+J를 눌러 레이어를 복제해 그림과 같이 배치합니다. 'Rectangle 5' 레이어와 'Rectangle 5 copy' 레이어를 선택하고 마우스 오른쪽 버튼을 클릭한 다음 Merge Shapes를 실행하여 레이어를 합칩니다.

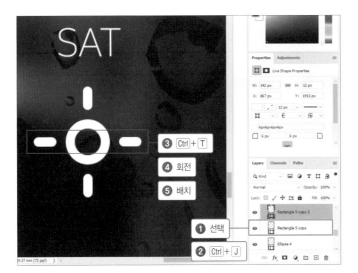

10 'Rectangle 5 copy' 레이어를 선택하고 Ctrl+J를 눌러 레이어를 복제합니다. Ctrl+T를 누르고 Shift를 누른 상태로 도형을 그림과 같이 회전하고 배치합니다.

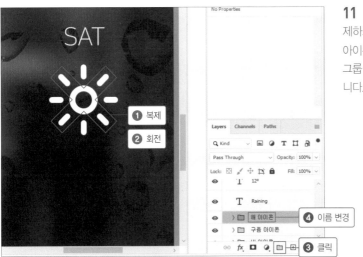

11 10번 과정과 같은 방법으로 레이어를 복제하고 회전한 다음 'Create a new group' 아이콘(▢)을 클릭하여 그룹으로 지정합니다. 그룹 레이어의 이름을 '해 아이콘'으로 변경합니다.

12 문자 도구(T.)를 선택하고 '12°', '14°', '19°'를 각각 입력합니다. 옵션바에서 글꼴을 '나눔스퀘어', 스타일을 'Light', 크기를 '80pt'로 지정하고 그림과 같이 배치합니다. [File] → Save(Ctrl+S)를 실행하여 완성된 파일을 저장합니다.

Shopping App UI 디자인

●

사용 목적　Shopping App UI 디자인
작업 크기　1125 x 2436(pixels) / 해상도 : 72dpi
실제 크기　1125 x 2436(pixels) / 해상도 : 72dpi
기능 사용　이미지를 보정하고 마스크를 적용합니다. 도형을 변형하여
배경을 만들고 다양한 아이콘을 제작해 UI 디자인을 완성합니다.

예제 작업 과정

1

배경 컬러 적용하기

2

이미지 보정하고 마스크 적용하기

3

배경에 그래픽 요소 만들기

4

내비게이션 만들기

5

아이콘 디자인하기

6

추가 아이콘 디자인하고 텍스트
입력하기

SECTION 03

Shopping App UI 디자인

이미지를 보정하고 도형을 편집하여 UI 디자인하기

◉ **예제 파일** 09\쇼핑 이미지.jpg | ◉ **완성 파일** 09\Shopping App UI디자인.psd

이미지 보정과 자연스러운 도형 마스크를 적용하여 Shopping App UI를 디자인
합니다.

1 도형과 이미지에 필터와 마스크 적용하기

01 [File] → New(Ctrl+N)를 실행합니다. [Mobile] 탭을 선택한 다음 'iPhone X'를 선택합니다. 파일 이름을 'Shopping App UI디자인'으로 입력하고 〈Create〉 버튼을 클릭합니다.

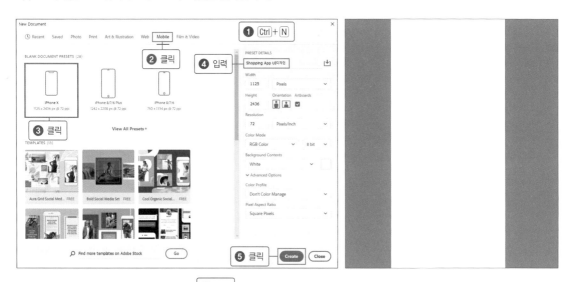

02 [Layers] 패널에서 'Create new fill or adjustment layer' 아이콘(◉.)을 클릭한 다음 **Solid Color**를 실행합니다. [Color Picker] 대화상자가 표시되면 색상을 '#f8e5c8'로 지정한 다음 〈OK〉 버튼을 클릭합니다. [Layers] 패널에서 레이어의 이름을 '배경'으로 변경합니다.

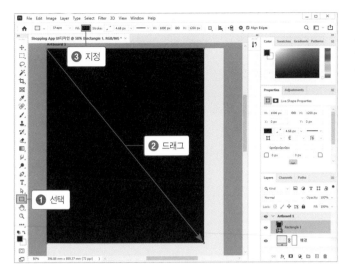

03 사각형 도구(▭)를 선택하고 드래그해서 직사각형을 그립니다. 옵션바에서 Fill을 '#000000'으로 지정한 다음 그림과 같이 배치합니다.

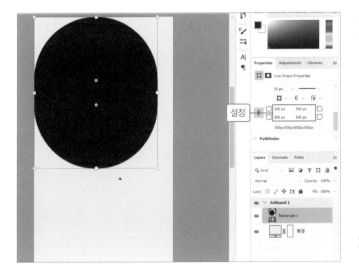

04 [Properties] 패널에서 corner radius를 '500px'로 설정합니다.

TIP 직사각형 크기에 따라 설정하는 corner radius 값이 다릅니다.

05 [Filter] → Distort → Pinch를 실행합니다. [Pinch] 대화상자가 표시되면 Amount를 '100%'로 설정하고 〈OK〉 버튼을 클릭합니다.

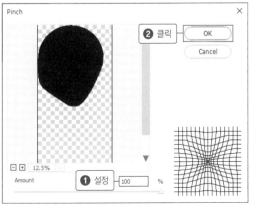

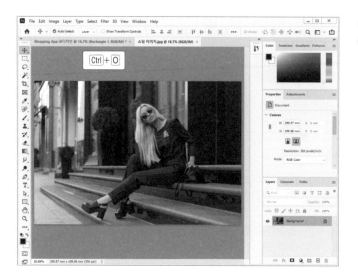

06 [File] → Open(Ctrl+O)을 실행하고 09 폴더에서 '쇼핑 이미지.jpg' 파일을 불러옵니다.

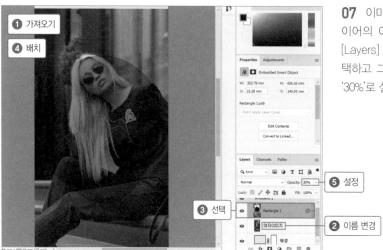

07 이미지를 기존 작업창으로 가져오고 레이어의 이름을 '여자이미지'로 변경합니다. [Layers] 패널에서 'Rectangle 1' 레이어를 선택하고 그림과 같이 배치한 다음 Opacity를 '30%'로 설정합니다.

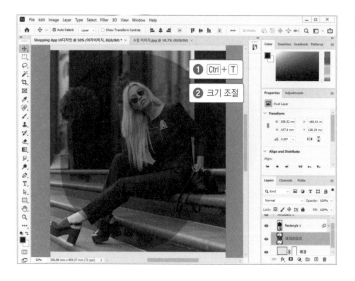

08 Ctrl+T를 누르고 여자 이미지를 축소하여 도형 안에 이미지가 보이게 합니다.

09 [Layers] 패널에서 'Rectangle 1' 레이어의 섬네일에 Ctrl을 누른 상태로 클릭합니다. 'Add layer mask' 아이콘(◻)을 클릭해서 마스크를 적용한 다음 'Rectangle 1' 레이어의 '눈' 아이콘(◉)을 클릭해서 레이어를 숨깁니다.

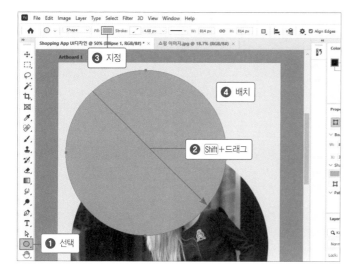

10 원형 도구(◯)를 선택하고 Shift를 누른 상태로 드래그해서 정원을 그립니다. 옵션바에서 Fill을 '#e1ac66'으로 지정한 다음 그림과 같이 배치합니다.

11 [Filter] → Distort → Pinch를 실행합니다. [Pinch] 대화상자가 표시되면 Amount를 '100%'로 설정하고 〈OK〉 버튼을 클릭합니다. 그림과 같이 배치한 다음 [Layers] 패널에서 'Ellipse 1' 레이어를 '여자이미지' 레이어 아래로 이동합니다.

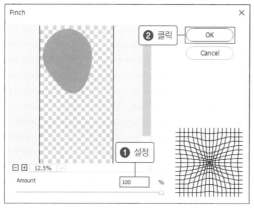

12 10~11번 과정과 같은 방법으로 도형을 변형하고 그림과 같이 배치합니다.

2 상품 정보 메뉴 만들기

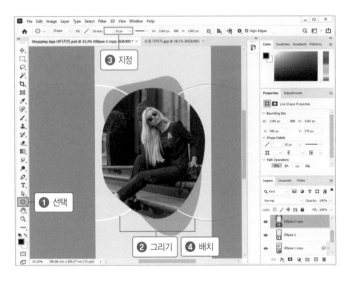

01 원형 도구(○)를 선택하고 Shift를 누른 상태로 드래그해서 정원을 2개 그립니다. 옵션바에서 Stroke를 '#ffffff', 두께를 '10px'로 지정한 다음 그림과 같이 배치합니다.

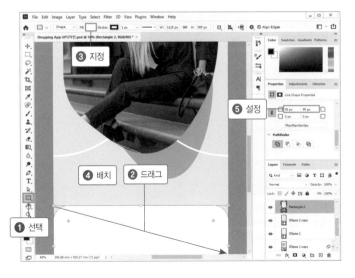

02 사각형 도구(▢)를 선택하고 드래그하여 직사각형을 그립니다. 옵션바에서 Fill을 '#ffffff'로 지정하고 그림과 같이 배치합니다. [Properties] 패널에서 직사각형의 왼쪽 상단과 오른쪽 상단 corner radius를 '95px'로 설정합니다.

03 문자 도구(T.)를 선택하고 'MINIMALIST & STYLISH', '$180', '$200'을 각각 입력합니다. 옵션바에서 글꼴을 '나눔명조'로 지정합니다. [Layers] 패널에서 '$200' 레이어를 선택하고 [Character] 패널에서 'Strikethrough' 아이콘(T)을 클릭합니다.

04 사각형 도구(□)를 선택하고 Shift 를 누른 상태로 정사각형을 그립니다. 옵션바에서 Stroke를 '#000000', 두께를 '6px'로 지정합니다. Ctrl + T 를 눌러 90° 회전합니다.

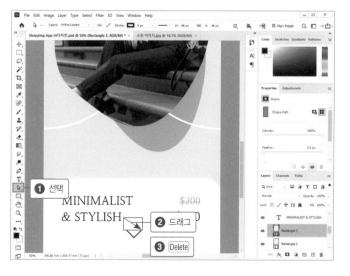

05 직접 선택 도구(▷)를 선택하고 드래그해서 상단 조절점을 선택한 다음 Delete 를 눌러 삭제합니다.

3 페이지네이션 아이콘 만들기

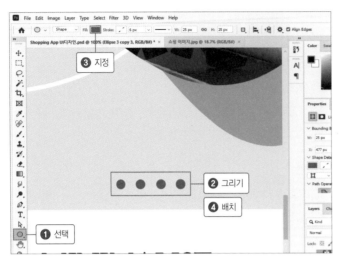

01 원형 도구(◯.)를 선택하고 Shift를 누른 상태로 드래그하여 '정원'을 4개를 그립니다. 옵션바에서 Fill을 '#666666'으로 지정하고 그림과 같이 배치합니다.

02 사각형 도구(▢.)를 선택하고 드래그하여 그림과 같이 직사각형을 그립니다. 옵션바에서 Fill을 '#000000'으로 지정합니다.

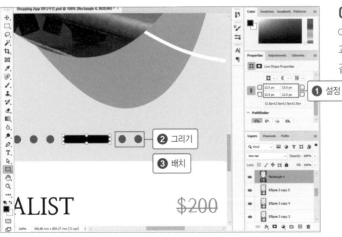

03 [Properties] 패널에서 직사각형의 corner radius를 '12.5px'로 설정합니다. **01**번 과정과 같은 방법으로 정원을 그리고 그림과 같이 배치합니다.

4 장바구니 아이콘 만들기

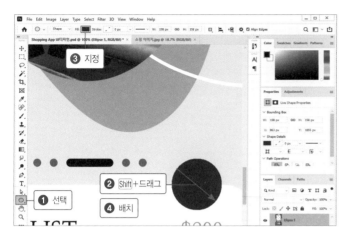

01 원형 도구(◯.)를 선택하고 Shift를 누른 상태로 드래그하여 정원을 그립니다. 옵션바에서 Fill을 '#700a0a'로 지정하고 그림과 같이 배치합니다.

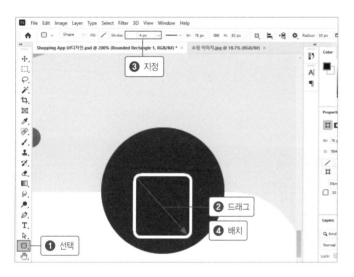

02 둥근 사각형 도구(▢.)를 선택하고 드래그하여 사각형을 그립니다. 옵션바에서 Stroke를 '#ffffff', 두께를 '4px'로 지정하고 그림과 같이 배치합니다.

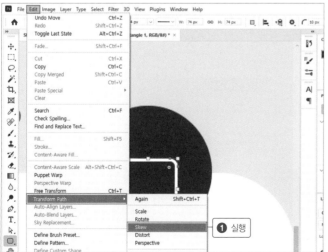

03 [Edit] → Transform Path → Skew를 실행한 다음 드래그해서 그림과 같이 변형합니다.

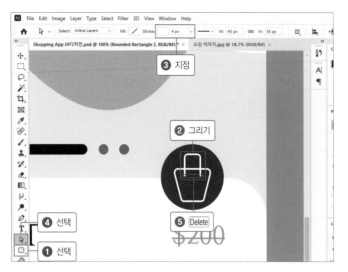

04 둥근 사각형 도구(□)를 선택하고 드래그하여 사각형을 그립니다. 옵션바에서 Stroke를 '#ffffff', 두께를 '4px'로 지정합니다. 직접 선택 도구(▶)를 선택하고 드래그하여 하단의 조절점을 선택한 다음 Delete를 눌러 삭제합니다.

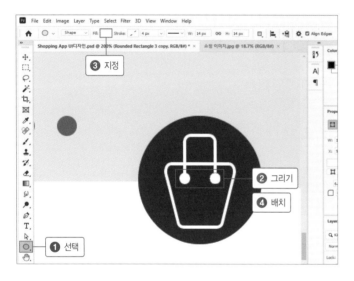

05 원형 도구(○)를 선택하고 Shift를 누른 상태로 드래그하여 정원을 2개 그립니다. 옵션바에서 Fill을 '#ffffff'로 지정하고 그림과 같이 배치합니다.

06 [Layers] 패널에서 'Ellipse 5' 레이어를 선택하고 'Add a layer style' 아이콘(fx)을 클릭한 다음 **Drop Shadow**를 실행합니다. [Layer Style] 대화상자가 표시되면 Blend Mode를 'Normal', Color를 '#000000', Opacity를 '40%', Angle을 '135°', Distance를 '15px', Size를 '15px'로 설정하고 〈OK〉 버튼을 클릭합니다. 장바구니 아이콘을 그린 레이어를 모두 선택하고 'Create a new group' 아이콘(□)을 클릭하여 그룹으로 지정한 다음 그룹 레이어의 이름을 '장바구니 아이콘'으로 변경합니다.

5 뒤로가기 아이콘과 하트 그리기

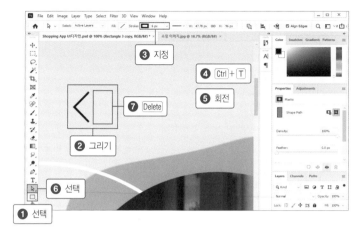

01 사각형 도구(□.)를 선택하고 Shift를 누른 상태로 정사각형을 그립니다. 옵션바에서 Stroke를 '#000000', 두께를 '6px'로 지정한 다음 Ctrl + T를 눌러 90° 회전합니다. 직접 선택 도구(▷.)를 선택하고 드래그해서 오른쪽 조절점을 선택한 다음 Delete를 눌러 삭제하고 그림과 같이 배치합니다.

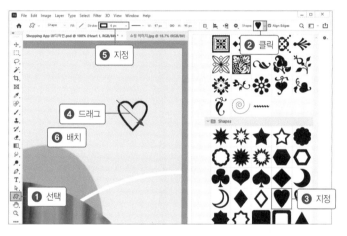

02 사용자 셰이프 도구(⌖.)를 선택하고 옵션바에서 Shape를 'Heart'로 지정한 다음 드래그하여 그립니다. 옵션바에서 Stroke를 '#000000', 두께를 '6px'로 지정하고 그림과 같이 배치합니다.

03 [Layers] 패널에서 '여자이미지' 레이어를 선택하고 'Add a layer style' 아이콘(fx.)을 클릭한 다음 **Drop Shadow**를 실행합니다. [Layer Style] 대화상자가 표시되면 Blend Mode를 'Normal', Color를 '#000000', Opacity를 '60%', Angle을 '135°', Distance를 '30px', Size를 '60px'로 설정하고 〈OK〉 버튼을 클릭합니다. **[File]** → **Save**(Ctrl + S)를 실행하여 완성된 파일을 저장합니다.

Music Play UI 디자인

●

사용 목적 Music Play UI 디자인
작업 크기 1125 x 2436(pixels) / 해상도 : 72dpi
실제 크기 1125 x 2436(pixels) / 해상도 : 72dpi
기능 사용 다양한 도형에 활용하여 아이콘을 디자인합니다. 레이어 스
타일을 적용하여 입체감을 표현하고 UI 디자인을 완성합니다.

1125 pixels

2436 pixels

예제 작업 과정

1
배경 컬러 적용하기

2
음악 재생 UI 디자인하기

3
음악 재생 UI 디자인에 그레데이션
적용하기

4
음악 재생 UI 디자인에 이미지
마스크 적용하기

5
아이콘 및 텍스트 입력하기

6
버튼 디자인하기

뉴모피즘 스타일의 Music Play UI 디자인하기

◎ **예제 파일** 09\Music Play.jpg | ◎ **완성 파일** 09\Music Play UI디자인.psd

이미지를 편집하여 음악 재생 UI를 디자인하고, 레이어 스타일을 적용하여 입체
버튼을 만들어 Music Play UI를 디자인합니다.

1 도형과 이미지로 음악 재생 UI 만들기

01 [File] → New(Ctrl+N)를 실행하고 [Mobile] 탭을 선택한 다음 'iPhone X'를 선택합니다. 파일 이름을 'Music Play UI디자인'으로 입력하고 〈Create〉 버튼을 클릭합니다.

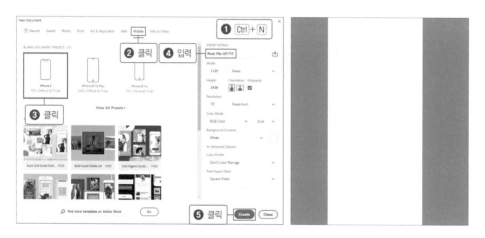

02 [Layers] 패널에서 'Create new fill or adjustment layer' 아이콘(◎)을 클릭한 다음 **Solid Color**를 실행합니다. [Color Picker] 대화상자가 표시되면 색상을 '#e9e9e9'로 지정하고 〈OK〉 버튼을 클릭합니다. [Layers] 패널에서 레이어의 이름을 '배경'으로 변경합니다.

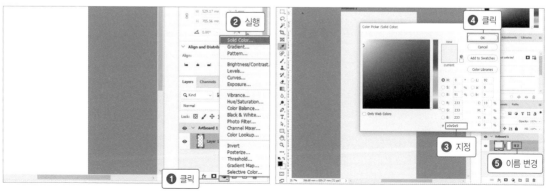

03 원형 도구(◯.)를 선택하고 Shift 를 누른 상태로 드래그해서 정원을 그립니다.

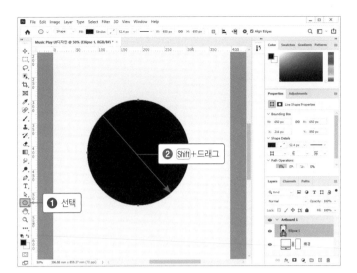

04 옵션바에서 Fill을 '#e0e0e0'으로 지정합니다.

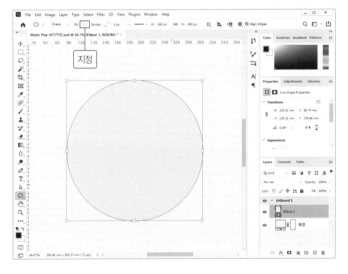

05 [Layers] 패널에서 'Add a layer style' 아이콘(fx.)을 클릭한 다음 **Outer Glow**를 실행합니다. [Layer Style] 대화상자가 표시되면 Blend Mode를 'Normal', Opacity를 '20%', Size를 '80px'로 설정하고 〈OK〉 버튼을 클릭합니다.

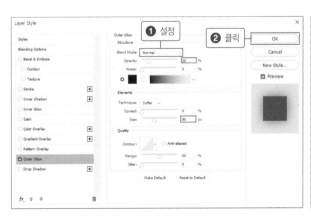

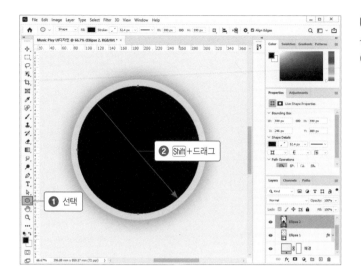

06 원형 도구(◯)를 선택하고 Shift를 누른 상태로 드래그해서 정원을 그리고 그림과 같이 배치합니다.

07 옵션바에서 Fill을 'Gradient', 'Pink_17', 'Angle'로 지정합니다.

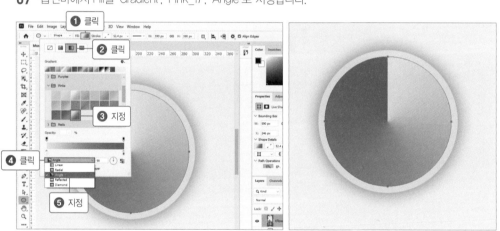

08 [Layers] 패널에서 'Add a layer style' 아이콘(*fx*)을 클릭한 다음 **Inner Shadow**를 실행합니다. [Layer Style] 대화상자가 표시되면 Blend Mode를 'Normal', Opacity를 '80%', Angle을 '90°', Size를 '35px'로 설정하고 〈OK〉 버튼을 클릭합니다.

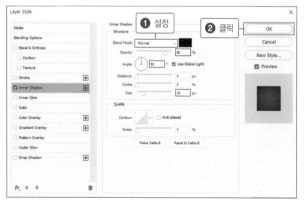

09 프레임 도구(⊠)를 선택하고 옵션바에서 'Elliptical Frame' 아이콘(⊗)을 클릭합니다. Shift를 누르고 드래그해서 그림과 같이 정원을 그립니다. 09 폴더에서 'Music Play.jpg' 파일을 정원 프레임 안으로 드래그해서 마스크를 적용합니다.

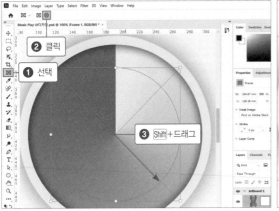

10 [Layers] 패널에서 'Music Play Frame' 레이어의 이미지 섬네일을 클릭합니다. Ctrl +T를 누르고 Shift를 누른 상태로 그림과 같이 확대합니다.

11 원형 도구(○)를 선택하고 Shift를 누른 상태로 드래그해서 정원을 그린 다음 그림과 같이 배치합니다. 옵션바에서 Fill을 '#ffffff'로 지정합니다.

12 [Layers] 패널에서 'Add a layer style' 아이콘(fx)을 클릭한 다음 **Outer Glow**를 실행합니다. [Layer Style] 대화상자가 표시되면 Blend Mode를 'Normal', Opacity를 '40%' Size를 '30px'로 설정하고 〈OK〉 버튼을 클릭합니다.

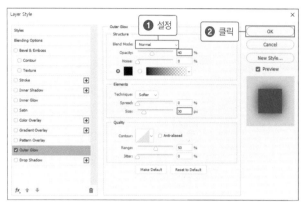

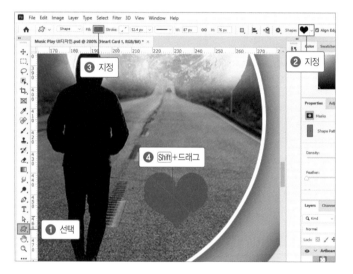

13 사용자 셰이프 도구(⌀)를 선택하고 옵션바에서 Shape를 'Heart Card'로 지정한 다음 Fill을 '#d02282'로 지정합니다. Shift를 누른 상태로 드래그하여 그림과 같이 하트 아이콘을 그립니다.

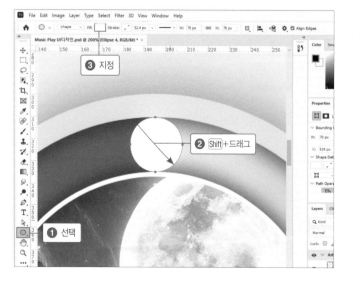

14 원형 도구(◯)를 선택하고 Shift를 누른 상태로 드래그하여 그림과 같이 정원을 그립니다. 옵션바에서 Fill을 '#ffffff'로 지정합니다.

2 도형과 문자로 음악 제목과 아이콘 만들기

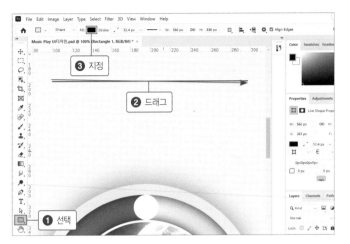

01 사각형 도구(▢)를 선택하고 드래그하여 그림과 같이 직사각형을 그립니다. 옵션바에서 Fill을 '#000000'으로 지정합니다.

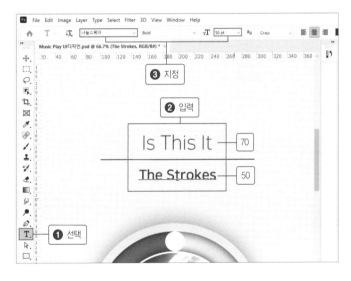

02 문자 도구(T.)를 선택하고 'Is This It', 'The Strokes'를 각각 입력합니다. 옵션바에서 글꼴을 '나눔스퀘어', 크기를 '70pt', '50pt'로 지정합니다.

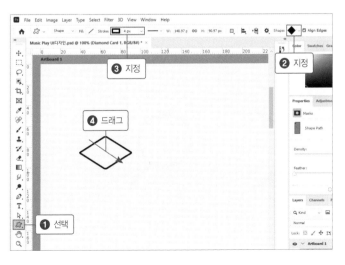

03 사용자 셰이프 도구(◈.)를 선택하고 옵션바에서 Shape를 'Diamond Card'로 지정한 다음 Stroke를 '#000000', 두께를 '4px'로 지정합니다. 드래그하여 그림과 같이 다이아몬드 아이콘을 그립니다.

04 직접 선택 도구(⟨k.⟩)를 선택하고 드래그해서 그림과 같이 오른쪽 조절점을 선택하고 ⟨Delete⟩를 눌러 삭제합니다. 옵션바에서 Stroke Options의 Caps를 '둥근 형태'로 지정합니다.

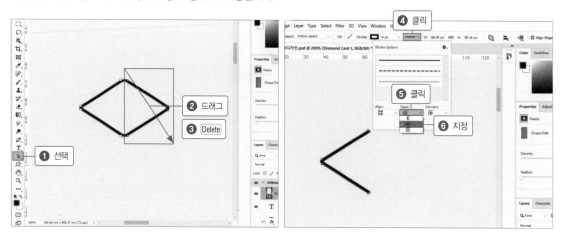

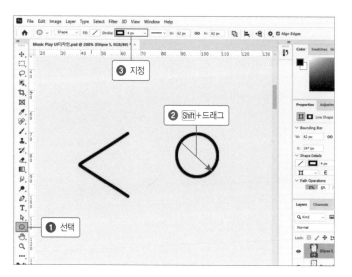

05 원형 도구(⟨○.⟩)를 선택하고 ⟨Shift⟩를 누른 상태로 드래그하여 그림과 같이 정원을 그립니다. 옵션바에서 Stroke를 '#000000', 두께를 '4px'로 지정합니다.

06 사각형 도구(⟨口.⟩)를 선택하고 드래그하여 그림과 같이 직사각형을 그립니다. 옵션바에서 Fill을 '#000000'으로 지정합니다. ⟨Ctrl⟩+⟨T⟩를 눌러 그림과 같이 회전하고 배치합니다.

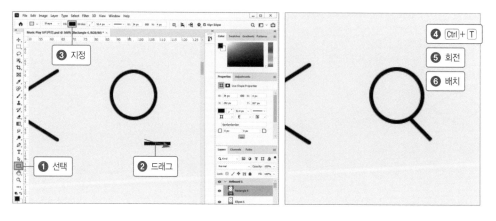

07 [Layers] 패널에서 'Ellipse 5' 레이어와 'Rectangle 4' 레이어를 선택하고 'Link layers' 아이콘(🔗)을 클릭합니다. 문자 도구(T.)를 선택하고 'Now Playing'을 입력합니다. 옵션바에서 글꼴을 '나눔스퀘어', 크기를 '80pt'로 지정한 다음 그림과 같이 배치합니다.

3 도형으로 음악 로딩 바와 입체적인 재생 버튼 만들기

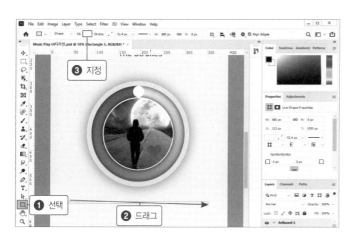

01 사각형 도구(□.)를 선택하고 드래그하여 그림과 같이 사각형을 그립니다. 옵션바에서 Fill을 '#ffffff'로 지정합니다.

02 문자 도구(T.)를 선택하고 '0:01', '−2:12'를 각각 입력합니다. 옵션바에서 글꼴을 '나눔스퀘어', 크기를 '40pt'로 지정한 다음 그림과 같이 배치합니다.

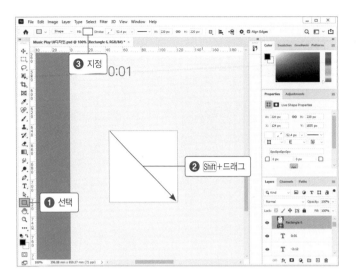

03 사각형 도구(□)를 선택하고 Shift를 누른 상태로 드래그하여 그림과 같이 정사각형을 그립니다. 옵션바에서 Fill을 '#ffffff'로 지정합니다.

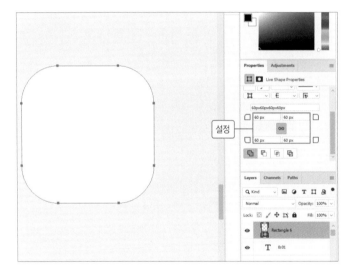

04 [Properties] 패널에서 corner radius를 '60px'로 설정하여 둥근 정사각형으로 변형합니다.

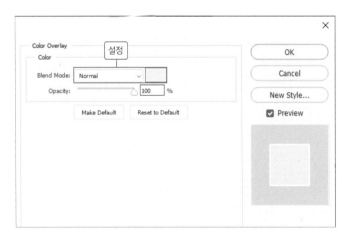

05 [Layers] 패널에서 'Add a layer style' 아이콘(fx)을 클릭한 다음 **Color Overlay**를 실행합니다. [Layer Style] 대화상자가 표시되면 Blend Mode를 'Normal', Color를 '#e8e8e7', Opacity를 '100%'로 설정합니다.

06 항목에서 'Stroke'를 선택하고 Size를 '2px', Position을 'Outside'로 설정하고 〈OK〉 버튼을 클릭합니다.

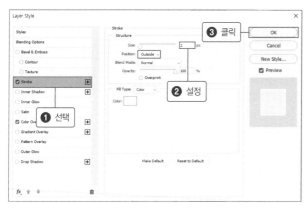

07 [Layers] 패널에서 'Add a layer style' 아이콘(*fx*)을 클릭한 다음 **Drop Shadow**를 실행합니다. [Layer Style] 대화상자가 표시되면 Blend Mode를 'Normal', Color를 '#ffffff', Opacity를 '80%', Angle을 '−60°', Distance를 '20px', Size를 '30px'로 설정하고 〈OK〉 버튼을 클릭합니다.

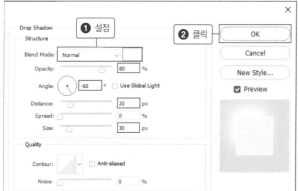

08 [Layers] 패널에서 'Add a layer style' 아이콘(*fx*)을 클릭한 다음 **Drop Shadow**를 실행합니다. [Layer Style] 대화상자가 표시되면 항목에서 Drop Shadow의 '+' 아이콘(⊞)을 클릭하면 'Drop Shadow' 옵션이 추가됩니다. Blend Mode를 'Normal', Color를 '#000000', Opacity를 '20%', Angle을 '120°', Distance를 '20px', Size를 '30px'로 설정하고 〈OK〉 버튼을 클릭합니다.

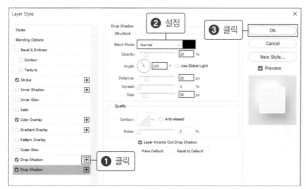

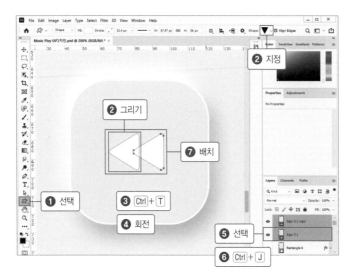

09 사용자 셰이프 도구(⬚.)를 선택하고 옵션바에서 Shape를 'Sign 3'으로 지정한 다음 Shift를 누른 상태로 드래그하여 삼각형을 그리고 Ctrl+T를 눌러 회전합니다. [Layers] 패널에서 'Sign 3 1' 레이어를 선택하고 Ctrl+J를 눌러 레이어를 복제한 다음 그림과 같이 배치합니다.

10 [Layers] 패널에서 'Sign 3 1' 레이어와 'Sign 3 1 copy' 레이어를 선택하고 마우스 오른쪽 버튼을 클릭한 다음 **Merge Shapes**를 실행하여 레이어를 합칩니다. 'Add a layer style' 아이콘(*fx*)을 클릭한 다음 **Color Overlay**를 실행합니다. [Layer Style] 대화상자가 표시되면 Blend Mode를 'Normal', Color를 '#232323', Opacity를 '100%'로 설정하고 〈OK〉 버튼을 클릭합니다.

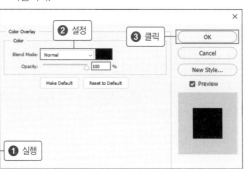

11 [Layers] 패널에서 'Add a layer style' 아이콘(*fx*)을 클릭한 다음 **Inner Shadow**를 실행합니다. [Layer Style] 대화상자가 표시되면 Blend Mode를 'Normal', Color를 '#ffffff', Opacity를 '50%', Angle을 '130°', Distance를 '3px', Size를 '4px'로 설정하고 〈OK〉 버튼을 클릭합니다.

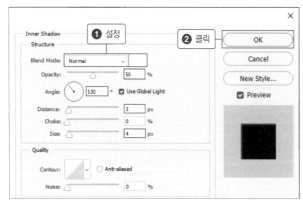

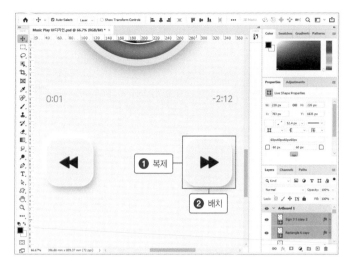

12 'Sign 3 1 copy' 레이어와 'Rectangle 6' 레이어를 선택하고 Ctrl+J를 눌러 레이어 복제하여 그림과 같이 배치합니다.

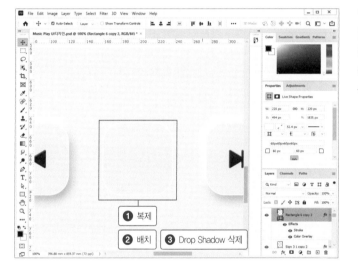

13 'Rectangle 6 copy' 레이어를 선택하고 Ctrl+J를 눌러 레이어를 복제하여 그림과 같이 배치합니다. 'Rectangle 6 copy 2' 레이어 아래에 있는 'Drop Shadow' 효과 2개를 삭제합니다.

14 [Layers] 패널에서 'Add a layer style' 아이콘(*fx*)을 클릭한 다음 **Inner Shadow**를 실행합니다. [Layer Style] 대화 상자가 표시되면 Blend Mode를 'Normal', Color를 '#000000', Opacity를 '15%', Angle을 '130°', Distance를 '10px', Size를 '15px'로 설정하고 〈OK〉 버튼을 클릭합니다.

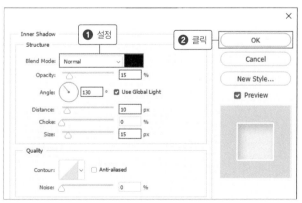

15 [Layers] 패널에서 'Add a layer style' 아이콘(fx)을 클릭한 다음 **Inner Shadow**를 실행합니다. [Layer Style] 대화상자가 표시되면 항목에서 Inner Shadow의 '+' 아이콘(⊞)을 클릭하면 'Inner Shadow' 옵션이 추가됩니다. Blend Mode를 'Normal', Color를 '#ffffff', Opacity를 '80%', Angle을 '−60', Distance를 '10px', Size를 '20px'로 설정하고 〈OK〉 버튼을 클릭합니다.

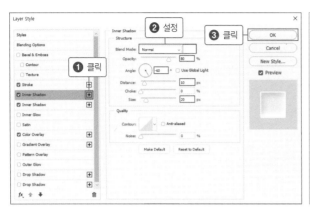

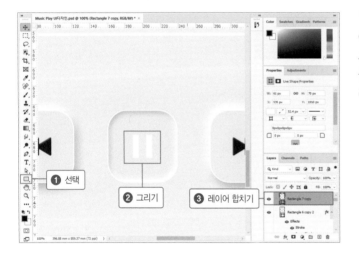

16 사각형 도구(▢)를 선택하고 드래그하여 직사각형을 2개 그립니다. 직사각형 2개를 그린 레이어를 선택하고 마우스 오른쪽 버튼을 클릭한 다음 **Merge Shapes**를 실행하여 레이어를 합칩니다.

17 [Properties] 패널에서 corner radius를 '9px'로 설정하여 둥근 정사각형으로 변형합니다. 'Add a layer style' 아이콘(fx)을 클릭한 다음 **Color Overlay**를 실행합니다. [Layer Style] 대화상자가 표시되면 Blend Mode를 'Normal', Color를 '#232323', Opacity를 '100%'로 설정하고 〈OK〉 버튼을 클릭합니다.

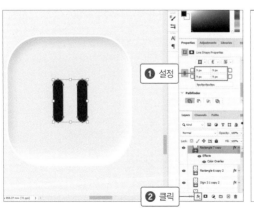

18 [Layers] 패널에서 'Add a layer style' 아이콘(𝑓𝑥)을 클릭한 다음 **Inner Shadow**를 실행합니다. [Layer Style] 대화상자가 표시되면 Blend Mode를 'Normal', Color를 '#ffffff', Opacity를 '80%', Angle을 '130°', Distance를 '3px', Size를 '4px'로 설정하고 〈OK〉 버튼을 클릭합니다.

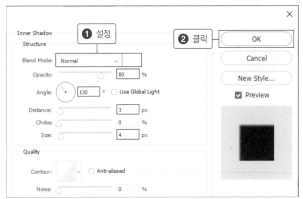

19 [File] → Save(Ctrl + S)를 실행하여 완성된 파일을 저장합니다.

디자인 사례

App의 특징에 따라 그래픽으로만 UI 디자인을 표현하기도 하고 상품을 구매하는 App의 경우는 상품을 강조하기 위해 이미지와 그래픽 요소를 자연스럽게 조합하여 UI의 특징을 표현할 수 있습니다.

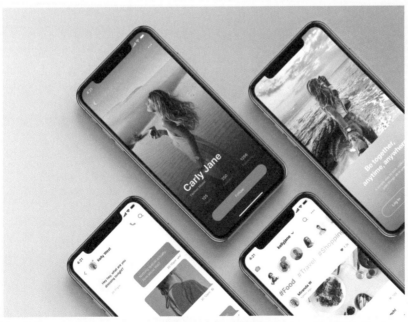

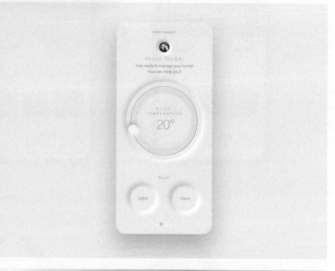

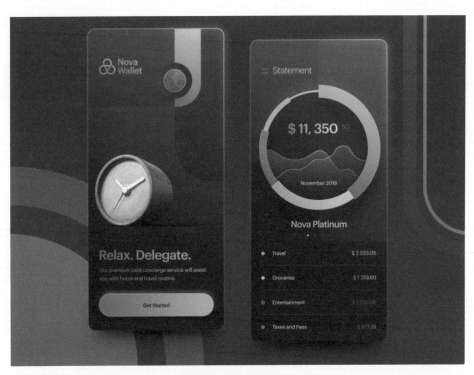

PART

10

포토샵
마스터를 위해
꼭 알아 두기

포토샵은 어도비에서 개발한 그래픽 편집 소프트웨어로, 디자이너의 필수 도구로 자리매김하고 있습니다. PART 10 에서는 실무 작업을 위한 포토샵 기본 기능에 대해 알아보 겠습니다.

SOLUTION 01

아트보드 만들기

아트보드/아트보드 도구

포토샵 CC에서 제공하는 아트보드 기능을 이용하면 다양한 형태의 레이아웃을 한 번에 만들 수 있습니다. 앱 디자인 작업을 할 때 사용하려는 스마트폰이나 태블릿 형태에 맞게 아트보드 크기를 선택하여 제작하고 디자인할 수 있어 편리합니다. 새 아트보드를 만들기 위해서는 [File] → New(Ctrl+N)를 실행한 다음 [New Document] 대화상자에서 'Artboards'에 체크 표시합니다. 아트보드 도구(🔲)로 드래그하여 아트보드를 만들 수도 있습니다.

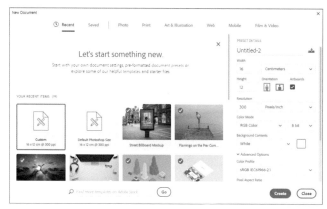

▲ 아트보드 여부를 설정할 수 있는 [New Document] 대화상자

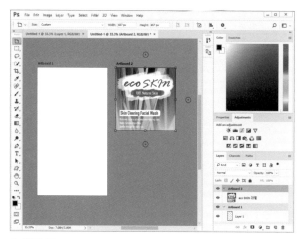

▲ 아트보드

이미지 크기 조정하기

이미지 크기 조절하기 - Image Size

[Image] → Image Size(Alt + Ctrl + I)를 실행하면 표시되는 [Image Size] 대화
상자에서 이미지 크기와 해상도를 변경할 수 있습니다. 특히 포토샵 CC는 작은
이미지를 크게 확대할 경우 노이즈를 감소하여 깨끗하게 만드는 기능을 제공하고
있습니다.

페이스북이나 카카오톡 같은 SNS에서 내려 받은 작은 이미지도 Image Size 기능
으로 출력이나 인화가 가능한 큰 이미지로 조절할 수 있습니다.

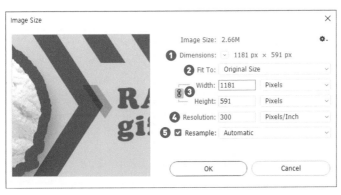

❶ Dimensions : 현재 이미지의 가로, 세로 길이를 설정할 수 있습니다. 크기를 변경하면 바뀔 파일
  용량도 표시됩니다.

❷ Fit To : 자주 사용하는 이미지 규격을 제공합니다. 변경하려는 이미지의 크기를 지정할 수 있습니다.

❸ Width/Height : 실제 출력될 이미지의 가로, 세로 길이를 설정할 수 있습니다.

❹ Resolution : 해상도를 변경합니다. 웹용 이미지는 '72Pixels/Inch', 인쇄물은 '150~300Pixels/Inch'
  로 설정하는 것이 좋습니다.

  'Resample'에 체크 표시되어 있을 경우 해상도가 높아지면 이미지 용량 및 가로, 세로 크기 자체가
  커집니다.

❺ Resample : 이미지 크기를 변경하면서 새로 만들어지는 영역에 픽셀을 채우는 방식을 지정합니다.
  이 옵션을 사용하면 이미지를 확장할 때 픽셀이 뭉개지는 현상을 줄일 수 있습니다.

  ⓐ Automatic : 자동으로 픽셀 간격을 채워 이미지를 표현합니다.

  ⓑ Preserve Details : 세밀하게 픽셀을 채워 이미지를 표현합니다. 이미지를 확장할 때 유용하게 사용
     할 수 있습니다.

  ⓒ Bicubic Smoother : 이미지 픽셀 간격을 부드럽게 채워 표현합니다.

ⓓ Bicubic Sharper : 선명하게 픽셀 간격을 채워 표현합니다.

ⓔ Bicubic : 색상 띠 형태로 픽셀 간격을 채워 표현합니다.

ⓕ Nearest Neighbor : 주변 색상을 기준으로 픽셀 간격을 채워 표현합니다.

ⓖ Bilinear : 주변 평균값을 기준으로 픽셀 간격을 채워 표현합니다.

TIP 포토샵 CS6까지는 [Image Size] 대화상자가 Pixel Dimensions와 Document Size로 나뉘어 있었으나, 포토샵 CC부터 는 통합되었고 미리 보기 이미지가 표시됩니다.

작은 이미지를 확대하면서 선명하게 만들기 – Resample

작은 이미지를 크게 확대하면 이미지 품질이 떨어지고, 픽셀 형태로 표시되기도 합니다. 포토샵 CC 14부터는 이미지를 확대할 때 픽셀을 채우는 옵션이 추가되었 습니다.

[Image] → Image Size(Alt+Ctrl+I)를 실행하고 Resample에서 옵션을 설정 하여 선명함을 유지하면서 큰 이미지를 만들 수 있습니다.

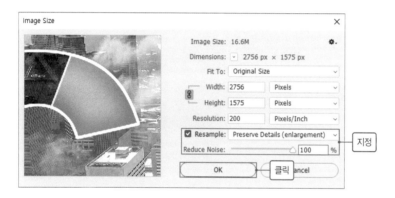

캔버스 크기 조절하기 – Canvas Size

[Image] → Canvas Size(Alt+Ctrl+C)를 실행하면 표시되는 [Canvas Size] 대화상자에서 문서 크기를 조 절할 수 있습니다.

❶ Current Size : 현재 캔버스 크기입니다.

❷ New Size : 새 문서 크기를 설정합니다.

❸ Relative : 문서 크기가 아닌, 상하좌우 여백 크기를 설정합니다.

❹ Anchor : 문서가 확장되는 방향을 지정합니다.

❺ Canvas extension color : 확장된 영역의 색상을 지정합니다.

SOLUTION 03

눈금자와 가이드 사용하기

성확한 포토샵 작업을 위해서는 눈금자와 기준선을 구성할 수 있는 가이드를 사용해야 합니다.

눈금자와 단위 표시하기

[View] → Ruler($\boxed{\text{Ctrl}}$+$\boxed{\text{R}}$)를 실행하면 작업 창 윗부분과 왼쪽 부분에 눈금자가 표시됩니다. 눈금자의 단위는 기본값으로 Centimeters가 지정되어 있습니다.

[Image] → Image Size($\boxed{\text{Alt}}$+$\boxed{\text{Ctrl}}$ +$\boxed{\text{I}}$)를 실행하고 [Image Size] 대화상자에서 단위를 눈금자와 동일하게 하면 눈금자에 표시된 길이와 대화상자 가로, 세로 길이가 동일한 것을 확인할 수 있습니다.

눈금자의 단위는 [Edit] → Preference → Units & Rulers를 실행하여 단위를 변경할 수 있습니다. [Preference] 대화상자에서 Rulers의 단위를 변경하면 눈금자의 단위도 변경됩니다.

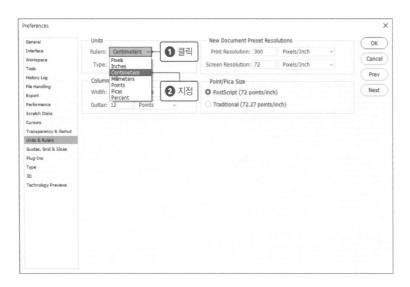

가이드와 스냅 사용하기

가이드는 이미지의 기준선을 말하며, 가로선과 세로선으로 표현됩니다. 가이드 선을 사용하기 위해서는 먼저 Ctrl + R 키를 눌러 눈금자를 표시해야 합니다. 마우스로 눈금자를 클릭한 다음 이미지로 드래그하여 가이드 선을 만듭니다. 가이드 선은 이동 도구(✛)를 이용해 이동할 수 있으며, 선택 영역을 지정할 때나 이미지를 자를 때 가이드 선을 사용합니다.

TIP [View] → Show → Smart Guides를 선택하면 스마트 가이드 기능을 사용할 수 있으며, 포토샵 CC 2014부터는 스마트 가이드 기능이 향상되어 스마트 가이드를 선택한 다음 개체를 이동하면 개체 사이 간격이 표시됩니다.

스냅 기능이란 도구를 이용하여 작업할 때 마치 자석에 붙듯이 가이드 선에 마우스 포인터가 붙는 기능입니다.

[View] → Snap(Shift+Ctrl+;)을 실행하면 스냅 기능을 사용할 수 있습니다.

[Edit] → Preference → Guides, Grid & Slices를 실행하여 색상과 선 형태를 변경할 수 있습니다.

단위 변경하기

눈금자를 마우스 오른쪽 버튼으로 클릭하여 눈금자 표시 단위를 변경할 수 있으며, 눈금자를 더블클릭하거나 [Edit] → Preferences → Units & Rulers를 실행하면 단위를 변경할 수 있는 대화상자가 표시됩니다. 표시되는 대화상자에서 단위와 열 크기, 문자 측정 단위, 새 문서 기본값 등을 변경할 수 있습니다.

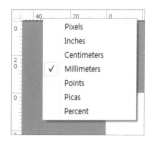

539

SOLUTION 04

가이드 선 표시하기

가이드 선 표시하기 – New Guides Layout

편집 디자인의 시작은 그리드를 이용한 레이아웃 작업입니다. 그리드에 맞게 디자인을 하기 위해서 가이드 선 구성은 필수적이지만, 치수에 맞게 가이드 선을 맞추기는 쉽지 않습니다. 포토샵 CC 2014.4부터는 [View] → New Guide Layout을 실행하였을 때 표시되는 대화상자에서 값을 설정하여 정확한 가이드 선을 만들 수 있습니다.

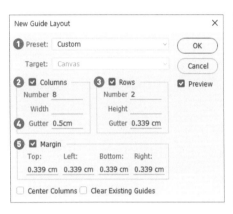 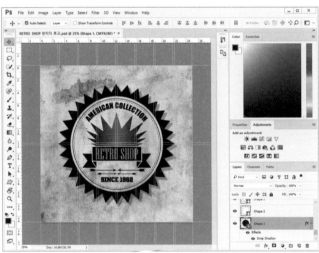

❶ Preset : 자주 사용하는 가이드 선 간격을 제공합니다.

❷ Columns : 세로 가이드 선의 수를 실정합니다.

❸ Rows : 가로 가이드 선의 수를 설정합니다.

❹ Gutter : 가이드 선의 사이 간격을 설정합니다.

❺ Margin : 위쪽, 왼쪽, 아래쪽, 오른쪽 여백 가이드 선을 설정합니다.

SOLUTION 05

필요한 부분만 자르기

자르기 도구는 필요한 부분만 남기고 그 외의 영역을 자를 때 사용하는 도구입니다. 자르기 도구와 옵션바를 살펴보고 원근 자르기 도구와 옵션을 이용한 예제를 실습해 보겠습니다.

자르기 도구 사용하기

자르기 도구(▯)는 원본 이미지에서 필요한 부분만 드래그하여 선택한 다음 잘라내는 도구입니다. 드래그한 다음 표시되는 조절점을 이용하여 자르기 영역을 넓히거나 줄일 수 있으며 회전할 수도 있습니다. 지울 영역을 지정하고 더블클릭하면 간단하게 자르기가 마무리됩니다.

포토샵 CS5부터 자르기 영역에 가이드가 표시되며 가이드의 형태를 지정할 수 있습니다.

자르기 영역의 모서리 부분을 드래그하면 이미지는 회전되지만 자르기 영역이 이미지 바깥쪽으로 벗어나지 않는 것을 확인할 수 있습니다. 자르기를 취소하려면 Ctrl + . 키를 누르거나 Esc 키를 누릅니다. 이미 잘라낸 다음 사라진 이미지를 복구하고 싶다면 Ctrl + Z 키를 누르면 됩니다.

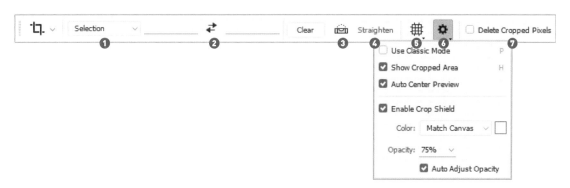

❶ 프리셋 : 포토샵 CC에서 제공하는 크기를 사용할 수 있습니다.

❷ Width · Height : 이미지를 자르기 전에 미리 가로와 세로 크기를 입력하여 그 값대로 자릅니다.

❸ Rotate : 자르기 방향을 변경합니다.

❹ Straighten : 마우스를 드래그하는 각도로 이미지를 회전시켜 자를 수 있습니다.

❺ Set the overlay options for the Crop Tool : 이미지를 자를 때 보조선을 제공합니다.

❻ Set additional Crop options : 자르기 영역의 사용 옵션을 지정합니다. 'Use Classic Mode'와 'Enable Crop Shield'를 제공합니다.

   ⓐ Use Classic Mode(클래식 모드) : 자르기 영역의 모서리를 드래그하면 이미지는 고정된 상태에서 자르기 영역이 회전합니다.

   ⓑ Enable Crop Shield(크롭 보호 모드) : 자르기 영역의 모서리를 드래그하면 자르기 영역은 고정된 상태에서 이미지가 회전합니다. 잘라낼 부분과 나머지 영역을 구분하기 쉽도록 색상과 투명도를 설정할 수 있습니다.

❼ Delete Cropped Pixels : 자른 이미지의 바깥쪽 부분을 어떻게 처리할 것인지 지정합니다. 이 옵션을 이용하면 자르기 도구로 자른 이미지를 삭제하거나 남길 수 있습니다.

원근 자르기 도구 사용하기

원근 자르기 도구(🔲)는 원근감이 표현되도록 이미지를 자를 때 사용합니다. 원근 자르기 도구를 활용하면 간단하게 밋밋한 사진에 원근감을 적용시켜 확장한 느낌을 표현할 수 있습니다.

자를 부분을 드래그하여 선택한 다음 조절점을 드래그하여 영역을 조절하고 [Enter] 키를 누르면 됩니다.

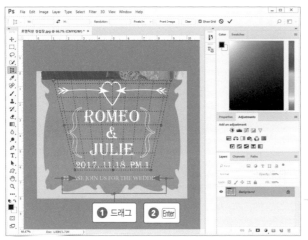 

▲ 원근 자르기 도구로 자르는 모습

SOLUTION 06

개체 변형하기

다양한 형태로 변형하기

변형하려는 이미지를 선택 영역으로 지정한 다음 [Edit] → Transform 메뉴를 클릭하면 이미지를 변형할 수 있는 다양한 메뉴가 표시됩니다.

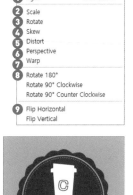

❶	Again	Shift+Ctrl+T
❷	Scale	
❸	Rotate	
❹	Skew	
❺	Distort	
❻	Perspective	
❼	Warp	
❽	Rotate 180°	
	Rotate 90° Clockwise	
	Rotate 90° Counter Clockwise	
❾	Flip Horizontal	
	Flip Vertical	

TIP 포토샵 CS2부터 Warp를 사용할 수 있으며, 업데이트 여부에 따라 'Rotate 90° CW'가 'Rotate 90° Clockwise'로, 'Rotate 90° CCW'가 'Rotate 90° Counter Clockwise'로 표시될 수 있습니다.

❶ Again(Shift+Ctrl+T) : 이전에 실행한 Transform 명령을 다시 실행합니다.

❷ Scale : 이미지 크기를 조절합니다.

❸ Rotate : 이미지를 회전합니다.

❹ Skew : 이미지를 비스듬하게 변형합니다.

❺ Distort : 모서리 각각을 자유롭게 드래그하여 변형합니다.

❻ Perspective : 이미지를 원근감 있게 변형합니다.

❼ Warp : 조절점을 드래그하여 이미지를 불규칙적으로 변형합니다.

❽ Rotate 180°, Rotate 90° Clockwise(CW), Rotate 90° Counter Clockwise(CCW) : 이미지를 180°, 시계 방향으로 90°, 반시계 방향으로 90° 회전합니다.

❾ Flip Horizontal, Flip Vertical : 이미지를 수평, 수직으로 반전합니다.

▲ 원본 이미지

▲ Scale

▲ Rotate

▲ Skew

▲ Distort

▲ Perspective

▲ Warp

자유 변형하기

Free Transform 기능을 이용하면 한 번에 이미지 크기 또는 비율을 변경하거나 회전할 수 있습니다. [Edit] → Free Transform(Ctrl+T)을 실행하면 이미지를 회전하거나, 확대, 축소, 변형할 수 있습니다.

Ctrl 키를 누르고 드래그하면 Distort처럼 모서리를 자유롭게 변형할 수 있고, Alt 키를 누르고 드래그하면 반대쪽도 같이 변형되며, Shift 를 누르고 드래그하면 같은 비율로 변형됩니다.

특정 영역 보호하며 변형하기

Content-Aware Scale 기능은 일부 영역을 보호하여 이미지를 변형하는 기능입니다. 이미지를 늘려 원하는 폭으로 맞출 때 유용하게 사용할 수 있습니다. 특히 가로로 긴 배너 이미지를 만들 때 원하는 길이만큼 늘려도 보호할 부분은 보호하면서 변형을 원하는 부분만 자연스럽게 변형할 수 있습니다.

이미지를 최대한 늘릴 경우 왜곡되어서는 안 되는 부분을 지정해 놓으면 작업할 때 좀 더 편하게 작업할 수 있습니다. 먼저 왜곡하지 않을 부분을 선택하고 [Select] → Save Selection(Alt+Shift+Ctrl+C)을 실행하여 선택 영역을 저장합니다.

[Edit] → Content-Aware Scale을 실행하고, 옵션바에서 보호할 선택 영역을 선택한 다음 'Protect skin tone' 아이콘(🧍)을 클릭하여 이미지를 늘릴 준비를 마칩니다.

TIP Content-Aware Scale은 포토샵 CS4부터 사용할 수 있습니다.

이미지를 늘리면 그림과 같이 변형으로부터 보호될 영역은 그대로 유지되면서 이미지가 확장되는 것을 확인할 수 있습니다.

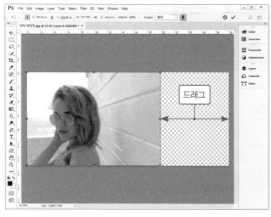

▲ 원본 이미지

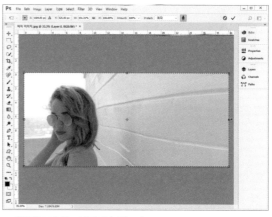

▲ 인물을 보호하고 벽면만 늘린 모습

유연하게 요소 형태 변형하기

기준점을 설정하여 이미지를 마음대로 변형할 수 있습니다. [Edit] → Puppet Warp를 실행하고 고정점을 지정한 다음 드래그하면 이미지가 원하는 형태대로 자연스럽게 변형됩니다. Puppet Warp는 포토샵 CS5부터 사용할 수 있습니다.

▲ 기준점을 만든 다음 인물의 동작을 변형한 모습

이미지를 바로 또는 삐딱하게 변형하기

사진을 촬영하다 보면 원근감이 있는 사진을 얻었지만, 원근감 없이 똑바른 사진을 필요로 할 때가 있습니다.

이미지 합성 작업을 할 때 여러 개의 사진 소스를 이용하다 보면 서로 구도가 달라서 변형해야 하는 경우가 발생하는데, 이런 문제를 해결해 주는 기능이 바로 Perspective Warp입니다.

포토샵에서는 Perspective Warp 기능을 이용하여 원근감이 있는 사진을 바르게 수정이 가능합니다. 물론 원근감이 있는 사진으로 변경도 가능합니다. [Edit] → Perspective Warp를 실행한 다음 격자 형태의 원근 영역을 드래그하는 방식으로 변형을 진행합니다.

▲ 원본 이미지   ▲ 형태를 바르게 조절한 모습

색상 사용하기

포토샵에서 색을 다루고 영역을 채우는 다양한 방법을 알아봅니다. [Tools] 패널 아랫부분에 있는 색상 관리 도구와 색상을 지정할 수 있는 [Color Picker] 대화상자를 살펴보고, 페인트통 도구와 Fill 명령 사용 방법을 알아봅니다. 이미지, 그러데이션, 패턴으로 채우는 방법도 알아보겠습니다.

전경색과 배경색 지정하기

[Tools] 패널 아랫부분에 위치한 색상 선택 상자는 원하는 색상을 선택할 때 사용하며 윗부분의 전경색은 주로 색상을 칠하거나 채울 때, 아랫부분의 배경색은 색상을 지우거나 배경색을 지정할 때 사용합니다.

❶ **전경색(Foreground Color)** : 색을 채울 때 사용합니다.
❷ **배경색(Background Color)** : 배경에 색을 채우거나 지울 때 사용합니다.
❸ **색상 교체(Switch Color)** : 전경색과 배경색을 바꿔 줍니다.
❹ **기본 색상(Default Color)** : 전경색을 검은색, 배경색을 흰색으로 지정합니다. 포토샵의 가장 기본적인 색상 설정 값입니다.

브러시 도구(✐)로 색을 칠할 경우 기본적으로 전경색으로 지정된 색상으로 칠해지며, 지우개 도구(✐)로 지울 경우에는 지워진 영역이 배경색으로 지정된 색상으로 표시됩니다. 필요에 따라 전경색과 배경색을 전환할 수 있으며, [Color Picker] 대화상자에서 직접 색상 값을 지정하여 색상을 변경합니다.

[Color Picker] 대화상자 살펴보기

전경색 또는 배경색을 클릭하면 [Color Picker] 대화상자가 표시됩니다. 직접 색상을 클릭하여 지정하거나, 색상 값을 입력하여 원하는 색상을 지정합니다.

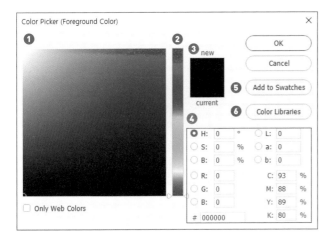

❶ 샘플 컬러 : 마우스 포인터로 클릭하여 원하는 색상을 지정합니다.

❷ 스펙트럼 바 : 색상 슬라이더를 드래그하여 색상을 지정합니다.

❸ New/Current : 위쪽은 새로 지정하는 색상을 표시하고, 아래쪽은 현재 지정되어 있는 색상을 표시합니다.

❹ HSB, RGB, Lab, CMYK, #(Web Color) : 형식에 따라 색상 값을 입력하여 색상을 지정합니다.

❺ Add to Swatches : 지정한 색상을 추가합니다.

❻ Color Libraries : 색상 차트별로 원하는 색상을 선택할 수 있습니다

페인트통 도구 사용하기

페인트통 도구(🪣)는 빠르게 색을 채우거나 패턴을 적용할 때 많이 사용하는 도구입니다. 페인트통 도구를 이용하여 색상을 채울 경우 기본적으로 [Tools] 패널의 전경색을 기준으로 색이 채워지며, 옵션바의 Fill Source를 Pattern으로 지정하여 패턴을 채울 수도 있습니다.

❶ Fill Source : 전경색으로 색을 채울지, 패턴으로 색을 채울지 선택합니다.

❷ Mode : 혼합 모드를 설정하는 옵션으로, 색상이나 패턴 이미지를 채울 경우 원본 이미지와의 혼합 형태를 지정합니다.

❸ Opacity : 색상이나 패턴의 불투명도를 지정하는 옵션으로, 값이 작을수록 투명하게 적용됩니다.

❹ Tolerance : 색상 적용 범위를 설정하는 옵션으로, 값이 클수록 비슷한 색상까지 선택되어 선택 범위가 넓어집니다.

그러데이션 사용하기

그레이디언트 도구()를 사용하면 점진적으로 색이 변하는 형태로 채울 수 있습니다. 그레이디언트 도구 옵션바에서 다음과 같은 기능을 설정할 수 있습니다.

❶ 그러데이션 스타일 : 전경색과 배경색을 기준으로 그러데이션을 표시하거나, 저장된 그러데이션 스타일 중 선택된 그러데이션을 나타냅니다. 클릭하면 [Gradient Editor] 대화상자가 표시됩니다.

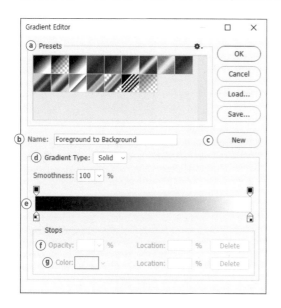

ⓐ Presets : 기본으로 제공하는 스타일을 썸네일 형식으로 표현합니다.

ⓑ Name : 선택한 그러데이션 이름을 표시하거나 새로운 그러데이션 이름을 입력합니다.

ⓒ New : 새로운 그러데이션을 만듭니다.

ⓓ Gradient Type : 단색 형태의 Solid와 다양한 색상 띠 형태의 Noise 중에서 그러데이션 형태를 지정합니다.

ⓔ 그러데이션 바 : 현재 선택된 그러데이션을 표시하며, 색상이나 범위를 변경할 수 있습니다.

ⓕ Opacity : 그러데이션에 적용된 색상의 불투명도를 조절합니다.

ⓖ Color : 그러데이션에 적용된 색상이나 색상 범위를 조절합니다.

❷ 그러데이션 형태 : 선형(Linear)과 원형(Radial), 앵글(Angle), 리플렉트(Reflected), 다이아몬드(Diamond) 형태의 그레이디언트 도구가 아이콘으로 만들어져 있습니다.

❸ Mode : 바탕색과 그러데이션 색상의 블렌딩 모드를 지정합니다.

❹ Opacity : 전체 그러데이션 불투명도를 조절합니다.

❺ Reverse : 그러데이션 색상 단계를 반전합니다.

❻ Dither : 그러데이션 색상 단계를 부드럽게 표현합니다.

❼ Transparency : 그러데이션 투명도를 설정합니다.

이미지 색상과 색조 보정하기

포토샵의 Adjustments 명령으로 색상을 변경하거나 보정하는 방법을 알아보겠습니다.

Levels로 특정 톤 명도와 대비 조절하기

이미지의 명도와 대비를 조절하며, 주로 색상을 풍부하게 보정할 때 사용합니다. 밝은 부분과 중간 부분, 어두운 부분을 나눠 보정할 수 있는 장점이 있습니다.

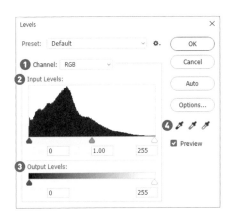

❶ Channel : 작업할 채널을 선택합니다.

❷ Input Levels : Shadow, Midtone, Highlight의 값을 설정하여 색상 대비를 조절합니다.

❸ Output Levels : 이미지의 전체적인 명도를 조절합니다.

❹ 스포이드 : 이미지에서 톤을 선택하여 이미지를 보정합니다.

   ⓐ Set Black Point : 클릭한 지점보다 어두운 픽셀은 모두 어두워집니다.

   ⓑ Set Gray Point : 클릭한 지점의 명도를 이미지 전체의 중간 명도로 설정하여 중간 톤을 만듭니다.

   ⓒ Set White Point : 클릭한 지점보다 밝은 픽셀은 모두 밝아집니다.

Curves로 명도와 대비 조절하기

이미지 명도와 대비를 조절하는 기능으로, 대화상자의 곡선을 드래그하여 조절할 수 있습니다. 곡선 위치에 따라 이미지의 Highlights, Shadows, Midtones 영역이 구분되면서 보정됩니다.

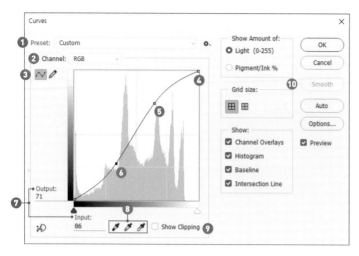

❶ Preset : 미리 설정한 값으로 이미지를 보정할 수 있습니다.

❷ Channel : 작업할 채널을 선택할 수 있습니다. 기본값은 'RGB'입니다.

❸ 곡선/직선 아이콘 : 곡선 또는 직선을 이용해 보정 작업을 진행합니다.

❹ Highlights 포인트 : 밝은 영역을 대상으로 조절합니다.

❺ Midtones 포인트 : 중간 명도 영역을 대상으로 조절합니다.

❻ Shadows 포인트 : 어두운 영역을 대상으로 조절합니다.

❼ Output/Input : 값이 표시되며 포인트를 만든 다음에는 직접 보정 값을 설정할 수 있습니다.

❽ 스포이드 : 이미지에서 톤을 선택하여 이미지를 보정합니다.

❾ Show Clipping : 대화상자에 표시될 요소를 선택할 수 있습니다.

❿ Smooth : 직선으로 보정할 때 사용하는 버튼으로 직선 보정 작업을 부드럽게 처리하는 기능입니다

전체 밝기 조절하기

32비트 HDR(Hight Dynamic Range) 이미지의 노출 값을 보정하는 기능으로 전체 영역의 밝기를 보정할 수 있습니다. Exposure는 포토샵 CS2부터 사용할 수 있습니다.

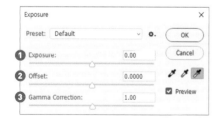

❶ Exposure : 전체적인 노출을 보정합니다.

❷ Offset : Shadow 영역과 Midtone 영역을 보정합니다.

❸ Gamma Correction : 명도와 대비 값을 설정합니다.

Vibrance로 채도 조절하기

색상별로 자연스러운 채도를 유지하며 밋밋한 색상에 자연스럽게 활기를 줄 수 있습니다.

TIP Vibrance는 포토샵 CS4부터 사용할 수 있습니다.

❶ Vibrance : 채도가 낮은 색상을 더 조절하고 전체 채도에 도달할 때 색상 클리핑을 방지합니다.
❷ Saturation : 현재 채도와 관계없이 모든 색상에 동일한 정도의 채도 조절을 적용합니다.

Hue/Saturation으로 색상, 채도, 명도 조절하기

색의 3요소인 색상, 채도, 명도를 일괄적으로 조절할 때 사용하는 기능으로, 색상을 교체할 때 사용하면 편리합니다.

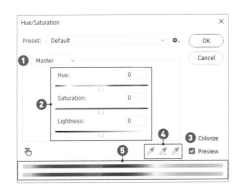

❶ Edit 옵션 : 교체 작업이 진행될 영역을 지정합니다.
❷ 슬라이더 : 색상, 채도, 명도를 조절합니다.
❸ Colorize : 컬러 이미지를 모노톤 이미지로 바꿉니다.
❹ 스포이드 : 색상 교체 작업이 진행될 영역을 추가하거나 제거할 때 사용합니다.
❺ 한계치 슬라이더 : 원래 색상과 바뀔 색상을 눈으로 확인하면서 작업합니다.

Black & White로 흑백 이미지로 전환하기

이미지를 흑백으로 전환할 때 사용하며 사용자 임의로 검은색과 흰색이 될 부분을 지정할 수 있습니다. 세피아 톤을 만들거나 빨간색 채널을 흰색으로 표시할 수도 있어 독특한 색감의 흑백 사진을 만들 때 사용하면 좋습니다.

Black & White 기능은 흑백으로 변경하면서 원하는 톤을 제거할 수 있어 자유로운 형태의 흑백 이미지로 변환할 수 있습니다. 강렬한 느낌의 흑백 이미지를 만들 때 효과적으로 사용이 가능합니다.

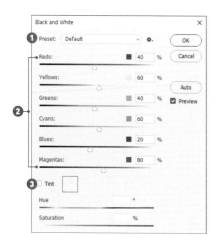

❶ Preset : 포토샵에서 제공되는 프리셋을 사용합니다.

❷ 슬라이더 : 채널별로 필터링할 수 있습니다.

❸ Tint : 흑백 이미지에 색상을 추가할 수 있어 세피아 톤 이미지를 만들 수 있습니다.

Shadows/Highlights로 노출 조절하기

노출이 부족한 부분은 밝게, 과다한 부분은 어둡게 보정할 수 있습니다. 'Show More Options'에 체크 표시하면 세부 옵션을 설정할 수 있습니다.

❶ Shadows : 어두운 영역의 세부 묘사를 개선합니다.

  ⓐ Amount : 해당 영역의 수정할 양을 제어합니다.

  ⓑ Tone : 해당 영역의 색조 범위를 조절합니다.

  ⓒ Radius : 각 픽셀 주위의 픽셀 크기를 제어합니다. 값이 적을수록 작은 영역이 지정되고, 값이 클수록 큰 영역이 지정됩니다.

❷ Highlights : 밝은 영역의 세부 묘사를 개선합니다.

❸ Color : 회색 음영 이미지의 명도를 조절합니다.

❹ Midtone : 중간 색조 대비를 조절합니다.

❺ Black Clip/White Clip : 최대 어두운 영역과 최대 밝은 영역을 얼마만큼 클리핑할지 지정합니다. 값을 높이면 이미지 대비가 커집니다.

색상 일치, 대체 및 혼합하기

색상을 이용해 보정하는 방법은 여러 가지가 있습니다. 새로운 색상을 만들 수도 있고, 기존 색상을 조절할 수도 있으며, 기존 색을 다른 색으로 대체할 수도 있습니다. 색상을 이용한 보정 방법을 알아보겠습니다.

Channel Mixer로 새로운 색상 만들기

채널을 혼합하는 방식으로 창조적인 색상을 만듭니다.

❶ Output Channel : 작업할 채널을 선택합니다.
❷ Source Channels : 색상을 조절하여 혼합합니다.
❸ Constant : 검은색과 흰색을 추가합니다.
❹ Monochrome : 컬러 이미지를 흑백 이미지로 전환합니다.

Selective Color로 색상 값 조절하기

이미지의 특정 색상 값을 변경할 때 사용합니다.

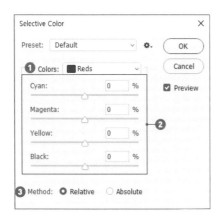

❶ Colors : 변경할 채널을 지정합니다.
❷ 슬라이더 : 선택한 채널의 색상을 조절합니다.
❸ Method : 색상을 은은하게 변경할지 확실하게 변경할지 지정합니다.

Match Color로 색상 톤 일치시키기

서로 다른 색조를 가진 이미지의 색상 톤을 일치시킬 때 사용합니다.

❶ Target : 작업 중인 이미지 이름이 표시됩니다.
❷ Ignore Selection when Applying Adjustment : 작업 중인 이미지에 선택 영역이 있는 경우 작업
  에서 제외합니다.

❸ Luminance : 이미지 밝기를 조절합니다.

❹ Color Intensity : 이미지 채도를 조절합니다.

❺ Fade : 값이 높을수록 원본 색상이 강하게 나타나게 합니다.

❻ Neutralize : 전체적인 색조가 부드럽게 나타납니다.

❼ Use Selection in Source to Calculate Colors : 소스 이미지의 선택 영역으로 지정된 부분을 기준
으로 이미지를 보정합니다.

❽ Use Selection in Target to Calculate Adjustment : 대상 이미지의 선택 영역으로 지정된 부분을
기준으로 이미지를 보정합니다.

❾ Source : 포토샵으로 불러온 이미지 중에서 소스 이미지로 사용할 이미지를 선택합니다.

❿ Layer : 선택한 레이어를 소스 이미지로 사용할 수 있습니다.

⓫ Load Statistics : 저장된 옵션값을 불러옵니다.

⓬ Save Statistics : 현재 옵션값을 저장합니다.

⓭ Preview : 소스에서 선택한 이미지를 섬네일 형식으로 미리 볼 수 있습니다.

Replace Color로 색상 대체하기

특정 부분의 색상만 변경할 때 사용합니다. 스포이드를 이용하여 특정 부분의 색
상을 선택한 후 색상, 채도, 명도를 변경합니다.

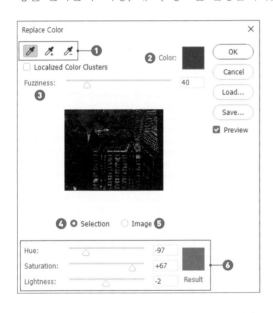

❶ 스포이드 : 원본 이미지에서 샘플 색상을 선택합니다.

❷ Color : 선택한 샘플 색상이 표시됩니다.

❸ Fuzziness : 수치가 높을수록 샘플 색상 범위가 넓어집니다.

❹ Selection : 작업 중인 이미지를 표시하는 기능으로 선택된 샘플 색상이 흰색으로 표시됩니다.

❺ Image : 이미지를 표시합니다.

❻ Replacement : 선택한 부분의 색상, 채도, 명도를 변경합니다.

이미지 빠르게 보정하기

자동 보정 기능 사용하기

자동으로 명도나 대비, 색상을 조절하는 기능입니다.

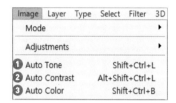

TIP 포토샵 CS3에서는 자동 보정 명령이 [Image] → Adjustments 메뉴에 있습니다.

❶ Auto Tone(Shift+Ctrl+L) : 자동으로 명도를 조절하는 기능입니다.
❷ Auto Contrast(Alt+Shift+Ctrl+L) : 자동으로 대비를 조절하는 기능입니다.
❸ Auto Color(Shift+Ctrl+B) : 자동으로 색상을 조절하는 기능입니다. 최적의 색상을 찾아 자동으로
   보정되어 편리합니다.

Brightness/Contrast로 명도와 대비 조절하기

명도와 대비를 손쉽게 보정할 수 있는 기능으로 작업도 간단하고 결과도 쉽게 얻
을 수 있습니다. 주로 이미지를 밝고 선명하게 조절할 때 사용하며, 고급스러운
결과를 얻기는 어렵습니다.

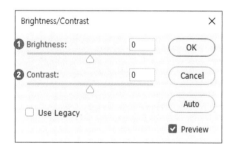

❶ Brightness : 이미지 밝기를 조절하는 기능으로, −100부터 100까지 설정할 수 있습니다.
❷ Contrast : 이미지 대비를 조절하는 기능으로, −100부터 100까지 설정할 수 있습니다.

Color Balance로 색상 균형 조절하기

컬러 사진에 색감을 추가하거나 색감을 변경할 때 주로 사용하며 색감을 더하고 강조할 수 있습니다. 포토샵 CS4부터 [Color Balance] 대화상자에서 슬라이더에 색상이 표시됩니다.

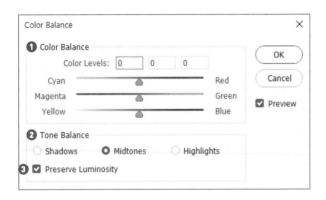

❶ Color Balance : 슬라이더를 이용하여 색상을 가감합니다.
❷ Tone Balance : 작업이 적용될 영역을 지정합니다.
　ⓐ Shadows : 어두운 부분에 색상을 추가합니다.
　ⓑ Midtones : 중간 부분에 색상을 추가합니다.
　ⓒ Highlights : 밝은 부분에 색상을 추가합니다.
❸ Preserve Luminosity : 원본 이미지의 명도를 유지한 채 색감을 가감할 수 있습니다.

Photo Filter로 필터를 이용한 색상 보정하기

화이트 밸런스를 교체할 때 사용합니다. 색상 필터를 이용하여 이미지 색조를 보정합니다. 포토샵에서 제공하는 필터를 사용하거나 사용자가 직접 색상을 선택하여 보정이 가능합니다. Photo Filter는 포토샵 CS부터 사용할 수 있습니다.

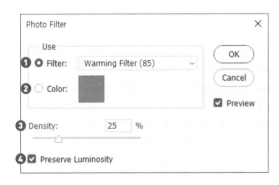

❶ Filter : 사용할 필터를 선택합니다.
❷ Color : 기본값이 표시되며 원하는 색을 선택할 수 있습니다.
❸ Density : 필터의 강약을 조절합니다.
❹ Preserve Luminosity : 필터 추가로 인해 이미지가 어두워지지 않도록 명도를 유지합니다.

 SOLUTION **11**

이미지에 특수 색상 적용하기

보정 기능을 이용하면 이미지에 특수 색상을 적용할 수 있습니다. 특수 색상을 적용하는 기능을 알아보겠습니다.

Color Lookup으로 비네트 효과 주기

다양한 빈티지 효과나 비네트 효과를 쉽게 설정할 수 있습니다.

❶ Color Lookup : 빈티지 또는 비네트 효과를 지정합니다.
❷ Dither : 디더링이 적용되어 색상을 부드럽게 표현합니다.

Gradient Map으로 그러데이션 입히기

작업 중인 이미지 색에 그러데이션을 입힐 수 있습니다.

❶ Gradient Used for Grayscale Mapping : 적용된 색상을 표시하며, 그러데이션 색상을 지정할 수 있습니다.
❷ Dither : 디더링을 적용해 색상을 부드럽게 표현합니다.
❸ Reverse : 그러데이션을 반대로 적용합니다.

Desaturate로 채도 제거하기

원본 이미지에서 색상을 감소시켜 흑백으로 전환하는 기능입니다. 채도만 제거하기 때문에 색상 속성은 남아 있어 색을 더할 수 있습니다.

▲ Desaturate 적용 전   ▲ Desaturate 적용 후

Invert로 보색으로 반전하기

작업 중인 이미지의 색상을 보색으로 반전시킬 때 사용하는 기능으로, 주로 네거티브 이미지를 만들 때 많이 사용합니다. 색상을 정확하게 보색으로 반전시키기 때문에 다시 한 번 실행하면 원래 색상으로 돌아옵니다.

Posterize로 포스터 이미지 만들기

대상 이미지를 포스터화할 때 사용하는 기능입니다. Levels는 포스터화 되는 정도이며, 값이 작을수록 이미지가 단순화됩니다.

Posterize 기능을 사용할 때는 흑백 경계선이 명확하게 표현되는 정도로 조절하는 것이 포스터 효과를 극대화할 수 있습니다. Levels는 채널당 사용할 색상 수를 설정하는 것으로, 값이 작을수록 이미지는 포스터화되지만 그만큼 색상 수가 적어져서 투박해집니다.

▲ Posterize 적용 전   ▲ Posterize 적용 후

SOLUTION **12**

블렌딩 모드 합성하기

이미지를 합성할 때 가장 손쉬운 방법은 [Layers] 패널의 블렌딩 모드를 사용하는 것입니다. 포토샵 CC에서 선택할 수 있는 블렌딩 모드는 스물여섯 가지로 각각 Opacity와 Fill을 설정할 수 있습니다.

▲ 아래쪽 레이어 이미지

▲ 위쪽 레이어 이미지

▲ Normal

▲ Dissolve

▲ Darken

▲ Multiply

❶ Dissolve : 임의의 픽셀로 전환하여 흩뿌리는 방식으로 Opacity가 낮을수록 픽셀이 많아집니다.
❷ Darken : 이미지를 비교하여 더 어두운 색상을 표현합니다.
❸ Multiply : 어두운 색상이 겹쳐서 표시되고 밝은색은 투명해집니다.

▲ Color Burn

▲ Linear Burn

▲ Dark Color

❹ Color Burn : 번 도구(🖐)와 같이 색상 대비가 강해집니다.

❺ Linear Burn : 흰색을 제외한 모든 색의 명도가 낮아져서 전체적으로 이미지가 어두워집니다.

❻ Dark Color : 채널 값이 낮은 색상을 표현합니다.

▲ Lighten

▲ Screen

▲ Color Dodge

❼ Lighten : 색상이 밝으면 섞이고 어두우면 투명해지므로 밝은색만 더 밝아집니다.

❽ Screen : 색상의 반전 색을 곱하여 전체적으로 이미지가 밝아집니다.

❾ Color Dodge : 닷지 도구(🔍)와 같이 색상 대비를 감소시켜 이미지가 밝아집니다.

▲ Linear Dodge (Add)

▲ Lighter Color

▲ Overlay

❿ Linear Dodge (Add) : 검은색을 제외한 모든 색의 명도가 증가하여 밝아집니다.

⓫ Lighter Color : 두 이미지 중 밝은 색상을 표현합니다.

⓬ Overlay : 밝은색은 더 밝아지고 어두운색은 더 어두워집니다.

▲ Soft Light

▲ Hard Light

▲ Vivid Light

⑬ Soft Light : 부드러운 조명을 비추는 것처럼 색을 부드럽게 만들어 줍니다.

⑭ Hard Light : 강한 조명을 비추는 것처럼 색이 강하게 섞입니다.

⑮ Vivid Light : 50% 회색보다 밝으면 대비가 감소하여 밝아지고, 어두우면 대비가 증가하여 더 어두
워집니다.

▲ Linear Light

▲ Pin Light

▲ Hard Mix

⑯ Linear Light : 50% 회색보다 밝으면 명도가 증가하고, 50% 회색보다 어두우면 명도가 감소합니다.

⑰ Pin Light : 50% 회색보다 밝으면 어두운 픽셀로, 50% 회색보다 어두우면 밝은 픽셀로 대체됩니다.

⑱ Hard Mix : 원색으로 바꾸어 강렬한 색상 대비를 표현합니다.

▲ Divide

▲ Hue

▲ Saturation

⑲ Divide : 기본 색상에서 혼합 색상을 나누어 표현합니다.

⑳ Hue : 아래 레이어의 명도와 채도에 위쪽 레이어의 색상이 합쳐집니다.

㉑ Saturation : 아래 레이어의 색상과 명도에 위쪽 레이어의 채도가 합쳐집니다.

SOLUTION **13**

조정 레이어 사용하기

보정 횟수에 상관없이 원본 이미지를 그대로 유지하면서 이미지를 보정할 수 있는 조정 레이어를 알아보겠습니다. 조정 레이어란 이미지를 보정할 때 원본 손상 없이 보정을 할 수 있도록 보정 기능이 있는 레이어입니다.

조정 레이어 사용하기

조정 레이어는 [Adjustments] 패널을 이용하거나 [Layers] 패널에서 'Create new fill or adjustment layer' 아이콘(◉)을 클릭하면 표시되는 메뉴에서 만들 수 있으며, 일반 레이어와는 다르게 섬네일 부분에 그래프가 표시되어 있습니다.

추가로 보정 기능을 적용할 때마다 조정 레이어가 추가로 위쪽에 만들어집니다. 일반 레이어와 마찬가지로 눈 아이콘을 활성/비활성하여 보정 기능 표시 여부를 지정할 수 있습니다.

조정 레이어에서는 Adjustments 메뉴의 기능을 그대로 사용할 수 있으며, 메뉴에서 실행하는 것과는 달리 원본 레이어를 보존할 수 있도록 별도로 레이어를 제공합니다.

포토샵 CS4부터 조정 레이어를 사용할 수 있으며 포토샵 CS5까지는 [Adjustments] 패널에 보정 아이콘과 조정 옵션이 함께 표시되었으나, 포토샵 CS6부터는 [Adjustments] 패널에서 해당 아이콘을 클릭하면 [Properties] 패널에서 자세하게 옵션을 설정할 수 있도록 분리되었습니다.

▲ 조정 레이어

Solid Color...
Gradient...
Pattern...

Brightness/Contrast...
Levels...
Curves...
Exposure...

Vibrance...
Hue/Saturation...
Color Balance...
Black White...
Photo Filter...
Channel Mixer...
Color Lookup...

Invert
Posterize...
Threshold...
Gradient Map...
Selective Color...

▲ 조정 레이어 종류

▲ [Adjustments] 패널

▲ [Properties] 패널

SOLUTION 14

마스크 사용하기

레이어 마스크

레이어 마스크는 흑백의 색상 차이를 이용하여 원하는 곳을 가리는 기능으로 레이어 마스크에서 흰색은 보이는 부분이고 검은색은 안 보이는 부분이 됩니다.

만드는 방법은 [Layers] 패널에서 해당 레이어를 선택하고 아랫부분의 레이어 마스크 아이콘()을 누르면 선택된 레이어에 레이어 마스크가 만들어집니다. 그 후에 검은색으로 보이지 않게 할 영역을 칠해주면 됩니다.

원본 이미지에 손상을 주지 않기 때문에 이미지를 합성할 때 아주 유용한 기능 중 하나입니다.

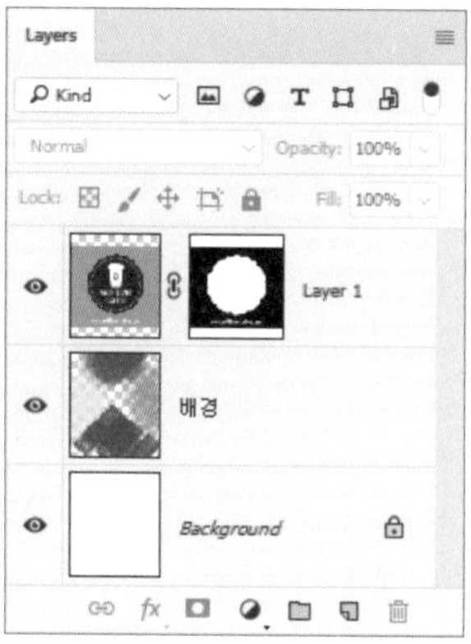

클리핑 마스크

클리핑 마스크는 하위에 있는 레이어의 모양이 마스크로 작용하여 상위 레이어의 이미지가 하위 레이어의 이미지 영역에서만 보이는 것입니다. 마스크를 적용할 레이어를 선택한 상태에서 [Layer] → Create Clipping Mask(Alt+Ctrl+G)를 실행하거나 [Layers] 패널에서 마스크를 적용할 두 레이어의 경계면을 Alt 키를 누른 상태로 클릭합니다.

클리핑 마스크를 생성하고 나면 메뉴가 Release Clipping Mask로 전환되어 클리핑 마스크를 해제하고 원래 상태로 돌아갈 수 있게 합니다.

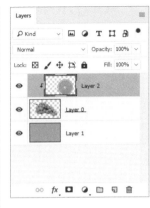

벡터 마스크

셰이프나 패스와 같은 벡터 형식의 도형을 이용하여 마스크를 만드는 기능으로 레이어 마스크가 흑백의 음영을 이용하는 반면, 벡터 마스크는 패스를 활용하여 이미지를 가려준다는 점이 다릅니다. 벡터 이미지인 패스를 이용하기 때문에 확대하거나 축소해도 이미지가 손상되지 않는 것이 장점입니다.

[Layer] → Vector Mask → Reveal All을 실행하여 마스크를 만든 다음, 펜 도구(🖊️)나 도형 도구(🔲)를 이용하여 마스크 모양을 만들면 됩니다.

565

SOLUTION 15

레이어 스타일 효과 사용하기

레이어 스타일을 이용하면 레이어에 손상을 주지 않고 다양하고 독특한 그래픽 효과를 적용할 수 있습니다. 레이어 스타일이 적용된 레이어에는 스타일을 수정할 수 있는 표시가 덧붙어 다른 레이어와 구분됩니다.

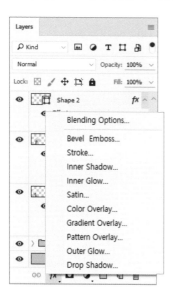

[Layers] 패널에서 'Add a layer style' 아이콘(fx)을 클릭하면 레이어 스타일을 적용할 수 있습니다. [Layer Style] 대화상자 왼쪽에는 레이어 스타일 항목이 표시되어 있으며, 오른쪽에는 옵션을 지정할 수 있는 각종 입력창과 그래프, 슬라이더로 구성되어 있습니다.

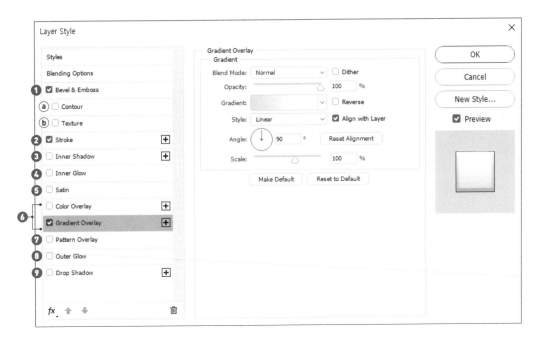

❶ Bevel & Emboss : 레이어 이미지에 하이라이트와 섀도 효과를 적용하여 다양한 입체적인 느낌을 줄 수 있습니다.

   ⓐ Contour : 입체적인 정도를 조절합니다.

   ⓑ Texture : 입체 효과와 함께 질감을 입힙니다.

❷ Stroke : 해당 레이어의 테두리를 만드는 기능으로, Outside와 Inside, Center 등 테두리 선의 기준을 지정하고 선 색상과 굵기를 지정할 수 있습니다.

❸ Inner Shadow : 레이어 안쪽에 그림자 스타일을 적용하는 기능으로 옵션값을 조절하여 그림자 위치, 방향, 길이 등을 조절할 수 있습니다. 이미지 안쪽에 그림자를 만들어 마치 가위로 오려 안을 볼 수 있는 듯한 그래픽 효과를 얻을 수 있습니다.

❹ Inner Glow : 레이어 테두리 안쪽에 발광 효과를 만드는 기능으로 색상, 발광 효과 정도, 블렌딩 모드를 지정할 수 있습니다.

❺ Satin : 레이어 표면에 광택 효과를 주는 기능으로 단독으로 사용할 때보다는 다른 레이어 스타일과 함께 사용하면 더 좋습니다.

❻ Color Overlay와 Gradient Overlay : 해당 레이어에 색상이나 그러데이션을 덧씌우는 기능으로 투명도를 설정할 수 있습니다. 주로 특정 이미지의 색상으로 변경할 때 사용합니다.

❼ Pattern Overlay : 색상 대신 패턴을 덧씌우는 기능으로, 포토샵에서 기본으로 제공하는 패턴 이외에 사용자가 직접 만든 패턴을 적용할 수도 있습니다.

❽ Outer Glow : 레이어 테두리 외곽에 발광 효과를 만드는 기능으로, 색상, 발광 효과 정도, 블렌딩 모드를 지정할 수 있습니다.

❾ Drop Shadow : 레이어 바깥쪽에 그림자 스타일을 적용하는 기능으로, 위에 떠 있는 듯한 입체감을 표현할 수 있습니다.

SOLUTION 16

원본 레이어 보존하기

스마트 오브젝트를 적용하는 방법은 두 가지가 있습니다. 첫 번째 방법은 새로운 도큐먼트를 만든 후 [File] → Place Bedded를 실행하여 스마트 오브젝트로 만들 개체를 가져오는 방법입니다. 일러스트레이터 파일도 가능합니다.

두 번째 방법은 대상 이미지를 레이어에서 선택하고 [Layer] → Smart Objects → Convert to Smart Object를 실행하는 방법입니다. 스마트 오브젝트가 적용된 이미지 레이어에 섬네일에 문서 표시가 있는 것을 확인할 수 있습니다.

스마트 오브젝트의 가장 큰 특징은 이 기능을 적용한 시점의 파일을 보전하고 있어서 크기를 조절하거나 필터를 적용하더라도 다시 원래대로 복구가 가능하다는 것입니다. 반면 일반 레이어는 크기를 줄인 다음 다시 원래대로 크기를 늘리면 처음과 다르게 해상도가 깨져서 표시됩니다.

스마트 오브젝트 레이어에 필터를 적용하면 레이어 아랫부분에 적용한 필터 목록이 표시됩니다. 마스크를 선택하여 필터의 부분 적용이 가능하고, 필터 목록을 선택해 값을 조절할 수 있으며 오른쪽 아랫부분 조절바를 클릭하면 블렌딩 모드를 적용할 수도 있습니다.

SOLUTION 17

드로잉하기

브러시 사용하기

브러시 도구(✐)를 이용하면 넓은 면적을 칠하여 이미지에 붓 터치를 적용할 수 있습니다. 브러시 옵션바에서 브러시 모양을 선택하고 크기나 투명도 등을 설정합니다.

❶ **브러시 설정창** : 옵션바에서 현재 선택된 브러시 오른쪽 아이콘을 누르면 표시되며 브러시의 크기와 모양을 선택할 수 있습니다. 다양한 브러시가 리스트로 표시됩니다.

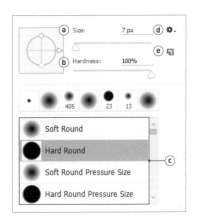

ⓐ Size : 브러시의 크기를 조절합니다.

ⓑ Hardness : 브러시의 강도를 조절하는 것으로 수치가 클수록 브러시 끝부분이 단단해집니다.

ⓒ 프리셋 : 포토샵에서 제공하는 브러시 견본의 이름과 크기, 모양을 표시하는 공간입니다.

ⓓ 브러시 픽커 메뉴 : 브러시를 불러오거나 브러시 표시 방법을 설정할 수 있습니다.

ⓔ Create a new preset from this brush : 사용자가 여러 가지 옵션을 조절하여 새롭게 만들어진 브러시의 모양과 크기를 프리셋에 등록하는 아이콘입니다.

❷ Toggle the Brush panel : [Brush] 패널을 표시하는 아이콘으로, 포토샵에서 제공하는 브러시 외에 자신만의 독특한 브러시를 직접 만들고자 할 경우 [Brush] 패널에서 다양한 옵션값을 조절해야 합니다.

ⓐ Shape Dynamics : 브러시의 테두리 모양을 세부적으로 지정할 수 있습니다.

ⓑ Scattering : 브러시의 분산 정도를 조절하는 옵션입니다. Scatter를 높이면 낙엽, 눈, 꽃잎이 날리는 모양을 쉽게 만들 수 있습니다.

ⓒ Texture : 브러시에 무늬를 삽입하는 옵션으로 질감이 강한 브러시를 만들 때 주로 사용합니다.

ⓓ Dual Brush : 앞서 설정한 브러시에 새로운 브러시를 추가하여 두 개의 특성을 합쳐서 새로운 브러시를 만듭니다.

ⓔ Color Dynamics : 브러시 색상의 배경색과 전경색 사용 빈도를 결정합니다. 하나의 브러시로 다양한 색상을 표현할 수 있기 때문에 다채로운 이미지를 만들 때 사용하면 좋습니다.

ⓕ Transfer : 브러시의 불투명한 정도를 조절하는 것으로 Brush Tip Shape에서 Spacing 옵션이 설정되어 있을 때 더 많은 효과가 나타납니다.

ⓖ Brush Pose : 브러시의 기울기 및 강도를 조절할 수 있습니다.

ⓗ Noise : 브러시 주변에 거친 느낌을 줍니다.

ⓘ Wet Edges : 물이 묻은 브러시로 칠한 듯한 수채화 느낌을 만들 수 있습니다.

ⓙ Build-up : 에어브러시 기능을 설정합니다. 마우스 왼쪽 단추를 누르는 동안 이동하지 않아도 지속적으로 색상이 뿌려집니다.

ⓚ Smoothing : 브러시의 모양을 부드럽게 합니다.

ⓛ Protect Texture : 브러시 패턴의 크기와 모양을 일정하게 만듭니다.

❸ Mode : 브러시 도구를 이용하여 페인팅할 때 브러시에 사용되는 색상과 배경 이미지의 합성 방식을 지정합니다.

❹ Opacity : 브러시 색상의 불투명도를 조절하여 수치가 낮을수록 선의 색상이 반투명 상태로 채색됩니다. Opacity를 낮춰 작업하면 불투명하게 표현되어 여러 번 덧칠한 듯이 겹쳐지는 느낌을 표현할 수 있습니다.

❺ Pressure for Opacity : 태블릿으로 작업할 경우 펜의 압력으로 브러시 불투명도를 변경합니다.

❻ Flow : 브러시의 강약을 조절하는 것으로, 수치가 낮을수록 강도가 낮아져서 브러시 터치가 축소됩니다.

❼ Airbrush-style build-up effects : 에어브러시 기능을 설정합니다. 마우스 왼쪽 아이콘을 누르는 동안 이동하지 않아도 지속적으로 색상이 뿌려집니다.

❽ Pressure for Size : 태블릿으로 작업할 경우 펜의 압력으로 브러시 크기를 변경합니다.

디자인 사례 도판 목록

4   http://cargocollective.com/tomaszbiskup/Agata-Bielen

5   https://milled.com/FreePeople/cozy-for-the-weekend-edk1M9AbgQ5oQIT4

6   https://www.behance.net/gallery/17088657/LIT-LSAD-Fashion-Graduate-Show-2014

SECTION 03

1   https://www.behance.net/gallery/13715499/Melbourne-Central-Gift-Card

2   https://www.designspiration.net/save/5072362543520/

3   http://fivestarlogo.com/tea-time-tale-branding-and-packaging-by-arya-vijayan/

SECTION 04

1   https://www.faire-part-creatif.com/faire-part-naissance.asp?modele=BN39-004

2   https://i.pinimg.com/736x/3f/48/2a/3f482af4eaa7c6ee20732db5454ae938.jpg

3   https://i.pinimg.com/originals/2c/3d/1e/2c3d1e3de97226beb3e127f40bdafd4f.jpg

4   https://i.pinimg.com/originals/9d/97/9d/9d979d5cfaa7ab3899eff90dd1e8723f.jpg

SECTION 05

1   https://www.behance.net/gallery/12098075/Matt-Emys-Wedding-Invitation

2   https://themekeeper.com/graphic-design/create-rustic-wedding-invitation-adobe-indesign

3   https://es.handspire.com/invitaciones-de-boda-vintage-ideas.html

SECTION 06

1   https://www.behance.net/gallery/31411155/THETKA-Fashion-Branding

2   http://cargocollective.com/KyleLockard/filter/Advertising/Event-Posters-Carhartt-WIP

3   https://www.pinterest.co.kr/pin/407646203760896671/

4   https://www.behance.net/gallery/53445751/Hope-Rafla

SECTION 07

1   https://www.behance.net/gallery/19992359/LEPANTO-the-actual-white-

2   https://www.designspiration.net/save/4769255517587/

3   https://www.behance.net/gallery/10622625/Ugmonk-5th-Anniversary-Set

SECTION 08

1   https://www.pinterest.co.kr/pin/408209153710493700/

2   http://tomanders.com/work/illustration/

3   http://www.pickforddesign.com/2015/03/18/gysin-vanetti/

SECTION 09

1   https://www.behance.net/gallery/47298555/Campanha-Aniversario-Rissul

2   https://www.pinterest.co.kr/pin/407646203760896556/

3   https://www.behance.net/gallery/42976901/Philadelphia-Por-Mais-Manhas-com-Philadelphia

SECTION 10

1   https://www.pinterest.co.kr/pin/309763280591240855/

2   https://www.heiditown.com/2015/07/03/colorado-beer-festivals-not-to-miss/

3   http://www.sundaylounge.com/#/festivals/

SECTION 11

1   http://mommyandmore.co/2017/06/17/vagheggi-sun-budapest-business-party/

2   http://www.thedieline.com/blog/2014/11/20/beija-natural-flower

3   http://www.thedieline.com/blog/2015/3/30/sachette

4   http://www.thedieline.com/blog/2015/9/30/avivi

5   http://www.thedieline.com/blog/2015/10/5/biotox?rq=biotox

SECTION 12

1   http://www.thedieline.com/blog/2017/7/6/agro-creta

2   http://www.thedieline.com/blog/2014/6/22/maya-natural-skin-care

3   http://www.thedieline.com/blog/2016/11/18/ecos-soaps

4   http://www.thedieline.com/blog/2016/6/22/h20

5   http://www.thedieline.com/blog/2015/5/13/olive-secret?rq=olivesecret

SECTION 13

1   http://www.thedieline.com/blog/2016/5/24/hollandia-refreshed-the-czech-lovebrands-bold-makeover?rq=selsky

2   http://www.thedieline.com/blog/2016/1/19/varaksino-eggs?rq=egg

3   http://www.thedieline.com/blog/2016/2/23/32il96mga34tgznhydtuhas1pq4iba?rq=epic

4   http://www.thedieline.com/blog/2014/9/16/dick-taylor-chocolate

SECTION 14

1   http://www.thedieline.com/blog/2015/7/8/ugly

2 http://www.thedieline.com/blog/2015/8/6/juicy-juice-gets-a-rebrand?rq=juicy%20juice

3 https://www.behance.net/gallery/35592049/Ferndale-Cheese-Packaging

4 http://www.thedieline.com/blog/2016/3/23/juiceburst?rq=juiceburst

5 http://www.thedieline.com/blog/2015/11/16/you-smoothie?rq=you%20smooth

SECTION 15

1 https://www.behance.net/gallery/33121597/Mulled-wine-chalkboard

2 https://www.behance.net/gallery/19351347/Cafe-Menu

3 https://www.pinterest.co.kr/pin/147633694013415890/

4 https://www.roomie.jp/2015/01/228682/

SECTION 16

1 https://www.behance.net/gallery/13319857/Identidad-Museo-del-Cine

2 http://www.rutharellano.com/?p=227

SECTION 17

1 http://www.allearth.it/work/graphic/teatro-civico-14

SECTION 18

1 https://i.pinimg.com/originals/0a/9c/90/0a9c905a5a1907aca8f43477787f72cd.png

2 https://www.behance.net/gallery/45279111/NFL-Graphics

3 http://www.coroflot.com/andrepessel/zlatan-ibrahimovic

SECTION 19

1 https://i.pinimg.com/originals/52/ae/c3/52aec30dc50076fcf95713efa52f57a9.jpg

2 https://www.behance.net/gallery/24793803/Cinderella-Past-Midnight

3 https://www.pinterest.co.kr/pin/726064771144745822/

4 https://www.bloglovin.com/blogs/s-a-r-a-w-o-o-d-r-o-w-12901623/tropical-rain-forest-4445145556

SECTION 20

1 http://www.thedieline.com/blog/2013/12/11/migrant.html

2 http://www.thedieline.com/blog/2015/8/17/minus-33

3 http://www.finestandrarest.com/bordeaux.html

4 http://www.thedieline.com/blog/2015/7/23/dry-creek-vineyard-old-vine-zinfandel

SECTION 21

1 https://i.pinimg.com/originals/b7/ca/ce/b7cace55a7a3d2eed834548e5e685ec4.jpg

2 https://email.jcrew.com/pub/sf/FormLink?_ri_=X0Gzc2X%3DWQpglLjHJlYQGhlM1cFzerEzaqrGwcIP3yhJtqNkO10O3dbRbXlNbVXMtX%3DWQpglLjHJlYQGpj1BY5za3ladWnWRI5lafWbvdsbWzaB6zaR9UzbUtn&_ei_=Ennob977Xqes4yusFv3IQbMG8WCWlUI3zZa3VryBWLFVLMEp5k2m-7TIR2nNRhPO5AhV9j8dUUe55T66rEhQU2ZHRG4MQerlG2yEeEJLQh1V8gn8VW-90dZHxWKdwU_5uOda5YXNQ0_IKMfG-ymLy262qKm6i3Ewh_fyh0tok3xuHFxJqsnpz3FXU0rtLZ7crOtT3H9dd-w18g61Sma2zYRn_YlT3sPnHwg5B7Hk_0ZlX3SQ9V4eOlixtF8m4zrcdsKX8caN0CSZ5ZPwbZ0Y02yxZL2JSK42GCyso4a2ogBWBQCannnvVXYNB7DTqOmXf_tjGb7YMp2cR_PU95k.

3 https://www.behance.net/gallery/23543833/Alpha

찾아보기

Foreign Copyright:
Joonwon Lee
Address: 3F, 127, Yanghwa-ro, Mapo-gu, Seoul, Republic of Korea
3rd Floor
Telephone: 82-2-3142-4151, 82-10-4624-6629
E-mail: jwlee@cyber.co.kr

필요할 때 바로 써먹는
포토샵 디자인
실무 테크닉

2021. 3. 10. 1판 1쇄 발행
2024. 4. 24. 1판 3쇄 발행

저자와의
협의하에
검인생략

지은이 | 김두한
펴낸이 | 이종춘
펴낸곳 | **BM** ㈜도서출판 **성안당**

주소 | 04032 서울시 마포구 양화로 127 첨단빌딩 3층(출판기획 R&D 센터)
10881 경기도 파주시 문발로 112 파주 출판 문화도시(제작 및 물류)

전화 | 02) 3142-0036
031) 950-6300

팩스 | 031) 955-0510

등록 | 1973. 2. 1. 제406-2005-000046호

출판사 홈페이지 | **www.cyber.co.kr**

ISBN | 978-89-315-5699-5 (13000)

정가 | 29,000원

이 책을 만든 사람들
책임 | 최옥현
진행 | 정지현
기획 · 진행 | 앤미디어
표지 일러스트 | 마이자
본문 · 표지 디자인 | 앤미디어, 박현정
홍보 | 김계향, 유미나, 정단비, 김주승
국제부 | 이선민, 조혜란
마케팅 | 구본철, 차정욱, 오영일, 나진호, 강호묵
마케팅 지원 | 장상범
제작 | 김유석

■ **도서 A/S 안내**

성안당에서 발행하는 모든 도서는 저자와 출판사, 그리고 독자가 함께 만들어 나갑니다.
좋은 책을 펴내기 위해 많은 노력을 기울이고 있습니다. 혹시라도 내용상의 오류나 오탈자 등이
발견되면 **"좋은 책은 나라의 보배"**로서 우리 모두가 함께 만들어 간다는 마음으로 연락주시기
바랍니다. 수정 보완하여 더 나은 책이 되도록 최선을 다하겠습니다.
성안당은 늘 독자 여러분들의 소중한 의견을 기다리고 있습니다. 좋은 의견을 보내주시는 분께는
성안당 쇼핑몰의 포인트(3,000포인트)를 적립해 드립니다.

잘못 만들어진 책이나 부록 등이 파손된 경우에는 교환해 드립니다.